Thomas Lünendonk, Jörg Hossenfelder Hg.

Dienstleistungen:
Vision 2020

Thomas Lünendonk, Jörg Hossenfelder Hg.

Dienstleistungen: Vision 2020

Herkunft und Zukunft wichtiger
Service-Branchen in Deutschland

Frankfurter Allgemeine Buch

Bibliografische Information der Deutschen Nationalbibliothek
Die Deutsche Nationalbibliothek verzeichnet diese Publikation
in der Deutschen Nationalbibliografie; detaillierte bibliografische
Daten sind im Internet über http://dnb.d-nb.de abrufbar.

Thomas Lünendonk, Jörg Hossenfelder Hg.

Dienstleistungen: Vision 2020
Herkunft und Zukunft wichtiger Service-Branchen
in Deutschland

F.A.Z.-Institut für Management-,
Markt- und Medieninformationen GmbH,
Frankfurt am Main 2009

ISBN 978-3-89981-197-1

𝔉𝔯𝔞𝔫𝔣𝔣𝔲𝔯𝔱𝔢𝔯 𝔄𝔩𝔩𝔤𝔢𝔪𝔢𝔦𝔫𝔢 Buch

Copyright   F.A.Z.-Institut für Management-, Markt-
und Medieninformationen GmbH
Mainzer Landstraße 199
60326 Frankfurt am Main

Satz/Gestaltung
Umschlag   F.A.Z., Verlagsgrafik
Satz Innen   Nicole Bergmann, Ernst Bernsmann, Nina Mündl
Druck   Messedruck Leipzig GmbH, Leipzig

Printed in Germany

Inhalt

X Software

Vorwort

Dieses Buch ist nicht als Reaktion auf die Finanz- und Wirtschaftskrise konzipiert worden. Die Idee, sich mit der Herkunft und der Zukunft wichtiger Dienstleistungssektoren in Deutschland zu beschäftigen, entstand im Jahr 2007, als wir uns auf das 25-jährige Jubiläum des Unternehmens Lünendonk GmbH vorbereiteten. Damals kam uns zu Bewusstsein, dass wir inzwischen in zahlreichen Marktsektoren über Daten aus mehr als einem Vierteljahrhundert Service-Geschichte für Business-to-Business-Dienstleistungen in Deutschland verfügen.

Seit 1983 beobachten unsere Analysten Unternehmen, deren Geschäftszweck die Bereitstellung unterschiedlicher Dienstleistungen für andere Firmen und Organisationen ist. Hierzu zählen Managementberatungen, IT-Beratungen, IT-Service-Unternehmen, Technologieberatungen, Personaldienstleister und Zeitarbeitsunternehmen, Facility-Management-Unternehmen, Wirtschaftsprüfungen, moderne Gesamtdienstleister sowie Software-Unternehmen. Für alle diese Unternehmen werden – zum Teil seit Jahrzehnten – jährlich eigene Markt-Rankings und Marktstudien entwickelt, um den jeweiligen wirtschaftlichen Erfolg des Vorjahres sowie die Planungen für die kommenden Jahre zu analysieren.

Aus diesem Grundkonzept heraus entstanden die „Lünendonk®-Listen und Lünendonk®-Studien", die in den unterschiedlichen Marktsektoren seit vielen Jahren als Marktstandard gelten. Neben der Qualität der einzelnen Recherchen ist dabei die Kontinuität der Marktbeobachtung ein Schlüsselfaktor für den Erfolg dieser Daten- und Informationssammlungen, die vom Markt für die unterschiedlichsten Aufgaben – zum Beispiel Marketing-, Kommunikations- und Sales-Konzepte, Unternehmenspositionierungen, Portfolio-Planungen – herangezogen werden.

In diesem Buch sind nur die Business-to-Business-Dienstleistungssektoren berücksichtigt, die wir seit Jahrzehnten aus eigener Anschauung und Analyse kennen. Daher erheben wir keinen Anspruch auf Vollständigkeit. Service-Zweige wie Personalberatung, Interims-Management, Call Center und weitere mehr, die auch eine wichtige Rolle im Wirtschaftsleben spielen, bleiben daher unerwähnt. Gleichwohl soll an dieser Stelle gesagt werden, dass wir alle Marktsektoren in der Beobachtung haben und unter anderem für die drei erwähnten Service-Zweige in naher Zukunft Ranking- und Studien-Aktivitäten planen.

Es schien uns nicht angemessen, ein zeitgemäßes Dienstleistungsbuch ausschließlich auf historischen Daten und Informationen aufzubauen.

Vielmehr glauben wir, dass die absehbaren oder vermuteten Entwicklungen im Dienstleistungssektor in Deutschland für Leserinnen und Leser von besonderem Interesse sind. Wie werden sich die Dienstleistungsangebote und Service-Unternehmen am Standort Deutschland und von Deutschland aus in der nächsten Dekade im globalen Wettbewerb positionieren? Welche Dienstleistungen werden künftig eine zentrale Bedeutung für den Industrie- und Produktionsstandort Deutschland haben? Wo erwächst den Dienstleistern in Deutschland Konkurrenz im globalen Wettbewerb? Wo sehen sie Chancen für die Zukunft?

Auf diese Fragen geben die Beiträge führender Unternehmer, Vorstände und Geschäftsführer aus unterschiedlichen Dienstleistungssektoren und -unternehmen kompetent und spannend Antworten. Sie beleuchten im Schwerpunkt die Zukunft der Business-to-Business-Dienstleistungsanbieter. Sie entwickeln die Visionen, die nicht nur für den Erfolg eines einzelnen Unternehmens unabdingbar sind, sondern auch für den Standort Deutschland von zentraler Bedeutung. Die vielfältigen Ideen und Betrachtungen der in diesem Buch versammelten Topmanager öffnen nicht nur einen Fächer von Perspektiven für hochqualifizierte Service-Angebote, sondern sie vermitteln auch etwas, das im Jahr 2009 und den Folgejahren von zentraler Bedeutung sein wird: Mut für die Zukunft!

Wir danken daher den Service-Unternehmen, die dieses Projekt mit Rat und Beiträgen unterstützen, sowie unserem wissenschaftlichen Beirat und den Experten aus der Politik sehr herzlich für ihre Mitwirkung an diesem Projekt, das wohl zu keinem besseren Zeitpunkt als 2009 erscheinen konnte. Möge es inspirieren und Kraft geben, den Standort Deutschland im globalen Wettbewerb weiter auf Erfolgskurs zu halten.

Kaufbeuren, März 2009

Thomas Lünendonk
Gründer der Lünendonk GmbH

Jörg Hossenfelder
Geschäftsführer der Lünendonk GmbH

Grußwort

Wirtschaftsprüfung, Managementberatung, Gebäudemanagement, IT-Beratung – so unterschiedlich diese Branchen auf den ersten Blick erscheinen, haben sie doch einen gemeinsamen Nenner: Es sind Dienstleistungen, die von Unternehmen und Betrieben in bestimmten Situationen und zu bestimmten Zeiten gezielt abgefragt werden.

Dabei spielt ein Faktor eine entscheidende Rolle: die hohe Qualität der Leistungen. Deutschland ist schon lange nicht mehr die vielzitierte Service-Wüste, über die so oft gestöhnt wurde. Ganz im Gegenteil, das Gütesiegel „Made in Germany" ist mittlerweile auch für diese Branche zu einem Kennzeichen für hervorragenden Service avanciert, den deutsche Unternehmen für viele Fachbereiche anbieten.

Leider wurde der gesamte Sektor in der letzten Zeit von den negativen Entwicklungen einer einzelnen Branche überschattet. Falsche Entscheidungen und ein hohes Maß an Eigennutz der Verantwortlichen haben in der Finanz- und Kreditwirtschaft dazu geführt, dass der Markt aus den Fugen geraten ist. Es wird unsere vornehmste Aufgabe in den kommenden Jahren sein, den Abschwung aufzufangen und die Auswirkungen durch eine kluge und weitsichtige Politik abzufedern.

Weitsichtig müssen auch die Dienstleistungsunternehmen die zukünftigen Entwicklungen innerhalb der jeweiligen Branchen betrachten. In diesem Buch werfen die Herausgeber und namhafte Branchenvertreter des Dienstleistungssektors einen Blick in die Zukunft. So muss man kein Hellseher sein, um mit einiger Gewissheit sagen zu können, dass sich im Jahr 2020 andere Geschäftsmodelle und Service-Kulturen etabliert haben werden. Hier gilt es, Trends frühzeitig zu erkennen und den Markt mit den richtigen Analysen im Blick zu behalten.

Schon heute dürfen wir daher nicht übersehen, welch breitgefächertes und spezialisiertes Angebot die Dienstleistungswirtschaft zu bieten hat und welches Potenzial in ihr steckt. Das große Plus bei den Beschäftigungszahlen spricht eine deutliche Sprache: Für 2009 erwartet die Branche – trotz der Auswirkungen der Finanzmarktkrise auf die Realwirtschaft – einen Zuwachs von 50.000 Arbeitsplätzen. Das ergab die Einschätzung des aktuellen Dienstleistungsreports, den der Deutsche Industrie- und Handelskammertag (DIHK) Ende November 2008 vorgelegt hat. Im ersten Halbjahr 2008 hat sich die Branche bereits als wahres Zugpferd am Arbeitsmarkt erwiesen. Die unternehmensnahen Dienstleistungen konnten einen Zuwachs von 21 Prozent und allein die IT-Branche von 33 Prozent verbuchen. Dabei ist es vor allem die Zeitarbeit, die sich zu einem Jobmotor entwickelt hat und in beachtlicher Weise dazu beiträgt, dass viele Arbeitsuchende wieder Zugang zum ersten Arbeitsmarkt erhalten haben. Von den rund 791.000 Beschäftigten in der Zeitarbeit waren 60 Prozent zuvor arbeitslos, 14 Prozent davon sogar länger als ein Jahr. Darüber hinaus ist jeder zehnte Beschäftigte ein Berufsanfänger. Dies belegt eindrucksvoll, wie wichtig die Zeitarbeit als Einstiegsmöglichkeit ist, und so schlägt sich der „Klebe-Effekt" deutlich in den Statistiken nieder: 14 Prozent der Zeitarbeiter haben über eine befristete Beschäftigung den Einstieg in ein Unternehmen geschafft und eine sozialversicherungspflichtige Anstellung gefunden.

Damit zeigt sich auch ein weiterer Trend für den Wirtschaftsstandort Deutschland insgesamt. Neben den klassischen Branchen wie dem produzierenden Gewerbe oder der Stahl- und Kohleindustrie haben sich viele kleine und mittelständische Unternehmen erfolgreich auf den Dienstleistungssektor spezialisiert. Das Schreckgespenst der Globalisierung trägt dabei gerade in diesem Bereich in einem hohen Maße zu einem bemerkenswerten Wachstum bei, da die neuen Gegebenheiten am Markt Möglichkeiten für viele neue Service-Leistungen bieten und die Branche beständig neue Geschäftsideen generiert – heute und in naher Zukunft.

Denn das Global Village, zu dem unsere Wirtschaftswelt geworden ist, stellt uns mit seinen unbegrenzten Möglichkeiten tagtäglich vor neue Herausforderungen: Verderbliche Waren oder eilige Dokumente wollen transportiert werden, der Versand hochempfindlicher Produkte macht spezielle Verpackungen erforderlich, durch den beständigen Datenaustausch über Kontinente hinweg werden Pflege und Wartung von Hard- und Software zu einem der wichtigsten Faktoren für eine reibungslose Kommunikation, und der Einstieg in den Handel mit afrikanischen oder asiatischen Unternehmen erfordert Informationen und Daten über landestypische Gepflogenheiten und juristische Feinheiten für einen erfolgreichen Geschäftsabschluss. Kurz: Die ständig wachsenden und wechselnden Anforderungen an unsere Gesellschaft und unsere Wirtschaft eröffnen neue Märkte und neue Bereiche. Hier gewinnt vor allem, wer durch Qualität und Beständigkeit überzeugt. Die deutschen Tugenden wie Zuverlässigkeit, Pünktlichkeit und Organisationsgeschick machen die deutschen Dienstleister für Unternehmen weltweit zu einem angesehenen Vertragspartner. Dabei können sich Kunden auf qualifiziertes Fachpersonal verlassen, das kompetent nach den passenden Konzepten und Lösungen sucht.

Insgesamt ist die Dienstleistungsbranche nicht zuletzt deshalb zu einem erfolgreichen Wirtschaftszweig in Deutschland geworden, der noch viel zu oft stiefmütterlich behandelt wird. Denn gerade diese Branche bietet hochqualifizierten Berufseinsteigern und exzellenten

Berufserfahrenen äußerst gute Perspektiven und hervorragende Aussichten für die Zukunft.

Mit der vorliegenden Publikation bietet Lünendonk Ihnen einen umfassenden Überblick über die wichtigsten Unternehmen aus diesem Bereich und gibt zugleich einen fundierten Ausblick auf Entwicklungen und Trends für die kommenden Jahre.

Damit setzt Lünendonk konsequent fort, was wir in Form von erstklassigen Analysen und Marktreportagen aus diesem Hause bereits kennen und schätzen: Beste Informationen aus erster Hand.

Dr. Michael Fuchs
Mitglied des Bundestages,
Vorsitzender des Parlamentskreises Mittelstand

Wichtige Zukunftsfaktoren am Standort Deutschland
Die Zukunft der professionellen Dienstleistungen hat erst begonnen

Thomas Lünendonk und Dietram Schneider

Beim Thema Zukunft wird häufig gewitzelt, dass Prognosen überflüssig und in der Regel nicht zutreffend seien. Belege dafür lassen sich dann auch immer finden. Diese Fehlschlüsse dürfen jedoch nicht darüber hinwegtäuschen, dass es ohne einen Blick in die Zukunft weder für Organisationen noch für Menschen sinnvoll ist, Planungen anzustellen.

Der Blick in die Zukunft wird in der Regel aus zwei Perspektiven vorgenommen: zum einen die lineare Fortschreibung der aktuellen Situationen mit leichten Anpassungen an mögliche künftige Entwicklungen, zum anderen die kreative Gestaltung gänzlich neuer Szenarien, für die es zwar Hinweise gibt, die aber aus gegenwärtiger Perspektive sehr ungewöhnlich erscheinen. Hinzu kommen eher unerwartete Einflussfaktoren, beispielsweise Sprung-Innovationen, die niemand vorausgesehen hat, die aber gleichwohl gewaltige Veränderungen erzeugen können.

Zukunftsforscher unterliegen daher gelegentlich sehr kritischer Betrachtung, da ihre Arbeit mit dem Lesen in Kristallkugeln gleichgesetzt wird. Wobei bereits hier nicht unterschätzt werden sollte, wie wichtig kreative Impulse sind, auch wenn sie nicht oder nicht komplett eintreffen werden. Aus diesem Grund nennt sich einer der renommiertesten Zukunftsexperten Deutschlands, Dr. Pero Micic von der FutureManagementGroup, Eltville, bewusst Zukunftsmanager, weil er weniger auf Eingebungen denn auf wissenschaftliche Analyse und akribische Datenauswertung setzt. Auf einigen von ihm ermittelten Zukunftsfaktoren – ein Begriff, den er der Bezeichnung Megatrends vorzieht – basieren die folgenden Überlegungen für die in diesem Buch vertretenen Dienstleistungsmärkte und Dienstleistungsunternehmen.

Gesellschaftliche Zukunftsfaktoren: Alterung, Feminisierung, Flexibilisierung

Deutschland und viele andere Industriegesellschaften befinden sich seit Jahren in einem dramatischen Umbruch. Der erhöhte Altersdurchschnitt der Bevölkerung ist ein demografisches Faktum, das nicht im Bereich der Zukunftsvermutungen liegt, sondern bereits bestehende und sich verschärfende Rahmenbedingung ist. Es stellt sich jedoch die Frage, wie die Gesellschaft auf diese Herausforderung reagieren wird. Immer weniger Menschen werden in den kommenden Jahrzehnten in den Arbeitsmarkt eintreten, immer mehr werden ihn in Richtung Altersruhe verlassen. Trotzdem muss das Wirtschaftsleben zwischen Unternehmen und Konsumenten sowie Unternehmen untereinander erfolgreich gestaltet werden.

Managementberatungen und IT-Service-Unternehmen werden daher gefordert sein, neue Modelle für unternehmerisches Handeln zu gestalten und umzusetzen, die es erlauben, mit weniger Dienstleistungspersonal gleiche oder bessere Service-Qualitäten sicherzustellen. Technologieberatungen stehen zunehmend vor der Herausforderung, lernende Embedded-Software-Lösungen zu entwickeln, die beispielsweise Haushalts- und Mobilitätssysteme mit altersgerechtem Service-Komfort ausstatten, da nicht ausreichend Service-Personal zur Verfügung stehen wird. Moderne Gesamtdienstleister, die Beratung, Implementierung und Betrieb aus einer Hand erbringen, werden Unternehmen in die Lage versetzen, erfolgreich am Standort Deutschland zu agieren, jedoch im Hintergrund vielfältige Services aus dem internationalen Raum zu beziehen. Facility-Management-Unternehmen, die heute noch überwiegend für andere Unternehmen oder öffentliche Organisationen tätig sind, werden ihre Aktivitäten in den Sektor der Privathaushalte ausweiten, um dort Verpflegungs-, Reinigungs-, Pflege- und Sicherheits-Dienstleistungen zu erbringen.

Einen Teil der demografischen Herausforderung werden Frauen annehmen, denn die wachsende Feminisierung der Gesellschaft sorgt dafür, dass immer mehr und immer besser ausgebildete Frauen berufstätig sind und sich politisch und gesellschaftlich engagieren. Dieses Potenzial ist noch nicht ausgeschöpft, aber das alleine reicht nicht, um die Folgen der Demografie in den Griff zu bekommen. Zudem müssen zur stärkeren Einbeziehung der Frauen die passenden Rahmenbedingungen geschaffen werden, damit die Rollen der Mutter und Berufstätigen sich angemessen kombinieren lassen. Ein Trend hierbei liegt in der Verlagerung von ehemals hausfraulichen Tätigkeiten auf die Home-Service-Industrie – also auch die Facility-Management-Unternehmen –, die es ermöglicht, dass Zeit für Beruf und Kinder bleibt, weil Familien von Basis-Services entlastet werden.

Eine entscheidende Rolle für die Bewältigung der demografischen Entwicklung wird die Bereitschaft aller Beteiligten zur Flexibilisierung spielen. Die vielfach gewünschte Harmonisierung von Beruf und Familie fordert allen Beteiligten Veränderungsbereitschaft und Flexibilität ab. Unternehmen müssen Mitarbeitern flexible Kombinationen für

Kinder, Freizeit und Karriere bieten; Arbeitnehmerinnen und Arbeitnehmer müssen bereit sein, neue Arbeits- und Arbeitszeitmodelle mitzumachen, um dem „atmenden" Unternehmen im Wettbewerb den Spielraum für erfolgreiches Handeln zu eröffnen. Das kann im Rahmen von Stammbelegschaften ebenso realisiert werden wie in Zusammenarbeit mit modernen Zeitarbeitsunternehmen, die sich in den vergangenen Jahren als wesentliche Treiber für Impulse am Arbeitsmarkt etabliert haben. Sie werden sich in Zukunft – auch wenn manche gesellschaftliche Gruppierungen deren wachsende Bedeutung nicht gern sehen – als ein wichtiges Erfolgselement noch stärker am Arbeitsmarkt positionieren und eine echte Alternative zu herkömmlichen Beschäftigungsmodellen darstellen. Und es wird zukünftig verstärkte Kooperationen unter den Zeitarbeitsunternehmen gerade im High-Professional-Segment geben, die zunehmend in die Wertschöpfungskette von Beratungsunternehmen eindringen.

Flexibilisierung erfordert auch wieder neue Konzepte für betriebliche Aufbau- und Ablauforganisation sowie Kommunikation, denn es wird zunehmend in Teams gearbeitet, die sich nur noch zu Meilenstein-Sitzungen in Projekten treffen und die tägliche Kommunikation über mobile Systeme und IT-Lösungen abwickeln. Damit hier die Qualität des Austauschs und der Ergebnisse nicht leidet, werden neue Management- und Organisationsmodelle sowie immer schnellere, einfachere IT-Lösungen implementiert und betrieben.

Politische Zukunftsfaktoren:
Internationale Kooperation, Europäisierung,
Ökonomisierung des Staates, Liberalisierung

Die Globalisierung ist eine Tatsache. Zwar wird sie gern oberflächlich für wirtschaftliche und finanzielle Probleme verantwortlich gemacht, doch dabei übersehen deren Gegner gern, dass der Wohlstand in Deutschland und Europa ohne den Erfolg im und mit dem globalen Wirtschaftssystem nicht möglich wäre. Nicht nur Produkte wandern zwischen den Ländern mit Erfolg hin und her, sondern zunehmend werden immer mehr Dienstleistungen international vernetzt erbracht. Die Globalisierung bringt Menschen, Unternehmen und Völker zusammen, die ein gemeinsames Interesse an erfolgreicher Wirtschaft haben und damit ein friedliches Zusammenleben über Grenzen hinweg sicherer machen.

Als Beispiel für eine erfolgreiche internationale Kooperation kann Europa gelten, in dem nunmehr über 27 Länder trotz durchaus schwieriger Probleme und manchem Sand im Getriebe doch – nicht zuletzt auch durch den Euro als gemeinsame Währung – friedlich und erfolgreich zusammenarbeiten. Kooperation statt Konfrontation, Wettbewerb statt Wettrüsten, Wohlstand für viele: mit diesen Erfolgen dürfen sich die Europäer durchaus schmücken. Dabei sollte jedoch nicht vergessen werden, dass europäischer Wohlstand nur durch erfolgreiche Vernetzung mit den anderen Wirtschaftsregionen der Welt möglich ist.

Für den künftigen Erfolg Europas ist es jedoch von zentraler Bedeutung, dass die Staaten ihre Haushalte auf die Zukunft ausrichten. Daran darf auch die Finanz- und Wirtschaftskrise nichts grundlegend ändern. Der Staat als Unternehmer kann nur eine Übergangslösung auf Zeit sein. Denn dass Politiker die besseren Bankiers und Unternehmer sein könnten, hat man in den vergangenen Jahrzehnten den fast stets defizitären Staatshaushalten nicht angesehen. Daran ändern auch die Fehler in Banken und Unternehmen in der jüngsten Vergangenheit nichts. Die staatlichen Finanzprobleme haben bereits in den vergangenen Jahrzehnten auch ohne Finanz- und Wirtschaftskrise stets zugenommen. Die Ökonomisierung des Staates wird daher in den kommenden Dekaden konsequent fortschreiten müssen, damit das nötige Geld für die unabdingbaren hoheitlichen und sozialen Aufgaben vorhanden ist. Eine weitere Privatisierung von Aufgaben und eine erneute Liberalisierung im Waren-, Dienstleistungs- und Kapitalverkehr werden daher mittelfristig unumgänglich sein.

Hier sind in den kommenden Jahren Beratungsunternehmen – unter anderem Politik- und Managementberater sowie beratende Wirtschaftsprüfer – gefordert, effektive Konzepte vorzulegen, die nicht nur politische und wirtschaftliche, sondern auch gesellschaftliche Akzeptanz finden. Hier sind darüber hinaus bestehende und neue Service-Anbieter gefordert, Lösungen und Offerten für Dienstleistungen zu entwickeln, die mit bezahlbarer Qualität für Staat und Bürger aufwarten können und damit gleichzeitig die öffentliche Hand entlasten. Wie weit diese Ideen und Konzepte reichen können, ist heute noch nicht absehbar. Unzweifelhaft steht jedoch fest, dass private Dienstleister noch ausreichend Kompetenz und Ressourcen für die wirtschaftliche Übernahme staatlicher Aufgaben haben.

Technologische Zukunftsfaktoren: Internetisierung, Mobilisierung, künstliche Intelligenz und Wissenssysteme, Dematerialisierung und Desktop Manufacturing, Biometrie, Energie

Allein schon die Zahl der Stichwörter in der Überschrift zeigt, dass die technologischen Zukunftsfaktoren – und es handelt sich dabei nur um eine kleine Auswahl – einen ungeheuren Einfluss auf die Entwicklung der nächsten Jahre und Jahrzehnte haben werden. Dabei wird es sich zum einen um die breitere und tiefere Nutzung bereits vorhandener Technik handeln, zum anderen um die Gestaltung völlig neuer Technologien oder Technikkombinationen, die heute noch nicht vorstellbare Potenziale erschließen.

Zu den bereits bekannten Technologien zählt sicherlich das Internet, das die Arbeit der Kommunikation und Informationsrecherche im geschäftlichen und privaten Umfeld des Menschen in den vergangenen zwei Jahrzehnten umfassend beeinflusst hat. Trotzdem steht die Internetisierung des geschäftlichen und privaten Lebens erst am Beginn der Möglichkeiten. Bereits heute zeigt sich, dass mit Services wie Cloud Computing eine neue Stufe der Aktivierung des Internets zu wirtschaftlichen und wissenschaftlichen Zwecken erklommen wird. Wer hätte noch vor wenigen Jahren daran gedacht, dass ein Unternehmen wie Amazon Rechenkapazitäten für Unternehmen jeder Größe als Dienstleistung bereitstellt? Die Verlagerung von betrieblicher Informationstechnik und Geschäftsprozessen sowie Software-Nutzung für Unternehmen in das Internet wird unter dem Kostendruck der Finanz- und Wirtschaftskrise eine zusätzliche Dynamik erfahren.

Von dieser Entwicklung werden jedoch nicht nur Internet-, Software- und IT-Service-Anbieter Nutzen ziehen können. Managementberatungen sind gefragt, für die neuen Formen der Organisation und Kommunikation die passenden Geschäftsmodelle und -prozesse zu entwickeln beziehungsweise zu optimieren, denn es handelt sich nicht allein um eine Verlagerung von Aufgaben und Abläufen, sondern in vielen Fällen um eine komplette Neukonstruktion. Das gilt im Übrigen nicht nur für Unternehmen, sondern durchaus auch für den öffentlichen Sektor, der die Fülle der ihm obliegenden Aufgaben mit zunehmend weniger Ressourcen wahrnehmen muss. Und es gilt auch für den privaten Sektor, denn die Internetisierung reißt die Schranken zwischen beruflicher Aktivität und Privatleben weiter ein. Auch hier gilt es, Konzepte zu entwickeln, die Chancen eröffnen und Risiken eingrenzen.

Von der Durchdringung des Lebens mit dem Internet werden auch Personaldienstleister und deren Zeitarbeiter und Projektexperten profitieren. Die Vermittlung von Mitarbeitern via Internet, die umgehend ihre Arbeit an einem Projekt ebenfalls per Internet starten können – egal, wo sie gerade in Deutschland und der Welt sitzen –, wird neue Potenziale für einen flexiblen Arbeitsmarkt und neue Lebensqualitäten für Berufstätige erschließen.

Auch die Anbieter von Facility Management werden zunehmend auf die Plattform Internet setzen, um Service-Aufgaben und Ressourcen-Steuerung ökonomisch und zeitnah an jedem Kundenort erbringen zu können. Die künftigen Entwicklungen werden dabei weit über die heute bereits existierenden oder in aktueller Planung befindlichen Portale hinausgehen. Unter anderem wird die Internet-Anbindung von Haushalten das Geschäftsvolumen von Service-Unternehmen sprunghaft steigern, denn Dienstleistungen für private Haushalte werden sich auf diesem Weg in das Portfolio integrieren und realisieren lassen.

Die Potenziale der Internetisierung werden vervielfacht durch die parallel verlaufende Mobilisierung, wobei wir hier nur einmal den Bereich der Telekommunikation betrachten wollen. Die Verlagerung von IT-Leistung auf mobile Systeme, die Miniaturisierung der Internet-Endgeräte bis in Armbanduhr-Größe hinein – bereits heute realisiert! – revolutionieren den Prozess des menschlichen und wirtschaftlichen Kommunikationsverhaltens weiter. Die Bereitstellung entsprechender Netze und Inhalte dafür wird für die Anbieterunternehmen eine gewaltige Aufgabe darstellen, die sie nur mit kompetenten Service-Partnern umsetzen können. Unter anderem spielt dabei auch die neue Offenheit der Unternehmen eine Rolle, die durch Internetisierung und Mobilisierung – Stichwort Wikinomics – entsteht, die neben vielen Möglichkeiten auch neue Gefährdungspotenziale erzeugt.

Eines dieser Gefährdungspotenziale ist die künstliche Intelligenz (KI). Hacker nutzen bereits heute künstliche Intelligenz, um IT-Systeme beziehungsweise IT-gesteuerte Prozesse auszukundschaften und zu beschädigen. Hier benötigen Unternehmen erhebliche Unterstützung von Software- und Service-Anbietern, um Gefahren zu reduzieren. KI und hochleistungsfähige Wissenssysteme sind jedoch nicht vorrangig Fluch, sondern vielmehr in vielen Belangen ein Segen, denn mit zunehmendem Tempo und gleichzeitig zunehmender Kapazität gelingt es IT-Systemen immer besser, aus unzähligen Datenquellen und Informationsmengen Wissen herauszufiltern und zu vernetzen, Strukturen und Muster zu erkennen, Strategien vorzuschlagen und beispielsweise medizinische Diagnostik zu optimieren. Ray Kurzweil prognostizierte für das Jahr 2029, dass Maschinen dann den Status menschlicher Intelligenz erreichen. Genau genommen: Ein Computer im Wert von 1.000 US-Dollar erreicht die Rechenleistung eines menschlichen Hirns. Die Erfolge von Computersystemen gegen Schachweltmeister lassen diese Prognose zumindest als möglich erscheinen.

KI-Systeme werden in Zukunft im wirtschaftlichen und technischen Sektor Aufgaben übernehmen und Prozesse steuern, die heute noch mit hohem Aufwand von Menschen erbracht werden. Da aber in den kommenden Jahrzehnten immer weniger Menschen für diese Aufgaben zur Verfügung stehen werden, gilt es, die Vorteile der technologischen Zukunftsfaktoren Internet, Mobilisierung und KI zügig zu erschließen. Dabei sind nicht nur die Technologieberater und Ingenieure gefragt, sondern gerade Managementberater, die Menschen und Organisationen auf diese neuen Formen der Arbeit und Zusammenarbeit vorbereiten müssen. Gefragt sind auch die neuen Gesamtdienstleister, die weltweit die Kapazitäten von Unternehmen vernetzen und optimieren können, um neue Kooperationen und damit neue Ergebnisqualitäten gestalten zu können.

Zwei Themen, die ebenfalls von Bedeutung sind, sind die Dematerialisierung von Produkten und Services und unter anderem die Herstellung von Produkten an jedem beliebigen Ort. Am sichtbarsten wird diese Entwicklung bei Büchern, Filmen und Musik, die noch vor wenigen Jahren auf Datenträgern wie Kassetten oder DVDs und CDs produziert und vertrieben wurden. Heute werden Buch, Musik und Video ins Netz gestellt und vom Netz auf den Rechner, den Satelliten-Fernsehapparat, den MP3-Player und das E-Book im Privathaushalt geladen. Diese Lösung funktioniert nicht nur für Unterhaltung, sondern auch für professionelle Software, Business Information, Training und Weiterbildung sowie vielfältige andere Anwendungen. Und was lange Zeit als nicht denkbar galt – die Vermittlung von anfassbaren Produkten über das Internet – ist längst Wirklichkeit.

Mit additiver Fabrikation wird Desktop Manufacturing möglich. Das heißt: Der Kauf einer Puppe oder eines anderen Produktes wird komplett über das Netz abgewickelt. Der Käufer erhält einen Datensatz und „druckt" am eigenen Arbeitsplatz oder zu Hause sein dreidimensionales Produkt auf Knopfdruck aus – schon heute reichen die Möglichkeiten der „druckbaren" Produkte bis hin zum Wohnhaus. Die entsprechenden 3D-Drucker sind seit Jahren im Einsatz und werden sprunghaft preiswerter. Auch hier verbergen sich neue Geschäftsmodelle, neue Geschäftsprozesse, Vorteile für Ökonomie, Ökologie – weil zum Beispiel aufwändiger Warentransport entfällt – und neue Chancen für deutsche Unternehmen in der Welt und internationale Unternehmen in Deutschland. Und für die Wirtschaftsprüfer wird es unter anderem spannend sein, vor dem Hintergrund dieser neuen Informations- und Produktionskonzepte zu definieren, wo eigentlich die Wertschöpfung eines solchen Produktes entsteht.

Nicht nur IT- und Telekommunikationssysteme werden in den kommenden Jahren die Wirtschaft maßgeblich beeinflussen. Die Automatisierung in allen Wirtschaftsfeldern und die Robotik werden deutlich vorangetrieben, unter anderem durch die Ausbreitung der Automatisierung in die Dienstleistung hinein – Stichwort: Industrialisierung von Dienstleistungen. Der Roboter im Produktionsbetrieb sowie die Automatisierung von Service-Prozessen in Unternehmen und Organisationen oder Nearshore-/Offshore-Services werden unumgänglich sein, um mit weniger Berufstätigen mehr qualitative Dienstleistungen in Unternehmen und im privaten Sektor sicherzustellen.

Auch die Biometrie spielt bei den modernen Services von morgen eine immer wichtigere Rolle. Je besser Systeme künftig in der Lage sein werden, Menschen anhand ihrer individuellen Biometrie identifizieren zu können, desto weniger sind lästige Kontrollen – man denke nur an die entwürdigenden Szenen an den Sicherheitsschleusen der Flughäfen – erforderlich. Es entsteht als Folge das qualitative Gefühl einer neuen Freizügigkeit, es fallen niedrigere Kosten an und die Sicherheitsexperten können sich auf gezielte Stichprobenkontrollen konzentrieren. Facility-Management-Unternehmen sowie IT-Beratungs- und Service-Unternehmen und Software-Anbieter werden hier in naher Zukunft Durchbrüche erzielen.

Moderne Wirtschaft heute heißt jedoch auch, Nachhaltigkeit zu erzielen, Rohstoffe sorgsam einzusetzen, Energie sparsam zu nutzen, um Klimaveränderungen positiv zu beeinflussen. Daher sind von Management- und Technologieberatern praktikable Konzepte für Energie-Innovationen gefordert, die über die Fortführung tradierter Ideen hinausreichen. IT-Service-Unternehmen können durch die Vernetzung von Unternehmen, Aufgaben und Systemen Ergebnisse optimieren und den Ressourceneinsatz ebenfalls sinnvoll reduzieren. Facility-Management-Unternehmen, die nicht selten die komplette Haus- und Energietechnik von Firmen und anderen Organisationen betreiben, stehen hier ebenfalls in besonderer Verantwortung.

Fazit

Die kleine Auswahl von Zukunftsfaktoren aus den Feldern Gesellschaft, Politik, Wirtschaft und Technologie zeigt, wie groß die Möglichkeiten für intelligente Dienstleistungsunternehmen sind, Nutzen für ihre Kunden und sich selbst zu schaffen. Wer glaubt, die Entwicklung der professionellen Dienstleistungen hätte bereits einen Höhepunkt erreicht, der irrt. Die Dienstleistungsgesellschaft – nicht nur in Deutschland – steht erst am Anfang. Jede in diesem Buch vertretene Dienstleister-Gruppe verfügt noch über einen Innovationsspielraum, der allein für das nächste Jahrzehnt enorme Chancen eröffnet. Die Fülle der Möglichkeiten ist schier unerschöpflich. Der Service-Weg zum Jahr 2020 wird faszinierend.

Beratungsunternehmen

Managementberatung in Deutschland

Thomas Lünendonk und Heinz Streicher

Seit 60 Jahren gibt es in Deutschland einen Markt für Unternehmensberatung. Mit einem Volumen von weit über zehn Milliarden Euro gehört er heute zu den großen Märkten für unternehmensnahe Dienstleistungen. Probleme bereitet bei der Darstellung des Marktes für Unternehmensberatung zunehmend die Überlappung von verschiedenen Dienstleistungskategorien. Das klassische Beratungsgeschäft, das in der Begutachtung einer Problemsituation und in der Abgabe einer Lösungsempfehlung bestand, wird durch andere Dienstleistungsformen immer mehr in den Hintergrund gedrängt.

Die Neustrukturierung einer Unternehmensorganisation ist nur der erste Schritt eines Beratungsprojektes. Die Begleitung der Umsetzung des Konzeptes als Projektleiter und Change Agent gehört immer häufiger zur Aufgabe des Unternehmensberaters.

Der Oberbegriff Unternehmensberatung erscheint vielen Anbietern wegen des fehlenden Schutzes zu abgegriffen oder angesichts des eigenen Spezial-Know-hows zu unpräzise. Im Grunde ist der Begriff Unternehmensberatung nur noch als Oberbegriff nutzbar. Genauere Bezeichnungen wie Marketing-Beratung, Personalberatung, IT-Beratung, M&A-Beratung, PR-Beratung, Logistikberatung etc. erleichtern die Positionierung am Markt. Zudem treten neben die Wirtschaftsunternehmen als Beratungskunden zunehmend Behörden und andere Institutionen.

Die Anforderungen an die externen Berater sind in den vergangenen Jahren immer spezieller geworden. Der einzelne Allround-Berater, dem sich früher Firmeninhaber anvertrauten, hat nur noch eine Chance als persönlicher Sparringspartner, häufig in der Funktion eines Coachs. Dem Spezialisierungszwang versuchen viele Beratungsunternehmen durch eine ständige Verbreiterung ihrer Angebotspalette und durch Unternehmenswachstum gerecht zu werden. Die Erfolgsaussichten dieser Strategie sind nicht unumstritten. Da das Beratungsgeschäft stets ein „people business" bleiben wird, nimmt mit zunehmender Unternehmensgröße und unvermeidlicher Hierarchie die Identifikation des einzelnen Beratungsmitarbeiters mit dem eigenen Unternehmen ab, die notwendige Eigeninitiative bei der Tätigkeit und der Neuakquisition schwindet.

So erzeugt die Konzentration auf dem Beratermarkt ständig Neugründungen, beispielsweise durch ausscheidende Topberater oder Manager von Großunternehmen, die in der Vorstandsetage Raum für kreatives Arbeiten vermissten. Die Eintrittsschwelle zur Beratung ist sehr niedrig und rechtliche Zugangsbeschränkungen bestehen bei Unternehmensberatern nicht. Ein aussagekräftiger Überblick über den Markt für Management- und Unternehmensberatung in Deutschland wird dadurch erschwert. Es gestaltet sich angesichts der Heterogenität der Beratungsinhalte durchaus schwierig, den Markt und den Kreis der Anbieterunternehmen trennscharf zu definieren.

Die historische Entwicklung des Beratungsmarktes in Deutschland

Historisch gesehen dominierten zunächst (bis etwa 1960) betriebswirtschaftliche Themen den Beratungsmarkt, überwiegend für Struktur- und Ablauforganisation. Neben vielen Einzelberatern spielten bereits einige deutsche Beratungsunternehmen (vor allem Kienbaum, Plaut und Mummert) eine wichtige Rolle. Später (ab etwa 1970) kam verstärkt die elektronische Datenverarbeitung ins Spiel. Das zusätzliche Angebot bestand überwiegend aus Individual-Software-Entwicklung und Trainingsleistungen für die Mitarbeiter der Anwender-Unternehmen.

In den 70er Jahren etablierten sich im wachstumsstarken deutschen Markt aber auch die großen internationalen Managementberatungs-Konzerne McKinsey, A.T.Kearney, Booz Allen Hamilton und Towers Perrin mit eigenen Niederlassungen. In den USA war diese Form der Unternehmensberatung bereits Ende des 19. beziehungsweise zu Beginn des 20. Jahrhunderts entstanden und hatte besonders in den 20er und 30er Jahren größere Bedeutung erlangt.

Seit Beginn der 70er Jahre traten zunehmend unabhängige Informationstechnik-Beratungsanbieter (IT-Berater) am deutschen Markt auf, die neben IT-Infrastrukturberatung vor allem Kundenprojekte für Software-Entwicklung bis hin zu schlüsselfertigen Systemen übernahmen. Neben weiteren internationalen Managementberatern wie Arthur D. Little und Boston Consulting Group wurden zudem auch spezialisierte deutsche Unternehmensberatungen und erste Tochterunternehmen englischer und amerikanischer IT-Dienstleister auf dem deutschen Markt aktiv.

Durch das Aufkommen von Arbeitsplatz-Computern in den 80er Jahren und die dadurch verstärkte Dezentralisierung der Informationstechnik wurde von den Beratern zunehmend Anwendungswissen erwartet. Diese Anforderung und die strategische Bedeutung der IT in den Unternehmen führten dazu, dass betriebswirtschaftlich orientierte Beratungsunternehmen wie beispielsweise die Tochtergesellschaften der Wirtschaftsprüfungskonzerne sich im IT-Beratungsgeschäft engagierten.

Die in den 90er Jahren aufkommende Verbindung von Beratung, Systemintegration und Outsourcing-Geschäft rief die großen Beratungs- und Systemintegrations-Konzerne auf den Plan, die in diesem Markt beträchtliche Wachstumspotenziale sehen.

Leistungsspektrum

Die beiden wichtigsten Beratungsfelder in Deutschland sind zurzeit:

- Strategieberatung, das heißt vor allem strategische Unternehmensplanung, Unternehmensgestaltung, Marketing und Corporate Finance.
- Organisations- und Prozessberatung, das heißt vor allem Change Management, Produktions- und Fertigungsoptimierung, Supply-Chain-Management, Controlling und Projektmanagement.

Zur Managementberatung im engeren Sinne zählt man außerdem:

- Human-Resources-Beratung, das heißt Tätigkeiten, die sich mit den Mitarbeitern der beratenen Organisationen befassen, zum Beispiel Personalbedarfs- und Einsatzplanung, Vergütungsfragen und Personalentwicklung.

Die Unterstützung bei der Suche und Auswahl von Fach- und Führungskräften, die allgemein als Personalberatung bezeichnet wird, stellt eine eigenständige Sonderfunktion dar und zählt nicht zur klassischen Managementberatung.

Schwierig ist und bleibt die Abgrenzung zur IT-Beratung, die in beträchtlichem Umfang strategische Elemente der Organisations- und Prozessberatung einschließt, jedoch überwiegend technologiebezogene Dienstleistungen von der Implementierung bis hin zum Outsourcing und Betrieb von IT-Anlagen beinhaltet.

Marktstruktur

Nach Schätzungen des Bundesverbandes Deutscher Unternehmensberater BDU e.V. sind im deutschen Markt für Unternehmensberatung rund 14.000 Gesellschaften für Unternehmensberatung mit insgesamt rund 78.000 Beratern und 28.000 sonstigen Mitarbeitern aktiv. Die Relation zeigt, dass der weit überwiegende Teil dieser Beratungsunternehmen sehr klein ist. Das Marktvolumen betrug 2007 rund 16,4 Milliarden Euro. Der BDU hat ermittelt, dass weniger als ein halbes Prozent der Beratungsunternehmen allein die Hälfte dieses Marktvolumens abdeckt und andererseits drei Viertel der 14.000 Unternehmen jeweils weniger als eine halbe Million Euro Jahresumsatz und zusammen nur 13 Prozent des Marktvolumens erwirtschaften. Das ergibt für diese kleinen Unternehmen einen rechnerischen Durchschnittsumsatz von rund 215.000 Euro pro Unternehmen. Damit ist klar, dass es sich dabei häufig um Einzelberater handelt.

Die führenden Managementberatungs-Unternehmen

Die Lünendonk GmbH hat sich bei ihren seit mehr als zwei Jahrzehnten jährlich erhobenen Studien über Managementberatung auf eine enge Definition der Managementberatung festgelegt. Die Teilnehmer an den jährlichen, umfangreichen Befragungen müssen mindestens 60 Prozent ihres Umsatzes mit klassischer Unternehmensberatung, also Strategie, Organisation, Prozessoptimierung, Führung, Logistik oder Marketing, erwirtschaften. Den Beratungsunternehmen, die überwiegend IT-Dienstleistungen oder Technologieberatung erbringen, sind eigene Studien gewidmet.

Seit den 80er Jahren analysiert Lünendonk jährlich rund 50 bis 60 führende in Deutschland tätige Managementberatungs-Gesellschaften, die die obengenannten Kriterien erfüllen. Unter den Befragungsteilnehmern befinden sich die jeweils 25 Managementberatungs-Unternehmen, die die höchsten Umsätze in Deutschland aufweisen. Um eine aussagekräftige Analyse der Marktsituation zu gewährleisten, werden für Strukturvergleiche außer den Top 25 noch weitere 25 bis 30 mittelgroße und kleine Managementberatungs-Unternehmen in die als Marktstichprobe angelegte Befragung einbezogen.

Unternehmen	Schwerpunkt Strategieberatung	Umsatz in Deutschland in Mio. Euro		Mitarbeiterzahl in Deutschland		Gesamtumsatz in Mio. Euro (Nur Unternehmen mit Hauptsitz in Deutschland)	
		2007	2006	2007	2006	2007	2006
1 McKinsey & Company Inc. Deutschland, Düsseldorf *	•	630,0	600,0	2.000	1.900		
2 Roland Berger Strategy Consultants GmbH, München *	•	365,0	330,0	790	710	615,0	555,0
3 The Boston Consulting Group GmbH, Düsseldorf/München *	•	361,5	305,0	1.370	1.200		
4 Deloitte Consulting GmbH, Hannover		266,0	197,0	874	890		
5 Booz Allen Hamilton GmbH, Düsseldorf	•	252,0	229,0	580	525		
6 Capgemini Consulting Deutschland GmbH, Berlin [1]		227,0	208,0	996	948		
7 Steria Mummert Consulting AG, Hamburg		224,0	198,0	1.497	1.291		
8 BearingPoint GmbH, Frankfurt am Main		220,0	208,0	1.409	1.516		
9 Oliver Wyman Group, München * [2]	•	207,0	239,0	540	560		
10 Bain & Company Germany Inc., München	•	191,0	158,0	430	370		
11 A.T. Kearney GmbH, Düsseldorf	•	185,0	174,0	548	488		
12 Droege International Group AG, Düsseldorf * [3]	•	122,0	84,7	240	215	135,0	119,5
13 Arthur D. Little GmbH, Wiesbaden	•	78,5	77,5	250	270		
14 Zeb/Rolfes.Schierenbeck.Associates GmbH, Münster		77,5	69,5	547	456	99,5	87,6
15 Mercer Deutschland GmbH, Frankfurt am Main * [4]		74,0	k.A.	555	514		
16 Simon, Kucher & Partners GmbH, Bonn *		65,6	52,0	242	190	80,6	64,0
17 MC Marketing Corporation Gruppe, Bad Homburg		61,7	54,6	287	241	75,6	67,1
18 Management Engineers GmbH & Co. KG, Düsseldorf *		59,3	48,6	155	131	68,4	55,0
19 Towers Perrin Inc., Frankfurt am Main *		58,0	52,0	330	290		
20 Horváth AG (Horváth & Partners-Gruppe), Stuttgart	•	56,8	48,5	211	190	71,7	64,8
21 Kienbaum Management Consultants GmbH, Gummersbach *		46,0	40,0	195	170	50,0	44,0
22 d-fine GmbH, Frankfurt am Main		37,3	30,0	200	144	41,3	33,0
23 Monitor Group, München	•	33,0	30,0	90	85		
24 The Information Management Group IMG GmbH, München		31,2	30,8	280	210		
25 Dornier Consulting GmbH, Friedrichshafen		27,2	30,5	160	140	38,4	38,0

1 ohne IT-Beratung und Systemintegration, 2 Neue Konzernstruktur 2007; ohne Mercer HR, 3 Umsatz inkl. Erfolgshonorare, 4 neue Konzernstruktur seit Mai 2007, * Umsatz- und/oder Mitarbeiterzahlen teilweise geschätzt. k.A = keine Angabe

Aufnahmekriterium für diese Liste: Mehr als 60 Prozent des Umsatzes werden mit klassischer Unternehmensberatung wie Strategie, Organisation, Führung, Marketing erzielt. Die Rangfolge des Rankings basiert auf kontrollierten Selbstauskünften der Unternehmen über in Deutschland bilanzierte/erwirtschaftete Umsätze. COPYRIGHT: Lünendonk GmbH, Kaufbeuren 2008 - Stand 21.05.2008 (Keine Gewähr für Firmenangaben)

Tabelle 1: Lünendonk®-Liste 2008: Top 25 Managementberatungs-Unternehmen

Anhand der Situation im Jahr 2007 soll im Folgenden die Angebots-struktur am deutschen Managementberatungs-Markt dargestellt wer-den. Mit einem Deutschlandumsatz von rund 630 Millionen Euro ist McKinsey & Company wie seit Jahren das größte Managementbera-tungs-Unternehmen im deutschen Markt. Nach diesem auch weltweit führenden Unternehmen liegt Roland Berger & Partner mit 365 Mil-lionen Euro deutschem Gesamtumsatz und 616 Millionen Euro Welt-umsatz auf Platz zwei. Der folgende Rang wird ebenfalls von einer klas-sischen, international tätigen Managementberatungs-Gesellschaft ein-genommen: Boston Consulting Group (361,5 Millionen Euro). Auf Platz vier hat sich mit 270 Millionen Euro die BearingPoint GmbH gescho-ben. Diese ehemalige Unternehmensberatungs-Tochtergesellschaft des Wirtschaftsprüfungskonzerns KPMG ist seit 2006 in dieser Studie ver-treten, da derzeit das klassische Managementberatungs-Geschäft gegenüber dem IT-Dienstleistungs-Geschäft dominiert.

Es folgt auf Rang fünf die ebenfalls zu einem Wirtschaftprüfungs-Kon-zern gehörige Deloitte Consulting mit 266 Millionen Euro. Booz & Company, ein weiteres internationales Managementberatungs-Unter-nehmen, liegt mit 252 Millionen Euro Deutschlandumsatz auf dem nächsten Platz. Steria Mummert Consulting AG, Capgemini Consulting Deutschland GmbH, Oliver Wyman Group und Bain & Company kom-plettieren die Top 10 der Managementberatungen in Deutschland. Die Reihenfolge des jährlich im Mai veröffentlichten Lünendonk®-Ran-kings der Top-25-Managementberatungs-Unternehmen richtet sich seit 2005 nicht mehr nach der Höhe der Gesamtumsätze der Unterneh-men, sondern nach deren Inlandsumsätzen in Deutschland. Diese neue Struktur sorgt für eine erhöhte Transparenz und noch bessere Vergleichbarkeit der Anbieter, was ihre Position im deutschen Markt betrifft.

Marktanteile am Inlandsumsatz

Betrachtet man die im deutschen Markt erzielten Umsätze der Bera-tungsunternehmen, so wird deutlich, wie vielgliedrig dieser Markt auf seiner Anbieterseite ist. Bezogen auf das vom BDU geschätzte Marktvo-lumen für Unternehmensberatung im Jahr 2007 von 16,4 Milliarden Euro, erreicht McKinsey als größtes Unternehmen lediglich einen Marktanteil von 3,8 Prozent. Legt man den jeweiligen Inlandsumsatz zugrunde, so haben elf Managementberatungs-Unternehmen einen Marktanteil von jeweils mindestens 1 Prozent. Sie decken mit ihren Inlandsumsätzen 19 Prozent des geschätzten Marktvolumens in Deutschland ab. Alle in die Studie einbezogenen 59 Unternehmen, unter denen sich auch die nach Inlandsumsatz 25 größten befinden, repräsentieren rund 26 Prozent des Inlandsmarktvolumens.

Die Marktanteile sind aus verschiedenen Gründen mit Einschränkungen behaftet. Einerseits enthält das vom BDU berechnete Marktvolumen beträchtliche Umsatzanteile mit IT-Beratung (3,5 Milliarden Euro), die nur eingeschränkt als klassische Managementberatung gezählt werden kann. Das bedeutet, dass sich für jene Managementberatungs-Unternehmen, die keine IT-Beratung machen, in dieser Berechnung zu niedrige Marktanteile ergeben. Andererseits haben einige der großen Managementberatungs-Unternehmen auch Umsatzanteile, die mit IT-Beratung oder Finanzberatung oder anderen Tätigkeiten erwirtschaftet werden.

Die Mittelstandsunternehmen

Obwohl seit Jahren auch in Deutschland die Tochtergesellschaften der großen multinationalen Managementberatungs-Konzerne wie etwa McKinsey, Roland Berger, Boston Consulting Group, Oliver Wyman Group und Booz & Co. das Umsatz-Ranking anführen, spielen zahlreiche deutsche mittelständische und kleine Managementberatungs-Unternehmen eine wichtige Rolle. Lünendonk erstellt deshalb seit einigen Jahren auch ein Ranking der zehn führenden deutschen mittelständischen Beratungsunternehmen. Darin werden die zehn umsatzstärksten Managementberatungs-Unternehmen gelistet, die ihren Hauptsitz in Deutschland haben, jeweils unter 500 Millionen Gesamtumsatz erzielen sowie keinem Konzern angehören.

Die sogenannten Top 10 im Mittelstand erwirtschafteten in 2007 zusammen 676 Millionen Euro Gesamtumsatz, wobei die Spannweite der jeweiligen Umsätze von 24 Millionen Euro bis 135 Millionen Euro reicht. Verglichen mit den großen internationalen Beratungskonzern-Töchtern ist das Leistungsspektrum innerhalb der Top 10 der mittelständischen deutschen Managementberatungs-Unternehmen wesentlich breiter gefächert, da in dieser Größenklasse das Spezialistentum eine wichtige Rolle spielt.

Eine Reihe von deutschen Managementberatungs-Unternehmen beweist schon seit Jahren die hohe Wettbewerbsfähigkeit ihrer Leistungen und unternehmerische Qualität durch ein erfolgreiches Auslandsgeschäft. Alle zehn im Jahr 2007 führenden mittelständischen deutschen Beratungsunternehmen erzielen Umsätze mit Kunden im Ausland, teilweise mit Anteilen bis zu 40 Prozent an ihren Gesamtumsätzen. Im Durchschnitt erzielten die Top 10 einen Exportanteil von knapp 17 Prozent.

Top 10: Mittelständische Unternehmen	Gesamtumsatz in Mio. Euro		Umsatz in Deutschland in Mio. Euro		Umsatz im Ausland in Mio. Euro	
	2007	2006	2007	2006	2007	2006
1 Droege International Group AG, Düsseldorf *[1]	135,0	119,5	122,0	84,7	13,0	34,8
2 Zeb/Rolfes.Schierenbeck.Associates GmbH, Münster	99,5	87,6	77,5	69,5	22,0	18,1
3 Simon, Kucher & Partners GmbH, Bonn *	80,6	64,0	65,6	52,0	15,0	12,0
4 MC Marketing Corporation Gruppe, Bad Homburg	75,6	67,1	61,7	54,6	13,9	12,5
5 Horváth AG (Horváth & Partners-Gruppe), Stuttgart	71,7	64,8	56,8	48,5	14,9	16,3
6 Management Engineers GmbH & Co. KG, Düsseldorf *	68,4	55,0	59,3	48,6	9,1	6,4
7 Kienbaum Management Consultants GmbH, Gummersbach *	50,0	44,0	46,0	40,0	4,0	4,0
8 d-fine GmbH, Frankfurt am Main	41,3	33,0	37,3	30,0	4,0	3,0
9 Kerkhoff Consulting GmbH, Düsseldorf	30,0	29,0	18,0	17,5	12,0	11,5
10 TMG Technologie Management Gruppe GmbH, Stuttgart	23,8	17,3	22,3	17,3	1,5	0,0

* Umsatzzahlen teilweise geschätzt. 1 Umsatz inkl. Erfolgshonorare

Aufnahmekriterium für diese Liste: Unternehmen, die ihren Hauptsitz in Deutschland haben, jeweils bis zu 500 Mio. Euro Gesamtumsatz erzielen und keinem Konzern angehören. Mehr als 60 Prozent des Umsatzes werden mit klassischer Unternehmensberatung wie Strategie, Organisation, Führung, Marketing erzielt.
Die Rangfolge des Rankings basiert auf kontrollierten Selbstauskünften der Unternehmen über in Deutschland bilanzierte/erwirtschaftete Umsätze.
COPYRIGHT: Lünendonk GmbH, Kaufbeuren 2008 – Stand 12.06.2008 (Keine Gewähr für Firmenangaben)

Tabelle 2: Lünendonk®-Liste 2008: Führende deutsche mittelständische Managementberatungs-Unternehmen

Tätigkeitsfelder der Beratungsunternehmen

Die Studiendaten von 2007 zeigen, dass die an der Lünendonk®-Studie beteiligten Managementberatungs-Unternehmen auf fast allen aufgelisteten Leistungsfeldern tätig sind und darüber hinaus noch vielfältige Leistungsvarianten nennen.

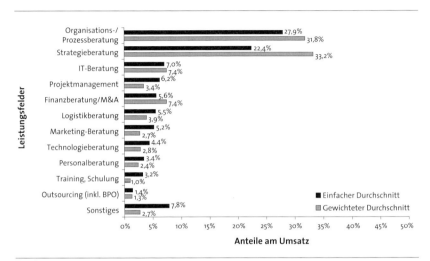

Abbildung 1: Leistungsspektrum 2007
(Einfache und gewichtete Durchschnitte; Anteile am Umsatz in Prozent)

Das einfache arithmetische Mittel der Angaben der an der Studie beteiligten Unternehmen über ihre jeweiligen Umsatzanteile zeigt den Schwerpunkt (27,9 Prozent) bei der Organisations- und Prozessberatung. Das andere klassische Feld der Managementberatung, die Strategieberatung, liegt mit 22,4 Prozent auf dem zweiten Rang. Die übrigen Tätigkeitsgebiete haben jeweils weniger als 10 Prozent Anteil (Projektmanagement: 6,2 Prozent; Finanzberatung/M&A: 5,6 Prozent); Logistikberatung: 5,5 Prozent; Marketing-Beratung: 5,2 Prozent; Technologieberatung: 4,4 Prozent). Der relativ niedrige Wert der IT-Beratung (7 Prozent) rührt daher, dass die überwiegend mit diesen Leistungen befassten Beratungsunternehmen der Lünendonk®-Studie den IT-Beratern und Systemintegratoren zugeordnet werden. Die der Definition für die Aufnahme in die Managementberatungs-Studie entsprechenden Leistungen machen im Durchschnitt rund 80 Prozent der Umsätze aus.

Der mit dem Umsatz gewichtete durchschnittliche Anteil der Leistungsart Strategieberatung ist mit 33,2 Prozent wesentlich höher als das einfache arithmetische Mittel (22,4 Prozent). Bei Organisations-

und Prozessberatung liegt der gewichtete Anteil nur wenig höher als der einfache Durchschnitt. Bei den anderen Leistungsarten liegen, mit Ausnahme der Finanzberatung und der IT-Beratung, die gewichteten Anteile niedriger als die entsprechenden einfachen Mittelwerte, das heißt, dass sie offenkundig stärker von den umsatzschwächeren Unternehmen unter den Studienteilnehmern durchgeführt werden. Addiert man die gewichteten Anteile der für die Aufnahme in diese Untersuchung relevanten Leistungen, so ergibt sich ein Gesamtanteil von 88 Prozent, der die Richtigkeit der Stichprobe dokumentiert.

Die wichtigsten Themen der Geschäftstätigkeit

Bei der Analyse des Managementberatungs-Marktes interessieren die drei Dimensionen der Aktivitäten: erstens die Leistungsart, zweitens die Kundenbranche und drittens natürlich auch das Anwendungsgebiet, auf dem die einzelnen Managementberatungs-Unternehmen aktiv sind. Den höchsten Anteil am jeweiligen Umsatz wies 2007 im Durchschnitt das Thema Effizienzsteigerung (10,8 Prozent) vor Wachstumsstrategien (8,5 Prozent) und Organisation (7,6 Prozent) auf. Es folgten HR-Management (7,4 Prozent), Marketing- und Vertriebsoptimierung (6,9 Prozent), Logistik (6,8 Prozent) und Einkauf/Beschaffung (6,5 Prozent). Die niedrigsten Durchschnittsanteile haben die Themen Forschung und Entwicklung (0,6 Prozent) und Sanierung (0,7 Prozent).

Die Ergebnisse einer solchen Frage geben eine interessante Tendenz der am Markt bearbeiteten Themen, sie dürfen allerdings nicht überbewertet werden, da zahlreiche Projekte mehrere der Themen umfassen und es oft nicht möglich ist, die jeweiligen Themenanteile trennscharf zu quantifizieren.

Marktsektoren

Die Industrie blieb, wie schon seit Jahren, auch 2007 mit Abstand der wichtigste Kunde der Managementberatungs-Unternehmen: Knapp 42 Prozent Anteil am Umsatz ergibt der einfache arithmetische Durchschnitt. Bereits deutlich zurückliegend folgen die Finanzdienstleister mit 15,3 Prozent und Energie/Verkehr mit 14,7 Prozent. Die übrigen Marktsektoren erreichen jeweils nur einstellige Anteilswerte am Umsatz (Telekommunikation: 6,7 Prozent; Handel: 5,9 Prozent). Relativ gering sind mit unter 5 Prozent immer noch die Umsatzanteile des

Gesundheitswesens (4,8 Prozent) und der öffentlichen Dienstleister und Behörden (4,7 Prozent).

Das Verhältnis der Managementberatungs-Unternehmen zu ihren Kunden

Wie sehen die Managementberatungs-Unternehmen ihre Rolle im Geschäft mit ihren Kunden? Anhand einer Liste mit 14 Varianten definieren die Unternehmen ihr Verhältnis zu ihren Kunden, indem sie die drei wichtigsten Varianten benennen. Drei Charakteristika liegen vorn: dauerhafter Partner (58 Prozent), Berater (42 Prozent) und individueller Problemlöser (40 Prozent). Ungefähr jedes zweite der befragten Managementberatungs-Unternehmen sieht sich dadurch charakterisiert. Relativ viele Nennungen erhalten weitere drei Beschreibungen des Rollenverständnisses: Transformation Partner (39 Prozent), Beratungsdienstleister (32 Prozent) und Innovation Partner (25 Prozent). Zweistellige Nennungsprozente erhalten darüber hinaus die Kennzeichnungen Coach (21 Prozent) und Gesamtdienstleister (11 Prozent). Es ist bemerkenswert, wie einheitlich die Charakterisierung des Verhältnisses trotz aller Strukturunterschiede ausfällt und wie häufig so junge Begriffe wie Innovation Partner oder Transformation Partner bereits genannt werden.

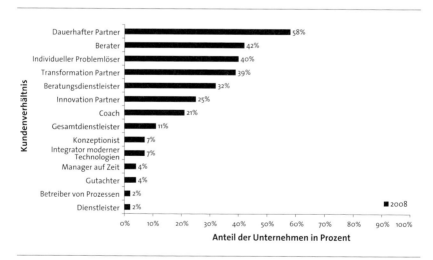

Abbildung 2: Das Verhältnis der Managementberatungs-Unternehmen zu ihren Kunden
(Beschreibung der Unternehmen anhand von 14 Varianten; Nennungen der drei wichtigsten Varianten 2008 und 2007)

Ergebnis der Tätigkeit

Im Dienstleistungsgeschäft ist die vor Beginn der Tätigkeit gestellte Frage nach dem Ergebnis der Tätigkeit besonders wichtig und schwierig zu beantworten. Was versprechen Managementberatungs-Unternehmen ihren Kunden? Auf einer Liste mit 14 Varianten wählten Beratungsunternehmen die drei wichtigsten aus. Zwei Ergebnisvarianten erhielten eindeutig die meisten Nennungen: Effizienzsteigerung (56 Prozent) und nachhaltige Wertsteigerung des Unternehmens (53 Prozent). Etwa jeweils gleich viele Nennungen erhalten die zwei Ergebnisvarianten optimale Prozessgestaltung (40 Prozent) und Ertragssteigerung (32 Prozent). Es folgt eine weitere Gruppe mit drei fast gleich oft genannten Varianten: Wettbewerbsvorteile (25 Prozent), Kostensenkung (21 Prozent) und Steigerung des Markterfolges (19 Prozent). Beachtenswert ist auch, wie wenige Nennungen auf einige Klassiker des früheren Beratungsgeschäftes entfallen: Konzentration auf die Kernkompetenz (4 Prozent) und optimale Führungsstruktur (2 Prozent).

Mitarbeiter

Die Managementberatungs-Gesellschaften, die die Lünendonk®-Studie 2008 analysiert hat, meldeten für 2007 insgesamt 19.277 festangestellte Mitarbeiter (2006: 17.649). Die Bandbreite reichte von 4 bis 2.000 Mitarbeiter. Im Durchschnitt waren bei den 59 Unternehmen 327 Mitarbeiter angestellt. Der wesentlich niedrigere Zentralwert von 120 deutet auf die Häufung großer Unternehmen hin.

Der BDU geht bei seinen Angaben von insgesamt rund 106.000 Beschäftigten bei den rund 14.000 Beratungsunternehmen in Deutschland aus. Das entspricht einem Durchschnitt von knapp acht Mitarbeitern pro Unternehmen. Für die 55 Umsatzstärksten sind – laut BDU – 35.000 Mitarbeiter beschäftigt, das heißt im Durchschnitt 636 pro Unternehmen.

Der Vergleich der Beschäftigtenzahlen in der Beraterbranche ist grundsätzlich mit zahlreichen Unsicherheiten behaftet, da einerseits bei den großen Gesellschaften auch Berater aus ausländischen Schwestergesellschaften eingesetzt werden beziehungsweise umgekehrt und anderseits Beratungsunternehmen sehr häufig feste freie Beratungsmitarbeiter in den Kundenprojekten beschäftigen.

Die stabile Branchenkonjunktur im Beratungsgeschäft hat in den vergangenen Jahren wieder zu Engpässen auf dem Arbeitsmarkt geführt.

Dabei ist von Interesse, welche Basisausbildung die Berater haben. Nach Erhebungen von Lünendonk hat fast die Hälfte der Managementberater (48 Prozent) ein wirtschaftswissenschaftliches Studium absolviert. Ein gutes Fünftel hat Ingenieurswissenschaften studiert und jeweils 9 Prozent Naturwissenschaften und Informatik. 12 Prozent der Berater weisen sonstige Ausbildungsrichtungen auf. Bei den sonstigen Ausbildungen wurden mehrfach Psychologie, Jura und Wirtschaftsingenieurwesen sowie Sozialwissenschaften und Geografie genannt. Zwar besagt im Beratungsgeschäft die Grundausbildung eines Beraters meist nicht, dass er auch heute eine entsprechende Tätigkeit ausübt, aber durch die große Zahl der betroffenen Mitarbeiter zeigen diese Zahlen eine gewisse Richtschnur.

Abgesehen von Greencards und anderen Überlegungen, partielle Engpässe durch Rekrutierung von ausländischen Fachkräften zu überwinden, ist das Managementberatungsgeschäft international, und es waren schon immer verschiedene Nationalitäten bei den Beratungsunternehmen in Deutschland beschäftigt. Lünendonk hat ermittelt, wie viel Prozent der Berater eine andere als die deutsche Staatsangehörigkeit haben. Der einfache arithmetische Mittelwert von 10,4 Prozent wird von dem Median (9,5 Prozent) nur unwesentlich unterschritten, das heißt, man kann davon ausgehen, dass jeder zehnte Berater bei den befragten Managementberatungs-Unternehmen keine deutsche Staatsangehörigkeit besitzt. Ein Fünftel der Beratungsfirmen gibt an, keine Berater mit einer anderen als der deutschen Staatsangehörigkeit zu beschäftigen.

Thesen über die Beratungsbranche im Jahr 2020

Wie sehen die Managementberatungs-Unternehmen die längerfristige Zukunft ihrer Branche? Anhand der Bewertung von drei Thesen über das Jahr 2020 ergibt sich folgendes Bild:

Die Behauptung, dass Beraterverträge im Jahr 2020 immer einen erfolgsabhängigen Honoraranteil enthalten, erachten über 40 Prozent für sehr wahrscheinlich oder wahrscheinlich. Ein knappes Viertel hält dies auch im Jahr 2020 für weniger wahrscheinlich. Ein Drittel will sich nicht entscheiden.

Die These, dass Managementberatungs-Unternehmen 2020 grundsätzlich eine IT-Beratungs-Division aufweisen werden, findet nur bedingt die Zustimmung bei den Befragungsteilnehmern. 18,5 Prozent sagen sehr wahrscheinlich und 20,4 Prozent sagen wahrscheinlich. 37,1 Prozent halten das für weniger wahrscheinlich oder überhaupt nicht wahrscheinlich, während ein knappes Viertel keine Meinung dazu äußert.

Die Annahme, dass sich bis 2020 der Wettbewerb mit Gesamtdienstleistern, die neben IT-Beratung auch Managementberatung und Realisierung anbieten, etabliert hat, wird grundsätzlich eher positiv bewertet. Gut die Hälfte hält die These für sehr wahrscheinlich oder wahrscheinlich. Knapp 30 Prozent plädieren für weniger wahrscheinlich oder nicht wahrscheinlich und ein knappes Fünftel ist unentschieden.

Die mittel- und langfristigen Perspektiven des Managementberatungs-Marktes

Wie schätzen die Managementberatungs-Unternehmen selbst die weitere Entwicklung des Marktes in Deutschland quantitativ ein?

Mittelfristig, das heißt für den Zeitraum bis 2013, beurteilen die von Lünendonk befragten Unternehmen die Entwicklung des Managementberatungs-Marktes recht optimistisch. Zwar sehen etwas mehr (32 Prozent) den Pfad nur im Bereich über 0 bis 5 Prozent Marktwachstum pro Jahr, jedoch rechnen deutlich mehr als die Hälfte (57 Prozent) mit einem jährlichen Marktwachstum von über 5 bis 10 Prozent, jeder Zehnte sogar von über 10 Prozent. Kein Befragungsteilnehmer befürchtet für die Jahre bis 2013 stagnierende Wachstumsraten. Als einfaches Mittel ergeben sich im Durchschnitt 8 Prozent. Der Median von 7 Prozent zeigt, dass der Mittelwert bei dieser mittelfristigen Prognose eine relativ breite Basis besitzt. Da diese Einschätzungen aus dem Frühjahr 2008 stammen, müssen jedoch angesichts der massiv veränderten Marktrahmenbedingungen Abstriche für das Jahr 2009 gemacht werden.

Für die Studie erfragte Lünendonk auch die Erwartungen für einen längeren Zukunftszeitraum, nämlich 2013 bis 2020. Dabei handelt es sich eher um die grundsätzliche Frage, wie die fernere Zukunft eingeschätzt wird, als um numerische Prognosen. Das Ergebnis ist bemerkenswert: Diese weit in die Zukunft reichenden Projektionen der Beratungsunternehmen fallen nur unwesentlich niedriger aus als die für die mittelfristige Zukunft. Der Mittelwert aller Beteiligten liegt bei 7,7 Prozent, der Median ist allerdings schon etwas niedriger (6 Prozent). Interessant ist, dass sich immerhin 78 Prozent der befragten Unternehmen eine solche langfristige Projektion zugetraut haben.

Betrachtet man die Entwicklung des Unternehmungsberatungs-Marktes, wie sie der BDU ermittelt hat, in den letzten zehn Jahren (1998 bis

2007), so zeigen sich jährliche Zuwachsraten zwischen +14,3 Prozent (1998) und -4,7 Prozent (2002). Im Durchschnitt ergeben die Veränderungen eine Zuwachsrate von rund 7 Prozent pro Jahr.

Die Marktprognosen der Managementberatungs-Unternehmen für die Zeiträume bis 2013 und 2013 bis 2020 liegen – gemessen an den Zentralwerten, die extreme Nennungen ausschalten – im Bereich von 6 bis 7 Prozent pro Jahr, das heißt in der gleichen Größenordnung wie die effektive Entwicklung der letzten zehn Jahre. Diese Zeitspanne weist einen konjunkturellen Einbruch mit negativen oder stagnierenden Veränderungsraten (2002 bis 2004) auf, der die Durchschnittsrate für den ganzen Zeitraum stark reduziert. Da bei längerfristigen Prognosen naturgemäß keine exogenen Einflüsse wie beispielsweise Konjunktureinbrüche einkalkuliert werden können, ist die Projektion von 6 bis 7 Prozent bis 2020 durchaus realistisch.

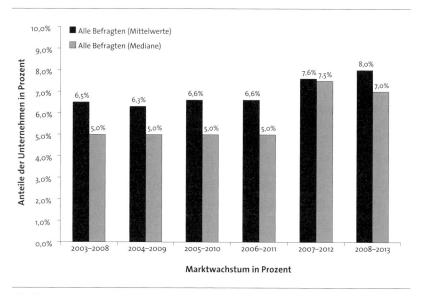

Abbildung 3: Prognosen der Managementberatungs-Unternehmen über den Markt (Veränderungen in Prozent p. a.)

Tendenzen des zukünftigen Managementberatungs-Marktes

Eine Reihe von Gründen hat die Tendenz zum großen Beratungsunternehmen in den letzten 25 Jahren verstärkt – übrigens ohne dass deshalb die Zahl der Einzelberater zurückgegangen wäre. Die Gründe im Einzelnen:

- Die zunehmende Internationalisierung oder Globalisierung verlangt Know-how über andere Volkswirtschaften, deren Märkte und Mentalitäten. Große, multinationale Beratungsunternehmen kommen diesem Bedürfnis entgegen.

- Die einzelnen unternehmerischen Funktionen hängen immer stärker miteinander zusammen. Vertrieb und Fertigung, Marketing und Logistik, Personal und Finanzwesen können häufig nicht mehr von einzelnen Spezialisten isoliert beraten werden; es bedarf der integrierten Betrachtungsweise und Optimierungen, die jeweils die übrigen Funktionen ins Kalkül ziehen. Diese Aufgaben werden zunehmend von eingespielten Spezialistenteams aus einem einzigen Beratungsunternehmen bewältigt.

- Der steigende Beratungsbedarf – auch in mittelgroßen Unternehmen – und der wachsende Zeitdruck zwingen die Beratungsunternehmen zum Einsatz von Beratungs-Tools, das heißt Methoden und Werkzeugen zur Bestandsaufnahme, Analyse und Konzeption. Die Entwicklung solcher Tools, die Schulung der Berater und die Pflege und Weiterentwicklung der Beratungsinstrumente bedingen beträchtliche Investitionen, die sich nur in größeren Beratungsunternehmen rentieren.

- Der Begriff Beratung beschreibt seit langem nicht mehr den eigentlichen Leistungsumfang des Unternehmensberaters. Guter Rat besteht stets aus Rat und Tat. Oder wie ein großes IT-Beratungsunternehmen sein Leistungsspektrum in den 70er und 80er Jahren mit einem Slogan signalisierte: „Das Machbare denken – das Denkbare machen". Neben Analyse, Beratung und Konzeption gehört längst die Realisierung, zumindest das Projektmanagement für die Implementierung der Veränderungen, zum Aufgabenspektrum der großen Beratungsunternehmen. Das setzt voraus, dass zusätzlich zum einzelnen Beratungsspezialisten Personalkapazitäten für größere Realisierungsprojekte auch mit längeren Projektlaufzeiten zur Verfügung stehen.

- Hinzu kommt, dass sich die großen Anbieter am Beratungsmarkt den Forderungen des Marktes nach „Alles-aus-einer-Hand" (oder zumindest „Vieles-aus-einer-Hand") nicht verschließen können. Sie müssen dazu ihre Beratungs- und Service-Angebote erweitern und nicht nur verstärkt in die verantwortliche Realisierung der konzipierten Lösungen gehen, sondern auch bereit sein, den Betrieb und damit die operative Verantwortung für die entstandenen Systeme ganz oder partiell zu übernehmen. Dies ist die konsequente Fortsetzung des Outsourcing-Trends. Wirtschaftsunternehmen und auch öffentliche Institutionen tendieren dazu, sich immer häufiger von allen Tätigkeiten zu entlasten, die nicht zu ihren Kernkompetenzen gehören.

Trotz der Tendenz zu wachsender Größe der Beratungsunternehmen bleibt ein Charakteristikum des Beratungsgeschäfts bestehen: Der einzelne Berater muss Unternehmer sein, ob er auf eigene Rechnung, als angestellter Berater oder als Projektleiter arbeitet. Er muss ein hohes Maß an Verantwortungsbereitschaft und Fähigkeit zum Selbstmanagement besitzen. Er braucht Freiraum für seine Entscheidungen vor Ort, beim Kunden, seine Zeiteinteilung wird von ihm selbst bestimmt und verantwortet. Die Beratungsunternehmen sind deshalb bestrebt, Hierarchien, die unvermeidlich mit wachsender Unternehmensgröße entstehen, so wenig spürbar wie möglich zu machen. Trotzdem erzeugt die Konzentration wie in anderen Dienstleistungsmärkten ständig neue und kreative Neugründungen. Diese Zellteilungen beleben den Markt mit persönlichem Engagement und Innovationen.

Unternehmensführung und Strategie in einer beschleunigten Zeit

Burkhard Schwenker

Die Welt ist komplexer geworden, das zeigt nicht zuletzt die jüngste Finanzkrise. Die Schnelligkeit, mit der die Konjunktur weltweit eingebrochen ist, hat so gut wie keiner vorausgesehen. Diese Geschwindigkeit spiegelt die immer engere globale Vernetzung der Wirtschaft und die immer schwerer zu überschauenden Rückkopplungen wider. Die Folge der unaufhaltsam zunehmenden Komplexität: Die Zukunft ist unplanbarer geworden und damit umgehen zu können, erfordert ein hohes Maß an Flexibilität, was zugleich für die Menschen in unseren Unternehmen einen Verlust an Sicherheit bedeutet. Wenn klare Aussagen über die Zukunft schwierig werden, kommt es aber darauf an, Sicherheit durch Persönlichkeit zu schaffen. Moderne Führungskräfte müssen in Zukunft deshalb nicht nur strategisch denken, sie müssen vor allem mutig führen. Und Unternehmensberater müssen diese Anforderungen in ihren Lösungen berücksichtigen und die Unternehmensführung in dieser Richtung umfassend unterstützen. Worauf müssen sich also Unternehmen und Unternehmensberatungen mit Blick auf das Jahr 2020 einstellen? Vielleicht hilft ein Blick zurück dabei, die künftige Situation besser einzuschätzen.

Das Ende der langfristigen Planbarkeit

Als ich Anfang der 90er Jahre ins Beratungsgeschäft einstieg, gab es einige ganz klare Regeln, an denen sich Strategie und Führung eines Unternehmens orientieren konnten: Die strategische Planung deckt einen Zeitraum von zehn Jahren ab. Die Mittelfristplanung zielt auf fünf Jahre. Die kurzfristige Planung gilt für ein Jahr und wird mit Blick auf die mittelfristige Planung kontinuierlich angepasst. Die Organisationsstruktur hat sieben Jahre lang zu bestehen – und man konnte auch davon ausgehen, dass sie sieben Jahre Bestand haben konnte. Die Planung musste bis auf den letzten Cent quantifiziert sein. Solche starren Vorgaben können aber heute und auch in Zukunft nicht mehr gelten. Anders formuliert: Genauso wie wir uns von der Vorstellung billiger Energie verabschieden müssen, müssen wir uns auch von anderen überkommenen Grundvorstellungen und trügerischen Sicherheiten trennen.

Stellen wir uns nur einmal vor, was wir unter den bisherigen Voraussetzungen bei einer strategischen Planung 1998 hätten berücksichtigen müssen:

- die Folgen der Asienkrise,

- die Dotcom-Blase der Jahrtausendwende,

- Ölpreise zwischen zehn und 150 Dollar je Barrel,

- eine exponentielle Steigerung der Leistungsfähigkeit in der Datenverarbeitung,

- das Aufkommen von Bio- und Nanotechnologie,

- die Entwicklung vollkommen neuer Geschäftsmodelle – man denke nur an eBay, Dell, Amazon oder den Boom der Billigflieger,

- und eine fluktuierende Wachstumsrate der Weltwirtschaft zwischen 1,5 und 5 Prozent.

Diese Entwicklungen vorherzusehen – ganz zu schweigen natürlich vom Ausmaß der jüngsten globalen Finanzkrise –, das konnte schon damals nicht funktionieren und wird erst recht nicht mehr in Zukunft funktionieren. In den nächsten Jahren werden wir wahrscheinlich kaum weniger Überraschungen erleben. Wann kommt die nächste Krise – und wie lang wird die aktuelle dauern? Wie stark greifen die Reformen, die wegen der Finanzkrise durchgeführt werden, in das Zusammenspiel der Wirtschaftsakteure ein? Welche technologischen Überraschungen werden wir erleben? Werden die USA wirklich drastisch an Weltgeltung bis Mitte der 20er Jahre dieses Jahrhunderts verlieren – wie es eine Studie der amerikanischen Geheimdienste prognostiziert, in der es heißt: „Das internationale System, wie es nach dem Zweiten Weltkrieg entstand, wird 2025 fast nicht mehr wiederzuerkennen sein"?

Es kann in Zukunft sehr schnell zu Umbrüchen kommen, obwohl wir vielleicht gerade noch davon überzeugt sind, die nachhaltigsten Umbrüche bereits hinter uns zu haben. Und die moderne Datenkommunikation (und Logistik) verbreitet neue Ideen (und Produkte) innerhalb kürzester Zeit auf allen großen Märkten der Welt. Sehen wir uns einige einfache, globale Messgrößen für den wachsenden Informationsfluss an: Im Dezember 1995 nutzten 0,4 Prozent der Weltbevölkerung das Internet. Im Juni 2008 waren es 21,9 Prozent. Die Zahl der Mobilfunknutzer hat sich von 64.500 (1981) auf 3,5 Milliarden (2008) erhöht. Bis 2020 sollen es sogar 6,2 Milliarden Handy-Nutzer werden. Dann bilden Menschen ohne Mobiltelefon auf dieser Erde die Ausnahme. Das weltweite Volumen von Inlandstelefongesprächen ist seit 1977 auf das 41fache gestiegen – nämlich auf gut 5.000 Milliarden Minuten. Das Volumen der internationalen Gespräche wuchs im gleichen Zeitraum sogar auf das 400fache und erreichte fast 200 Milliarden Minuten.

Mit einem ständig anschwellenden Informationsfluss und ständigen Anpassungen ist langfristiges Denken schwieriger geworden. Wer 2020 große Unternehmen führen wird, wird sich weit komplexeren Entscheidungssituationen und -prozessen gegenübersehen als die Manager der heutigen und erst recht früherer Generationen. Die Geschäftsprozesse laufen noch globaler und in noch kürzerer Zeit ab – bei einer gleichzeitig größeren Datenmenge, die die Prozesse im Hintergrund selber erzeugen oder zu ihrer Steuerung benötigen. Diese Verdichtung der Informationen und Entscheidungen stellt Führungskräfte vor neue Herausforderungen – und erfordert eine Entlastung der CEOs von unnötigen Aufgaben. Entscheidungen konnten schon immer große Auswirkungen haben – in Zukunft müssen sie aber in kürzerer Zeit getroffen werden, gerade weil sich Erfolg oder Misserfolg ebenfalls schneller einstellen.

Eine Grundkonstante unternehmerischen Agierens bleibt aber auch künftig: Strategische Entscheidungen müssen immer getroffen werden – auch in einem kurzlebigeren Umfeld. Diese Entscheidungen

- bestimmen die langfristige Ausrichtung des Unternehmens,

- versuchen, unsichere Ereignisse zu antizipieren,

- sichern den langfristigen Erfolg, indem sie Vorteile aufbauen und halten,

- und bestimmen Positionierung, Ressourcenzugang und -allokation.

Die große Anzahl verfügbarer strategischer Tools darf aber nicht darüber hinwegtäuschen, dass strategische Analyse, Entwicklung und Implementierung schwieriger geworden sind. Der Grund ist die größere Komplexität. Schließlich leben wir in einer dritten Globalisierungswelle, die durch die technologische Revolution verstärkt wird. Mit dem Fall des Eisernen Vorhangs und der Öffnung Chinas und Indiens hat eine neue Phase mit einer neuen Qualität begonnen. Und diese dritte Globalisierungswelle hat viel in Bewegung gesetzt. Von 1970 bis 2007 wuchs die Zahl transnationaler Konzerne von etwa 7.000 auf nunmehr 79.000 mit rund 790.000 Auslandstöchtern. Damit nehmen immer größere Teile der Welt aktiv an der Weltwirtschaft teil. Und wir können davon ausgehen, dass die Welt 2020 noch enger zusammengewachsen und die Wirtschaft noch wesentlich transnationaler sein wird.

Erstens hat es uns der Fortschritt in der Informationstechnologie nicht nur ermöglicht, neue Geschäftsmodelle zu entwickeln, sondern auch Unternehmen anders zu führen als bisher: Sie können heute viel größer werden, ohne außer Kontrolle zu geraten. Und dies bei geringeren Kosten. Das gilt auch für die Beziehungen zwischen Endproduzenten und Zulieferern. Bei Automobilkonzernen lösen Just-in-sequence-Lieferungen die einfachen Just-in-time-Lieferungen ab. Das heißt, die Teile müssen nicht nur zur richtigen Zeit am Band sein, sondern auch montagefertig geordnet – etwa nach der von den Endkunden jeweils gewünschten Farbe. Ohne moderne IT wäre das nicht möglich. So wird aber auch der Komplexitätsgrad der Lieferbeziehung ständig erhöht.

Zweitens erleben wir – wie gerade beschrieben – eine Beschleunigung der Globalisierung: Die ausländischen Direktinvestitionen sind viel schneller gewachsen als das weltweite BIP. Wer also auch überproportional wachsen will, muss in Zukunft vor allem global denken und agieren.

Drittens sind viele Branchen dereguliert worden. Das hat uns neue Wachstumspotenziale gebracht. Die Länder, die sich bisher nur zögerlich beteiligt haben, werden zwar zunächst die Finanzkrise als Argument gegen eine weitere Deregulierung nutzen. Bis 2020 werden wir aber mit großer Wahrscheinlichkeit weitere Deregulierungsschritte auf allen wichtigen Märkten erleben.

Viertens sind die Kapitalmärkte beweglicher, volatiler und vor allem einflussreicher geworden. Das heißt: Unternehmen, die zusätzliches Kapital am Markt beschaffen wollen, müssen sich an internationalen Benchmarks messen lassen. Wie zentral die Finanzmärkte für die Realwirtschaft geworden sind, zeigt die jüngste Finanzkrise. Die Rolle, die die Finanzbranche in Zukunft zu spielen hat, wird zwar neu definiert werden, sie wird aber ein zentraler Pfeiler, auf den die Realwirtschaft fußt, bleiben.

Fünftens werden die Kunden immer komplexer und können nicht mehr so einfach segmentiert werden. Wir sprechen vom hybriden Konsumenten und meinen den Jaguar-Fahrer, der bei Aldi einkauft. Und es werden in den aufstrebenden Ländern wie China und Indien wahrscheinlich ganz neue Konsumententypen entstehen, die wir uns heute noch nicht vorstellen können.

Sechstens verändern sich die weltweiten Wirtschaftsbeziehungen fundamental. Auslandsinvestitionen bewegen sich nicht auf einer Einbahnstraße. China, Indien und Russland sind in die Gruppe der wichtigsten Wirtschaftsmächte aufgerückt. Nach allen einschlägigen Prognosen wird ihre Rolle bis 2020 noch dramatisch wachsen.

Siebtens nimmt – trotz immer ausgeklügelterer Technik zur Effizienzsteigerung beim Material- und Energieeinsatz – die Konkurrenz um Ressourcen zu. Daran wird auch der jüngste Konjunktureinbruch langfristig nichts ändern. 2020 wird die Sicherung der Ressourcenversorgung ein wesentlicher Bestandteil der meisten Unternehmensstrategien sein.

Nun gibt es dagegen natürlich skeptische Einwände. Vielleicht wird der Aufstieg Chinas länger dauern, als mancher Experte prognostiziert, doch schon heute spielt das Land eine wichtige Rolle. Denn auch in der aktuellen Wirtschaftskrise wächst die chinesische Volkswirtschaft zwar nicht mehr zweistellig, aber immer noch ordentlich. Und es geht nicht nur um China. Firmen aus allen aufstrebenden BRIC-Staaten (Brasilien, Russland, Indien, China) erobern nun auch die Weltmärkte und schlagen sich in der aktuellen Wirtschaftskrise vergleichsweise gut.

Der große Heimatmarkt von 1,3 Milliarden chinesischen Konsumenten oder mehr als einer Milliarde Inder ist ein großer Vorteil für die neuen Konkurrenten der etablierten Konzerne im Westen. Deswegen ist es auch so wichtig, dass sich Europa mit der EU in einer größeren, gemeinsamen Einheit konstituiert hat. Hier entscheidet sich, welches Gewicht Europa 2020 in der globalen Wirtschaftsordnung haben wird. Nationalstaatliche Ansätze sind zu schwach: Mit 80 Millionen Deutschen allein in den globalen Wettbewerb zu treten hat wenig Sinn. Aber 500 Millionen Europäer können das Bild verändern (besonders, wenn wir an die demografischen Veränderungen denken). Globale Krisen und der globale Wettbewerb würden die einzelnen EU-Staaten außerdem viel stärker treffen, wären sie nicht Teil dieses Verbundes.

Und diese Größe gibt Europa auch mehr Gewicht beim Wettbewerb um den Zugang zu Ressourcen. Zu günstigen Konditionen erschließbare Öl- und Gasvorkommen gehen weltweit zurück, sie befinden sich auch noch vorwiegend in politisch instabilen Weltregionen. Dies verändert Unternehmensstrategien und erfordert ein neues Zusammenspiel von Wirtschaft und Politik. Denn in den betreffenden Ländern ist Politik ein dominierender Faktor des Wirtschaftssystems – und wird es auf absehbare Zeit auch bleiben. Die Wirtschaft braucht in diesem Fall die Unterstützung durch die heimische Politik. Auch dies bedeutet wiederum für Unternehmen und ihre Manager: Mehr Komplexität.

Damit erschöpft sich die gemeinsame Aufgabe von Politik und Wirtschaft aber noch nicht. Schließlich rückt die Erderwärmung das Thema Nachhaltigkeit in den Fokus – und verändert infolge neuer Auflagen die Spielregeln für viele Branchen. Eine der Kernfragen ist dabei, ob sich alle Länder auf vergleichbare Auflagen einigen können, oder ob nationale Lösungen die Komplexität weiter erhöhen werden. Hier ist aber zu hoffen, dass sich die meisten Lösungen bis 2020 angleichen und durch die dann spürbaren Auswirkungen des Klimawandels auch beschleunigen werden.

Angesichts dieser komplexen Gemengelage ist ein neues Verständnis von Strategie und Führung notwendig. Erstens brauchen wir ein neues Verständnis, weil wir in Zukunft – angesichts der fundamentalen und überraschenden Umbrüche – nicht mehr auf Trendfortschreibung und auf kontinuierlich hohe Wachstumsraten setzen können. Es gibt mittlerweile eine Flut von Strategietools, die versprechen, Prozesse und Werte besser und genauer quantifizierbar zu machen. Ganze Kurse an Business Schools widmen sich der genauen Berechnung von Kapitalkosten per Capital Asset Pricing Model. Die Tools sind weitentwickelt und ausgefeilt und rechnen auf die letzte Kommastelle genau – sie haben nur in einer immer volatileren, schnelleren und eng vernetzten Welt keinen Sinn mehr. Sie liefern letztlich akademische Informationen, die uns nicht weiterhelfen. Von Albert Einstein stammt der Satz: „Manchmal kann das, was zählt, nicht gezählt werden, und das, was gezählt werden kann, zählt nicht." Zahlen sind wichtig, aber nur der intelligente Umgang mit den Zahlen führt wirklich weiter. Von Ungetümen wie dem „normalized LTM EBITDA in per cent of total interest bearing debt" hat kaum jemand etwas – außer die Kuriositätensammlung von Linguisten. Topmanager, die darauf ihre Entscheidungen aufbauen, gehen ein großes Risiko ein.

Neue strategische Instrumente sind gefragt, wie beispielsweise die Szenario-Analyse, weil es darum geht, alternative Entwürfe für die Zukunft zu entwickeln und unterschiedliche Handlungsalternativen vorzuhalten. Nur so ist sichergestellt, dass bei einer überraschenden neuen Gesamtlage auch schnell strategisch gegengesteuert werden kann. Zusätzlich müssen wir uns vom allseits beliebten Jahresbudget verabschieden. Stattdessen wird eine rollierende Budgetierung, also ein flexibles Finanzregime, das sich nicht an langen, starren Zeiteinheiten orientiert, den neuen Anforderungen eher gerecht. Wenn wir davon überzeugt sind, dass langfristige Aussagen kaum noch möglich sind, dann müssen wir auch die Strukturen unserer Unternehmensführung daran anpassen.

Führung braucht wieder mehr Mut und Persönlichkeit

Letztlich können wir in Zukunft nicht mehr jedes strategische Projekt bis auf den letzten Cent genau quantifizieren. Wir brauchen deswegen wieder mehr Mut, uns auf unser unternehmerisches Gespür zu verlassen und mögliche zwischenzeitliche Rückschläge bewusst zu akzeptieren. Das setzt natürlich auch eine neue Form der Kommunikation und Abstimmung mit den Kapitalmärkten voraus, die eindeutig kalkulierbare Angaben und Vorhersagen verlangen. Zweitens erfordert die gestiegene Komplexität aber auch eine Organisation, die sich schnell an Veränderungen der Rahmenbedingungen anpassen kann. Meiner Überzeugung nach sind dezentrale Organisationen am besten geeignet, mit einem sich verändernden Umfeld umzugehen, weil dezentrale Organisationen ihren Markt besser kennen, sich besser in die regionalen Kulturen einfügen können, näher an den lokalen Kundenbedürfnissen sind und unternehmerischer geführt werden können. Außerdem erzeugen sie größeres Vertrauen. Drittens brauchen wir in den Unternehmen eine Innovationskultur, die den richtigen „Mindset" verankert, also Freiräume ermöglicht, die zu kreativen Problemlösungen und Innovationen ermutigen, und den Glauben an die eigene Stärke, Optimismus und einen starken unternehmerischen Wachstumswillen fördert, um so im Unternehmen Motivation und Durchhaltevermögen zu stärken.

Aus den drei Punkten ergibt sich ein Zielkonflikt, der gelöst werden muss: Die Flexibilität, die wir für mutiges, zukunftsfähiges Management brauchen, führt zu einem deutlichen Verlust an Planbarkeit und an Sicherheit für die Menschen in unseren Unternehmen. Ein Fünf-Jahres-Umsatzziel gibt den Mitarbeitern Orientierung und Sicherheit. Auch Organigramme suggerieren Sicherheit, denn so kennt jeder seinen Platz. Aber es gilt auch das Umgekehrte: Wenn wir nun einmal nicht mehr langfristig quantifizieren können, wenn Ziele aufgrund sich rasch ändernder Rahmenbedingungen schnell angepasst werden müssen, wenn wir nicht mehr mit Überzeugung sagen können, dass ein Organigramm für die nächsten Jahre gilt, verlieren wir die Sicherheit, die die Menschen erwarten. Dieser Verlust ist nicht zu vermeiden. Die einzige Form von Sicherheit, die wir den Mitarbeitern trotzdem noch in Zukunft bieten können, sind deshalb glaubwürdige, kompetente Führungskräfte. Mitarbeiter müssen sich darauf verlassen können, dass die Führung den richtigen Weg kennt – und Hindernisse rechtzeitig sieht. Und deswegen gewinnen vorgelebte Werte in Unternehmen zunehmend an Bedeutung. Unternehmensethik wird zu einem zentralen Thema, wenn man das Vertrauen der Mitarbeiter, aber auch der gesamten Öffentlichkeit zurückgewinnen will. Noch mehr geht es allerdings im Management – und damit bei den Anforderungen an Führung – um ganz persönliche Werte wie Integrität, Glaubwürdigkeit und Verlässlichkeit. Kurzum, wir brauchen charakterfeste Führungspersönlichkeiten. Manager, die so viel Kompetenz ausstrahlen, dass ihnen die Mitarbeiter auch dann vertrauen, wenn Planzahlen nicht mehr funktionieren. Und Planzahlen werden zwangsläufig immer weniger funktionieren.

Die Anforderungen, die aus diesen Feststellungen resultieren, werden für mich durch folgendes Statement von Martin Hilb auf den Punkt gebracht. Er sagt, eine Führungskraft brauche „a cool head, a warm heart and working hands". Mit anderen Worten:

- Wir brauchen einen „kühlen Kopf", denn analytische Fähigkeiten sind im Umgang mit Komplexität und den andauernden Veränderungen unserer Umgebung von entscheidender Bedeutung.

- Wir brauchen ein „warmes Herz", um Menschen zu gewinnen und zu motivieren und auf den Weg der Veränderung mitzunehmen. Change Management beruht nicht auf Tools, sondern darauf, Menschen zu überzeugen.

- Und schließlich gehören auch „working hands" dazu. Denn gute Manager sind stets auch Vorbilder. Wenn sie wollen, dass ihre Mitarbeiter hart an der Umsetzung neuer Strategien arbeiten, müssen sie auch mit gutem Beispiel vorangehen. Es muss klar sein, dass ein Manager genauso wie alle anderen sein Bestes gibt – und nicht nur die Früchte des Erfolges (anderer) erntet.

Mutige Führung erfordert mutige Führungskräfte. Das klingt selbstverständlich, ist es aber nicht. Ob man Führung als Handwerk oder als Kunst begreift – auf jeden Fall ist sie eine Herausforderung an den Einzelnen, der mit seinen Visionen, seinen Zielen, seinen Fähigkeiten und seinen Schwächen sichtbar und kritisierbar wird. Vorbild werden zu wollen und als solches anerkannt zu werden, ist in dieser Situation doppelt schwer. Aber es ist unabdingbar, um die Mitarbeiter zu motivieren und ihnen Verlässlichkeit zu geben. Es sind nicht so sehr die Standardsituationen und das Tagesgeschäft, das echte Führung erfordert, sondern Umbrüche, Kurswechsel und Unklarheiten. Und: Führung ist kein Widerspruch zur Ehrlichkeit, sondern vielmehr die Fähigkeit, die Realität zu vermitteln und keine falschen Sicherheiten.

Komplexität erfordert klare Zuordnung der Führungsaufgaben

Das Erfolgsgeheimnis guten Managements ist die richtige Führung, die richtige Mischung aus Hierarchie und Flexibilität. Das ist eine zentrale Aufgabe, die ein Unternehmen lösen muss. In einer Krisensituation zeigt sich oft erstmals, wer ein guter Unternehmenschef ist. Zum Schönwetter-Skipper taugen viele, für den Sturm nur wenige. Und wir müssen wie beschrieben in Zukunft mit schnelleren Wetterwechseln rechnen und uns darauf so gut wie möglich vorbereiten.

Gerade europäische Unternehmen haben eine überlegene Art der Unternehmensführung entwickelt, mit der sie einen Kontrapunkt zu den US-amerikanischen Wettbewerbern setzen. Das haben wir bei unserer Initiative „Best of European Business" (kurz: BEB) festgestellt, in deren Rahmen wir seit 2004 die Leistungsfähigkeit der Unternehmen Europas untersucht haben. Denn die Gewinnerunternehmen – also die besten Unternehmen Europas – zeichnen sich durch einige Gemeinsamkeiten aus:

- Alle Unternehmen verfolgen eine Doppelstrategie, das heißt, sie betreiben einerseits eine kontinuierliche Produktivitätssteigerung und investieren andererseits in Wachstum. Mit anderen Worten: Sie verfolgen gerade nicht die traditionelle V-Kurven-Strategie – erst restrukturieren, dann wachsen –, sondern arbeiten heute an beiden Fronten gleichzeitig.

- Alle haben ihre Systemkopffunktionen auf ihrem Heimatmarkt gestärkt und damit einen Weg gefunden, den Hochlohnstandort zu nutzen. Systemkopf heißt: Konzentration auf die wichtigen Steuerungsfunktionen wie Forschung und Entwicklung, Fertigungsplanung, Vertriebssteuerung oder Marketing und Branding sowie After-Sales-Services – also die Elemente, die ihren einzigartigen Wettbewerbsvorteil letztlich ausmachen.

- Und alle haben es geschafft, die kulturelle Vielfalt in Europa für sich zu nutzen und Wettbewerbsvorteile aufzubauen, durch Dezentralisierung, durch spezifisches Marketing, durch gute Führung ihrer lokalen Geschäfte.

Hinter diesen Merkmalen steht auch eine wichtige Notwendigkeit: Unternehmensführung braucht eine klare Struktur so dringend wie noch nie. Weil die Welt nun einmal immer komplexer wird – und damit auch die Anforderungen an die Führung. Und ganz besonders an den CEO: Er muss mutig, also mit Vertrauen auf seine Mannschaft und seinen Instinkt, führen. Und er muss strategisch, also übergreifend, denken. Diese strategische Ausrichtung der Rolle des CEO passt hervorragend zur gerade beschriebenen langfristigen und strategieorientierten europäischen Art der Unternehmensführung. Nur ist auch auf dem alten Kontinent eine Veränderung zu spüren: Viele Topmanager in Deutschland lassen sich mittlerweile vom Tagesgeschäft immer mehr vereinnahmen und investieren zu wenig Zeit in strategisches Denken. Diese Entwicklung muss wieder rückgängig gemacht werden. Denn eindimensionales, kurzzeitiges Denken rächt sich in einer komplexen Welt wesentlich schneller als noch in den 80er oder 90er Jahren des vergangenen Jahrhunderts – und erst recht in Krisenzeiten.

Schnelle Reaktionen sind überlebenswichtig

Wer sich nicht (schnell genug) bewegt, verschwindet vom Markt. Das zeigte beispielsweise eine Analyse des Magazins Forbes, als es seine Liste der größten 100 amerikanischen Unternehmen mit der ersten „Forbes 100"-Liste aus dem Jahr 1917 verglich. Das Ergebnis: 61 der Unternehmen aus der Ursprungsgruppe gibt es heute nicht mehr. Von den übrigen 39 Unternehmen des ersten Rankings haben es nur 18 Unternehmen in die aktuelle Bestenliste geschafft. Oder nehmen wir den Dow-Jones-Industrial-Index. Von den zwölf Industrieunternehmen, die 1896 enthalten waren – also die damalige Elite der US-Wirtschaft –, gibt es heute nur noch eines: GE. Und wir können die Aufzählung verlängern: Noch zur Jahrtausendwende war fast die Hälfte der 50 weltweit größten Firmen amerikanischen Ursprungs. Gegen Ende des ersten Jahrzehnts sind nun nur noch 15 US-Firmen dabei, die Zahl großer europäischer Unternehmen ist hingegen von 17 auf 24 gestiegen (neun davon kommen aus Deutschland). Das ist übrigens ein deutliches Signal für die neue Stärke europäischer Unternehmen, die sie auch brauchen, um ihren Anteil in der Bestenliste gegen die Konkurrenz aus Asien in den kommenden Jahren zu verteidigen.

Auch diese Erfolge haben jedoch nicht verhindert, dass strategisches Denken bei vielen europäischen und deutschen Managern in den Hintergrund gerückt ist und deshalb dringend wieder reaktiviert werden muss. Wer die Entwicklungen verfolgt hat, muss feststellen, dass kurzfristiges Denken unter dem Druck von Kapitalmärkten und Finanzinvestoren zugenommen und der Mut zur Führung abgenommen hat. Und um eines klarzustellen: Mut bedeutet nicht das Gleiche wie Leichtsinn. Welche dauerhaften Veränderungen sich durch die jüngste globale Finanzkrise, die sich zur globalen Wirtschaftskrise ausgewachsen hat, ergeben werden, wird erst in einigen Jahren zu sehen sein. Klar ist aber, dass sich eine neue Mentalität entwickeln muss. Wir stehen an einem fundamentalen Wendepunkt, um künftige Krisen zu vermeiden und Spekulationsblasen wie am US-Immobilienmarkt frühzeitig zu erkennen. Führungskräfte müssen ihre Aufgaben in Zukunft von Grund auf neu denken. Und das wird auch dringend notwendig sein, um unser Wirtschaftssystem für künftige Generationen zu legitimieren.

Selten standen Manager so unter Beschuss wie in den letzten Jahren. Nur Politiker sind in Deutschland unbeliebter als Manager. Und das könnte sich durch die Rettungsaktionen der Politik für die Wirtschaft sogar noch geändert haben. In den vergangenen Jahren gab es leider eine ganze Reihe von Skandalen, die das Vertrauen der Menschen in ihre Wirtschaftselite unterminiert hat. Schon hat eine neue, generelle Marktwirtschafts- und Kapitalismuskritik eingesetzt, der Ruf nach mehr Einfluss der Politik und mehr Regulierung ist immer lauter geworden – und das nicht nur aus der linken Ecke, sondern auch aus dem bürgerlichen Lager. Man muss sagen: Management ist in eine Vertrauenskrise geraten. Es zählen in der breiten Wahrnehmung nicht die positiven Beispiele hervorragender Unternehmensführung, nicht die zweifellos vorhandenen Erfolge der gesamten Wirtschaft. Die großen Fehler, die von einigen Wenigen – insbesondere Investmentbankern, die Risiken schlicht und einfach völlig falsch eingeschätzt haben – begangen wurden, aber alle getroffen haben, stehen im Vordergrund. Diese Manager, deren Handeln die Generalkritik ausgelöst hat, haben wichtige Grundsätze vergessen: Mut bedeutet auch, seine eigenen Grenzen zu akzeptieren. Und: Fehlende eigene Einsichten können nicht durch Leichtsinn ersetzt werden.

Dies alles zusammengenommen bedeutet: Die Führungskräfte von heute und der Zukunft müssen mit permanenten und schockartigen Veränderungen ihrer Umwelt rechnen und deshalb ihr Unternehmen – und sich selbst – auf ein Höchstmaß an Flexibilität trimmen. Zugleich aber müssen sie über ihre Persönlichkeit Sicherheit vermitteln und verlorenes Vertrauen wieder herstellen: als der verlässliche Mann (oder die verlässliche Frau) an der Spitze, der durch Kompetenz und Autorität überzeugt. Als die Person, die den richtigen Kurs für das Unternehmen erarbeitet und es sicher durch jedes Wetter ans Ziel steuert – bis das nächste Ziel klar ist. Das alles ändert sich auch nicht bis zum Jahr 2020. Deshalb muss sich die Führung in vielen Unternehmen in Zukunft deutlich verändern.

Ronald Coase revisited:
Unternehmensgrenzen im Jahr 2020
Implikationen für die Beratung

Markus Diederich und Burkhard Wagner

Einleitung

Der Blick in die Zukunft der Beratungsbranche muss sich immer auch auf die Zukunft der Beratungskunden, also der Unternehmen, richten. Wen also werden wir im Jahr 2020 beraten? Eine der tiefgreifenden Veränderungen im Wirtschaftsgeschehen wird nach unserer Überzeugung die weiter zunehmende Auflösung traditioneller Unternehmensgrenzen sein. Das Unternehmen wird sich in vielen Branchen vom monolithischen, hierarchisch geprägten Gebilde mit klaren Grenzen deutlich fort entwickeln. An seine Stelle treten immer häufiger kurz- und mittelfristige Wertschöpfungspartnerschaften.

Ursache hierfür ist zunächst die radikale Senkung von Transaktionskosten durch IT und Web. Dadurch werden Vertragslösungen im Vergleich zu Hierarchielösungen für Transaktionen immer effizienter. Zwar wurde dergleichen auch zu Beginn des Internet-Hypes vorhergesagt, bis ins Jahr 2020 ist diese Entwicklung jedoch Wirklichkeit geworden.

Das hat auch damit zu tun, dass diese Entwicklung durch veränderte Bedürfnisse von Toptalenten mitgeprägt wird. Der „War for Talents" verschärft sich bis 2020 auch deshalb, weil immer mehr solcher Toptalente sich nicht mehr in Festanstellungsverhältnisse (Hierarchielösung) begeben wollen. Sie sind mit dem Internet aufgewachsen und als Netzwerker sozialisiert. Hierarchien sind ihnen fremd. Unternehmen, die auf sie zugreifen wollen, müssen neue Strukturen und Mechanismen entwickeln, Talente an sich zu binden, statt über Festanstellung (also im Sinne des britischen Ökonomen Ronald Coase neue Formen von Vertrags- anstelle von Hierarchielösungen). Auch aus diesem Grund weichen die Unternehmensgrenzen auf.

Die Folge davon: Wandel wird sich immer häufiger über Unternehmensgrenzen hinweg vollziehen. Also müssen auch Berater, die diesen Wandel begleiten möchten, unternehmens- und grenzübergreifend denken und agieren. Damit verändern sich die Kompetenzprofile von Beratern grundlegend. Bevor man jedoch über die Auflösung von Unternehmensgrenzen nachdenkt, muss man sich darüber klar werden, warum es solche Grenzen überhaupt gibt.

Warum gibt es Unternehmen?

Diese Frage klingt zunächst trivial. Sie ist es jedoch keineswegs. Schließlich kamen Unternehmen in der klassischen ökonomischen Theorie nicht vor, bis sich der britische Ökonom Ronald Coase mit ihnen 1937 in seinem Artikel „The Nature of the Firm" befasst hat. Die Wirkung des schmalen Beitrags war phänomenal – immerhin entsprangen ihm zwei komplette theoretische Ansätze – die Transaktionskosten-Theorie und der Prinzipal-Agenten-Ansatz –, und 1991 erhielt Coase den Nobelpreis für Wirtschaftswissenschaften.

Der Ansatz des Ökonomen in aller Kürze: Coase beschreibt das Unternehmen als ein System von Verträgen und vergleicht dieses System mit dem freien Markt. Unter bestimmten Bedingungen, so seine Kernthese, gelingt die Zuteilung von Ressourcen effizienter innerhalb von Unternehmen als über den Markt. Entscheidend ist hierbei die Höhe der Transaktionskosten. Diese entstehen bei Anbahnung und Abwicklung von Verträgen. Hierunter fallen Informations-, Verhandlungs- und Vertragskosten, aber auch im Nachgang einer Transaktion fällige Kosten etwa für die Überwachung, Durchsetzung und nachträgliche Anpassung von Verträgen. Wirtschaftsakteure wählen diejenige Transaktionsform (Markt versus Hierarchie), bei der die Summe aus Transaktions- und Produktionskosten am kleinsten ist. Wie hoch die Transaktions- und Produktionskosten sind, hängt entscheidend von den Merkmalen einer Transaktion ab. Dazu zählt beispielsweise, wie spezifisch der Transaktionsgegenstand ist. Muss ein Unternehmen etwa in eine spezielle Produktionstechnik investieren, sind die Transaktionskosten hoch. Weiterhin hängt die Höhe der Transaktionskosten von der Unsicherheit ab, die aus Sicht der Akteure mit der Transaktion verbunden ist. Je unsicherer die Transaktion, desto höher die Kosten. Drittens hat die Häufigkeit der Transaktion Einfluss auf die Höhe der Transaktionskosten. Je häufiger dieselbe Transaktion vorgenommen wird, desto geringer die Transaktionskosten. Coase legt zudem einige Verhaltensannahmen bezüglich der Akteure zugrunde. Dazu zählt vor allem die begrenzte Rationalität. Den am Wirtschaftsgeschehen Beteiligten liegen nicht alle Informationen vor, die sie zu einer Entscheidung benötigen würden. Sie handeln deshalb nur eingeschränkt rational.

Coase 2020

Es lohnt sich, mit dem Handwerkszeug des Ronald Coase in die Zukunft zu blicken. Die Frage lautet dabei: Liegen die Gründe, warum es Unternehmen gibt, im Jahr 2020 immer noch in gleicher Weise vor wie heute? Es gibt bereits heute einige Entwicklungen, die darauf hindeuten, dass dies nicht der Fall ist.

Unternehmen ohne Grenzen

Bereits seit einigen Jahren ist zu beobachten, dass sich die Unternehmensgrenzen nicht mehr so klar ziehen lassen wie früher. Vor allem die Entwicklungen in der Informationstechnik, seit jeher ein entscheidender Treiber für Veränderungen von Geschäftsmodellen und Unternehmensorganisation, werden die Transaktionskosten weiter sinken lassen und damit die faktische Grundlage der Unternehmen, wie wir sie heute kennen, weiter schwächen. Schon heute gibt es Unternehmen, die im Prinzip eine zentral gesteuerte, dezentrale und unternehmensübergreifende Wertschöpfungskette darstellen. Ähnliches lässt sich zum Thema Outsourcing feststellen. Vormals im Unternehmen beheimatete Prozesse werden immer häufiger an Spezialisten ausgelagert. Und diese übernehmen längst nicht mehr nur schlicht die Abwicklung, sondern entwickeln die Prozesse weiter – Modelle, die als „Business Process Outsourcing" oder „Business Transformation Outsourcing" diskutiert und vermehrt praktiziert werden. Wertschöpfungspartnerschaften nehmen also an Bedeutung deutlich zu.

Bis ins Jahr 2020 werden sich diese Tendenzen in zahlreichen Branchen dramatisch verstärken. In der Automobilwirtschaft liegt die Wertschöpfungstiefe bereits heute zwischen 20 und 30 Prozent. Anlagen- und Schiffbau beginnen gerade, ihre Wertschöpfungsketten zu überdenken. Vor allem besonders dynamische Wirtschaftszweige wie beispielsweise die „TIME"-Branchen (Telekommunikation, Informationstechnologie, Medien und Entertainment) werden immer häufiger Wertschöpfungspartnerschaften eingehen. Solche Partnerschaften weisen einige Vorzüge auf, die im Wettbewerb heute und in der Zukunft an Gewicht gewinnen: Auf diese Weise können die Unternehmen an der im Markt vorhandenen Innovationskraft partizipieren, indem sie Teile der Wertschöpfungskette von besonders fortschrittlichen Zulieferern zukaufen. Damit sind sie auch schneller mit innovativen Gesamtlösungen am Markt (Time to Market) als derjenige, der alles selbst zu machen versucht. Zum anderen nimmt das Risiko des Unternehmens ab. Hat es eine Innovation zugekauft, verbleibt das Entwicklungsrisiko beim Innovator. In dynamischen Wirtschaftszweigen, in denen es auf Tempo und Innovationskraft ankommt, sind das gewichtige Vorteile. Es zeigt sich also, dass nicht allein die Senkung der Transaktionskosten einen Vorteil darstellt, sondern dass die geringeren Transaktionskosten Geschäftsmodelle überhaupt erst ermöglichen, die gerade in dynamischen Branchen wettbewerbsentscheidend sein können.

Es gibt allerdings auch Branchen, für die andere Entwicklungen zu erwarten sind. Dazu zählt etwa der Bankensektor. Vieles spricht dafür, dass sich die Branche künftig erheblich stärkerer Regulierung gegenübersieht als heute. Damit einher gehen massive Einschnitte in die Angebotspalette der Banken. Die Produktvielfalt, die heute typisch für Großbanken ist, wird es unter den neuen Rahmenbedingungen so nicht mehr geben. Stattdessen werden standardisierte Produkte das Angebot der Geschäftsbanken dominieren, mit der Folge entsprechend geringerer Renditen. Infolgedessen wird die Branche an Anziehungskraft für High Potentials verlieren. Insgesamt wird es zu einer Industrialisierung des Bankensektors kommen. Der Weg dorthin wird auch aus Beratersicht spannend sein. Ist diese Entwicklung jedoch einmal vollzogen, ist die Zeit der ganz großen Beratungsthemen in der Bankenbranche möglicherweise schon bald vorbei.

Veränderungen sind jedoch nicht nur angebotsseitig zu erwarten. Auch das Nachfrageverhalten wird sich bis ins Jahr 2020 weiter verändern. Und auch hier liegt eine wesentliche Ursache in den gesunkenen Transaktionskosten. Kunden werden sich immer weniger mit der Rolle des passiven Empfängers standardisierter Produkte und Leistungen begnügen und zunehmend im Wertschöpfungsprozess selbst aktiv werden. Schon heute verlassen nur noch im Ausnahmefall zwei identische Automobile in einem Jahr die Fabrik, im Normalfall gleicht keines wirklich bis ins Detail dem anderen, auch wenn es sich um dieselbe Baureihe handelt. Die Individualisierung der Produkte ist nicht nur im Automobilbau bereits weit fortgeschritten, sie wird künftig viele Branchen betreffen. Die technische Entwicklung hat dafür gesorgt, dass Coases Argument, häufig wiederholte Transaktionen würden zu sinkenden Transaktionskosten führen, an Kraft verloren hat. Und auch die Rationalität der Wirtschaftsakteure hat zugenommen und wird weiter zunehmen. Dank IT und Internet sind die Kunden heute und erst recht in Zukunft in der Lage, sich auf einen sehr ausgebauten Informationsstand zu bringen, bevor sie etwa eine Kaufentscheidung fällen müssen.

Mitarbeiter ohne Bindung

An dieser Stelle soll nicht noch einmal auf die dramatische Entwicklung eingegangen werden, die die Demografie in den kommenden Jahren nehmen wird. Dass Talente knapp werden, ist bereits eine Binsenweisheit. Dass diese Knappheit aber auch andere Ursachen als die Demografie haben wird, mag noch nicht so bekannt sein. Eine dieser Ursachen besteht darin, dass Toptalente in Zukunft immer weniger in eine Festanstellung zu bewegen sein werden.

Die Generation, aus der sich im Jahr 2020 die High Potentials rekrutieren, wird sich in vielerlei Hinsicht von der heutigen unterscheiden. Sie ist mit dem Internet aufgewachsen und gewohnt, mit anderen vernetzt zu sein, sich auszutauschen, Communities zu bilden und zusammenzuarbeiten. Das Netz bietet auch auf Arbeitnehmerseite die Möglichkeit, Wertschöpfungspartnerschaften zu schließen. Auch hier gilt also: Geringere Transaktionskosten führen dazu, dass der Anbieter einer Leistung keine hierarchisch strukturierte Organisation mehr braucht, um ein Leistungspaket anbieten zu können. Dergleichen ist heute im Dienstleistungssektor bereits häufig zu beobachten. Viele Kreative (in der Werbung beziehungsweise Marketing-Kommunikation, aber auch in der Architektur) arbeiten heute bereits nicht mehr in einer Agentur oder einem Architekturbüro, weil es sich für sie schlicht nicht lohnt. Stattdessen liefern sie als Freelancer Kreativleistung auf Abruf. Ihre Einkünfte sind teils höher als in einer Festanstellung, ihren Arbeitstag gestalten sie so, wie es ihnen gefällt. Aus Sicht von Unternehmen traditionellen Typs ist diese Entwicklung einigermaßen misslich: Da die Automatisierung in der Industrie, aber auch im Dienstleistungssektor immer weiter fortschreiten wird, ist zu erwarten, dass Kreativleistungen in immer stärkerem Maße zu differenzierenden Faktoren im Wettbewerb werden. Der Wert der Kreativleistungen wird also ebenso wachsen wie der Marktwert derer, die solche Leistungen erbringen. Umso wichtiger wäre es, solche Toptalente an das Unternehmen zu binden.

Das gilt jedoch nur für die Kernmannschaft. Die geringere Bindung der Mitarbeiter an das Unternehmen ist, soweit es sich um die übrige Workforce handelt, von den Unternehmen selbst ein Stück weit gewollt. Nur die wenigsten Firmen werden es sich künftig leisten können, in großem Stil eine eigene Belegschaft vorzuhalten. Um einen festen Kern herum wird vielmehr eine atmende Workforce gruppiert, die je nach Auftragslage auf- und abgebaut wird. Auch dies ist in vielen Industrien heute schon zu beobachten und ist natürlich der Loyalität nicht dienlich. Eine schwierige Aufgabe für Unternehmen wird künftig sein, Wege zu finden, in diesem Umfeld trotz allem eine Mindestloyalität unter ihren Mitarbeitern zu entwickeln.

Herausforderungen für Unternehmensberatungen

Aus den beschriebenen Veränderungen ergeben sich erhebliche Herausforderungen für Unternehmensberatungen. Zum einen rücken neue Themen in den Fokus der Beratungstätigkeit, zum anderen müssen Berater selbst auch über andere Kompetenzen verfügen. Es fragt sich zudem, inwieweit sie selbst ihr Geschäftsmodell hinterfragen müssen, um diesen Entwicklungen zu begegnen.

Herausforderungen auf Kundenseite

Strategie: Unternehmen müssen sich immer wieder fragen, ob sie das Richtige tun und ob sie dafür richtig aufgestellt sind. Es wird auch mit Blick auf den Standort Deutschland von erheblicher Bedeutung sein, ob es in Zukunft hierzulande Unternehmen geben wird, die ihre Geschäftsmodelle aktiv weiterentwickeln. In einigen Branchen – beispielsweise der Telekommunikation und der Chemie – bilden in diesem Sinne aktive Unternehmen bereits die Minderheit. Erheblich mehr Bedeutung als heute haben im Zusammenhang mit dieser aktiven Rolle Kooperationsstrategien. Gerade in hochdynamischen Branchen sind Alleingänge immer weniger zielführend. Unternehmen müssen ständig auf der Suche nach geeigneten Wertschöpfungspartnern sein, mit denen sie ihr Geschäftsmodell gemeinsam fortentwickeln können.

Organisation: Tradierte hierarchische Organisationsmodelle mit dem für sie typischen Abteilungsdenken wird es künftig zumindest in erfolgreichen Unternehmen nicht mehr in dem Maße geben wie heute. Die Organisation wird sich vorwiegend an den Wertschöpfungsprozessen orientieren und daher immer dynamischer werden. Darüber hinaus wird die Organisation offener und flexibler sein. An die Stelle klassischer Linienmodelle treten zunehmend Strukturen, die sich an Prinzipien der Projektorganisation orientieren. Immer wichtiger wird die Organisation der im Unternehmen vorhandenen Wissensbasis. Damit ist weniger der – zunehmend schwierigere – Schutz des Wissens vor Diffusion gemeint. Es geht vielmehr darum, Mitarbeiter schnell in unterschiedlichste Richtungen entwickeln zu können und sie dazu mit den notwendigen Kompetenzen auszustatten. Solche wissensbasierten Organisationsmodelle setzen weniger auf Linien und Stäbe als vielmehr auf Kompetenz- beziehungsweise Skill-Pools. Die Fähigkeit einer Organisation, Mitarbeiter flexibel mit dem notwendigen Knowhow auszustatten, wird im Wettbewerb bis ins Jahr 2020 erheblich an Bedeutung gewinnen.

Prozesse: Wertschöpfungsprozesse zu gestalten und zu führen wird zu einer der Kernherausforderungen für Unternehmen werden. Es wird nicht mehr ausreichen, Prozesse zu definieren und im Folgenden möglichst zu optimieren. Da Prozesse in der Regel über Unternehmens- und zusätzlich über Landesgrenzen hinweg gehen, entstehen zusätzliche Anforderungen an die Unternehmen. Dazu zählen:

- Der Prozess muss transparent sein und bleiben, auch wenn Anpassungen erforderlich werden.

- Prozesse müssen über mehrere Kooperationspartner hinweg definiert werden.

- Unternehmen müssen die Prozessqualität im Blick haben und über Unternehmensgrenzen hinweg ein möglichst hohes Qualitätsniveau sicherstellen.

- Alle am Prozess Beteiligten müssen zumindest hinsichtlich des Prozesses die gleiche Sprache sprechen und einheitliche Regeln der Zusammenarbeit definieren. An die Stelle eines je eigenen „Corporate Wording" muss eine standardisierte Begriffswelt treten, so dass jeder am Prozess Beteiligte unter jedem den Prozess abbildenden Begriff dasselbe versteht.

- In Prozessen, die Unternehmens- und Landesgrenzen überschreiten, wird zwangsläufig die Komplexität zunehmen. Es wird zu den Kernaufgaben von Unternehmen gehören, diese Komplexität beherrschbar zu machen. Insbesondere das Management der zahlreichen Schnittstellen und der damit verbundenen Fehlerquellen wird erhebliche Herausforderungen an die Unternehmensführung stellen.

Im Sinne von Coase müssen die Prozesse also so definiert sein, dass die Unsicherheit in einem überschaubaren Rahmen bleibt. Gelingt dies nicht, stellt die Internalisierung der Prozesse – also die traditionelle Hierarchielösung – die vorzugswürdige Strategie dar.

Human Resource Management: Die Kernfrage des Human Resource Management (HRM) wird lauten: Wie finden und binden wir Toptalente an das eigene Unternehmen? Bis ins Jahr 2020 werden die Auswirkungen der demografischen Entwicklung in der Unternehmenspraxis deutlich spürbar sein. Hinzu kommt, wie erläutert, die nachlassende Attraktivität von Festanstellungsverhältnissen für High Potentials wegen der bis dahin weiter gesunkenen Transaktionskosten. Unternehmen, die dem Thema HR nicht ihre volle Aufmerksamkeit widmen und nicht mit vollem Einsatz sämtlicher Instrumente um die Besten kämpfen, werden sie nicht bekommen und einen erheblichen Nachteil im Wettbewerb erleiden. Dazu zählt die heute noch wenig anzutreffende Vernetzung von HR und Kommunikation. Denn die Bedeutung der Marke wird zunehmen, auch mit Blick auf die Rekrutierung von Mitarbeitern. Eine starke Marke schafft Wertschätzung auch bei High Potentials, macht sich gut in deren Lebenslauf und färbt als Qualitätsversprechen auf den einzelnen Mitarbeiter ab. Die Wertschätzung, die eine Unternehmensmarke genießt, überträgt sich somit auf die Person des Mitarbeiters – und umgekehrt.

Herausforderungen für die Beratung selbst

Die aufgezeigten Entwicklungen haben die Unternehmensberatungen längst erreicht. So gehören sie zweifellos bei der Virtualisierung von Prozessen und Organisationen zu den Vorreitern. Es ist bereits heute eine Tendenz zur Spezialisierung der Berater erkennbar, die sich weiter fortsetzen wird. Die Folge ist, dass je nach Kundenanforderung neue Teams beispielsweise aus Branchenspezialisten und Implementierungsprofis zusammengestellt werden müssen. Die Persönlichkeit des einzelnen Beraters steht künftig noch mehr im Fokus des Beratungsgeschäfts als heute. In der Regel vergibt der Kunde Beratungsaufträge an Personen, denen er vertraut. Aber auch für gute Berater gilt, dass sie freiheitsliebende Menschen sind und insofern eine Neigung zum Freelancer haben. Das bedeutet, dass Beratungshäuser als Arbeitgeber den Topberatern einen Mehrwert bieten müssen, den sie als Einzelkämpfer nicht erzielen können. Sie müssen ihnen eine Art Heimat bieten, eine anregende Arbeitsumgebung, die inspiriert. Wichtig ist in diesem Zusammenhang auch die Servicefunktion des Unternehmens, also die Übernahme sämtlicher Funktionen, die nicht zu den Kernkompetenzen eines Beraters gehören, etwa das Accounting und andere Back-up-Funktionen. Eine wichtige Rolle spielt daneben die Marke des Beratungsunternehmens. Sie transportiert ein Qualitätsversprechen, von dem der Berater profitiert, das ihn jedoch gleichzeitig verpflichtet, höchste Qualität auch tatsächlich zu liefern. Das Zusammenwirken von Markenstärke und Beratungsqualität wird für den Erfolg von Beratungsunternehmen essentiell sein.

Hohe Transaktionskosten hatten aus der Sicht von Beratungen in der Vergangenheit auch einen Vorteil: Wissensvorsprünge hatten eine längere Halbwertszeit als heute. Beratungsprozesse und -methoden konnten wenigstens über einen gewissen Zeitraum hinweg Vorteile im Wettbewerb begründen. Damit ist es spätestens im Jahr 2020 vorbei. Beratungsleistungen werden künftig immer leichter standardisierbar und damit zunehmend austauschbar, wirkliche Alleinstellungsmerkmale werden allein über die Beratungsleistungen immer schwerer zu verteidigen sein. Umso stärker wird die Person des Beraters in den Fokus rücken.

Fazit

Managementberatungen werden es künftig in vielen Branchen mit deutlich gewandelten Kunden und Themen zu tun haben. Denn die Probleme, die sie für ihre Kunden zu lösen haben, wirken künftig in der Regel über die Unternehmensgrenzen hinaus. Häufiger als heute berät man also nicht mehr Unternehmen X, sondern verändert beispielsweise die Gestalt von Prozess Y, der über mehrere Firmen- und womöglich Landesgrenzen hinweg verläuft. Gerade in dynamischen Branchen wird das notwendige Innovationstempo aus Unternehmenssicht nur noch zu halten sein, wenn es sich gegenüber Wertschöpfungspartnern öffnet, auch wenn damit Risiken und erhöhte Komplexität einhergehen. Gleichzeitig wird die Bindung der Mitarbeiter an die Unternehmen abnehmen. Hier ist das Topmanagement gefragt. Mehr denn je wird es sich Gedanken darüber machen müssen, wie Toptalente für das Unternehmen zu gewinnen und vor allem an das Unternehmen zu binden sind. Denn mehr als heute werden die ohnehin raren High Potentials die Möglichkeit haben, sich nicht an ein Unternehmen binden zu müssen.

Transformation braucht mehr als Beratung
Das Business Transformation Framework von Capgemini Consulting

Michael Büttner

Neue Technologien, sich laufend verändernde Marktbedingungen und der wachsende Druck des globalen Wettbewerbs verlangen von den Unternehmen tiefgreifende Anpassungen der Geschäftsmodelle. Wie schnell sich die Rahmenbedingungen für die Geschäftstätigkeit ändern können, zeigte die Wirtschaftslage des Jahres 2008, ausgelöst durch die Finanzkrise. Eine tiefgreifende Unternehmenstransformation kann sowohl unter dem Primat der Gestaltung von profitablem Wachstum stehen als auch in Zeiten raueren Klimas mit einem Fokus auf der schnellen Verbesserung der operativen Seite beziehungsweise der Kostenstruktur begonnen werden. Jede Zeit bietet ihren Ansatzpunkt für eine Transformation der eigenen Organisation.

In diesem Zusammenhang ist es entscheidend, wie mit einschneidenden und vielschichtigen Veränderungen in einem Unternehmen

Was werden in den kommenden drei Jahren bis 2010 die häufigsten Ursachen für Veränderungen in Ihrem Unternehmen sein?*

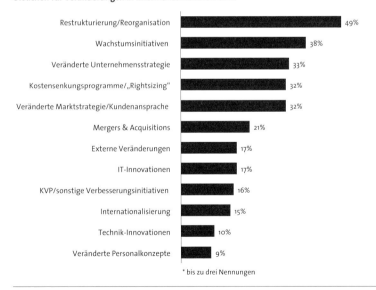

Restrukturierung/Reorganisation	49%
Wachstumsinitiativen	38%
Veränderte Unternehmensstrategie	33%
Kostensenkungsprogramme/„Rightsizing"	32%
Veränderte Marktstrategie/Kundenansprache	32%
Mergers & Acquisitions	21%
Externe Veränderungen	17%
IT-Innovationen	17%
KVP/sonstige Verbesserungsinitiativen	16%
Internationalisierung	15%
Technik-Innovationen	10%
Veränderte Personalkonzepte	9%

* bis zu drei Nennungen

Abbildung 1: Change Management ist kein Selbstzweck, sondern die Antwort auf einen fundamentalen Veränderungsbedarf im Unternehmen (Quelle: Capgemini Consulting, Change-Management-Studie 2008)

61

umgegangen wird. Das machte auch eine Capgemini-Studie aus dem Jahr 2008 deutlich. Von 36 Prozent aller Unternehmen wird Change Management, also der strukturierte Umgang mit Veränderung, als sehr wichtig und von 50 Prozent als wichtig betrachtet. Kaum ein Befragter sieht einen Bedeutungsrückgang. Für die Zukunft erwarten gar beeindruckende 92 Prozent der Befragten eine gewichtigere Rolle von Change Management, und nur 8 Prozent weisen ihm einen eher geringen oder sogar unbedeutenden Stellenwert zu. Es wird deutlich: Der Umgang mit Veränderung und damit Transformation ist und bleibt eine der zentralen Managementaufgaben (siehe Abbildung 1) – und entscheidet über zukünftigen Erfolg oder Misserfolg des Unternehmens.

Was bedeutet Erfolg bei der Transformation?

Eine feines Gespür für schwache Signale, Tendenzen und Trends, kurze Reaktionszeiten sowie das Erkennen und Wahrnehmen von Expansionsmöglichkeiten auch außerhalb des angestammten Geschäftes sind heute überlebenswichtig. Die Notwendigkeit permanenter Veränderungsprozesse in Unternehmen und Organisationen bedarf daher nicht mehr der Diskussion; sie sind „State of the Art". Die Art und Weise, wie die Umgestaltung von Prozessen und Strukturen gelingt, ist dagegen essentiell. Denn fast jedes zweite Transformationsprogramm in Europa erzielt nicht den gewünschten Erfolg. Was sind die Gründe? Anders gefragt: Wann kann man mit Fug und Recht von einer gelungenen Business Transformation sprechen?

Im Gegensatz zu einem Strategieprojekt ist eine Business Transformation kein einmaliger Impuls. Es ist der Weg in die Zukunft, mit dem Ziel, Lösungen zu schaffen, nicht nur Blaupausen. Transformation beschreibt bewusst angestrebte, stetige flexible Anpassungen, mal mit größeren, mal mit kleineren Veränderungen, an die sich ständig verändernde Umwelt. Auslöser sind externe Ereignisse wie zum Beispiel ein Unternehmenszusammenschluss, die eigeninitiierte globale Ausrichtung einer Organisation oder aber auch die Reaktion auf einen ökonomischen Downturn. Der Umfang wird durch die Adaptionsfähigkeit der Organisation bestimmt. Das Resultat der Transformation ist ein neuer Aggregatzustand inklusive der angeeigneten organisatorischen Intelligenz, den notwendigen adaptiven Wandel kontinuierlich effektiv und effizient herbeizuführen. Capgemini Consulting hat das Modell des Business Transformation Frameworks entwickelt und begleitet damit Unternehmen bei ihrer Transformation. Mehr denn je trifft dieser Ansatz die Rahmenbedingungen, innerhalb derer die

Unternehmen heute und in den nächsten Jahren und Jahrzehnten agieren.

Die Verwechslung von kurzfristigen Veränderungen und Transformation führt dabei regelmäßig zu falschen Erwartungen und anschließenden Enttäuschungen. Gewiss ist es ein ehrgeiziges Unterfangen, sich den Big Bang, den einmaligen großen Wurf, zum Ziel zu setzen – doch eine Business Transformation ist das noch nicht. Häufig verpufft der erzielte Effekt nach kurzer Zeit; der Wirkungsgrad der mit einem Projekt angestrebten Veränderung geht mit der Zeit gegen null. Nachhaltiger Erfolg stellt sich erst dann ein, wenn die gesamte Organisation verstanden hat, dass sie flexibel aufgestellt sein muss, um auf äußere Einflüsse reagieren zu können. Das bezieht sich sowohl auf das Handeln der Organisation als auch auf das selbstverständliche Denken der einzelnen Mitarbeiter.

Der zweite Grund für die vielen Fehlschläge liegt darin, dass die Verflechtung des Vorhabens mit anderen Strukturen und Prozessen oftmals unterschätzt wird. Während isolierte Veränderungsprojekte überschaubar und vergleichsweise einfach umsetzbar sind, erzeugt das Gesamtprogramm einen hohen Grad an Komplexität. Oft sind die mit einer Business Transformation einhergehenden Risiken und Nebenwirkungen zu Beginn des Vorhabens nicht oder erst schemenhaft erkennbar. Hier leisten Erfahrungen aus vorangegangenen Transformationsprojekten einen unschätzbaren Wertbeitrag.

Denn wer sechs, zehn oder mehr Geschäfte und Geschäftsmodelle in rentable Geschäfte transformiert und detailliert ausgestaltet hat, kennt die üblichen Bruchstellen zwischen Design und Implementierung. Hinlänglich bekannt sind auch die Sollbruchstellen zwischen Strategie und Handlung, zwischen Vorsatz und Umsatz. Bis ans Ende zu denken, besser noch, ein Stück darüber hinaus, zeugt von Effektivität und Commitment. Erst damit liefern Strategie- und Managementberatung den Mehrwert mit dem hohen Anspruch an eine konzeptionell und handwerklich erfolgreiche Veränderung – einer umfassenden Business Transformation.

Der dritte und vielleicht entscheidende Grund für das landläufige Versagen von klassischen Veränderungsvorhaben ist, in der Vorliebe für schnelle Lösungen verheißungsvolle Schlagworte zu suchen. Wer wüsste es nicht besser als kundige Strategieberater und deren strategieerfahrene Kunden: Ein Konzept ist ein Konzept ist ein Konzept. Intellektuell mögen wohlgestaltete Strategiepapiere und brillante Ideengerüste noch so viel versprechen. Doch wenn dem Plan nicht die nachfolgende Umsetzung in die Praxis mit all seinen zu erwartenden Implikationen und vorhersehbaren Verästelungen zugrunde liegt (und folgt!), bleibt jeder noch so plausibel begründete Veränderungsvorschlag ein bloßes Wirkversprechen ohne Erfolgsgarantie. Dies gilt umso mehr, wenn der Beginn einer Transformation – wie häufig in wirtschaftlich angespannten Zeiten – zunächst auch mit kurzfristig wirksamen Kosteneinsparungen verbunden ist.

Umsetzungsorientierte Berater leisten deshalb in zweierlei Hinsicht einen wichtigen Beitrag bei der Business Transformation. Zum einen planen sie die Realisierung ihrer Vorstellungen von Anfang an in ihre Konzepte ein, prüfen also gleichsam schon im Entwurf die statische Festigkeit von Fundament und Mauerwerk. Zum anderen kennen sie die „schwarzen Löcher" in den Organisationen, in denen sich innovative und von manchen als störend empfundene Ansätze nur zu gern verflüchtigen.

Transformation ganzheitlich meistern

Den Wandel erfolgreich zu gestalten und die Komplexität innerhalb der Transformation zu beherrschen, ist daher zu einer der wichtigsten Managementaufgaben geworden. Allerdings neigen Unternehmen dazu, träge zu reagieren. Business Transformation bedeutet, das Unternehmen umfassend zu verändern, um es agiler und leistungsfähiger zu machen. Dieser Anspruch und die Komplexität von Transformationen lassen wenig Raum für Standardlösungen. Business Transformation ist die Domäne des „best fit". Transformationsprojekte dürfen sich daher nicht auf Einzelelemente beschränken. Sie müssen strategische, organisatorische, prozessuale, technologische und mitarbeiterrelevante Aspekte zu einem integrierten Ansatz zusammenführen.

Der Weg in die unternehmerische Neuzeit

Einer großen Zahl von erfolgreichen Transformationsprojekten liegt das mehrdimensionale Business Transformation Framework zugrunde. Diese rahmenschaffende Struktur konzentriert sich auf fünf Bereiche (fünf E's, siehe Abbildung 2). Capgemini Consulting spricht erst dann von einer Transformation, wenn diese fünf Elemente – meist in unterschiedlicher Nuancierung – konzeptionell abgedeckt sind. Das Modell ermöglicht unterschiedliche Eintrittspunkte und Designvarianten für Transformationsprogramme. Die Verbindung der fünf Schlüsselbereiche durch den kontinuierlichen Veränderungsprozess wird durch das Infinitum dargestellt.

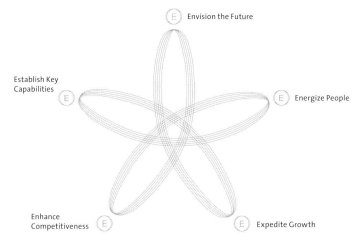

Capgemini's model: The 5Es of Business Transformation

Envision the Future

Establish Key Capabilities

Energize People

Enhance Competitiveness

Expedite Growth

Abbildung 2: Capgemini-Consulting-Modell: die fünf Transformationsbereiche, das Infinitum und die Transformation Engine

Envision the Future

Eine klare und kraftvolle Vision ist der Haupttreiber für Leistung, Energie und Commitment – und steht damit gleichermaßen für das Gelingen der Transformation und für den Unternehmenserfolg. Sie muss herausfordern und sich signifikant vom Status quo unterscheiden. Es reicht nicht, ein Mission Statement in den Geschäftsbericht zu schreiben. Es bedarf der Erklärung und des Werbens um Zustimmung bei allen Beteiligten. Das neue Ziel muss von allen verstanden, akzeptiert und begrüßt werden, nur dann wird man ankommen. Die Vision des Managements wird umso eingängiger, je mehr Menschen sie teilen. Der eindeutige Fokus auf ein inspirierendes Zielbild mit emotionaler Aufladung ist der Schlüssel für Veränderungsmaßnahmen. Die frühzeitige Bildung von Koalitionen für die Vision und die verbindliche Festschreibung von greifbaren Ergebnissen sind ebenso entscheidend.

Energize People

Aktive und selbstbestimmte Mitarbeiter, die eine gemeinsame Vision in die Realität umsetzen wollen, sind der wirkungsvollste Hebel für eine erfolgreiche Transformation. Eine positive Einstellung jedoch kann nicht vom Management verordnet werden. Um das volle Commitment der Betroffenen zu gewinnen, müssen sie nicht nur das Ziel verstehen, sondern auch den individuellen Nutzen erkennen. Dies stützt sich oft mehr auf Gefühl als auf intellektuelles Verständnis. Von den Veränderungen betroffene Mitarbeiter gilt es, unmissverständlich auf den Erfolg der Transformation zu verpflichten, damit sie nicht an Widerständen scheitert oder in der Hektik des operativen Geschäfts im Sande verläuft. Vielleicht muss der Anspruch noch höher liegen: Die Möglichkeit, an der Veränderung mitzuwirken, sollte motivieren. Dabei müssen Manager selbst Vorbilder sein und unter Umständen ihr Verhalten ändern. Business Transformation berücksichtigt sowohl die rationalen Zwänge als auch die emotionalen Aspekte und die Dramaturgie der menschlichen Arbeit. Denn eines kann ohne das andere nicht seine volle Wirkung zeigen.

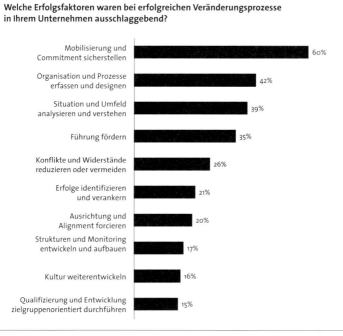

Welche Erfolgsfaktoren waren bei erfolgreichen Veränderungsprozesse in Ihrem Unternehmen ausschlaggebend?

Mobilisierung und Commitment sicherstellen	60%
Organisation und Prozesse erfassen und designen	42%
Situation und Umfeld analysieren und verstehen	39%
Führung fördern	35%
Konflikte und Widerstände reduzieren oder vermeiden	26%
Erfolge identifizieren und verankern	21%
Ausrichtung und Alignment forcieren	20%
Strukturen und Monitoring entwickeln und aufbauen	17%
Kultur weiterentwickeln	16%
Qualifizierung und Entwicklung zielgruppenorientiert durchführen	15%

Abbildung 3: Erfolgsfaktor Nummer eins ist die Sicherstellung von Mobilisierung und Commitment (Quelle: Capgemini Consulting, Change-Management-Studie 2008)

Expedite Growth

Megatrends auf der Kundenseite, umfassende Kreativität, das Beschreiten neuer Wege, das Ausleben von konfliktbeladenen Positionen, die

Verabschiedung von der Null-Fehler-Mentalität – das sind alles Beispiele für die Förderung einer Wachstumsambition. Dies gilt für das Unternehmen, aber auch für das gesamte Ecosystem, um nachhaltige Größenveränderungen herbeizuführen.

Enhance Competitiveness

Das Ecosystem Unternehmen ist als Netzwerk zu verstehen. Ständige Innovation, Vereinfachung und Automatisierung sind wesentliche Treiber für eine Can-do-Einstellung. Technologie spielt dabei eine Schlüsselrolle. Das Ergebnis sind nicht nur kontinuierliche Kostenverbesserungen, vielmehr geht es darum, einen größeren Freiheitsgrad für zukünftige Aktivitäten zu schaffen.

Establish Key Capabilities

Eine Business Transformation verlangt sowohl individuelle Leistungen als auch organisatorische Intelligenz, die kontinuierlich weiterentwickelt wird. High Potentials – und hier geht es nicht allein um deren fachliche Fähigkeiten – auf allen Hierarchieebenen treiben den Transformationsprozess voran. Eine reibungslose Zusammenarbeit über Stufen und Grenzen hinweg muss ebenso gefördert werden wie Umwandlung von individuellem Wissen in Know-how der Organisation.

Den Transformations-Motor am Laufen halten

Während die fünf E's die Rahmenbedingungen für eine erfolgreiche Unternehmensveränderung darstellen, gibt es darüber hinaus Einflussfaktoren, die die Maschine am Laufen halten. Sie sequentiell einzusetzen hieße allerdings, sie eines Großteils ihrer Wirkleistung zu berauben. Stattdessen müssen die Einflussfaktoren synchron eingesetzt und genutzt werden, gleichsam wie in Reihe geschaltete Motoren.

Die richtige Geschwindigkeit finden

Wie alle betriebswirtschaftlichen Ansätze wird auch die Business Transformation im Kontext ihrer Zeit angewendet – beispielsweise für Kostensenkung und Prozessverbesserung. Aber sie legt gleichzeitig das Fundament für künftiges Wachstum und Kundennutzen. Die so optimierten Strukturen bieten mehr als eine gute Story für Shareholder.

Das Erreichen des angestrebten Szenarios beruht auf einem tiefen und umfassenden Verständnis der Märkte und der sich auf ihnen vollziehenden Veränderungen – gepaart mit solidem Handwerk. Ein vielfach in der Praxis erprobter, qualitätsgetriebener Ansatz führt eben schneller und effizienter zu den definierten Ergebnissen als das aufs Neue erfundene Rad.

Jede Organisation ist für sich einzigartig, ebenso wie ihre Mitarbeiter. Deren Commitment und Überzeugung über die Nachhaltigkeit der Umsetzung entscheidet. Die richtige Geschwindigkeit der Veränderung ist somit erfolgskritisch: Manche Phasen erfordern Beschleunigung, andere Entschleunigung, um Raum für Reflexion und Integration zu schaffen. Es kostet mitunter viel Geduld, Schweiß und Mühe, will man eine am Reißbrett ausgetüftelte Strategie im betrieblichen Alltag zum Leben erwecken. Der Transformationsprozess muss zeitweilig gebremst werden, wenn die Dynamik aus dem Ruder zu laufen und wichtige Promotoren zu überrennen droht. Bei anderer Gelegenheit müssen die Protagonisten des Prozesses zu Antreibern werden. Sie dürfen sich auch nicht zu schade sein, kräftig mit anzupacken, wenn es viel zu tun gibt. Die größte Gefahr: Sollte sich die Umsetzung der Strategie als schwierig erweisen, neigt so mancher Reisende dazu, den neuen Pfad zu verlassen und auf die ausgetretenen, aber vertrauten Wege zurückzukehren. Und das selbst um den Preis, dass der nächste Aufbruch zu einem unpassenden Zeitpunkt vom Markt erzwungen wird.

Menschen mitnehmen

Tiefes sektorspezifisches und technologisches Verständnis ermöglicht neue Einsichten in die Wandlungskraft und Zukunftsfähigkeit des Unternehmens. Ein wichtiger Teilprozess, der die Energie für den Transformationsprozess erzeugt, ist daher die Mobilisierung der Mitarbeiter. Jeder Einzelne, jede Arbeitsgruppe, jede Ebene muss motiviert und zu den Veränderungen verpflichtet werden. Das gelingt, indem die Mitarbeiter in einen Top-Down-/Bottom-Up-Prozess konsequent miteinbezogen werden. Letzten Endes ist es eine Kombination aus Kunst und Wissenschaft: Drehbuch und Ablauf berücksichtigen kulturelle, emotionale und politische Elemente. Der Schlüssel zum Erfolg einer Transformation liegt in einem ausgereiften und maßgeschneiderten Vorgehensmodell, in viel Erfahrung beim Design, der Dramaturgie und dem Management von Veränderungsprozessen sowie in der Selbstverpflichtung, die gewählte Strategie bis zum Ende hin konsequent umzusetzen. Perfektes Timing, gezielte Dosierung sowie eine ausgewogene Kombination von strategischem Denken und konsequenter Aktionsorientierung sind entscheidend für den Transformationserfolg.

Das passende Pendant auf der Beraterseite

Bisher wurde auf die Rahmenbedingungen eingegangen. An dieser Stelle soll zumindest kurz ein weiterer, entscheidender Faktor angesprochen werden, der häufig bei Beratern nicht thematisiert wird. Der Typ des Beraters, die Art und Weise seines Umgangs haben einen ganz entscheidenden Einfluss auf den späteren Erfolg. Capgemini Consulting arbeitet auf allen Ebenen eng mit den Kunden zusammen. Das ist zunächst keine differenzierende Aussage, und doch macht die Art und Weise, wie die Zusammenarbeit erfolgt, in der täglichen Arbeit für den Kunden den entscheidenden Unterschied. Der Ansatz wird ebenso durch den Dialog getrieben wie durch kreative und reflektive Techniken. Er ist das Gegenteil von instruktiver Intervention. Dies erfordert einen spezifischen Beratertypus. Er muss führen ebenso wie unterstützen können, sich gleichzeitig durch Bescheidenheit wie Respekt und Glaubwürdigkeit auszeichnen. Maßgeschneiderte Interventionen erfordern ein hohes Maß an Sensibilität, Wahrnehmungsvermögen und menschlicher Wärme. Das Streben nach Exzellenz, Kompetenz und gedanklicher Leadership ist dabei eine zwingende Grundvoraussetzung.

Die Umsetzung der Transformation

Managementmythen sterben langsam. Eines der größten Vorurteile stammt noch aus der Zeit des Command and Control und wird viel zu selten hinterfragt. Es ist der Mythos, das Topmanagement müsse zunächst eine Strategie erarbeiten, um anschließend den Rest der Organisation über die anstehenden Veränderungen zu informieren.

Jedes Veränderungsvorhaben, erst recht jede Transformation in eine grundsätzlich veränderungsbereite, -willige und -fähige Organisation gelingt nur mit den von ihr betroffenen Menschen, nicht gegen sie und auch nicht losgelöst von ihnen. Dass Ziele und Strategien auf allen Ebenen diskutiert und die dazu nötigen Maßnahmen nach Möglichkeit einvernehmlich verabschiedet werden sollen, steht heute im Lehrplan jeder Business School. Auf der Ongoing Journey einer Business Transformation muss man die Menschen mitnehmen, denn sie treiben oder unterlaufen das Vorhaben. Bei näherem Hinsehen erweisen sich fast alle fehlgeschlagenen Change-Projekte als von innen heraus inkonsistent.

Das zweite kritische Element bei der Implementierung ist die Kluft zwischen Strategie und Umsetzung. Manch einer bleibt auf halber Strecke stehen, weil ihm das Unterfangen allzu schwierig scheint. Andere setzen nur den leichteren Teil des Planes um, weil sie auf unerwartete Widersprüche und Widerstände stoßen. Wieder anderen fehlt der erfahrene und kompetente Begleiter: jemand, der keine Zustimmung heischenden Fragen stellt, sondern nach vorne leitende, zuweilen natürlich auch bohrende. Jemand, der alle drei bis sechs Monate zu einem Zwischenstopp aufruft, den Einhalt der Marschroute überprüft und die nächste Etappe skizziert. Jemand, der gleichzeitig antreibt und ermutigt. Kurz: Jemand, der nicht nur Konzepte formuliert, sondern sie bis zum Ende unter kritischer Beobachtung hält und umsetzt.

Im Jahr 2020 noch mehr als heute werden sich Transformationsberater daran messen lassen müssen, inwieweit sie mit ihren Kunden das letzte, schwierigste Stück Weges hoch zum Gipfel planen und begleiten. Die Erfahrung zeigt, dass die Kunden die damit einhergehende Sicherheit im Projektverlauf ungleich höher schätzen. Also sollten die externen Dienstleister dementsprechend auch auftreten und handeln – nicht nur als kluger Strategieberater, sondern auch als kompetenter Umsetzungsbegleiter. Nebenbei: Wie können Unternehmensberater sonst ihr Wirkversprechen besser einlösen?

Die Herausforderungen der Business Transformation ...

Die Zeiten stehen nicht still. Weitgreifende Veränderungen in Gesellschaft, Wirtschaft und Technologie geraten immer mehr in den Blickpunkt. Die undurchsichtige Gemengelage von Chancen, Risiken und Unwägbarkeiten bildet den Hintergrund für Transformationsprozesse in Unternehmen.

... in der Gegenwart

Schon heute sind die Herausforderungen einer Business Transformation groß und vielfältig. Konsolidierung und dann wieder Expansionsstreben bilden den steten Rhythmus des Wirtschaftslebens und verlangen jeweils entsprechende Anpassungen und Transformationsprogramme. Inhaltlich und von ihrer Dramaturgie her betrachtet, müssen sie jedoch eine enorme Variationsbreite aufweisen. Denn jede weltwirtschaftliche und binnenkonjunkturelle Lage erfordert spezifische Maßnahmen. Das lässt – leider – schablonenartige Varianten wie „Schönwetter-Transformation" und „Schlechtwetter-Transformation" einen unerfüllbaren Wunschtraum bleiben.

Die Unternehmen selbst sind sich dieser Schwierigkeit bewusst und differenzieren ihre Veränderungserfordernisse aus. Die eingangs erwähnte Studie zu den Veränderungsabsichten der Unternehmen hat gezeigt, dass die Verbesserung der Qualität für immerhin jedes siebte Unternehmen das Hauptziel seines Change Managements ist. In der Projektrealität steht dieses Ziel im Widerspruch zum Ziel Kostensenkung. Es wird zwar häufig parallel angestrebt, doch beides zusammen geht selten. Hingegen laufen die in der Medienwirklichkeit ebenfalls hoch gehandelten Ursachen-Cluster Integration stärken und Globalität erreichen unter ferner liefen. Letztlich lassen sich diese beiden Ambitionen durchaus wieder unter den beiden Hauptzielen Wachstum rauf und Kosten runter einsortieren.

Doch hinter den konkreten Anlässen für Veränderungsprozesse kommt meist ein ganzes Bündel weiterer Ziele zum Vorschein: Strukturen sichern, Prozesse verschlanken, Tempo erhöhen, Qualität verbessern, Integration stärken, Globalität erreichen – oder etwas ganz anderes. Häufig geht es auch um die Sicherung von Märkten, die eigene Flexibilität und Profitabilität.

... und in der Zukunft

Die ganz großen Herausforderungen für die Unternehmen der Zukunft sind heute schon eingetreten oder zeichnen sich bereits ab: Zusammenführung von Unternehmen, die Chancen der Globalisierung nutzen, im Verdrängungswettbewerb bestehen können. Diese Megatrends werden zur Rationale für kommende Transformationsprogramme und die in diesen eingebauten Change-Management-Aktivitäten.

Change Management bedeutet – aus einer instabilen und für das Unternehmen durch ganz bestimmte Gründe veränderungsnotwendigen Situation heraus – in allererster Linie eine Konsolidierung. In unserem Zeitalter des „Sowohl als auch" geht es nicht mehr um eine „Entweder-oder-"Entscheidung für das eine oder das andere. Verlangt wird vielmehr der Ausgleich von Widersprüchen, Ambiguitäten und Zielkonflikten zu einem wohlausgewogenen Ganzen – wohl wissend, dass dieses neue Gleichgewicht nicht auf Dauer angelegt ist und bereits morgen wieder überholt sein kann.

II

IT-Service-Unternehmen

Beratung, Umsetzung, Technologie und Lösungsbetrieb
IT-Service-Unternehmen erweitern ihr Leistungsspektrum systematisch

Thomas Lünendonk und Heinz Streicher

Einleitung

Der Einsatz der elektronischen Datenverarbeitung (EDV) oder – nach heutiger Terminologie – Informationstechnik (IT) war immer mit der Bereitstellung von Dienstleistungen verbunden. Von Anfang an gab es dabei auch eine Arbeitsteilung zwischen internen und externen Ressourcen. Während in den 50er und 60er und teilweise auch noch 70er Jahren des 20. Jahrhunderts die Anbieter von Computer-Hardware (zum Beispiel Honeywell, Sperry, Univac, Bull, IBM) die Hardware und eigene proprietäre Betriebssysteme für ihre Geräte lieferten, war die Entwicklung der Anwendungsprogramme weitgehend den Kunden-Unternehmen überlassen. Sie wurden dabei bereits von ersten externen Dienstleistern unterstützt.

Da sich aus Kostengründen nur sehr große Unternehmen und wissenschaftliche Institutionen eigene Computerinstallationen leisten konnten, bildete sich in diesem Zeitraum eine weitere DV-Dienstleistungssparte: die Service-Rechenzentren. Sie stellten Kunden, die selbst noch keine Computeranlage besaßen, Rechenkapazitäten zur Verfügung und führten, zunächst in Batch-Verarbeitung, Lohn- und Gehaltsabrechnungen oder Buchführung für ihre Auftraggeber durch. Diese Service-Rechenzentren wurden einerseits von den Hardware-Lieferanten betrieben, andererseits auch von freien Dienstleistungsunternehmen. Eine wichtige Rolle spielten auf diesem Gebiet auch die Gemeinschaftsrechenzentren von Gebietskörperschaften, Genossenschaftsbanken, Sparkassen und Berufsgenossenschaften, wie zum Beispiel die Datenverarbeitungsorganisation des steuerberatenden Berufes Datev.

Als weitere Dienstleistung im Umfeld der Datenverarbeitung trat sehr früh der Schulungssektor in Erscheinung. Sowohl Anbieter als auch Dienstleister und Anwender hatten enorme Schwierigkeiten, qualifiziertes EDV-Personal, insbesondere für Software-Entwicklung, das heißt Systemanalyse und Programmierung, zu bekommen. An den Hochschulen wurden bis in die 70er Jahre hinein nur Spezialisten der Hardware-Entwicklung ausgebildet, alle übrigen Funktionen mussten von Mathematikern, Physikern und anderen Berufen durch ergänzende Schulung bewältigt werden. Die Computerhersteller begannen deshalb sehr früh für den eigenen Bedarf, aber auch für Kunden und Drittpersonen Grundlagen-Kurse in Datenverarbeitung anzubieten. Daneben entstanden private Schulungseinrichtungen für EDV-Fachleute. Anfang der 70er Jahre boten dann auch Fachhochschulen und Technische Universitäten Studiengänge für Informatiker in unterschiedlichen Fächerkombinationen an.

Mit dem wachsenden Reifegrad der Computernutzung und der zunehmenden Durchdringung der Unternehmen und sonstigen Institutionen mit IT bildete sich vor allem in den 70er Jahren das Segment Professional Services weiter aus. Es bestand aus der Übernahme von Programmieraufträgen von Anwendern und Anbietern, aus der Überlassung von Fachpersonal zur Ergänzung der Ressourcen bei den Anbietern und Anwendern (Body-Leasing) und zunehmend aus der EDV-Beratung der Anwender-Unternehmen. Diese Entwicklung wurde unterstützt durch die Standardisierung auf den Ebenen der System-Software wie beispielsweise Datenbankmanagementsysteme oder Transaktionsmonitore, wenn auch zunächst nur auf proprietärer Basis.

Der nächste Schritt auf dem Gebiet der Professional Services war die Kombination aus IT-Beratung und Auftragsprogrammierung, also dem Entwurf und der Realisierung kompletter, maßgeschneiderter Anwendungssysteme für einzelne Kunden. Mit dem Aufkommen der Standard-Anwendungs-Software in den 80er Jahren übernahmen unabhängige Service-Unternehmen zusätzlich die Integration der Standard-Software, ihre Anpassung und Einführung bei den Kunden zu arbeitsfähigen Systemen.

Professional Services	Processing Services
Body-Leasing	Service-Rechenzentrum
DV-Schulung	Hardware-Wartung
Programmieraufträge	Facility Management
EDV-Beratung	Managed Services
Individual-Software-Projekte	Application Service Provider
Systemintegration	Business Process Outsourcing

Abbildung 1: IT-Services

Zwei Kategorien von IT-Services lassen sich demnach unterscheiden: Zum einen die Professional Services, die beratende, schulende, realisierende und integrierende Aufgaben übernahmen. Zum anderen die Processing Services, die nach einer Blütezeit bis Mitte der 70er Jahre als Provider von Rechenkapazitäten scheinbar bedeutungslos geworden waren, bis sie Anfang der 90er Jahre unter dem Oberbegriff Outsourcing eine neue Blüte erlebten, die in zahlreichen Varianten bis heute anhält.

Nimmt man den Begriff Outsourcing wörtlich, dann umfasst er alle Tätigkeiten, die ein Unternehmen selbst erbringen könnte, aber – aus welchen Gründen auch immer – nach außen auf externe Dienstleister verlagert: eine echte Make-or-Buy-Entscheidung. In der Informationstechnik gehören dazu also eigentlich alle Aufgaben, mit Ausnahme der Herstellung von Hardware und Standard-Software. Im engeren Sinn wird Outsourcing jedoch als Bündel von Leistungen in und um die technischen Installationen verstanden. Die Initialzündung zur historisch ersten Variante des IT-Outsourcings war der Vertrag, den 1989 Eastman Kodak Co. mit IBM, DEC und Businessland schloss. Kodak übergab praktisch seine gesamte Informationsverarbeitung an die Vertragspartner. Dabei gingen sämtliche Assets und das Personal an die Outsourcing-Partner über, die künftig das Facility-Management (FM) für die IT übernahmen. Im Grunde ist dieser Begriff zu eng für das, was zu einem erfolgreichen Funktionieren einer solchen Partnerschaft notwendig ist. Dazu muss über den eigentlichen Betrieb der IT-Facilities hinaus auch die Planung und Weiterentwicklung der Hardware und Software gehören. Der Service-Anbieter muss, um die Wirtschaftlichkeit zu gewährleisten, die Systeme immer stärker standardisieren, um auch andere Kunden bedienen zu können.

Im IT-Outsourcing hat sich inzwischen eine Reihe von Varianten entwickelt, die den radikalen Verzicht auf eine eigene Informationstechnik-Installation vermeiden. Diese Verträge werden unter dem Begriff Managed Services zusammengefasst. Der IT-Dienstleister will damit einen Mittelweg zwischen den Kostenvorteilen von Outsourcing-Modellen und der Beibehaltung der Kontrollhoheit eröffnen. Im Rahmen der Managed Services übernimmt der Dienstleister einzelne Tätigkeiten oder Prozesse auf der Basis vereinbarter Service Level Agreements (SLA). Je nach Art der Leistung sowie dem Grad der Verantwortung beinhalten Managed Services das Remote Monitoring bis hin zum kompletten IT-Service-Management von einer zentralen Netzwerk- und System-Management-Plattform aus. Die Kontrolle über die eigene Infrastruktur bleibt im Haus. Ein Übergang von Assets und Personal findet nicht statt.

Eine weitere Variante, die durch die moderne Kommunikationstechnik möglich wurde, ist der Vertrag mit einem Application Service Provider (ASP), der eine Anwendung, zum Beispiel ein ERP-System, zum Informationsaustausch über ein Netz anbietet. Der ASP kümmert sich um die gesamte Administration und Aktualisierung. Außerdem obliegen ihm die Benutzerbetreuung und andere Dienstleistungen um die Anwendung herum.

Einen großen Schritt nach vorne stellt das Business Process Outsourcing (BPO) dar. Es bezeichnet das Auslagern ganzer Geschäftsprozesse und unterscheidet sich damit von anderen Outsourcing-Formen dadurch, dass ein Teil der Ablauforganisation ausgelagert wird. In der Regel wird mit dem Geschäftsprozess auch das ihm zugrunde liegende IT-System outgesourct. BPO findet bisher hauptsächlich in den Bereichen Finanz- und Rechnungswesen, Personalwesen, Beschaffung und Callcenter statt.

Eine besondere Form der Auslagerung von IT-Aktivitäten ist die Ausgliederung der jeweiligen Betriebseinheiten in eine Tochtergesellschaft, deren Kapitalanteile zu 100 Prozent im Konzerneigentum verbleiben. Da meist auch die Leitungsmacht vom Konzern ausgeübt wird, bezeichnet man diese Form als Inhouse-Outsourcing. Der Vorteil gegenüber internen Service- oder Profit-Centern ist, dass formelle vertragliche Beziehungen hergestellt werden müssen. Erst wenn durch Beteiligung konzernunabhängiger Dritter das Gewicht der Entscheidungen verlagert wird, kann von Outsourcing gesprochen werden. Die positiven Effekte der sogenannten Shared Service Center (SSC), die auf einer ähnlichen Philosophie basieren, sind ebenfalls begrenzt.

Der Markt für IT-Services in Deutschland

IT-Service im engeren Sinne – also Outsourcing, Application Management, Facilities Management sowie Equipment Services, Maintenance und Training – stellt inzwischen das größte Teilsegment des gesamten Software- und Services-Marktes dar. Nach Erhebungen des Branchenverbandes Bitkom betrug das Marktvolumen für Outsourcing Services und Hardware Maintenance 2007 in Deutschland rund 15,8 Milliarden Euro.

Im IT-Service-Geschäft sind schwerpunktmäßig auch die großen Hardware-Produzenten wie IBM, Hewlett-Packard oder Fujitsu Services (zusammen mit TDS) tätig. Wegen der Vielfalt des Leistungsangebots lassen sich die meisten dieser großen IT-Unternehmen nicht den üblichen Kategorien der IT-Software- und Service-Anbieter zuordnen. So gehören, gemessen an ihren spezifischen Umsätzen, einige der Unternehmen auch zu den größten Systemintegratoren oder auch – wie IBM und HP – zu den großen Standard-Software-Anbietern in Deutschland; ihre entsprechenden Umsatzanteile liegen jedoch jeweils unter 60 Prozent, weil die Umsätze mit anderen Leistungen, beispielsweise Outsourcing oder Hardware-Geschäft, großes Gewicht haben.

Große Bedeutung für den IT-Service-Markt im engeren Sinne haben auch Spezialunternehmen, die überwiegend Outsourcing- und Prozess-Dienstleistungen anbieten, wie zum Beispiel EDS, AC Service oder ADP. IT-Service-Anbieter, die als Gemeinschaftsdienstleister innerhalb von Genossenschaften oder Gebietskörperschaften überwiegend für die jeweiligen Mitglieder tätig sind, spielen ebenfalls eine große Rolle auf diesem Markt. Dazu zählen zum Beispiel Fiducia, FinanzIT, GAD und Sparkasseninformatik.

Eine weitere Gruppe von IT-Service-Anbietern bilden Unternehmen, die in der Vergangenheit als Systemhäuser sehr große Hardware- und Software-Handelsanteile aufwiesen und sich inzwischen immer stärker in Richtung Beratung, Implementierung und sogar Managed Services bewegen. Dazu zählen in der jüngsten Lünendonk®-Studie Cenit, Computacenter, Controlware und Dimension Data.

Wie bereits erwähnt, hat zum IT-Service-Markt auch die Entwicklung des sogenannten Inhouse-Outsourcings beigetragen. In den vergangenen Jahren traten überwiegend am IT-Service-Markt als Tochtergesellschaften ausgegliederte IT-Bereiche von Wirtschafts- und Finanzunternehmen in Erscheinung. Diese Anbieter haben zwar überwiegend konzerninterne Kunden, wenden sich aber mit ihren Dienstleistungen zunehmend auch an externe Kundenmärkte. Dazu gehören zum Teil sehr große IT-und Beratungskonzerne wie Aareon, Bayer Business Service, Services for Business IT Ruhr und Vattenfall.

Da einige führende Anbieter in diesem Teilmarkt keine aufgeschlüsselten Daten für die einzelnen Leistungskategorien veröffentlichen und manche internationale Unternehmen überhaupt keine entsprechenden Angaben für Deutschland machen, hätte eine Liste mit den großen IT-Service-Anbietern als Ranking nur beschränkte Aussagefähigkeit. Die in die IT-Service-Studie der Lünendonk GmbH aufgenommenen Unternehmen verstehen sich daher als Marktstichprobe.

So gehören zum Beispiel T-Systems oder Computacenter, gemessen an ihren spezifischen Umsätzen, sicher auch zu den großen Systemintegratoren in Deutschland. Ihre diesbezüglichen Umsatzanteile liegen jedoch unter 60 Prozent, weil die Umsätze mit Outsourcing und anderen Produkten und Dienstleistungen dominieren.

Unternehmen	Anteil konzerninterner Umsatz am Gesamtumsatz > 66%	Umsatz in Deutschland in Mio. Euro		Gesamtumsatz in Mio. Euro (Nur Unternehmen mit Hauptsitz in Deutschland)	
		2007	2006	2007	2006
Aareon AG, Mainz		141,1	141,6	157,3	156,1
AC-Service AG, Stuttgart		51,6	41,5	78,1	62,6
Atos Origin GmbH, Essen *		539,0	525,0		
Bayer Business Services GmbH, Leverkusen *	•	610,0	560,0	925,0	848,0
Cenit AG Systemhaus, Stuttgart		64,5	75,1	77,0	82,4
Computacenter AG & Co. oHG, Kerpen		1.090,0	1.009,0		
Controlware GmbH, Dietzenbach		94,0	90,0	105,0	100,0
DAKOSY Datenkommunikationssystem AG, Hamburg		13,0	12,0	13,0	12,0
Data Service GmbH & Co. KG, Hagen		1,0	k.A.	1,0	k.A.
Dimension Data Germany AG & Co. KG, Oberursel *		110,0	105,0		
EDS Deutschland GmbH, Düsseldorf *	•	605,0	525,0		
Fiducia IT AG, Karlsruhe	•	692,0	732,0	692,0	732,0
FinanzIT GmbH, Hannover	•	578,6	623,6	578,6	623,6
Freudenberg IT KG, Weinheim		60,0	50,0	60,0	50,0
Fujitsu Services / TDS, Düsseldorf * ¹		260,0	127,0		
GAD-Unternehmensgruppe, Münster	•	558,0	550,0	558,0	550,0
GISA GmbH, Halle	•	65,5	68,3	65,5	68,3
Hewlett-Packard Deutschland Services, Böblingen *		1.460,0	1.420,0		
I.T.E.N.O.S. GmbH, Bonn	•	82,0	75,9	82,0	75,9
IBM Global Services Deutschland, Stuttgart *		2.900,0	2.626,5		
IZB Informatik-Zentrum GmbH & Co. KG, Aschheim		190,1	193,3	190,1	193,3
Science + Computing AG, Tübingen		24,5	22,1	24,5	22,1
Services for Business IT Ruhr GmbH, Gelsenkirchen		122,0	118,8	122,3	119,1
Siemens IT Solutions and Services GmbH & Co. OHG, München ²		2.251,0	2.071,0	5.360,0	5.157,0
Sparkassen Informatik GmbH & Co. KG, Frankfurt am Main	•	956,0	946,0	956,0	946,0
SVA GmbH, Wiesbaden		103,0	85,0	104,0	86,0
T-Systems, Frankfurt am Main		9.487,0	10.569,0	11.987,0	12.869,0
Vattenfall Europe Information Services GmbH, Hamburg	•	120,0	121,0	124,0	122,0

* Umsatzzahlen teilweise geschätzt. 1 Für die Jahre 2007 und 2006 wurden die Umsätze und Mitarbeiterzahlen addiert; 07/2007 Übernahme Allianz Dresdner Informationssysteme GmbH (Agis) 2 Umsatz gesamt 2007 inkl. neue Einheiten PSE, BIC/DIP COPYRIGHT: Lünendonk GmbH, Kaufbeuren 2008 – Stand 21.05.2008 (Keine Gewähr für Firmenangaben)

Tabelle 1: Lünendonk®-Liste 2008: Führende IT-Service-Unternehmen in Deutschland 2007 (alphabetisch)

Die 28 Unternehmen, die für die Lünendonk®-Marktstichprobe zum Thema IT-Services ausgewertet wurden, vereinigten 2007 einen Gesamtumsatz von 29,3 Milliarden Euro auf sich. Sie stellen eine Auswahl von typischen Unternehmen dieses Marktsegments dar, ohne dass Vollständigkeit angestrebt wird. Die Umsatzwerte reichen von 12 Milliarden Euro am oberen Rand bis 1 Million Euro am unteren Rand. Der Durchschnittsumsatz liegt bei 1.046 Millionen Euro. Der Median von 174 Millionen Euro zeigt jedoch die Dominanz einiger weniger sehr großer Unternehmen.

Leistungsspektrum

Im Durchschnitt machen die Outsourcing- oder Betriebsleistungen (Outsourcing, Facilities Management, ASP, Application Management, Netzwerk Service) 54,7 Prozent des Umsatzes aus. Realisierung (Individual-Software-Entwicklung, Standard-Software-Einführung, Systemintegration, Projektmanagement) summieren sich im Durchschnitt auf 14,1 Prozent. Produktvertrieb (Hardware und Standard-Software einschließlich Wartung) mit 18,5 Prozent und Beratung (IT- und Managementberatung) mit 9,4 Prozent erzielen ebenfalls hohe Anteile an den Umsätzen der einzelnen Unternehmen.

Gewichtet man die Anteile mit den Umsätzen, so zeigt sich, dass die Outsourcing-Leistungen hauptsächlich von großen IT-Service-Unternehmen erbracht werden (66,3 Prozent gewichteter Anteil), während

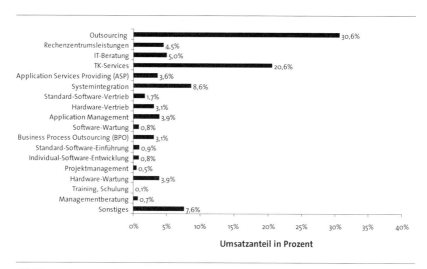

Abbildung 2: Leistungsspektrum der IT-Service-Unternehmen 2007 (Gewichtete Durchschnitte in Prozent)

die Realisierungstätigkeit (10,8 Prozent gewichteter Anteil) eher eine Domäne der kleineren Anbieter ist. Letzteres gilt auch für die Beratung (5,7 Prozent gewichteter Anteil) und für Hardware- und Software-Vertrieb (9,5 Prozent gewichteter Anteil).

Marktsektoren

Bei den IT-Services lagen 2007 Banken/Versicherungen als Marktsektor mit 27,9 Prozent an erster Stelle. Der Marktsektor Industrie belegt mit einem durchschnittlichen Anteil am Umsatz von 22,7 Prozent den zweiten Platz. Der Sektor Energie/Verkehr/Logistik erreicht mit im Durchschnitt 12,7 Prozent Platz drei. Die übrigen Marktsektoren, außer der Sammelkategorie Sonstige Dienstleistungen (13,7 Prozent), machen jeweils weniger als 10 Prozent der Umsätze aus: Telekommunikation (9,9 Prozent), Behörden, Öffentlicher Dienst (5,6 Prozent), Handel (5,2 Prozent) und Gesundheitswesen (2,3 Prozent).

Der Blick auf die mit dem jeweiligen Umsatz gewichteten Anteile zeigt, dass die Märkte Banken/Versicherungen, Energie/Verkehr/Logistik, Sonstige Dienstleistungen und Handel eher mit mittelgroßen und kleineren IT-Service-Unternehmen Geschäfte machen, während Industrie, Telekommunikation und Behörden eher Kunden von großen IT-Service-Anbietern sind.

Technologie- und Themenschwerpunkte

Die raschen Innovationsschritte in der Informationstechnik verlangen von den IT-Service-Unternehmen nicht nur schritthaltende Wissensinvestitionen, sondern auch die richtige Auswahl von Technologien, da selbst für große Unternehmen eine gleichzeitige Betätigung auf allen Technologie-Feldern kaum möglich ist.

Favorit war 2008 das Thema Security mit der hohen Durchschnittsbewertung (1,4) auf einer Skala von -2 = gar keine Bedeutung bis +2 = sehr große Bedeutung.

Auf dem zweiten Rang folgten Service-orientierte Architekturen (SOA) und IT-Service-Management (ITIL) mit jeweils 1,0. Auf dem dritten Platz landeten „BI/Knowledge Management/Data-Warehouse/Data-Mining" und Infrastruktur-Management (Storage etc.) mit der Note 0,9.

Ebenfalls die gleiche Bewertung (0,8) erhielten Customer Relationship Management (CRM) und Web-Services. Das Thema Mobile (M-Business, VPN, Remote Access) erhielt die Bewertung 0,7. Business Process Outsourcing (BPO), Enterprise Resource Planning (ERP), Enterprise Application Integration (EAI), Enterprise IT-Management und Supply-Chain-Management (SCM) folgen in der Bewertungs-Rangfolge mit jeweils 0,6. Die Einschätzung des Themas Information LifeCycle Management bleibt mit 0,4 deutlich zurück.

Das Verhältnis der IT-Service-Unternehmen zu ihren Kunden

Das Verhältnis der IT-Service-Unternehmen zu ihren Kunden ist zwangsläufig längerfristig und partnerschaftlich angelegt. Anhand einer Liste mit 15 Varianten konnten die befragten Unternehmen das Verhältnis zu ihren Kunden charakterisieren, indem sie die drei wichtigsten Varianten auswählten.

Ein Charakteristikum liegt denn auch klar vorn: dauerhafter Partner (77 Prozent). Drei Viertel der befragten IT-Service-Unternehmen sehen sich dadurch charakterisiert. Relativ viele Nennungen erhalten weitere drei Beschreibungen des Rollenverständnisses: Gesamtdienstleister (50 Prozent), Integrator moderner Technologien (41 Prozent) und Betreiber von Prozessen (41 Prozent). Es folgen Dienstleister und individuelle Problemlöser mit jeweils 23 Prozent der Nennungen. Noch mit zweistelligen Nennungszahlen (jeweils 14 Prozent) platzieren sich Beratungsdienstleister und Innovationspartner.

Ergebnis der Tätigkeit

Im Dienstleistungsgeschäft ist die vor Beginn der Tätigkeit gestellte Frage nach dem Ergebnis der Tätigkeit besonders wichtig und schwierig zu beantworten. Was versprechen IT-Service-Unternehmen ihren Kunden? Auf einer Liste mit 14 Varianten sollten in der Lünendonk®-Studie die drei wichtigsten ausgewählt werden.

Zwei Ergebnisvarianten erhielten die mit Abstand meisten Nennungen: Effizienzsteigerung (65 Prozent) und knapp dahinter Konzentration auf die Kernkompetenz (61 Prozent). Eine zweite Gruppe von Varianten betrifft folgende Arbeitsergebnisse: Kostensenkung (52 Prozent), optimale Prozessgestaltung (44 Prozent) und Ertragssteigerung (30 Prozent). Im Mittelfeld gelandet sind Steigerung des Markterfolges (13 Prozent), Wettbewerbsvorteile (9 Prozent), nachhaltige Wertsteigerung des

Unternehmens (9 Prozent) und Prozessinnovation (9 Prozent). Auf Know-how-Transfer und Produktinnovation entfallen schließlich noch jeweils 4 Prozent der Nennungen.

Die Nutzung von Nearshore-/Offshore-Kapazitäten

Die Globalisierung und das Personalkostengefälle zwischen den Industriestaaten Westeuropas und Nordamerikas zu den Schwellenländern Mittel- und Osteuropas beziehungsweise Ostasiens haben zu einer Verlagerung von Entwicklungs- und Wartungsarbeiten geführt. Wie stark die führenden IT-Service-Unternehmen auf solche Nearshore-/Offshore-Kapazitäten zurückgreifen, wurde in der aktuellen Lünendonk-Umfrage ermittelt.

Fast ein Drittel (32 Prozent) der IT-Service-Unternehmen bietet seinen Kunden Nearshore-/Offshore-Kapazitäten an. 43 Prozent verneinen diese Frage und 25 Prozent machen dazu keine Angabe. Wenn die Unternehmen solche Nearshore- oder Offshore-Kapazitäten anbieten, dann sind das bei den meisten (60 Prozent) eigene Kapazitäten, das heißt in der Regel Tochter- oder Schwestergesellschaften in Regionen mit niedrigeren Kosten. 10 Prozent bieten Kapazitäten eines Partners oder eines externen Dienstleisters an und 30 Prozent haben sowohl eigene Ressourcen als auch die von Partnern im Angebot.

Noch ist der Anteil von Nearshore- und Offshore-Kapazitäten am Projektumsatz nicht besonders hoch. Bei mehr als zwei Drittel der Studienteilnehmer haben 2007 diese Kapazitäten einen Anteil am Umsatz von maximal 5 Prozent. Bei 10 Prozent der Unternehmen liegt dieser Anteil bei über 5 bis 10 Prozent, bei 20 Prozent über 10 bis 20 Prozent und bei keinem Unternehmen machten solche Kapazitäten über 20 Prozent des Umsatzes aus.

Mittelfristig, das heißt bis 2013, wird sich – nach Meinung der Befragten – bei der Mehrzahl der IT-Service-Unternehmen ein Nearshore-/Offshore-Anteil an den Projektumsätzen von über 5 Prozent, davon in jedem fünften Projekt mit mehr als 20 Prozent Anteil, einpendeln.

In einer Trendstudie, die Lünendonk mit 32 großen, im Umgang mit externen Dienstleistern erfahrenen Kunden-Unternehmen in Deutschland und einigen weiteren westeuropäischen Ländern im Sommer 2008 durchführte, wurden auch die Anwender-Unternehmen gefragt, ob sie bereits Nearshore-/Offshore-Outsourcing nutzen oder planen, innerhalb der nächsten zwei Jahre solche Angebote zu nutzen.

Von den befragten Anwender-Unternehmen gaben 87 Prozent an, bereits Nearshore-/Offshore-Outsourcing zu nutzen. Alle, die dies noch nicht taten, planten es für die Zukunft. Der Spitzenreiter beim Nearshore-/Offshore-Einsatz ist Application Management (80 Prozent). Entwicklung von Individual-Software (76,2 Prozent) und Standard Software Customizing (66,7 Prozent) folgen auf den nächsten Plätzen. Auch beim Application Hosting (63,6 Prozent), Infrastruktur-Betrieb (63,6 Prozent) und Desktop Management (60 Prozent) ist die Nutzung von Nearshore-/Offshore-Kapazitäten bei den befragten Kunden-Unternehmen schon weitverbreitet. Bei einigen Bereichen, die beim Nearshore-/Offshore-Outsourcing heute eher im Mittelfeld rangieren, haben die Unternehmen für die Zukunft große Pläne: bei Business Process Outsourcing (25 Prozent), Prozessberatung (22,2 Prozent) und User Helpdesk (21,4 Prozent) soll zukünftig verstärkt das Nearshore-/Offshore-Modell genutzt werden. Aber auch in einigen Bereichen, für die heute schon stark Nearshore-/Offshore-Outsourcing genutzt wird, bestehen für die Zukunft noch beachtliche Ausbaupläne: Individual-Software-Entwicklung (19 Prozent) und Standard Software Customizing (16,7 Prozent).

Der Gesamtdienstleister-Ansatz BITP

Die großen unter den IT-Service-Unternehmen in Deutschland gehören zu jenen Dienstleistungsanbietern, die sich in den letzten Jahren für den Gesamtdienstleistungsansatz aus Beratung, Implementierung und Betrieb von Lösungen stark gemacht haben. Wie sieht die Ansicht der IT-Service-Unternehmen, die an dieser Studie teilgenommen haben, dazu aus? Anhand einer Skala (-2 = sehr schlecht bis +2 = sehr gut) sollten die Befragten sagen, wie sie den Gesamtdienstleister-Ansatz Business Innovation/Transformation Partner (BITP) finden.

Der Mittelwert von 1,32 zeigt die positive Bewertung. Mit sehr gut bewerten 42 Prozent und gut 47 Prozent diesen Gesamtdienstleistungsansatz. 11 Prozent ist der Begriff offensichtlich noch nicht bekannt. Auf die Frage, ob sie sich selbst als BITP sehen, antworten 57 Prozent mit ja, 22 Prozent mit nein und 21 Prozent machen keine Angabe. Auf die Thematik BITP wird in diesem Kapitel noch ausführlich eingegangen.

Zukunftsperspektiven

Das durchschnittliche Gesamtumsatzwachstum im Jahr 2007 (8,7 Prozent) wurde von mehr als drei Viertel der Unternehmen geprägt, während 22 Prozent der Unternehmen einen Rückgang ihrer Umsätze aufzuweisen hatten. Bis zum Jahr 2013 rechnen die IT-Service-Unternehmen im Durchschnitt mit jährlichen Zuwachsraten von immerhin 6,5 Prozent. Dieser durchschnittliche Prognosewert wird allerdings nicht von einer breiten Basis der beteiligten Unternehmen getragen. Immerhin erwarten nur 47 Prozent von ihnen jährliche Wachstumsraten bis 2013 in einer Größenordnung von durchschnittlich über 5 Prozent. Der Median der prognostizierten Umsatzzuwächse liegt deshalb auch mit 5 Prozent unter dem einfachen arithmetischen Mittelwert.

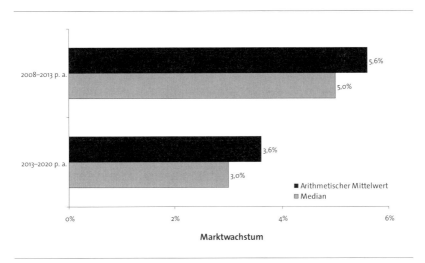

Abbildung 3: Zuwachsraten des IT-Service-Marktes in Deutschland 2008 bis 2013 p. a. und 2013 bis 2020 p. a. (Prognosen der Anbieter; Mittelwerte und Mediane in Prozent)

Die Veränderungen des IT-Service-Marktes

Angesichts der starken Veränderungen auf dem gesamten IT-Markt ist die Ansicht der Teilnehmer an der Lünendonk®-Studie über die zukünftige Entwicklung ihres jeweiligen Marktsegmentes in Deutschland von großem Interesse.

Mittelfristig, das heißt für den Zeitraum bis 2013, sehen die Studienteilnehmer die Entwicklung des IT-Service-Marktes insgesamt recht optimistisch. Für diese Jahre sieht die klare Mehrheit den Wachstumspfad im Bereich über 0 bis 5 Prozent (72 Prozent) und 28 Prozent rechnen mit einem jährlichen Marktwachstum von über 5 Prozent. Keiner der Studienteilnehmer prognostiziert für die Jahre bis 2013 negative Wachstumsraten oder geht von einer Marktstagnation in den nächsten fünf Jahren aus. Als einfaches arithmetisches Mittel ergeben sich für diese Jahre im Durchschnitt 5,6 Prozent. Der niedrigere Median von 5 Prozent zeigt, dass dieser Mittelwert von einigen besonders optimistischen unter den Befragten beeinflusst wird.

Zum ersten Mal fragte Lünendonk 2008 die IT-Service-Unternehmen auch nach ihren Vorstellungen über die langfristige Marktentwicklung 2013 bis 2020. Die Erwartungen sind deutlich zurückhaltender, wenn es um diesen fernen Zeitraum geht. Der Mittelwert ergibt jährliche Zuwachsraten um 3,6 Prozent und der Median liegt sogar noch etwas darunter (3 Prozent).

Drei Thesen zur ferneren Zukunft (2020) der IT-Service-Branche

Anhand von drei Thesen zur Zusammenarbeit mit Kunden sollten die Teilnehmer an der Befragung der IT-Service-Anbieter die fernere Zukunft (2020) der Branche beschreiben, wobei die Aussagen mit einer Skala (-2 = trifft gar nicht zu bis +2 = trifft voll zu) bewertet werden konnten. Die Aussage „IT-Beratung und Systemrealisierung werden 2020 praktisch immer mit der Übernahme von Services (zum Beispiel Outsourcing) verbunden sein" erhält ein grundsätzlich positives Durch-

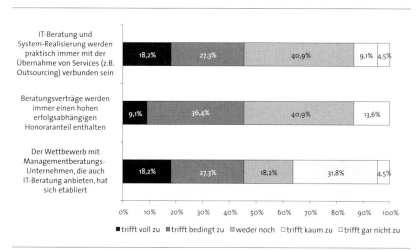

Abbildung 4: Die Ansicht der IT-Service-Unternehmen zu drei Aussagen über die langfristige Zukunft (2020) ihrer Branche beziehungsweise ihrer Unternehmen (Mittelwerte in Prozent)

schnittsvotum (0,45), wobei 18,2 Prozent der Meinung sind, dass diese Aussage voll zutrifft und 27,3 Prozent, dass sie bedingt zutrifft. Ein hoher Weder-noch-Anteil schwächt die Durchschnittszahl der Zustimmung etwas ab.

Die Aussage „Die Beratungsverträge werden 2020 immer einen hohen erfolgsabhängigen Honoraranteil enthalten" erhält auch ein positives Durchschnittsvotum (0,41). 9,1 Prozent trifft voll zu und 36,4 Prozent trifft bedingt zu. Auch hier drückt die hohe Weder-noch-Quote den Mittelwert.

Die dritte These „Der Wettbewerb mit Managementberatungs-Unternehmen, die auch IT-Beratung anbieten, hat sich etabliert" erhält eine schwach positive Durchschnittsnote (0,23), wobei 18,2 Prozent für trifft voll zu sowie 27,3 Prozent für trifft bedingt zu votierten. Über 36 Prozent finden, dass diese These kaum oder gar nicht zutrifft.

ICT – Das neue zentrale Nervensystem unserer Gesellschaft
ICT-Dienstleister im Jahr 2020

Thomas Spreitzer

Forecasting is very difficult, especially about the Future. (Mark Twain)

Wer hätte in den 80er Jahren gedacht, dass das 10-kg-Kofferhandy binnen weniger Jahre zum fotografierenden, chattenden, navigierenden Mini-Multifunktionsgerät für die Masse mutiert. Megatrends wie Ökologie, Mobilität und Globalisierung beeinflussen die Gesellschaft, sie sind in ihrer Konsequenz und ihrem Umfang oft nicht abzusehen. Egal ob Technologien Megatrends einleiten – wie die Erfindung der Telegrafie, der Eisenbahn und des Internets – oder ob technologischer Fortschritt von den Megatrends getrieben wird: Sie sind immer miteinander verwoben. Fünf wichtige Thesen liefern Orientierung dafür, wie ICT (Informations- und Kommunikationstechnik) als „Mega-Enabler" zur Schnittstelle von gesellschaftlicher Entwicklung und technologischem Fortschritt wird, welchen Entwicklungen sich Unternehmen im Jahr 2020 stellen – und welche Rolle dabei ICT spielt.

1. In 2020 werden Digital Natives – also Menschen, die mit Computern, Mobiltelefonen und MP3 etc. aufgewachsen sind – weit mehr als die Hälfte der Arbeit von Unternehmen in weltweiten Teams erledigen, die nicht am gleichen Ort und oft nicht in der gleichen Zeitzone arbeiten. ICT schafft die Grundlagen für globale Kollaboration.[1]

2. Wer einen Wagen in der Nagellackfarbe seiner Frau bestellt, bekommt das Fahrzeug laut Porschechef Wiedeking auch.[2] Der Wunsch ihrer Kunden nach Individualität wird sich in Zukunft nicht nur auf Luxusgüter beschränken und zwingt Unternehmen, komplexere Lieferantenstrukturen zu nutzen und sie immer schneller und reibungsloser in ihre Wertschöpfungsketten zu integrieren.

3. Rund 20 Prozent der Deutschen sind LOHAS (Lifestyle of Health and Sustainability – also gesundheits- und umweltbewusst). Veränderungen im Wertewandel drehen mit Macht am Einkaufsverhalten des Konsumenten. Bestinformierte Verbraucher orientieren ihre Kundentreue (Customer Loyality) bei der Wahl von Produkten und Lieferanten an der Frage, wie nachhaltig ein Unternehmen agiert.[3]

4. Mobilität wird allgegenwärtig – und essentiell für ein connected life & work, also die fließende Verbindung von Privatleben, Freizeit und

Arbeit. Störungen und Hindernisse – im Straßen- wie im Datenver-kehr – werden von Devices (Endgeräten, Sensoren) erkannt, abgebaut oder umgangen.

5. Nur ICT-Provider, die als „Enabler" ihrer Kunden gesellschaftliche und wirtschaftliche Entwicklungen antizipieren und ihnen helfen, Kosten zu reduzieren und Wachstum zu generieren, werden in Zukunft noch gebraucht.

Zur ersten These: Kollaboration bei Digital Natives

Globalisierte, dynamische Märkte fördern neue Konkurrenzbeziehungen, in denen Wettbewerber zu Partnern zusammenrücken. Die klassischen Rollen Kunde, Lieferant, Produzent, Entwickler verschwimmen. Wenn ein Jugendlicher Applikationen für sein I-Phone entwickelt und der Community zur Verfügung stellt, ist er dann Entwickler, Produzent oder Konsument? Wenn jemand beim Textilhändler spreadshirt.de sein T-Shirt designt, ist er dann Designer oder Konsument? Wenn also Kunden plötzlich zum Lieferanten werden, Lieferanten zu Kunden und Kunden zu Entwicklern, sind die komplexen Anforderungen dieser Kollaboration nicht mehr von einem Unternehmen allein zu erfüllen. Dies bedeutet enorme Herausforderungen für das Management von Unternehmen. Es stellen sich Fragen: Wie kann ich nationale Wettbewerbsvorteile in globalen Märkten nutzen, ohne dass die Qualität meiner Produkte darunter leidet? Wie kann ich die Vielzahl von Einzel- und Kleinunternehmern integrieren, ohne dass mir Intellectual Property verlorengeht? Wie können Unternehmen schnell und wandlungsfähig sein, wenn das unternehmerische Umfeld immer komplexer wird? Wie tragfähig und zukunftsfähig sind hier noch langfristige Strategien, und wie lauten die Antworten auf diese Herausforderungen?

„Coopetition" ist ein Faktum, auf das sich Unternehmen einstellen müssen, um die enormen Herausforderungen an Flexibilität und Schnelligkeit bewältigen zu können. Denn die Frage, ob sie ihre Ressourcen an Liquidität und qualifiziertem Personal in Aktivitäten investieren, die sie vom Wettbewerber gar nicht erkennbar unterscheiden, wird dazu führen, dass sie sich selbst auf wenige Aufgaben spezialisieren und mehr Aufgaben mit Partnern oder auch Mitbewerbern erledigen. Unabhängig von ihrer Unternehmensgröße arbeiten sie dabei zukünftig weltweit mit Partnern – Individuen genauso wie multinationale Konzerne – zusammen und schöpfen die Möglichkeiten der globalen Integration aus. ICT bringt Menschen, die sich nie persönlich kennengelernt haben, in projektbezogenen Netzwerken zusammen. So bringt die Innovationsplattform Innocentive etwa einen pensionierten Chemiker auf den Cayman Islands mit einem kleinen Zulieferer in Mississippi zusammen. Für die Digital Natives wird dies selbstverständlich sein, anders als für die Digital Immigrants heute.

Supplier Collaboration Center, in denen heute schon beispielsweise fünf der führenden ICT-Technologie- und Serviceprovider für die Automobilindustrie ihre Kompetenz und Erfahrung bündeln, um Kunden das gesamte Spektrum der Leistungen anbieten zu können, werden zukünftig nicht die Ausnahme sein, sondern die Regel. Für die Optimierung von Strategien und die Flexibilisierung ihrer Systeme und Strukturen – um die Qualität aller Geschäftsprozesse, Produkte und Dienstleistungen und nicht zuletzt ihre Wettbewerbsposition zu verbessern – brauchen Unternehmen ICT.

Von der Idee zum Produkt

Um passgenauer auf ihre Verbraucher und die Potenziale ihrer Märkte reagieren und neue Ideen entwickeln zu können, werden Fertigungsunternehmen verstärkt die Zusammenarbeit mit ihren Kunden suchen, um etwa Autos, Spielzeug, Lebensmittel oder auch Zeitschriften zu personalisieren. So fordern Unternehmen ihre Kunden via Internet heute schon zum Co-Engineering auf, mit dem Ziel, die Ideen und Potenziale von einem Vielfachen der eigenen Mitarbeiter auszuschöpfen. So flossen ganze drei Millionen Kundenideen in die Entwicklung des Fiat 500 mit ein.[4] Als Folge versprach der italienische Autobauer seinen Kunden: „Es gibt 500.000 Möglichkeiten, einen Fiat 500 zu bauen." Fiat wagte die Prognose, dass in der ersten Jahresproduktion von 120.000 Autos keines dem anderen gleichen wird. Im Ergebnis haben die Italiener ihre Absatzerwartungen übertroffen und sie prüfen, die Produktionskapazitäten zu erhöhen.

So bekommt beispielsweise auch ein Fortune-500-Unternehmen der Zukunft zehn Millionen Mitarbeiter. Getrieben von den Chancen der Individualisierung gehen Unternehmen dabei unterschiedlichste Wege, sich der Herausforderung von Mass Collaboration zu stellen und unternehmensexternes Know-how für sich zu gewinnen. Aus diesem Grund treffen sich User über das Internet, um im offenen Source-Code des Apple iPhone Anwendungen und Spiele zu programmieren und sie im Apple Store zur Verfügung zu stellen. Apple verdient daran und macht sein Produkt nützlicher für die Kunden, indem es Know-how und Kreativität von Tausenden zusammenbringt.

Für Unternehmen bedeutet Collaborative Working, dass sie schnell reagieren müssen, um neue Produkte in immer kürzeren Abständen testen zu können und dann schnell ohne Qualitätsverlust in den Markt zu bringen. Virtuelles Testing und Simulationen (von Auto-Crashs bis zum Idea Dropping in Communities) durch intelligente ICT dienen dabei als wichtige Hilfestellung. Entscheidend dabei ist, dass virtuelle Organisationen in zuverlässigen Infrastrukturen und Systemen rund um die Uhr arbeiten. Intellectual Property muss mittels Identity- und Security-Lösungen zuverlässig gemanagt werden, wenn Unternehmen ihre Konsumenten in die Wertschöpfungsprozesse miteinbeziehen.

Das setzt voraus, dass das Identity-Management und die Data Security in netzbasierten Geschäftsprozessen vor neuen Herausforderungen stehen. Dies betrifft nicht nur die Rechte- und Rollenverwaltung, sondern auch die Datensicherheit im Rahmen eines durchgängigen Information Lifecycle Managements sowie völlig neue Geschäfts- und Lizenzierungsmodelle. Dabei ist es essentiell, dass die Schnittstellen zwischen den Komponenten in hohem Maße die heute schon üblichen Sicherheitsstandards reflektieren – besonders, was das Vertrauen der Kooperationspartner untereinander betrifft.

Biometrische Systeme werden den Zugang für Anwender und die Authentifizierung aufgrund individueller Merkmale in Zukunft erleichtern. Zum Beispiel bei der Vertragsunterzeichnung mit dem sogenannten PPP (Paper Pen and Phone), einer Lösung, mittels derer handgeschriebene Dokumente sofort digital verarbeitet werden können: Der Stift liest Hand- und Unterschriften ein, die Daten werden zum Server geschickt und in Echtzeit weiterverarbeitet. So kann umgehend eine Bestätigung des Vertrages erfolgen. Die Unterschrift ist durch den Sicherheitsstandard rechtsgültig. 2020 werden Lösungen wie PPP und sichere Sprachidentifizierungssysteme (VoiceIdent) selbstverständlich sein und ein Beispiel dafür liefern, wie schnell ICT Innovationen zu Commodities werden lässt.

Zur zweiten These: Individualisierung braucht Technologie

Für Unternehmen wird es darum gehen, immer häufiger wechselnde Partner und Lieferanten just in time und just in sequence nicht nur in ihre Produktionsprozesse zu integrieren. Ob Bestelleingänge, Abrechnungen oder Lieferbestätigungen, Eingang oder Ausgang von Teillieferung oder Teilleistung – die Anforderungen an das Handling von vollständigen Geschäftsprozessen werden immer komplexer.

Ein Beispiel: Die Automobilindustrie hat heute bereits einen Großteil der Wertschöpfung an Zulieferernetzwerke ausgelagert. Um aber der

Herausforderung begegnen zu können, Autos hochgradig individuell gestalten zu können, müssen zum Beispiel Daten von der Bestellung an – in Echtzeit (Realtime) und anwendungsunabhängig – im gesamten Netzwerk verfügbar sein. Ob auf der Frontscheibe oder dem Heckspoiler, am Außenspiegel oder der Innenverkleidung – wo und wie immer ein Kunde etwa über ein Namenszeichen seine Individualität zum Ausdruck bringen will, müssen Hersteller Werkstoffe und Montageverfahren schnellstmöglich beschaffen und wechseln können.

Unternehmen brauchen ICT-Systeme, die sowohl Prozesse vereinfachen und beschleunigen, als auch die Qualität und Flexibilität ihrer Zusammenarbeit steigern. Lieferketten müssen vollständig transparent sein und Waren in Echtzeit lokalisiert und gesteuert werden können. Auf Fragen wie „Wo ist mein bestelltes Auto gerade?" oder „Wann erreichen die Ledersitze das Band und wo ist der Container mit Elektronikbauteilen jetzt?" muss die Rückverfolgung auch unter Regressaspekten Antwort geben. Das leisten Identifikations- und Tracking-Lösungen wie GPS, GSM und RFID bereits heute. In Zukunft ermöglicht die Auswertung der Logistikdaten und deren automatische Verknüpfung mit Informationen aus unterschiedlichsten Traffic-Managementsystemen darüber hinaus eine ganzheitliche Just-in-time-Steuerung des Logistikprozesses. Im Ergebnis werden die Fuhrparks von Speditionen zum Lagerort zwischen Zulieferern und Endproduzenten, die ihre Kooperation mit anderen Unternehmen ständig weiter ausbauen.

Zur dritten These: LOHAS fordern Unternehmen

Kunden und Verbraucher werden ihre Loyalität zu einem Anbieter immer mehr von dessen Verhalten abhängig machen. Mit Blick auf sogenannte Power-Zielgruppen wie LOHAS (Lifestyle of Health and Sustainability) legen Unternehmen heute vielfach schon in Nachhaltigkeitsberichten Rechenschaft darüber ab, wie sie Energie sparen, die Umwelt schützen und Ressourcen schonen. Lösungen zur elektronischen Fernerfassung von Energieverbrauchsdaten zwischen Stromversorgern und deren Kunden werden helfen, Stromfresser zu bändigen und den gesamten Strom- und Gasverbrauch in Privathaushalten zu minimieren.

Eine Lösung, bei der ein Internetbrowser genügt, um die Informationen in einem Portal abzufragen, das alle 15 Minuten aktualisiert wird, setzt die Deutsche Telekom heute schon in ihrem Zukunftsprojekt „T-City Friedrichshafen" ein. Die Fernauslese von Energieverbrauchsdaten ist nur eine von vielen Innovationen, mit denen der Konzern in einem Leuchtturmprojekt zeigt, wie Technologie die Arbeits- und Lebensqua-

lität der Menschen verbessern und in dem Pilotprojekt „eMetering"
gleichzeitig die Umwelt schonen kann.

So wird nachhaltiges Wirtschaften eine Anforderung, die – Stichwort
Green IT – in der Frage nach Wärme- und Kühlungstechnik, nach
Brennstoffzellen und regenerativen Energien in ihren Rechenzentren
verstärkt auch auf ICT-Provider zukommt. Denn der globale Energie-
bedarf aller Rechenzentren wird allein bis 2010 schon um 40 Prozent
steigen. Konsequenz für nahezu alle Unternehmen, die ICT nutzen
oder produzieren: Die eigene Energiekostenbilanz niedrig zu halten
wird zum Imagefaktor. Denn Energie wird nicht billiger, und je mehr
sie kostet, umso entschlossener wollen Unternehmen daran sparen
und zugleich an ihrem Image arbeiten. Wie erfolgreich Unternehmen
Umwelt- und Ressourcenschutz praktizieren, dokumentiert Green-
peace bereits in jährlichen Rankings aller großen IT-Unternehmen mit
Blick auf die Nachhaltigkeit von deren Produkten.

Einer der Ersten, der darauf reagierte, war der Finanzmarkt, dessen
Fondsbetreiber und Investoren seit Jahren zunehmend aufmerksamer
ökologische Entscheidungskriterien in ihre Portfolios einfließen lassen. So stieg die Zahl nachhaltigkeitsorientierter Publikumsfonds
allein in den vergangenen zehn Jahren um mehr als 500 Prozent.[6]

In 2020 werden ICT-Dienstleister durch Konsolidierung und Virtualisierung ihrer Rechenzentren Hardware und Software, Applikationen, Rechenleistung und Bandbreiten automatisch den Anforderungen ihrer Kunden anpassen und damit deren benötigten Bedarf
immer in dem Moment decken, wenn er anfällt. ICT-Provider müssen
es Unternehmen ermöglichen, auf eigene Rechner oder Rechenzentren zu verzichten, deren Überkapazitäten an Höchstleistungen nur
in seltenen Spitzenzeiten abgerufen werden, aber ständig Energie
verbrauchen. Da ist es sinnvoll, den Leistungsbedarf vieler verschiedener Unternehmen zu bündeln, um sie in zentralen Rechennetz-
werken zur Verfügung zu stellen und deren Infrastruktur effizienter
und flexibler zu nutzen.

Der Markt für energieeffiziente technologische Entwicklungen und
Geschäftsideen wächst. Ein Beispiel dafür sind Elektroautos: In seinem
Projekt „Better Place" will Ex-SAP-Manager Shai Agassi batteriebetrie-
bene Pkw reif für den Massenmarkt machen. Sein Konzept: Landeswei-
te Tankstellennetze sollten errichtet werden, an denen der Austausch
von Elektroautobatterien nicht länger dauert als das Betanken eines
Fahrzeugs, so dass den umweltbewussten E-Autofahrern das Problem
geringer Speicherkapazität und langer Ladezeiten der Batterien auf
bequeme Weise abgenommen wird.

Telematik-Lösungen, die nicht nur den Treibstoffverbrauch der Fahrzeugflotten von Unternehmen reduzieren, sondern das komplette Fahrtenaufkommen ihrer Fuhrparks optimieren, sind zusätzlich Beispiele für solche Entwicklungen. Videokonferenzsysteme bieten eine weitere Möglichkeit, den Schadstoffausstoß zu reduzieren. Mit dieser Lösung können schon heute Unternehmen ein Einsparpotenzial von 30 Millionen Tonnen CO_2 pro Jahr realisieren – allein durch die Vermeidung von Reisen ihrer Mitarbeiter. Ob dieses Potenzial ausgeschöpft werden kann, wird der Einsatz im Arbeitsalltag zeigen: Wenn beispielsweise in Zukunft Partner, Kollegen oder Kunden per Holografie virtuell und mit jedem Endgerät in Meetings live und lebensecht eingebunden werden. Und wenn ICT die parallele Verwendung interaktiver Flipchart-Daten in Echtzeit via Internet selbstverständlich macht. Oder dann, wenn die multimediale, interaktive Mediawand im Schulunterricht zukünftig Strahlensätze und Logarithmen so einfach erlernen lässt wie binomische Formeln.

Zur vierten These: Mobilität ist Voraussetzung

Die Zukunft gehört den „Everywhere Offices". Denn Knowledge-Worker arbeiten wann und wo sie wollen. Jeder wird an dem Platz arbeiten, der zur jeweiligen Zeit und Aufgabe am besten geeignet ist, um Kreativität und Produktivität, also die vollen Potenziale, der Mitarbeiter abzurufen. Der Zugriff auf virtuelle Desktop-Umgebungen kann über jedes Endgerät erfolgen und wird für den besten Verbindungsaufbau immer die schnellsten Zugangstechnologien – mobil und terrestrisch – nutzen. Schon in drei Jahren werden mehr als eine Milliarde Menschen weltweit öfter und effizienter von unterwegs aus arbeiten. USB-Sticks dienen als Büro in der Westentasche, das heißt, Mitarbeiter können ihre angewendeten Applikationen sofort wieder in dem Status aufrufen, in dem sie ihre Arbeit zuletzt beendet haben, unabhängig davon, an welchem Endgerät sie ihre Arbeit Stunden oder Tage zuvor beendet haben. Weil Unified Communications und IP-Standards Teil der Kollaboration werden, auf die Unternehmen der Zukunft setzen müssen, werden Knowledge-Worker der Zukunft nur noch einen Bruchteil ihrer bisherigen Präsenz im Büro, an den – natürlich gemeinsam genutzten – Schreibtischen ihres Unternehmens verbringen. Stattdessen können sie via Internet im Bus Zugriff auf Wissen nehmen, auch auf das ihrer Kollegen. Oder in der U-Bahn, im Flugzeug, zu Hause im Wintergarten und auf der Urlaubsinsel ihrer Familie. Arbeitsformen und Privatleben werden weiter ineinander diffundieren.

Wenn die Grenzen zwischen materiellen und virtuellen Organisationen verschwimmen, müssen Unternehmens-Server, Netze und die

Arbeitsplatz-Rechner aller Mitarbeiter in Zukunft zu jeder Zeit schnell und dynamisch funktionieren. Mobile Devices werden die Flexibilität, das Bewegungsspektrum und die Convenience nicht nur von Wissensarbeitern weiter erhöhen. Zukünftig werden Navigationssysteme und Verkehrstelematik die Systemkonvergenz der Verkehrsträger Schiene, Wasser, Straße und Luft vorantreiben.

Für ICT-Dienstleister gilt es dabei vor allem, Verkehrsteilnehmer – egal ob im Sportwagen, beim Landausflug oder im 40-Tonner auf der Autobahn – nicht mit einem Overkill an Informationen zu überschütten, sondern die Menschen in konkreten Verkehrssituationen zielgerichtet zu unterstützen. Die Präzision, mit der Informationen ihre Empfänger erreichen, wird umso wichtiger, wenn Autos zum nahezu vollwertigen Arbeitsplatz werden, in dem Mails über InCar-Entertainment-Systeme vorgelesen und beantwortet werden können. Nicht mehr PS, aber mehr IP werden ICT-Dienstleister in die Autos befördern und damit Wissensarbeiter große Teile ihres Tagesgeschäfts schon im Auto erledigen lassen.

Zugleich werden die Ansprüche der Verbraucher an Liefer-Services (die „just in sequence" verkehren), wachsender Warenfluss und die zunehmende Verkehrsdichte logistische Prozesse bis hin zu einem ganzheitlichen Verkehrsmanagement vor neue Herausforderungen stellen. Schon deshalb werden sich Car-Nected-Lösungen, die Fahrzeuge miteinander vernetzen, zu einem wichtigen Markt entwickeln, denn allein auf Europas Straßen rollen 200 Millionen potenzielle IP-Adressen. Autos, die untereinander kommunizieren – und damit intelligenter und schneller reagieren als der Mensch, der sie steuert, könnten die aktuelle Zahl von tödlichen Verkehrsunfällen drastisch senken: Um ganze 20 Prozent könnten die 6.500 Unfälle pro Jahr heute auf deutschen Straßen reduziert werden. Sie ermöglichen darüber hinaus, sich auf der Autobahn in einen elektronisch geführten Konvoi einzuklinken, und Autofahrer werden sich dem Autopiloten ihres Fahrzeugs anvertrauen und arbeiten können wie im Zug.

Zur fünften These: ICT als Enabler

Das zentrale Nervensystem der Gesellschaft im Jahr 2020 ist ICT. In allen Bereichen des Lebens und Arbeitens stellen ICT-Lösungen und -Infrastrukturen die notwendige Basis dar für die beschriebenen Zukunftsszenarien. ICT der Zukunft ermöglicht:

• Informationen, die unabhängig von Anwendungen, Endgeräten und Unternehmensgrenzen immer dann und genau in der Form zur Verfügung stehen, wie Unternehmen sie benötigen.

- Ökologisch nachhaltige Verkehrs- und ICT-Infrastrukturkonzepte, die Kosten sparen.

- Individuelle Soft- und Hardware, die bedarfsgerecht an Leistung und Budget adaptiert wird.

- Barrierefreie Kommunikations-, Informations- und Entertainment-Möglichkeiten durch breitbandige Kommunikationsinfrastrukturen.

- Intelligente, vernetzte CRM-Systeme, die Kundennutzen und Cross-Selling-Chancen massiv erhöhen.

- Prozesse, die, weil ICT-unterstützt, hochgradig flexibel und vernetzt sind und Mass Collaboration in Echtzeit möglich machen.

Für Mass Collaboration bedeutet das konkret: Egal, ob Menschen nur ihren Lieferanten wechseln, kurzfristig externes Know-how oder gleich ein ganzes Unternehmen hinzukaufen – wenn sie in neuen innovativen Netzwerken arbeiten wollen, müssen Prozessabläufe schnell in die eigenen Strukturen integriert werden. Auf alle Applikationen und Dienste – wie SAP oder CRM-Anwendungen – muss sofort nach Firmenübernahme zugegriffen werden können, um den Geschäftserfolg und die Wettbewerbsvorteile zu erreichen. Dafür müssen ICT-Anbieter flexible, sichere Zugangsmöglichkeiten schaffen sowie komplexe Systeme und Infrastrukturen konsolidieren und integrieren. Außerdem benötigen Unternehmen unter dem Druck des schnellen Rollouts und dem Risiko ausufernder Intergrationskosten virtuelle Plattformen, die es ermöglichen, Applikationen nur nach Bedarf zu nutzen, sie gegebenenfalls nach zehn Tagen zu wechseln und sie in dynamischen Abrechnungsmodellen (Use what you need, and pay what you use) zu beziehen.

Entwicklungen zuverlässig antizipieren

Die Erkennung der Megatrends von morgen ist für Serviceprovider schon heute essentiell, um sich langfristig als Marktgestalter in der ICT-Branche behaupten zu können. Als Partner des Kunden gilt es, die Trends als Chancen zu begreifen und in Kostenreduktion und Umsatzwachstum umzumünzen. Denn heute werden die Weichen für den zukünftigen Erfolg gestellt. Gleichzeitig stellt sich den Providern die Frage: Sind sie Pacemaker dieser Entwicklung oder Follower? Die Antwort lautet: beides zugleich! Von ICT-Dienstleistern, die einen Platz an den zentralen Stellen der ICT-Wertschöpfungskette einnehmen wollen, müssen Unternehmen erwarten können, dass sie übergreifende Betriebs- und Servicekonzepte und das ganze Portfolio von Lösungen aus einer Hand anbieten: mobile Zugänge, Netze, Rechenzentren, Systems Integration und Consulting. Branchenkompetenz ist dabei neben der Technologie-Expertise die Basis, um die zukünftigen Herausforderungen der Kunden zu bewältigen und neue Absatzmärkte zu erschließen. ICT-Provider werden in Zukunft auch fester Bestandteil von innovativen Joint Ventures, die komplett neue Geschäftsmodelle generieren und wie etwa TollCollect Businesspotenziale eröffnen.

Fußnoten

1   Peter Sondergaard, Chief Research Officer Gartner, in der Opening Keynote auf dem Gartner Symposium November 2007 in Cannes: „In 2020 werden Digital Natives weit mehr als die Hälfte der Arbeit von Unternehmen in weltweiten Teams erledigen, die nicht am gleichen Ort und oft nicht in der gleichen Zeitzone arbeiten. ICT schafft die Grundlagen für globale Kollaboration."
Dazu ebenfalls:
Ralph Haupter, Business- and Marketing-Officer, Microsoft Deutschland:
„Im Jahr 2020 haben sich neue Formen der Zusammenarbeit in vielen Unternehmen etabliert. Künftig werden immer mehr Menschen arbeiten, wann und wo sie wollen. Die Produktivität eines Unternehmens wird durch Zielvorgaben, nicht durch starre Arbeitszeiten gesteuert."
Mehr unter http://www.systems.de/de/Home/besucher/systemstv

2   Zitat von Wendelin Wiedeking: „Wer bei uns einen Porsche in der Nagellackfarbe seiner Frau bestellt, wird ein Fahrzeug in dieser Farbe bekommen."

3   Siehe dazu den Artikel auf der folgenden Website über diese Konsumentengruppe: http://www.lohas.de/component/option,com_mkpostman/task,view/Itemid,44/id,28/

4   Zu Promotionszwecken beanspruchte das Herstellerwerk die Domains fiat500.de und fiat500.com schon vor der Markteinführung. Dort hatte nun jeder die Möglichkeit, die Optik und Ausstattung des künftigen Serienmodells zu beeinflussen. „Dieses Vorgehen ist einmalig", sagte Markenvorstand Luca de Meo, „zum ersten Mal in der Geschichte von Fiat, vielleicht sogar der gesamten Automobilindustrie, wird ein neues Auto unter aktiver Mitarbeit der Öffentlichkeit entwickelt." Zusätzlich ließ sich aus einer Reihe vorgegebener Ausstattungsdetails (Leichtmetallfelgen, Farben usw.) der individuelle Fiat 500 zusammenstellen. Auch diese Beiträge nähmen Einfluss auf die zukünftige Serienproduktion, versprach der Hersteller.
Vgl. http://de.wikipedia.org/wiki/Fiat_500_(2007)

5   Siehe http://www.borderstep.de/details.php?menue=95&subid=96&projektid=173&le=de

6   Siehe http://www.macondo.de/macondo/pdf/global21_Vertriebsinformationen.pdf

7   http://www.dieeinsparnews.de/deutschland-welt/
Ebenfalls dazu: Saving the Climate @ The Speed of Light. First roadmap for reduced CO_2 emissions in the EU and beyond. Etno, WWF, 2006.

Gesamtdienstleister neuen Typs

Gesamtdienstleister bündeln Kompetenz und Services
Business Innovation/Transformation Partner (BITP)

Heinz Streicher

Im Informations- und Kommunikationstechnik-Markt haben neben Hardware und Software die Dienstleistungen ständig an Bedeutung gewonnen. Dazu zählen neben Beratung und Systemintegration vor allem die IT-Services im engeren Sinne wie Outsourcing, Application Management, Facilities Management sowie Equipment Services und Maintenance.

Die Abgrenzung zwischen den IT-Dienstleistungs-, Software- und Unternehmensberatungs-Märkten wird zunehmend schwieriger. Während einerseits Managementberater auch IT-Know-how anbieten, weist andererseits die Leistungspalette der IT-Berater auch unternehmensorganisatorische und strategische Themen auf. Eine weitere Überschneidung ergibt sich dadurch, dass Standard-Software-Unternehmen ins Integrations- und Beratungsgeschäft drängen. Dazu kommt, dass große IT-Beratungs- und Systemintegrations-Unternehmen ihre Aktivitäten auf Outsourcing- und Application-Services-Aufträge ausdehnen.

Auf die Veränderungen des Nachfrageverhaltens an den IT-Beratungs- und Services-Märkten reagiert eine Reihe von großen Anbietern seit einigen Jahren mit neuen Leistungsprofilen. Inzwischen treten Unternehmen auf, die sich als Business Innovation/Transformation Partner (BITP) verstehen und als Gesamtdienstleister einen Mix aus Management- und IT-Beratung, Realisierung, Outsourcing und Business Process Management aus einer Hand anbieten. Sie nennen sich BITP, weil sie eine langfristige Partnerschaft, eine unternehmerische Mitverantwortung und eine nachdrückliche Unterstützung für Kunden-Unternehmen durch Innovations- und Transformationsleistungen (also Änderungs- und Umwandlungsleistungen) anstreben.

Die Lünendonk GmbH, Kaufbeuren, erstellt seit einigen Jahren zusätzlich zu den traditionellen Lünendonk®-Listen ein Ranking dieser BITP-Anbieter in Deutschland.

Unternehmen	Umsatz in Deutschland in Mio. Euro		Gesamtumsatz in Mio. Euro (Nur Unternehmen mit Hauptsitz in Deutschland)	
	2007	2006	2007	2006
1 T-Systems, Frankfurt am Main	9.487,0	10.569,0	11.987,0	12.869,0
2 IBM Global Services Deutschland, Stuttgart *	2.900,0	2.626,5		
3 Siemens IT Solutions and Services GmbH & Co. OHG, München [1]	2.251,0	2.071,0	5.360,0	5.157,0
4 Hewlett-Packard Deutschland Services, Böblingen *	1.460,0	1.420,0		
5 Accenture GmbH, Kronberg*	735,0	682,0		
6 EDS Deutschland GmbH, Düsseldorf *	605,0	525,0		
7 Capgemini Deutschland Holding GmbH, Berlin	588,0	552,0		
8 Atos Origin GmbH, Essen *	539,0	525,0		
9 CSC, Wiesbaden	365,0	405,0		
10 Fujitsu Services / TDS, Düsseldorf * [2]	260,0	127,0		
11 Logica Deutschland GmbH & Co. KG, Hamburg [3]	258,0	244,5		
12 Unisys Deutschland GmbH, Sulzbach [4]	87,0	134,0		

1 Umsatz gesamt 2007 inkl. neue Einheiten PSE, BIC/DIP, 2 Für die Jahre 2007 und 2006 wurden die Umsätze addiert; 07/2007 Übernahme Allianz Dresdner Informationssysteme GmbH (Agis), 3 bis 02/2008 LogicaCMG, 4 2007 Verkauf des Media-Business, * Umsatzzahlen teilweise geschätzt.
Aufnahmekriterium für diese Liste: Mehr als 60 Prozent des Umsatzes der Unternehmen werden mit Beratung und Dienstleistungen erwirtschaftet. Von diesen Umsätzen entfallen jeweils mindestens 10 Prozent auf die drei Leistungskategorien Management- bzw. IT-Beratung, System-Realisierung bzw. -Integration sowie Betrieb von IT-Systemen (Outsourcing) im Auftrag des Kunden. Die Rangfolge des Rankings basiert auf kontrollierten Selbstauskünften der Unternehmen über in Deutschland bilanzierte/erwirtschaftete Umsätze.
COPYRIGHT: Lünendonk GmbH, Kaufbeuren 2008 – Stand 21.05.2008 (Keine Gewähr für Firmenangaben)

Tabelle 1: Lünendonk®-Liste 2008: Führende Business Innovation/Transformation Partner (BITP) in Deutschland 2007

Die zwölf gelisteten Unternehmen erwirtschaften mehr als 60 Prozent ihrer Umsätze mit Beratung und Dienstleistungen. Von ihren Umsätzen entfallen jeweils mindestens 10 Prozent auf die drei Leistungskategorien Management- oder IT-Beratung, System-Realisierung oder -Integration sowie Betrieb von IT-Systemen (Outsourcing) im Auftrag des Kunden.

Die Erfüllung der BITP-Leistungen setzt eine bestimmte Größenordnung voraus; deshalb wurden in das Ranking nur Anbieter aufgenommen, die in Deutschland mindestens 500 Millionen Euro oder weltweit mindestens eine Milliarde Euro an Umsatz erwirtschaften. Da es sich bei dem Leistungsfeld Business Innovation/Transformation Partner um eine relativ junge Dienstleistungskategorie handelt, verändern sich die Anbieterstruktur und die Zahl der Anbieter in naher Zukunft mit Sicherheit noch.

Die Industrie führt 2007 als Kunden-Marktsektor bei BITP-Unternehmen mit 27,4 Prozent vor Telekommunikation mit 19,2 Prozent. Die Sektoren Banken, Versicherungen (18,7 Prozent), Energie/Verkehr/Logistik (12 Prozent) und Behörden, Öffentlicher Dienst (10,2 Prozent) folgen auf den nächsten Plätzen. Die übrigen Marktsektoren erreichen jeweils nur einstellige Prozentanteile, wobei Handel mit 8,1 Prozent noch am bedeutendsten ist. Gesundheitswesen (2 Prozent) und sonstige Dienstleistungen (2,4 Prozent) machen den Rest aus.

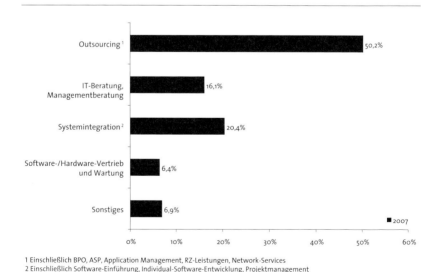

1 Einschließlich BPO, ASP, Application Management, RZ-Leistungen, Network-Services
2 Einschließlich Software-Einführung, Individual-Software-Entwicklung, Projektmanagement

Abbildung 1: Leistungsspektrum der Business Innovation/Transformation Partner 2007 (Anteile am Umsatz in Prozent)

Die zwölf von Lünendonk ermittelten BITP-Unternehmen erzielten 2007 mit Beratung, Realisierung und Betrieb zusammen im Durchschnitt 86,7 Prozent ihrer Umsätze. Dabei entfallen auf IT- und Managementberatung 16,1 Prozent des Gesamtumsatzes, auf Systemintegration, einschließlich Software-Einführung, Individual-Software-Entwicklung und Projektmanagement ein gutes Fünftel des Gesamtumsatzes, und auf Outsourcing, einschließlich BPO, ASP, Application Management, Facilities Management, RZ-Leistungen und Netzwerk-Service über die Hälfte des Gesamtumsatzes.

Bei der Beschreibung des Ergebnisses der eigenen Tätigkeit anhand von 3 aus 14 möglichen Varianten liegt Konzentration auf die Kernkompetenz klar vorne. Es folgen die Varianten Effizienzsteigerung und optimale Prozessgestaltung vor Steigerung des Markterfolges. Eher geringer identifizieren können die BITP-Unternehmen die Ergebnisse ihrer eigenen Tätigkeit mit Begriffen wie Ertragssteigerung, Kostensenkung, nachhaltige Wertsteigerung des Unternehmens, Prozessinnovation, Wettbewerbsvorteile und wirtschaftliche Stabilität. Keine Nennungen von den BITP-Unternehmen erhielten die Ergebnisvarianten optimale Führungsstruktur, optimale Unternehmensstruktur und Produktinnovation.

Durch Auswahl von 3 aus 15 vorgegebenen Varianten beschreiben die BITP-Unternehmen ihr Verhältnis zum Kunden mehrheitlich mit den Charakteristika dauerhafter Partner und Beratungsdienstleister. Es folgen Gesamtdienstleister, Transformation Partner und Berater. Zweistellige Prozentzahlen erreichen darüber hinaus nur noch Innovation Partner, Integrator moderner Technologien und Betreiber von Prozessen.

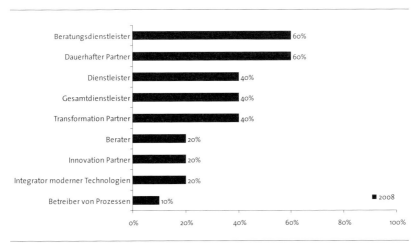

Abbildung 2: Das Verhältnis der BITP-Unternehmen zu ihren Kunden (Beschreibung der Unternehmen anhand von 15 Varianten – Nennungen der drei wichtigsten Varianten; Mittelwerte in Prozent)

Mut zu neuen Wegen
Dienstleistungsinnovationen eröffnen die Zukunft

Stephan Scholtissek

Wer in einer globalisierten Welt mit seinem Unternehmen erfolgreich sein will, muss umdenken – und sich umschauen. Die präzise Beobachtung, wie sich die Erfolgreichen dem Wandel stellen, gibt Aufschluss, in welche Richtung das Umdenken erfolgen sollte, um auch in Zukunft erfolgreich zu sein. Ein Blick in den Norden Europas lohnt. Nokia, der finnische Weltkonzern, agiert dort seit vielen Jahren sehr erfolgreich als Weltmarktführer von Mobiltelefonen mit großem Abstand zur Konkurrenz aus Asien, Europa und den USA. Fast unbemerkt wandelte sich das überaus profitable Unternehmen in den letzten Jahren vom Handyhersteller zu einem Anbieter von mobilen Endgeräten und onlinebasierten Diensten für Mobiltelefone. Mit dem Online-Portal Ovi, dem finnischen Begriff für Tür, öffnet das Unternehmen aus dem hohen Norden neue Märkte und neue Absatzkanäle. Ovi erlaubt den Online-Kauf von Musik (Nokia Music), Spielen (N-Gage), digitalen Landkarten und Navigationslizenzen (Nokia Maps) ebenso wie das Austauschen von Fotos und Videos (Share on Ovi). Der finnische Mobilfunkhersteller Nokia ist ein Beispiel für Unternehmen, die den Wandel der Weltwirtschaft mit aufmerksamer Marktbeobachtung, der Bereitschaft, Strategie und Geschäftsmodell ständig zu überdenken, und der Fähigkeit, Veränderungen vorauszusehen und umzusetzen, verfolgen und damit ihre Zukunft aktiv gestalten.

Die multipolare Welt verschärft den Wettbewerb

Die fortschreitende Globalisierung hat zu einer multipolaren Welt geführt, in denen die bisherige Triade Westeuropa, USA und Japan durch eine Vielzahl von höchst erfolgreichen Wirtschaftszentren in den unterschiedlichsten Regionen der Welt abgelöst wurde. Neben China und Indien etablierten sich in den letzten Jahren weitere wachstumsstarke Zentren wie Russland, Brasilien, Mexiko, Südkorea und Türkei sowie die baltischen Staaten und die Golfstaaten. Im Jahr 1990 betrug der Anteil der Schwellenländer am globalen Bruttoinlandsprodukt 39 Prozent. Im Jahr 2006 lag ihr Anteil bei 49 Prozent und im Jahr 2025 soll er 61 Prozent erreichen. Spätestens 2025 wird China die Vereinigten Staaten als größte Volkswirtschaft der Erde ablösen, Indien hat dann Platz drei in der Welt erreicht. Die neue multipolare Welt verändert und verschärft die Wettbewerbsbedingungen für Unternehmen. Die Konkurrenz zwischen den Unternehmen wird auf allen Ebenen international. Zu den Herausforderungen von heute zählen der globale Wettbewerb um die besten Arbeitskräfte, der Kampf um Rohstoffe, die Veränderung von Kapitalströmen und die Präsenz auf neuen Konsumentenmärkten.

Wie können Unternehmen der alten Industrieländer erfolgreich gegen die neuen Mitspieler am Weltmarkt bestehen? Die Antwort ist eindeutig: durch permanente Innovationen. Innovationen sind Erfindungen, die tatsächlich Erfolg im Markt erzielen. Darunter fallen Produkt- und Dienstleistungsinnovationen ebenso wie Prozessinnovationen, die für eine entscheidend günstigere Herstellung und – heute wichtiger den je – für eine nachhaltige Differenzierung am Markt sorgen. Eine Accenture-Studie, für die Vorstände und Senior Executives in den USA und Europa befragt wurden, zeigt, dass sich die Führungskräfte zwar dieser großen Abhängigkeit von Innovationen überaus bewusst sind: Über 60 Prozent der Befragten sagen, dass die Strategie für einen langfristigen Erfolg des eigenen Unternehmens vollständig oder größtenteils von Innovationen abhängt. Jedoch mangelt es an der konkreten Umsetzung dieser Erkenntnis in eine wirksame Umsatzsteigerung oder Kostenreduktion oder beides. Die Führungskräfte sehen als größte Herausforderung – mit 31 Prozent der Nennungen – den notwendigen Kulturwandel, der Unternehmen viel stärker auf Innovationen ausrichtet. Erfindungen lassen sich nicht erzwingen, aber deren Umsetzung in Markterfolg deutlich mehr. Vertraute Prozesse müssen ohne Vorbehalt überdacht werden. Selbst große und hochkarätige Forschungsabteilungen sind kein Garant für eine gefüllte Innovationspipeline. Die Beispiele von Innovations-Champions zeigen: Das gesamte Unternehmen muss auf die Durchgängigkeit des Prozesses von der Ideengenerierung bis zu deren erfolgreicher Vermarktung ausgerichtet werden.

Der Unterschied zwischen erfolgreichen und nicht erfolgreichen Unternehmen reduziert sich letztlich auf den Markterfolg – also den Teil einer Innovation, der Erfindungen, Ideen und Konzepte in erfolgreiche Produkte und Dienstleistungen im Markt umsetzt. Nur wer jederzeit bereit ist, seine Marktposition, seine Strategie und sein Geschäftsmodell zu justieren, kann auf dem Weltmarkt ganz vorne mitspielen. Wer Veränderungen vorausschauend erkennt und die Antworten rechtzeitig unternehmensintern umsetzt, hat hohe Überlebenschancen in der multipolaren Welt.

Innovationen sind mehr als nur eine Idee

Weder die Politik noch einzelne Unternehmen, weder eine Handvoll genialer Tüftler noch eine technikbegeisterte Gesellschaft können alleine für ein Klima hoher Innovationsfähigkeit sorgen. Hierfür müssen viele Faktoren und Akteure möglichst harmonisch zusammenspielen. Professor Axel Werwatz, Hochschullehrer für Ökonometrie und Wirtschaftsstatistik an der Technischen Universität Berlin und Leiter der vom Deutschen Institut für Wirtschaftsforschung (DIW) durchgeführten Studie „Innovationsindikator Deutschland 2006", vergleicht Innovationsfähigkeit mit einem „Zehnkampf, bei dem es gilt, in allen Disziplinen gut abzuschneiden" – von der Bildung, über die Aus- und lebenslange Weiterbildung bis zur Forschungsförderung durch Politik und Unternehmen. Es bedarf eines schlanken Staats, der möglichst wenig bürokratische Hürden aufbaut, effizienter Finanzierungsmöglichkeiten für innovative Unternehmen und innovative Produkte ebenso wie einer aufgeschlossenen Gesellschaft, die durch entsprechende Nachfrage ein innovationsfreundliches Konsumklima schafft. Letztlich entscheidend für Innovationen sind und bleiben die Unternehmen.

Erste Stufe: Kreative Ideen entwickeln

Innovationen sind weit mehr als nur die Idee. Sie bestehen aus mehreren Komponenten, die von den Unternehmen konsequent gefördert werden müssen. Innovationen brauchen kreative Ideen. Sie brauchen Innovatoren, die diese Ideen zu marktfähigen Produkten, Prozessen oder Dienstleistungen weiterentwickeln. Schließlich benötigen Innovationen auch Unternehmen, die diese Produkte erfolgreich im Markt durchsetzen.

Ausreichende Mittel für eine kontinuierliche Forschung und Entwicklung neuer Produkte und Dienstleistungen gehören zu den Grundvoraussetzungen für Innovationen in Unternehmen. Das Mannheimer Zentrum für Europäische Wirtschaftsforschung bescheinigt zwar den deutschen Unternehmen, ihre Forschungsanstrengungen seit der Jahrtausendwende erheblich verstärkt zu haben – im Jahr 2000 investierten sie lediglich 83 Milliarden, im Jahr 2005 waren es 107 Milliarden Euro, eine Steigerung von 30 Prozent –, dennoch investieren die Unternehmen in Deutschland nur rund 1,7 Prozent des Bruttoinlandsproduktes in Forschung und Entwicklung. Das ist entschieden zu wenig, um mit führenden Forschungs- und Entwicklungstandorten wie Finnland, Schweden oder Japan mithalten zu können. Mindestens 3 Prozent des Bruttosozialprodukts muss die Wirtschaft investieren, um auf dem globalen Weltmarkt auch in Zukunft wettbewerbsfähig zu sein, 4 oder 5 Prozent wären deutlich angemessener. Zudem sollten die Forschungs- und Entwicklungsabteilungen der Unternehmen über eine angemessene Zahl an gut ausgebildeten Mitarbeitern verfügen. Auch bei diesem Basisfaktor für Innovationen schneiden deutsche Unternehmen im Vergleich zu ihren Konkurrenten in Japan, USA und Schweden erheblich schlechter ab. Während in deutschen Unternehmen von tausend Mitarbeitern nur sechs sich mit Forschung und Entwicklung beschäftigen, arbeiten in Japan, USA oder Schweden elf von tausend Mitarbeitern in der Forschung und Entwicklung.

Als Hemmnis für Innovationen ermittelte die DIW-Studie aber auch massive Defizite im Management der Unternehmen. Viele Unternehmen werden zu hierarchisch und autokratisch geführt, keine optimalen Voraussetzungen für den genau horizontal dazu laufenden Innovationsprozess. Hier muss sich einiges ändern, um innovationsfördernde Prozesse zu schaffen, in denen forschende und umsetzende Köpfe in einem gewissen kreativen Freiraum arbeiten können.

Um die Ideenfindung und Entwicklung neuer Dienste voranzutreiben, müssen alle verfügbaren Innovationsressourcen im Unternehmen eingesetzt werden. Viele Einzelaufgaben sind zu lösen, bis sich ein Innovationserfolg einstellt. Zudem sind die Unternehmen konsequent auf Innovationen auszurichten. Ein effizientes Innovationsmanagement erlaubt die Steuerung des gesamten Prozesses von der Idee bis zur Markteinführung. Wichtig dabei ist, dass Innovationsziele definiert werden und regelmäßig überprüft wird, ob diese Ziele erreicht werden. Selbst in der Unternehmenskultur sind Änderungen ratsam, um ein innovationsfreundliches Klima in Unternehmen entstehen zu lassen. Erst wenn Anregungen und Verbesserungsvorschläge der Mitarbeiter rasch und effizient in die Betriebsprozesse eingebracht werden können, können sich Ideen zu Innovationen entwickeln. Kurzum, Innovationen im Unternehmen müssen zur Chefsache gemacht und mit der entsprechenden Dringlichkeit vorangetrieben werden.

Vielversprechend ist es, wenn eine Person oder kleine Gruppe aus dem Management die Rolle beziehungsweise die Institution des Innovators übernimmt. Der Innovator erkennt den Wert neuer Ideen, er fördert engagiert gute Ideen bis zum Markterfolg und beweist in diesen Prozessen echten Durchhaltewillen. Gesucht wird eine Persönlichkeit, die das innovationsfördernde Umfeld im Unternehmen lebt. Führungspersönlichkeiten wie Steve Jobs von Apple oder Sergey Brin und Larry Page bei Google, aber auch Wendelin von Boch bei Villeroy & Boch, Wolfram Lausch und sein erfolgreiches Team bei MAN und das Duo Leipold/Kowalski von Bionade sind Beispiele für erfolgreiche Innovatoren.

Wichtig ist es ebenso, mit alten Vorurteilen aufzuräumen. Kreative Ideen müssen nicht unbedingt neue Ideen sein. Nur ein Bruchteil innovativer Produkte beruht auf wirklich neuartigen Ideen. Innovationen sind häufig Rekombinationen bestehender Lösungen. „80 Prozent der Innovationen sind Rekombinationen", errechnete Oliver Gassmann, Direktor des Instituts für Technologiemanagement an der Universität St. Gallen. Manches, was in der eigenen Branche als alter Hut erscheint, hat in anderen Industriezweigen das Zeug zum innovativen Shootingstar. So hat BMW etwa für sein Multimedia-Steuerungssystem iDrive Komponenten aus der PC-Spielbranche adaptiert. Auch das neue Vermietkonzept Car2go des Autoherstellers Daimler ist nicht ganz neu. Das Konzept sieht vor, ähnlich wie beim Call-a-bike-Fahrradverleih der Deutschen Bahn, Smart-Mietfahrzeuge an vielen Stellen der Stadt anzubieten, die von Kunden spontan gemietet werden können. Anders als bei üblichen Carsharing-Modellen kann das Mietauto überall in der Stadt abgestellt werden. Auch das Abrechnungsmodell hat Vorbilder aus anderen Bereichen. Ähnlich wie bei Handygesprächen wird die Nutzung des Mitnehmmietwagens minutengenau abgerechnet. Es gibt keine monatlichen Grundgebühren oder andere Verpflichtungen.

Ein Blick links und rechts vom originären Markt kann Unternehmen helfen, erhebliche Entwicklungskosten einzusparen. Sie können dort nach vielversprechenden Lösungen Ausschau halten und diese Lösungswege in ihre Produkte adaptieren. Ein Beispiel aus dem Bankensektor: Zopa war der erste Online-Marktplatz für Finanzen in Europa. Ähnlich wie bei Ebay agieren im Web Privatpersonen, die, anstatt wie bei Ebay Produkte und Dienstleistungen online zu kaufen und zu verkaufen, über eine Internetplattform Geld leihen und verleihen. Online-Marktplätze für Kredite wie Zopa in Großbritannien oder Smava in Deutschland bieten Kreditgebern und Kreditnehmern bessere Zinssätze als am Markt üblich sind, da sie das Geschäft ohne Banken als Zwischenhändler machen. Zudem setzen sie auf den populären Community-Gedanken des Internets. Jeder Kreditgeber weiß, in welches Projekt sein Geld fließt. Die Marktforscher von Gartner schätzen, dass diese Online-Systeme für Kredite bereits im Jahr 2010 einen Anteil von zehn Prozent am Weltmarkt für Verbraucherkredite und Finanzplanungen erreichen werden. Die Deutsche Bank rät in einer Studie, diese Plattformen nicht zu unterschätzen.

Zweite Stufe: Ideen zu marktfähigen Produkten entwickeln

Erfindung und Innovation sind zweierlei: Bei weitem werden nicht alle bahnbrechenden Erfindungen und Entdeckungen, die in Deutschland gemacht wurden, von deutschen Unternehmen in innovative Produkte umgesetzt und erfolgreich vermarktet. Der Schritt von der Erfindung zur erfolgreichen Vermarktung bleibt gerade in Deutschland viel zu oft aus. Die Liste der verpassten Chancen ist fast ebenso lang wie die der genutzten Gelegenheiten. Nach einer Umfrage des Instituts der deutschen Wirtschaft (IW) unter 2.500 deutschen Unternehmen kommt ein Viertel der Patente mit Innovationspotenzial über das Entwicklungsstadium gar nicht erst hinaus. Skizzen und Dokumentationen werden in Tresoren verwahrt, Prototypen in Panzerschränken verschlossen. Mindestens acht Milliarden Euro an potenziellen Vermögenswerten schlummern in deutschen Unternehmen unter Verschluss, schätzen die IW-Forscher. Eine entscheidende Ursache für die eklatante Schwäche, vielversprechende Ideen als Produkte oder Dienstleistungen zu vermarkten, ist das Verharren der Unternehmen in überholten Denkmustern. Viele Unternehmen verzichten auf die Weiterentwicklung und Vermarktung zukunftsträchtiger Erfindungen, weil es ihnen an Eigenkapital und eigener Entwicklungskompetenz fehlt.

Doch anstatt Dokumente, Patente und Prototypen aus Angst vor Ideenklau hinter Tresortüren zu verschließen, sollten Unternehmen mit geringem Eigenkapital oder fehlenden Entwicklungskompetenzen nach Kooperationsmöglichkeiten Ausschau halten. Innovationen können auch in Netzwerken oder Allianzen entwickelt werden. Durch die Fokussierung auf die jeweiligen Kernkompetenzen kann das Gesamtergebnis deutlich verbessert werden. Das bringt beiden Partnern etwas, eine klassische Win-win-Situation entsteht.

Unternehmen müssen endlich verstehen lernen, Ideen als handelbare Waren zu sehen. Ideen besitzen große immaterielle Werte – das gilt gleichermaßen für Patente, Marken, Geschmacks- und Gebrauchsmuster, die für das eigene, aber auch für andere Unternehmen sehr wertvoll sein können. Zudem kommt in der multipolaren Weltwirtschaft immateriellen Werten eine rapid wachsende Bedeutung zu. Immaterielle Werte können den Marktwert eines Unternehmens in Zukunft deutlich steigern, während materielle Besitztümer wie Immobilien oder Maschinenparks für den Marktwert eines Unternehmens eine zunehmend geringere Rolle spielen.

Kompetente Partner für die Weiterentwicklung einer Idee zu einem marktfähigen Produkt und auch für dessen erfolgreiche Markteinführung sind reichlich vorhanden. Neben staatlichen und privaten Forschungseinrichtungen zählen nationale Unternehmen und eine große Zahl weltweit präsenter Konzerne dazu. Erfolgreiche, global agierende Unternehmen wie Procter & Gamble oder Nokia verfügen über ein Netzwerk an Technologieexperten, die unablässig auf dem ganzen Globus nach neuen Ideen und Erfindungen Ausschau halten, die sich zu zukunftsträchtigen Produkten weiterentwickeln lassen. Ideen-Scouts fahnden weltweit nach vermarktbaren neuen Geistesblitzen. Werden sie fündig, kommt es zu Kooperationen bei der Entwicklung und Vermarktung, aber auch der Kauf der Unternehmen einschließlich ihrer Teams und ihres Know-hows ist möglich. Um innovative Internetdienste schnell zu adaptieren und sich noch schneller und nachhaltiger als Internetunternehmen zu profilieren, übernahm beispielsweise Nokia die beiden innovativen Software-Unternehmen Gate 5 und Plazes aus Berlin. Gate 5 entwickelt und vermarktet Navigations- und Routenplanungssoftware für Mobiltelefone, während Plazes sich auf die Entwicklung von Geo- und Social-Taggings spezialisiert hat, die Menschen auf dem Handy zeigen, was aktuell um sie herum passiert.

Dritte Stufe: Ideen erfolgreich am Markt umsetzen

Die Accenture-Studie „Corporate Growth and Innovation" unter Führungskräften amerikanischer Großunternehmen ermittelte 2006, dass zwar 50 Prozent der Befragten die Fähigkeit ihres Unternehmens positiv einschätzen, Innovationsstrategien zu entwickeln, doch deutlich weniger Führungskräfte sehen die Fähigkeit ihres Unternehmens, daraus End-to-End-Prozesse zu entwickeln und diese schnell umzusetzen. Lediglich 34 Prozent beurteilen ihr Unternehmen positiv bei der End-to-End-Implementierung von Innovationen. Ebenfalls nur 34 Prozent der Führungskräfte halten die Prozesse in ihrem Unternehmen für effizient genug, um neue Produkte oder Dienstleistungen schnell am Markt zu realisieren. Bei Führungskräften unterhalb des C-Levels ist die Einschätzung noch kritischer: Nur 17 Prozent zählen die End-to-End-Umsetzung von Innovationen zu den Stärken ihres Unternehmens, die Schnelligkeit mit neuen Produkten auf den Markt zu kommen, schätzen ebenfalls nur 17 Prozent als Stärke ihres Unternehmens.

Diese kritische Einschätzung gilt für viele Unternehmen und hat viele unterschiedliche Ursachen. Neue Dienstleistungen und Produkte haben beispielsweise nur dann Erfolg, wenn sie auf ein tatsächliches Interesse bei den Konsumenten treffen. Eine erfolgreiche Neueinführung setzt voraus, dass das Management eines Unternehmens Kundenwünsche voraussieht und Lösungen mit einer effizienten Innovationsstrategie zeitnah im Markt platziert. Das Wissen über die Kundengruppen und die expliziten Kundenwünsche sind daher für die Ideenentwicklung ebenso wie für die Markteinführung unerlässlich. Nur wenn eine Innovation ein echtes Kundenbedürfnis anspricht und löst, kann sie zum Erfolg werden. Dabei sind nicht nur die artikulierten, sondern vor allem auch die implizierten Kundenbedürfnisse zu berücksichtigen. Aber auch zukünftige Kundentrends muss das Management frühzeitig erkennen und in die Markteinführung einbeziehen. Das Lösen echter Kundenprobleme erfordert eine substantielle Erfindungshöhe. Nur dadurch kann ein nachhaltiger Markterfolg erreicht werden.

Um artikulierte und nicht artikulierte Kundenbedürfnisse zu erkennen, sollten Unternehmen ihre Kunden frühzeitig in die Entwicklungsprozesse von Innovationen einbeziehen. Diese Partizipation ist mitentscheidend für den späteren Erfolg der neuen Dienstleistungen. Bislang nutzen nur wenige Unternehmen die Möglichkeit, Kundenkritik und Kundenwünsche in die Entwicklung ihrer Dienste und ihrer Produkte einfließen zu lassen.

Die Entwicklung von einer Idee zu einer marktfähigen Dienstleistung braucht ein passendes erfolgversprechendes Geschäftsmodell. Ein sauber abgestimmtes Marketing hilft bei der zeitnahen Platzierung der Innovationen am Markt. Eine kurze Einführungszeit verbessert zudem seine Marktchancen. Ein Unternehmen sollte lieber zügig mit einer 80- bis 90-prozentigen Lösung in einen Markt eintreten, anstatt mit einer 100-Prozent-Lösung zu spät auf den Markt zu kommen. Der Erste erzeugt mit dem First-Mover-Effekt mehr Aufmerksamkeit am Markt und in den Medien als seine Nachfolger. Er erzielt letztlich höhere Absätze und eine frühere Kostendegression als die übrigen Marktteilnehmer. Ein starker Vertrieb, am besten unterstützt durch einen professionellen After-Sales-Service, sichert das Interesse der Konsumenten an der Innovation. Eine stetige Verbesserung der Innovationen nach dem Launch ist unabdingbar, vor allem um den Abstand zu Nachahmern groß genug zu halten. Die Hilfe eines effizienten Kunden-/Mitarbeiter-Feedbacks erhöht zudem nachhaltig die Marktchancen von neuen Diensten.

Ein starker, durchgängiger Innovationsprozess – am besten gemanagt von einer Person oder wenigen Verantwortlichen – vereint alle Aktivitäten, Entscheidungen und Ergebnisse von der Ideengenerierung bis zum Markterfolg (End-to-End) und integriert dabei das gesamte Unternehmen. Während sich die meisten Innovationsprojekte auf den Umsatz fokussieren, muss ein effizienter Innovationsprozess auch die Kosten und Investitionen sorgfältig planen und steuern. Eine rigorose Verfolgung eines frühzeitig definierten Business Cases hilft, Erwartungen klar zu beschreiben und sie präzise zu kommunizieren. Dies erleichtert, das Risiko der Projekte einzuschätzen und das Ideen-/Projekt-Portfolio zu managen. Ein frühzeitiges Kostenmanagement kann den gesamten Projekterfolg beeinflussen. Es eröffnet die Option, die

Produkt- und Prozesskosten frühzeitig zu verringern, um die Profitabilität der Innovation von Beginn an zu erhöhen.

Nicht stehenbleiben, sondern ständig weiterentwickeln

Wer im globalen Innovationswettbewerb nicht zurückbleiben will,
muss sich intensiv um das Innovationspotenzial moderner Dienstleistungen kümmern. Um die Forschung und Entwicklung gerade im
Dienstleistungsbereich voranzutreiben, sind viele Anstrengungen notwendig. Das hat auch die Politik erkannt. Im Programm „Innovationen
und Dienstleistungen" fördert das Bundesministerium für Bildung
und Forschung die Erforschung von Treibern und Hemmnissen für
Erfolge im Dienstleistungssektor. Das Programm soll Methoden und
Instrumente zur Optimierung von Prozessabläufen in der Dienstleistungswirtschaft entwickeln, um die Wettbewerbsfähigkeit deutscher
Unternehmen zu stärken. Der „Aktionsplan Dienstleistungen 2020"
kombiniert beispielsweise speziell technologisch ausgerichtete Forschung und Entwicklung mit der Dienstleistungsforschung. Dabei
geht es in erster Linie darum, neue Technologien frühzeitig mit Konzepten der Dienstleistungsinfrastruktur zu verknüpfen, dass sie markt-
fähig werden. Der Staat sollte aber nicht nur gezielt die Innovations-
und Dienstleistungsforschung unterstützen, sondern seine knappen
Fördermittel auch gezielter für Innovationen einsetzen. Leuchtturm-
förderung statt Elfenbeinturmforschung und Gießkannenprinzip ist
die Lösung. Effizientes Forschungs- und Entwicklungsmanagement ist
bei diesen Projekten unabdingbar, sonst verdampfen die eingesetzten
Fördermillionen, ohne dass mehr marktreife Dienstleistungen die Entwicklungsabteilungen verlassen. Staat und Wirtschaft müssen ihre
Investitionen in Forschung und Entwicklung erheblich steigern – weit
über die EU-weit angestrebten 3 Prozent des Bruttoinlandproduktes
hinaus. Erforderlich sind eher 1,5 Prozent von staatlicher Seite und 3
Prozent von der Wirtschaft. Wer weniger in Innovationen investiert,
hat unter den verschärften Wettbewerbsbedingungen in der multipolaren Welt wenig Chancen auf einen Spitzenplatz im Weltmarkt.

Zehn Punkte für mehr Dienstleistungsinnovationen

• Unternehmen sind stärker auf Innovationen auszurichten. Die
  gesamte Unternehmensstruktur muss auf das Gestalten von Ideen
  und den Verkauf neuer Services optimiert werden.

- Ausreichende Finanzmittel sind regelmäßig in die Forschung und Entwicklung von Dienstleistungen zu investieren. Zudem ist eine ausreichende Zahl gut ausgebildeter Mitarbeiter in den entsprechenden Abteilungen notwendig.

- Ein innovationsfreundliches Klima ist in den Unternehmen zu schaffen. Kreative Freiräume für Forscher und Entwickler verbessern das Innovationsklima. Durchlässige Betriebsprozesse erlauben Mitarbeitern, ihre Anregungen und Verbesserungsvorschläge einzubringen.

- Ein effizientes Innovationsmanagement muss den gesamten Prozess von der Idee bis zur Markteinführung steuern. Innovationsziele sind präzise zu definieren. Regelmäßig ist zu überprüfen, ob die Ziele erreicht wurden. Ist das Innovationsmanagement in der Geschäftsleitung angesiedelt, stärkt das die Innovationsfähigkeit.

- Ein durchgängiger Innovationsprozess vereint alle Aktivitäten, Entscheidungen und Ergebnisse von der Ideengenerierung bis zum Markterfolg. Ein präziser Business Case macht das Projektrisiko transparent, ein frühzeitiges Kostenmanagement verringert die Projekt- und Prozesskosten und verbessert die Profitabilität.

- Eine Persönlichkeit oder ein ganz kleines Team sollte im Unternehmen die Rolle des Innovators übernehmen. Der Innovator erkennt und fördert innovative Ideen bis zum Markterfolg. Er begleitet und unterstützt die Innovation in den unterschiedlichen Prozessen.

- Wer innovativ sein will, muss auch außerhalb seines Marktes nach vielversprechenden Konzepten suchen. Rekombination, also die Adaption existierender Lösungen auf den eigenen Markt, hilft, Innovationskosten zu senken.

- Wer kreative Ideen, aber wenig Eigenkapital oder geringe Entwicklungskapazitäten hat, sollte Kooperationspartner suchen, Netzwerke mit Innovationspartnern knüpfen und diese konsequent ausbauen. Die Fokussierung auf die eigenen Kernkompetenzen verbessert das Gesamtergebnis.

- Kunden sind frühzeitig in den Entwicklungsprozess von Innovationen einzubeziehen. Nur wer die Wünsche der Kunden kennt, hat eine Chance am Markt. Wird das Feedback der Kunden auch bei Weiterentwicklung des Services berücksichtigt, verbessert dies seine Marktchancen über einen längeren Zeitraum.

- Innovative Dienste sollten schnell auf den Markt kommen. Lieber mit einer 80-Prozent-Lösung frühzeitig in den Markt starten, als mit einer 100-Prozent-Lösung zu spät eintreffen.

Partnerschaft für innovative Wertschöpfung
Business Innovation/Transformation Partner (BITP)

Matthias Hartmann

Die Erkenntnis wächst bei immer mehr Unternehmen: Ohne Partnerschaften, Entwicklungskooperationen und eine unbedingte Konzentration auf die Kernkompetenzen lassen sich kaum noch Wettbewerbsvorteile und Wachstumsmöglichkeiten erschließen. Die Märkte sind hochkompetitiv und einem ständigen Wandel unterworfen. Infolge dieser Veränderungen wächst auch die Nachfrage nach sogenannten Gesamtdienstleistern, die eine komplette Lösung von der Beratung bis zur Implementierung und dem Betrieb anbieten und umsetzen können. Das Stichwort hierfür lautet BITP.

Warum? Business-Innovation/Transformation-Partnerschaften (BITP) geben wichtige Antworten auf diese veränderten Rahmenbedingungen. Sie schaffen die notwendigen Voraussetzungen, um den eigenen Erfolg durch intensive Kollaboration sowie starke Entwicklungs- und Dienstleistungspartnerschaften auf eine breitere Basis zu stellen und sich gleichzeitig auf die spezifischen Kernkompetenzen stärker zu konzentrieren. Denn das Ziel von BITP muss es sein, die Kunden durch den gesamten Wertschöpfungsprozess von der – strategischen – Beratung bis zum operativen Betrieb nicht nur beim Thema IT, sondern auch im Hinblick auf das Design und die Abwicklung kompletter Geschäftsprozesse als Partner zu begleiten sowie – und das ist letztlich erfolgsentscheidend – die damit verbundenen Innovationspotenziale möglichst vollständig auszuschöpfen.

Infolgedessen müssen Gesamtdienstleister, wenn sie ihre neue Rolle erfolgreich ausfüllen wollen, mehr bieten können als die Summe ihrer Einzelleistungen. Denn hinter dem Konzept BITP stehen die Entwicklung und das Angebot innovativer Gesamtdienstleistungskonzepte in der Kombination von strategischer Managementberatung, Organisations- und Prozessberatung, IT-Beratung, Systemintegration, IT-Outsourcing und Business Process Outsourcing. Erfolgreiche Business-Innovation/Transformation-Partnerschaften sind außerdem geprägt durch eine möglichst langfristige und vertrauensvolle Zusammenarbeit, durch unternehmerische Mitverantwortung und die nachhaltige Unterstützung des Kunden-Unternehmens hinsichtlich erforderlicher Innovations- und Transformationsleistungen. BITP ist damit die nächste Stufe im Bereich der Business-to-Business-Dienstleistungen, die weit über den Einsatz klassischer IT-Dienstleistungen hinausgehen, wie noch anhand einiger konkreter Kundenbeispiele im Detail erläutert wird.

Das Unternehmen der Zukunft ist von Wandel geprägt

Die globale CEO-Studie „The Enterprise of the Future" der IBM aus dem Jahr 2008 belegt, dass 83 Prozent der befragten Unternehmen weltweit mit massiven Veränderungen in der Zukunft rechnen und diejenigen Unternehmen am erfolgreichsten sein werden, die eine hohe Veränderungsbereitschaft aufweisen und in der Lage sind, diese Veränderungen auch zu managen. Solchen Unternehmen fällt es leichter, neue Märkte und Kundengruppen zu erschließen und die Vorteile globaler Integration in ihrem Sinne zu nutzen. Gleichzeitig jedoch schüren diese erwarteten Veränderungen überraschenderweise nicht unbedingt neue Ängste: Fast alle befragten Vorstände und Geschäftsführer sind optimistisch, dass sich mit dem Wandel auch neue Chancen ergeben. Andererseits: Trotz dieser optimistischen Grundhaltung gelingt es laut Studie nur wenigen CEOs, diese Veränderungen auch erfolgreich zu managen: Ganze 22 Prozent schätzen ihre Fähigkeit, mit Veränderungen umzugehen, als gut ein. Dieser Change-Gap, die konstatierte Umsetzungslücke, ist im Vergleich zur CEO-Studie 2006 um das Dreifache gestiegen. Für IBM ist diese Tatsache unter anderem ein Beleg dafür, dass für Unternehmen Business Innovation und Transformation immer wichtiger werden.

Eine der Ursachen für den großen Veränderungsbedarf sind die eigenen Kunden: Sie verlangen und suchen nicht nur nach mehr Informationen, sondern sind auch meinungsfreudiger, etwa im Internet. Sie haben außerdem wachsende moralische Ansprüche, etwa im Hinblick auf den Umweltschutz und das soziale Engagement der Unternehmen.

Ein weiteres großes Thema außer den fundamentalen Verschiebungen in der Erwartungshaltung der Kunden ist die zunehmende Kaufkraft der Menschen in den sogenannten Emerging Markets. Sie ist eine der Hauptursachen für die zu beobachtenden Veränderungen der Geschäftsmodelle von Unternehmen weltweit. Geschäftsmodell-Innovationen – zum Beispiel Änderungen im Unternehmensmodell, im Umsatzmodell oder im Branchenmodell – spielen dabei eine große Rolle: 69 Prozent der CEOs beschäftigen sich mit diesen Themen. Dabei geht es vor allem um Spezialisierung und die Umstrukturierung des Unternehmens im Hinblick darauf, welche Aufgaben im eigenen Unternehmen und welche in Zusammenarbeit mit externen Partnern erledigt werden sollen. 39 Prozent der weltweit befragten CEOs sehen hier zusätzliches Potenzial. 86 Prozent planen darüber hinaus tiefgreifende Veränderungen bei einem Kriterium, das wirklich erfolgreiche Unternehmen auszeichnet: die richtige Zusammenstellung ihres Wissens- und Asset-Portfolios. CEOs wollen deshalb intensiver an der Kalibrierung ihrer Geschäftsstrukturen arbeiten und nach den Prinzipien globaler Integration vorgehen – zu der unter anderem die weltweite Suche nach Expertise und für ihr Unternehmen relevanten Beteiligungen und anderen Assets gehört. Um dabei gleichzeitig von den Vorteilen der globalen Integration zu profitieren, beabsichtigen 75 Prozent der Befragten, aktiv in neue Märkte zu gehen, und 85 Prozent, durch entsprechende Partnerschaften besser von den neuen globalen Möglichkeiten zu profitieren. Auch Zusammenschlüsse und Firmenübernahmen werden deshalb weiterhin eine hohe Bedeutung haben. Auch hier liegt erhebliches Potenzial für BITP.

BITP als Werkzeug für den Wandel

Die Ergebnisse dieser weltweit größten und umfassendsten Umfrage ihrer Art machen deutlich, dass sich Unternehmen zunehmend der Tatsache bewusst sind, dass sie aus eigener Kraft zukünftig kaum noch in der Lage sein werden, die selbstgesteckten Ziele im Hinblick auf mehr Wachstum, Internationalität und eine noch höhere Wettbewerbsfähigkeit und Profitabilität eigenständig zu erreichen. Ihnen fehlen immer häufiger die passenden Mitarbeiter, die richtigen Technologielösungen und die notwendigen Kapazitäten. Mit anderen Worten: Sie brauchen Partner – Entwicklungspartner, Servicepartner, Businesspartner – die die Risiken mittragen, Innovationen vorantreiben und sich darauf konzentrieren, was sie am besten können.

Dieser Trend spiegelt sich auch in Umfragen wider: Über 70 Prozent der von Lünendonk befragten Dax-Unternehmen bestätigen in einer Studie aus dem Jahr 2007, dass BITP in diesem Kontext als gutes beziehungsweise sehr gutes Konzept wahrgenommen wird. Und über 80 Prozent bestätigen in der gleichen Studie, dass sich das Konzept mittel- bis langfristig auch durchsetzen wird. Als Gründe wurden dabei vor allem der Zugriff auf gebündelte externe Kompetenz, der „Alles-aus-einer-Hand-Ansatz", Kosteneinsparungen und Effizienzsteigerung genannt.

Die Werkzeuge, die bei Business-Innovation/Transformation-Partnerschaften eingesetzt werden können, sind weiter oben bereits genannt worden: Dazu gehören unter anderem selbstverständlich die klassischen Komponenten IT-Outsourcing und Business Process Outsourcing, aber auch – als eine weitere Variante der Business Transformation – die Einrichtung von Shared Service Centern (SSC) als Organisationseinheiten für die gemeinsame Nutzung von Unternehmensressourcen. Auch lässt sich ein Trend bei deutschen Unternehmen erkennen, sich stärker auf derartige Konzepte einzulassen und die Vorteile von

SSCs zu nutzen: Die wichtigsten Vorteile von SSCs sind nach Erfahrungen und Beobachtungen von IBM:

1. Kosteneinsparungen durch die gemeinsame Nutzung von Ressourcen
2. Basis für eine nachhaltige Standardisierung von Prozessen
3. Beschleunigung von Entscheidungen

Shared Service Center sind dabei entweder als innerbetriebliche Lösung denkbar, oder können als externe Dienstleistung erbracht werden, je nach Ausprägung der Unternehmensstruktur und der damit verbundenen Aufgaben. Wie erfolgreich solche innerbetrieblichen Center arbeiten können, zeigt das Beispiel von Bayer, das in diesem Beitrag an anderer Stelle noch genauer beschrieben wird. SSCs können aber auch als Vorstufe zu einem Prozess-Outsourcing an einen BITP dienen, da sie gleichzeitig als optimale Vorbereitung für einen solchen Schritt gelten.

One IBM:
Die Transformation zum innovativen Gesamtdienstleister

Mit ihrer Transformation zu One IBM trägt IBM Deutschland dieser Entwicklung, hin zu einem innovativen „Alles-aus-einer-Hand-Gesamtdienstleister" mit einem kompletten Angebotsspektrum und hoher Branchenkompetenz Rechnung. Das Unternehmen wurde nach einer umfangreichen Transformation seit Mitte 2008 entlang seiner Wertschöpfungskette in global integrierte und spezialisierte IBM-Deutschland-Gesellschaften nach folgenden vier Kernkompetenzen ausgerichtet:

• Research & Development
• Sales & Consulting
• Solutions & Services
• Management & Business Support

In diesen Gesellschaften bündelt die IBM Deutschland GmbH ihre Industrie- und Lösungsexpertise, wobei die Geschäftsbereiche regional, nach Branchen und nach Kundengröße strukturiert sind. Insgesamt 18 Geschäftsbereiche in zehn verschiedenen Branchen und mit starker regionaler Ausrichtung erreichen dabei maximale Kundennähe gepaart mit umfassendem Branchenwissen. Damit bietet das Unternehmen im Rahmen des neudefinierten Client-Value-Modells jedem Kunden spezialisierte, integrierte Teams mit eindeutigen Ansprechpartnern in seiner Nähe. Gleichzeitig verfolgt die IBM mit dieser Neuorganisation das Konzept eines sowohl technologisch sehr breit aufgestellten als auch stark branchenfokussierten Gesamtdienstleisters mit hoher Integrationstiefe. Außerdem bündelt das Unternehmen darüber hinaus seine Spezialexpertise in „Centers of Excellence", die im weltweiten IBM-Verbund Wissen austauschen und dabei intensiv mit Kunden und anderen Partnern zusammenarbeiten. Diese Exzellenzinitiative im internationalen Konzernverbund ist eine weitere wichtige Vorraussetzung, um ein elementares Ziel einer BIT-Partnerschaft – die Business Innovation – mit großem Nachdruck im Sinne der Kunden weiter voranzutreiben.

Ein herausragendes Beispiel dafür ist das IBM-Labor in Böblingen, das mit seinen etwa 1.800 Mitarbeiterinnen und Mitarbeitern aus 30 Nationen seit vielen Jahren erfolgreich aus Deutschland heraus global agiert. Mehr als 500 IBM-Kollegen in den USA, Russland, Indien und China arbeiten dort unter der Führung des Böblinger Entwicklungszentrums und gemeinsam mit Kunden an strategischen Entwicklungsprojekten.

Das IBM-Client-Value-Modell garantiert eine kontinuierliche und durchgängige Betreuung der Kunden und entspricht in seiner Funktion der wachsenden Nachfrage nach einem ganzheitlichen, höheren Wertbeitrag zum Geschäftserfolg und zur höheren Wettbewerbsfähigkeit der Kunden. Es umfasst von der Beratung und dem Erarbeiten einer Lösung bis hin zur Umsetzung und einer kontinuierlichen Betreuung alle in diesem Sinn notwendigen Disziplinen. Dabei werden alle Vertriebs-, Liefer- und Beratungsprozesse individuell an die unterschiedlichen Anforderungen der Kunden angepasst. Gleichzeitig ist das Client-Value-Modell auf eine möglichst langfristige und stabile Zusammenarbeit ausgelegt und bietet damit die Basis für eine partnerschaftliche und erfolgreiche Geschäftsbeziehung.

Im Mittelpunkt des unternehmerischen Selbstverständnisses der IBM steht das Leistungsversprechen: „Client first, IBM second, Brand third". Der Erfolg des Kunden-Unternehmens bemisst sich ganz klar daran, ob das vereinbarte Leistungsversprechen gehalten wird. Dieses Leistungsversprechen wird auch deutlich in den nachfolgend beschriebenen Beispielen aus der Praxis. Sie zeigen deutlich, um was es bei fortschrittlichen Konzepten im Bereich der Business-to-Business-Dienstleistungen immer wieder geht: um profunde Expertise, um Kostenersparnis, aber auch um Innovation und die gemeinsame Entwicklung neuer Lösungen und Strategien.

BITP: Unterschiedliche Modelle, gemeinsame Verantwortung – Beispiel P&G

Seit einigen Jahren arbeitet IBM bereits mit unterschiedlichen Kunden weltweit und mit großem Erfolg an neuen Konzepten im Bereich der Business-to-Business-Dienstleistungen. Die IBM hat gewissermaßen schon mit BITP-Konzepten gearbeitet, als es diesen Begriff noch gar nicht gab. Dazu gehört unter anderem der Abschluss eines Zehnjahresvertrags Ende 2003 mit Procter & Gamble (P&G), bei dem vereinbart wurde, für das Unternehmen die Personalprozesse in 80 Ländern weltweit – auch in Deutschland – abzuwickeln.

Mit diesem Vertragsabschluss wurde damals echtes Neuland betreten. Seither liefert IBM Serviceleistungen für fast 98.000 P&G-Beschäftigte in knapp 80 Ländern der Welt. Dazu gehören unter anderem die Lohn- und Gehaltsabrechnung, die gesamte Buchhaltung, Abrechnungen von Sozialleistungen, Reise- und Spesenabrechnungen sowie die Abwicklung der Kompensationszahlungen bei Auslandsabordnungen und Umzügen. Fast schon charakteristisch ist in einem solchen Fall auch die Übernahme von Personal: Die IBM hat sich im Rahmen der Vereinbarung dazu verpflichtet, etwa 800 P&G-Mitarbeitern eine Stelle im HR-BTO-Team der IBM anzubieten, das – gemeinsam mit der Human-Capital-Abteilung der IBM Business Consulting Services – zu den weltweit führenden HR-Service-Organisationen gehört. Damit wird gleichzeitig ein wichtiges Kriterium von BITP erfüllt: der Erfahrungs- und Wissensaustausch zwischen den Kunden und der eigenen Organisation der IBM. Im Zuge des Projekts übernahm IBM auch die operative Verantwortung für drei gemeinsam betriebene Service-Center in San José (Costa Rica), im englischen Newcastle und in Manila auf den Philippinen. Bestandteil der Vereinbarung ist außerdem die Verwaltung der Human-Resources-Anwendungskomponenten im weltweiten ERP-System von P&G.

P&G war damit quasi Pionier einer Entwicklung, die heute für das Management moderner Unternehmen unerlässlich ist: einen guten Service für die Mitarbeiter zu bieten und gleichzeitig die Kosten dafür stabil zu halten sowie darüber hinaus eine hervorragende Datenbasis zur Verfügung zu stellen, auf deren Grundlage unternehmerische Entscheidungen getroffen werden können. Filippo Passerini, Global Business Services Officer bei P&G, formulierte das so: „IBM bringt ein erhebliches Business-Process-Wissen, profunde technische Expertise und ein flexibles, anpassungsfähiges Geschäftsmodell in die Mitarbeiterdienstleistungen bei P&G ein. Die Vision der IBM, unsere Fähigkeiten mit den ihrigen zu kombinieren, stellt einen Gewinn für alle Beteiligten dar."

Natürlich ist ein solcher Schritt nur möglich, wenn beide Partner vertrauensvoll zusammenarbeiten und gemeinsam ein Transformationskonzept entwickeln, das schließlich alle Mitarbeiter mittragen und das dann auch in gemeinsamer Anstrengung umgesetzt wird. Das Beispiel P&G machte übrigens recht schnell Schule. Nur wenige Monate später setzten der Reifenhersteller Goodyear und der Beautykonzern Coty ähnliche Konzepte um, allerdings in anderen Bereichen: Für beide Unternehmen haben wir die Einkaufsprozesse für ihre nicht strategischen Güter übernommen. Im April 2006 schließlich folgte der Chemiekonzern Bayer mit der Einrichtung eines Shared Service Centers.

Bayer restrukturiert seinen Personalbereich

Im Frühjahr 2006 begann die Bayer AG mit Hilfe der IBM, ihren Personalbereich weltweit umzugestalten. Im Mittelpunkt des Transformationsprojektes standen die globale Standardisierung und Vereinfachung der HR-Prozesse. Das Unternehmen wollte effizienter werden, die Kosten reduzieren und die HR-Betreuung seiner mehr als 100.000 Mitarbeiter optimieren. Mit Unterstützung der HR-Managementberater von IBM weltweit hat die Bayer AG ihr gesamtes HR-Regelwerk und die Prozesse restrukturiert und harmonisiert.

Bayer entschied sich im Zuge des Projektes unter anderem auch für die Einrichtung von Shared Service Centern. Drei regionale Center in Europa, Amerika und Asien, von der Bayer-Gruppe selbst betrieben, haben die Aufgaben zentral übernommen, die bis dahin überall im Unternehmen verteilt waren. Sie sind zuständig für die Gehaltsabrechnung, das Performance-Management, die Einstellung von Mitarbeitern, die Administration von Schulungs- und Weiterbildungsmaßnahmen und unterstützen internationale Mobilitätsprozesse in Deutschland und den USA.

Bayer vertraute dabei auf die Expertise und Erfahrungen von IBM: „Wir müssen nicht nur in den operativen Bereichen schlagkräftig agieren, sondern auch in unseren administrativen Funktionen und Prozessen wettbewerbsfähig sein und diese den weltweiten Anforderungen anpassen. Das gilt auch für die Funktion Human Resources", beschrieb Dr. Richard Pott, 2006 im Vorstand der Bayer AG zuständig für Strategie und Personal, die Notwendigkeit für diesen Schritt. „Dabei setzen wir auf die Erfahrungen und das Wissen der IBM, die durch die Transformation der eigenen HR-Organisation ihre Fähigkeiten auch in diesem Bereich unter Beweis gestellt hat."

Die Experten von Bayer und IBM-Berater arbeiteten beim Redesign und der Transformation der Prozesse ebenso eng zusammen wie beim Aufbau der Shared Service Center und der Entwicklung der notwendigen IT-Infrastruktur sowie den notwenigen Trainingskonzepten. IBM hat die gesetzlichen und kulturellen Belange der Länder berücksichtigt, in denen Bayer operiert, insbesondere Arbeits-, Steuer- und Datenschutzbestimmungen, Mitbestimmung, kulturelle und sprachliche Besonderheiten. Die HR-Strategie von Bayer ermöglicht zum einen den permanenten Zugang zu aktuellen und verlässlichen Personaldaten und zum anderen die strikte Trennung von administrativer und wertschöpfender Personalarbeit.

Gemeinsames Center of Competence mit der HVB

Ein weiteres Beispiel für eine gelungene Business-Innovation/Transformation-Partnerschaft ist die Übernahme von Teilen der IT-Anwendungsentwicklung für die HypoVereinsbank (HVB) München. IBM ist im Rahmen dieser Vereinbarung für die Modernisierung, Standardisierung und Weiterentwicklung der Kreditanwendungen der HVB verantwortlich und erarbeitet in strategischen IT-Projekten mit der HVB gemeinsam innovative und zukunftsfähige Lösungen. Hierzu hat die IBM eine neue Tochtergesellschaft mit einem Center of Competence für Bankanwendungen gegründet, aus der Integrationsaufgaben im Bankenumfeld geleistet werden. Auch hier wurde ein Teil der Mitarbeiter der HVB Information Services GmbH, einer Tochter der Bank, von IBM in das neue Competence Center übernommen. Mit welchem Ziel die HVB diese Partnerschaft eingegangen ist, beschreibt Matthias Sohler, 2006 Vorstand und Chief Operating Officer der HVB: „Mit IBM haben wir einen renommierten Partner für Teilbereiche unserer Anwendungsentwicklung gefunden. Durch die heute unterschriebene Vereinbarung können wir notwendige Kapazitätsanpassungen in unserer IT so gestalten, dass die Mitarbeiter auch langfristig gute Perspektiven haben. Gleichzeitig können wir unsere IT-Dienstleistungen auch künftig auf gewohnt hohem Niveau sicherstellen und deutliche Synergien aus dem Zusammenschluss mit der UniCredit im IT-Bereich realisieren."

Ein Broadcast Integration Center für ProSiebenSat1

Im April 2008 gaben die ProSiebenSat.1 Group und IBM gemeinsam den Aufbau einer paneuropäischen Digitalplattform für die Senderfamilie bekannt. Ziel des gemeinsamen Projektes ist es, eine komplett digitale, bandlose technologische Infrastruktur zu errichten, die die europaweite Verwertung von TV-Inhalten auf allen Verbreitungswegen sowie die Integration der Geschäftsprozesse ermöglicht.

Im Rahmen eines klassischen Outsourcings mit einer Vertragslaufzeit über zehn Jahre wird die IBM alle IT-Business-Applikationen sowie die IT- und Mediensysteme von ProSiebenSat1 Produktion übernehmen und ausbauen. Auch hier haben 170 Mitarbeiter von ProSiebenSat1 Produktion zur IBM gewechselt. Bedeutender Teil der Partnerschaft ist darüber hinaus der Aufbau eines Broadcast Integration Centers in den nächsten Jahren. Außerdem treiben beide Partner gemeinsam die Standardisierung von Prozessen und Geschäftsanwendungen für Medienunternehmen voran.

Guillaume de Posch, im April 2008 Vorstandsvorsitzender der ProSiebenSat1 Media AG, bemerkte dazu: „Eine innovative Technologie, die uns die Verwertung unserer Inhalte in allen Medien und in allen Ländern erlaubt, ist für unsere Strategie entscheidend. Mit IBM haben wir einen Weltklassepartner für unsere neue Plattform. So schaffen wir die Basis für zukünftiges Wachstum und reduzieren gleichzeitig unsere IT-Kosten."

Zum Service-Start übernahm das IBM-Team die Verantwortung für die Planung, den technischen Support sowie für die Bereitstellung der Anwendungen, Internettechnologien und IT-Infrastrukturen für die Sendermarken Sat1, ProSieben, Kabel eins und N24. Modernisiert werden die Kerngeschäftsanwendungen wie die Werbezeitenvermarktung, Programmplanung und das Rechtemanagement von ProSiebenSat1. Sie werden über alle Distributionskanäle hinweg integriert und verzahnt. Die Vielzahl eigenentwickelter Anwendungen wird damit reduziert und auf einheitliche, offene Standards transformiert, um die Integration internationaler Partner zu erleichtern. Ziel der Transformation ist, das Unternehmen im europäischen Medien- und Unterhaltungsmarkt schneller und flexibler zu machen – und dies bei gleichzeitiger Kostensenkung.

Die Beispiele und die damit jeweils verbundenen Kundenziele verdeutlichen das große Potenzial und das weite Spektrum solcher breitangelegten Dienstleistungspartnerschaften. Wichtig ist in jedem Fall eine enge Verzahnung von Geschäft und IT. Denn: Die Technologie modernisiert die Geschäftsprozesse – und umgekehrt treibt das Geschäft die technologische Innovation. Dabei gilt: Innovative Geschäftsprozesse basieren heute immer auch auf innovativen IT-Lösungen.

Ausblick

Eine Studie der Deutsche Bank Research von 2007 nennt als eine von zwei Kerndynamiken für die zukünftige Entwicklung Deutschlands neben der Gestaltung des politisch-rechtlichen Rahmens sowie der Nutzung des gesellschaftlichen Potenzials insbesondere auch die Veränderung von Geschäftskultur und Wertschöpfungsmustern. Dies gilt meiner Überzeugung nach nicht nur für Deutschland, sondern für die ganze Welt. Denn bereits heute erreicht der Anteil von Dienstleistungen in zahlreichen entwickelten Volkswirtschaften bereits über 70 Prozent der Bruttowertschöpfung. Schon allein diese Zahl untermauert deutlich das Ergebnis der Deutsche Bank Research im Hinblick auf die definierte zweite Kerndynamik.

Ein dem BITP stark verbundenes Thema mit hohem Zukunftspotenzial ist dabei auch das „Service Science, Management and Engineering" (SSME), ein multidisziplinärer Ansatz, dessen Fokus ebenfalls auf die gemeinsame Wertschöpfung von Partnern zielt. Auch hier geht es darum, Dienstleistungen nicht nur als Produkt von Angebot und Nachfrage zu sehen, sondern als eine in kooperativer Weise stattfindende Wertschöpfung zwischen mehreren Partnern. Dazu gehören sowohl langfristige strategische Partnerschaften im Sinne von BITP als auch nur kurzfristig orientierte projektabhängige Organisationsformen. In jedem Fall geht die IBM davon aus, dass dem zunehmenden Aufbrechen etablierter Wertschöpfungsketten hin zu komplexeren, dynamischeren und adaptiven Wertschöpfungsnetzen, sogenannten Service Value Networks, die Zukunft gehören wird.

Grundlegende Voraussetzung für diese Entwicklung sind jedoch einheitliche beziehungsweise offene Protokolle und Standards, die eine solche unternehmensübergreifende Bildung von Wertschöpfungsnetzwerken erst ermöglichen. Service-orientierte Architekturkonzepte, angewandt auch auf zwischenbetriebliche Geschäftsprozesse, sind dabei nicht nur infrastrukturelle Grundlage, sondern erlauben auch eine stärkere Spezialisierung auf die Kernkompetenzen des Kunden-Unternehmens sowie die Nutzung extern angebotener Komponenten der Wertschöpfung. Damit schließt sich auch der Kreis des eingangs postulierten Anspruchs: nämlich die klassische betriebswirtschaftliche und unternehmerische Notwendigkeit, zu erkennen, was selbst zu leisten ist und wie durch intensive Kollaboration mit Partnern der eigene Erfolg potenziert werden kann.

IV

IT-Beratungen

Ein Milliardenmarkt mit Zukunft
IT-Beratung und Systemintegration in Deutschland

Thomas Lünendonk und Heinz Streicher

Seit über 40 Jahren gibt es in Deutschland einen Markt für IT-Beratung und IT-Dienstleistungen. Bis 1970 bestand das Angebot überwiegend aus Individual-Software-Entwicklung und Service-Rechenzentrums-Leistungen. Die wichtigsten Dienstleistungsanbieter waren die Hardware-Hersteller. Zu Beginn der 70er Jahre traten dann zunehmend auch unabhängige IT-Beratungs- und Dienstleistungsanbieter am deutschen Markt auf, die neben IT-Infrastrukturberatung vor allem Kundenprojekte für Software-Entwicklung bis hin zu schlüsselfertigen Systemen übernahmen. Programmierbüros, spezialisierte Unternehmensberater und auch deutsche Tochterunternehmen englischer und amerikanischer DV-Dienstleister traten zusätzlich zu den Hardware-Herstellern als Anbieter in Erscheinung.

Das Aufkommen von Micro-Computern in den 80er Jahren, vor allem in Form von Desktop-Geräten, veränderte auch die IT-Beratungs- und Dienstleistungs-Landschaft. Durch die Dezentralisierung der Informationstechnik wurde von den Beratern zunehmend Anwendungswissen erwartet. Diese Anforderung und die zunehmende strategische Bedeutung der IT in den Unternehmen führten dazu, dass betriebswirtschaftlich orientierte Beratungsunternehmen, beispielsweise die Tochtergesellschaften der Wirtschaftsprüfungskonzerne, sich im IT-Beratungs-Geschäft engagierten. Das Vordringen der Standard-Software-Produkte förderte gleichzeitig die Nachfrage nach Auswahlberatung und Systemintegration. Diese Aufgaben übernahmen neben den ehemaligen Individual-Software-Unternehmen und IT-Beratern auch Systemhäuser und bisherige Hardware-Anbieter.

Die frühen 90er Jahre brachten in Deutschland eine Renaissance der Processing Services unter dem neuen Begriff Outsourcing. Neben den ehemaligen Service-Rechenzentrums-Firmen kümmerten sich zunächst spezialisierte internationale Anbieter und die Hardware-Anbieter um diesen Markt. Inzwischen entwickelte sich das ursprüngliche Facilities-Management-Geschäft mit IT-Anlagen und -Systemen zunehmend zu neuen partnerschaftlichen Formen wie Application Service Providing (ASP) oder Business Process Outsourcing (BPO).

Die Verbindung von IT-Beratung, Systemintegration und Outsourcing-Geschäft rief die großen IT-Beratungs- und Systemintegrations-Konzerne auf den Plan, die in diesem Markt als Gesamtanbieter beträchtliche Wachstumspotenziale sehen.

Die Tätigkeiten der IT-Beratungs- und Systemintegrations-Unternehmen umfassen vor allem

- IT-Beratung, also Planung und Design des IT-Einsatzes und der Infrastruktur in Unternehmen und anderen Organisationen, einschließlich der Konzeption und Entwicklung von Software-Systemen beziehungsweise der Auswahl von Standard-Software-Produkten.

- Systemintegration, das heißt Konfiguration und Installation von Hardware- und Software-Systemen, Anpassung der Standard-Software, Entwicklung von kundenspezifischer Software, Test der Systeme und Schulung der Anwender.

Nach Berechnung des Branchenverbandes BITKOM erreichte der Markt für Informationstechnik in Deutschland 2007 ein Volumen von rund 64 Milliarden Euro. Davon entfielen 19,4 Milliarden Euro auf IT-Hardware, 14 Milliarden Euro auf Standard-Software-Produkte (System-Software, Tools, Application-Software), 15 Milliarden Euro auf IT-Service-Projekte (Beratung und Realisierung) und 15,8 Milliarden Euro auf sonstige IT-Dienstleistungen, vor allem Outsourcing-Services und Hardware-Wartung. Der Markt für IT-Beratung und Systemintegration entspricht weitgehend den Ausgaben für IT-Service-Projekte, beträgt also 15 Milliarden Euro (Stand: 2007).

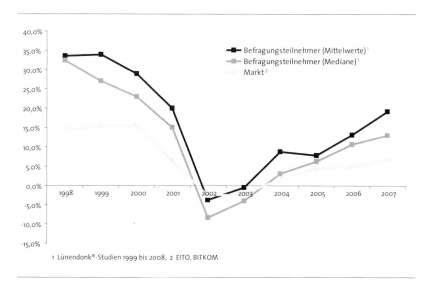

Abbildung 1: Markt- und Umsatzentwicklung 1998–2007 (Veränderung in Prozent)

Die Anbieterstruktur des IT-Marktes in Deutschland

Das Jahr 1969 kann als Zeitenwende auf dem IT-Markt angesehen werden. In der Regel lieferte bis Ende der sechziger Jahre der Hardware-Lieferant auch die Software und die Dienstleistungen, die im Preis eingeschlossen waren. Der Rest wurde von den Computer-Anwendern – vorwiegend große Unternehmen und Institutionen – mit eigenen Systemanalytikern und Programmierern selbst erstellt. Der Beitrag des Dienstleistungssektors IT-Beratung und Software war quantitativ noch gering und beschränkte sich vorwiegend auf Schulung oder Programmierunterstützung für Anwender-Unternehmen und Hardware-Anbieter. Am 23. Juni 1969 kündigte der Marktführer IBM das „Unbundling" an. Von nun an werden Software und Dienstleistungen zur gleichrangigen Ware neben der Hardware, die gesondert berechnet wird. In diese Zeit fällt eine Welle von Neugründungen von IT-Beratungs- und Softwareunternehmen.

Die 25 IT-Beratungs- und Systemintegrations-Unternehmen, die 2007 mindestens 60 Prozent ihrer jeweiligen Umsätze mit IT-Beratung, Individual-Software-Entwicklung, Standard-Software-Einführung und Systemintegration erbrachten und die höchsten Umsätze mit diesen Dienstleistungen in Deutschland erzielten, sind seit 1983 auf der jährlichen Lünendonk®-Liste registriert. Wie heterogen die Anbieterstruktur dieses IT-Marktsegmentes ist, lässt sich bereits an diesen Top 25 ablesen. Vom größten Unternehmen auf dem Ranking (IBM Global Business Services) mit 1,2 Milliarden Euro Deutschlandumsatz reicht die Spannweite bis Platz 25 (Danet) mit weniger als 50 Millionen Euro Umsatz. Der Durchschnittsumsatz von 235 Millionen Euro wird nur von sieben Unternehmen übertroffen. Tatsächlich bieten am deutschen Markt für IT-Beratung und Systemintegration einige Hundert Unternehmen und zusätzlich viele Tausend Einzelberater ihre Dienste an.

Die Marktanteile der Unternehmen mit den höchsten Inlandsumsätzen am relevanten Inlandsmarktvolumen von 15 Milliarden Euro zeigen, dass der deutsche IT-Beratungs- und Systemintegrations-Markt – trotz inzwischen großer Unternehmen – immer noch eine vielgliedrige Struktur hat. Das Unternehmen mit dem höchsten Inlandsumsatz (IBM GBS) hat nur einen Marktanteil von 8 Prozent und das im Inlandsmarkt zweitgrößte Unternehmen (Accenture) von 4,9 Prozent. Zusammen decken die 15 Unternehmen, die 2007 jeweils mindestens ein Prozent Marktanteil vorweisen können, 33,5 Prozent des Inlandsmarktes ab.

Unternehmen	Umsatz in Deutschland in Mio. Euro		Mitarbeiterzahl in Deutschland		Gesamtumsatz in Mio. Euro (Nur Unternehmen mit Hauptsitz in Deutschland)	
	2007	2006	2007	2006	2007	2006
1 IBM Global Business Services, Stuttgart*	1.200,0	1.056,0	k.A.	k.A.		
2 Accenture GmbH, Kronberg*	735,0	682,0	4.300	3.996		
3 Lufthansa Systems AG, Kelsterbach*	509,0	488,7	2.540	2.660	679,0	652,0
4 CSC, Wiesbaden	365,0	405,0	3.000	3.600		
5 Capgemini Deutschland Holding GmbH, Berlin[1]	361,0	344,0	4.292	3.754		
6 Logica Deutschland GmbH & Co. KG, Hamburg[2]	258,0	244,5	2.200	2.100		
7 Cirquent GmbH, München[3]	245,0	228,0	1.535	1.493	286,0	266,0
8 msg Systems AG, Ismaning/München	232,5	220,1	1.970	1.945	254,0	238,0
9 sd&m Software Design & Management AG, München	186,0	178,0	1.400	1.218		
10 ESG Elektroniksystem- und Logistik Gruppe, München*	177,9	180,7	1.070	1.008	186,0	189,0
11 GFT Technologies AG, St. Georgen	170,0	137,0	301	296	247,0	174,0
12 TietoEnator Deutschland GmbH, Eschborn	152,0	124,0	1.350	1.062		
13 IDS Scheer AG, Saarbrücken*	148,4	125,7	1.400	1.320	393,5	354,3
14 C1 Group, Hamburg	146,0	118,0	980	855	146,0	118,0
15 Materna GmbH, Dortmund	145,8	124,9	1.105	1.084	175,0	150,0
16 IT-Services and Solutions GmbH, Chemnitz*	130,0	136,2	1.100	1.200		
17 Allgeier Holding AG, München[4]	128,0	88,0	1.280	980	134,0	93,0
18 BTC Business Technology Consulting AG, Oldenburg	105,6	82,8	963	631	112,3	86,4
19 Itelligence AG, Bielefeld	96,3	73,9	647	547	190,9	163,8
20 SerCon Service-Konzepte für Informations-Systeme GmbH, Enningen*)	93,6	93,6	800	800		
21 Unisys Deutschland GmbH, Sulzbach[5]	87,0	134,0	339	435		
22 Syskoplan AG, Gütersloh[6]	57,5	45,2	395	326	57,5	45,2
23 Mieschke Hofmann und Partner GmbH, Freiberg*	47,8	37,7	359	298	49,8	39,7
24 Tecon Technologies AG, Köln	47,1	32,6	362	256	51,4	35,9
25 Danet GmbH, Weiterstadt	46,9	46,9	410	432	51,7	51,6

1 ohne Managementberatung, 2 bis 02/2008 LogicaCMG, 3 bis 12/2007 Softlab GmbH, 4 Ohne Geschäftsbereich Personal Services; Verkauf des Zeitarbeits-Geschäfts in 2008 an usg, 5 2007 Verkauf des Media-Business,
6 02/2007 Übernahme Xuccess Consulting, * Umsatz- und/oder Mitarbeiterzahlen teilweise geschätzt. k.A = keine Angaben
Aufnahmekriterium für diese Liste: Mehr als 60 Prozent des Umsatzes werden im DV-Beratung, Individual-Software-Entwicklung und Systemintegration erzielt.
Die Rangfolge des Rankings basiert auf kontrollierten Selbstauskünften der Unternehmen über in Deutschland bilanzierte/erwirtschaftete Umsätze.
COPYRIGHT: Lünendonk GmbH, Kaufbeuren 2008 – Stand 21.05.2008 (Keine Gewähr für Firmenangaben)

Tabelle 1: Lünendonk©-Liste 2008: Top 25 der IT-Beratungs- und Systemintegrations-Unternehmen in Deutschland 2007

Die rund 60 Teilnehmer an der jährlichen Lünendonk®-Studie über die IT-Beratungs-und Systemintegrations-Branche in Deutschland erzielten 2007 einen Gesamtumsatz (einschließlich Exporte) von fast 7,4 Milliarden Euro. Für die Analysen stellen die 25 größten und weiteren 38 mittelgroßen und auch kleineren Unternehmen wichtige Vergleichsgruppen dar. In der zweiten Gruppe befinden sich nämlich zahlreiche Unternehmen, die entweder Anbieter für Spezialmärkte oder Unternehmen auf dem Weg nach oben sind. Ab Platz 25 stellt die Auswahl jedoch kein Ranking mehr dar.

Die Inlandsanteile am Umsatz dominieren bei den IT-Beratungs- und Systemintegrations-Unternehmen eindeutig. Das direkte, kundenorientierte Geschäft setzt intime Kenntnisse der nationalen Rahmenbedingungen und Mentalitäten voraus. Es wird deshalb entweder von speziellen deutschen Tochtergesellschaften internationaler Beratungskonzerne betrieben oder von deutschen Unternehmen, die sich auf den einheimischen Markt konzentrieren. Bei den an der aktuellen Studie beteiligten Unternehmen entfallen im Durchschnitt fast 88 Prozent des Umsatzes auf inländische Kunden. 38 Prozent der Unternehmen in der Lünendonk®-Studie erwirtschaften nur Umsätze im Inland. Bei 27 Prozent liegt der Inlandsumsatzanteil zwischen 90 und 100 Prozent. 30 Prozent bestreiten zwischen 50 und 90 Prozent ihrer Umsätze mit Inlandskunden. Nur knapp 5 Prozent der Unternehmen machen weniger als die Hälfte ihres Umsatzes in Deutschland.

Über 900 Millionen Euro Umsatz erwirtschafteten die 63 IT-Beratungs- und Systemintegrations-Unternehmen der Lünendonk®-Studie mit ausländischen Kunden. Das sind im Durchschnitt rund 12 Prozent des jeweiligen Gesamtumsatzes. Die Auslandsanteile der 39 Unternehmen mit Auslandsgeschäft schwanken zwischen 68,2 Prozent und 0,1 Prozent. Drei der an der Studie beteiligten Unternehmen haben eine Exportquote von über 50 Prozent. Bei neun Unternehmen liegt sie zwischen 25 und 50 Prozent, bei elf Unternehmen zwischen 10 bis unter 25 Prozent und bei siebzehn Unternehmen unter 10 Prozent. 24 Unternehmen gaben bei der Befragung an, dass sie keine Umsätze mit ausländischen Kunden erzielen.

Obwohl in den vergangenen rund 40 Jahren zahlreiche Fusionen und Übernahmen auf dem IT-Beratungs- und Systemintegrations-Markt stattfanden, nimmt die Zahl der Anbieter wegen ständiger Neugründungen nicht ab. Der Vergleich der Top 25 des Jahres 2007 mit denen des Jahres 1998 macht den ständigen Wandel deutlich. Nur noch zehn Unternehmen der Liste von 1998 finden sich, teilweise unter geänderten Firmennamen, auf der Top-25-Liste 2008 wieder. Das sind Accenture (früher: Andersen Consulting), CSC (früher: CSC Ploenzke), Capgemini (früher: Ernst & Young Consulting), Cirquent (früher: Softlab), msg Systems, sd&m, ESG, IDS Scheer, Materna, Sercon.

PricewaterhouseCoopers ist inzwischen in IBM GBS enthalten, Integrata und große Teile von pdv sind in Logica aufgegangen. Andere Unternehmen wie zum Beispiel die C1Group oder IT Services and Solution sind im Laufe der zehn Jahre erst gegründet worden und wieder andere wie GFT, Tieto (früher TietoEnator) oder Intelligence sind durch Übernahmen in diese Größenordnung gewachsen.

Soweit sich wegen zahlreicher Fusionen und Übernahmen noch die Ursprünge der heutigen IT-Beratungs- und Systemintegrations-Unternehmen definieren lassen, ergibt sich für die Top 25 folgendes Bild: Vor 1970 wurden drei der Unternehmen in Deutschland gegründet. Weitere drei zwischen 1970 und 1979. Die meisten (elf) Unternehmen begannen ihre Tätigkeit in Deutschland zwischen 1980 und 1989. Zwischen 1990 und 1999 starteten weitere fünf Unternehmen ihre Aktivitäten und bei dreien fand die Gründung seit 2000 satt, wobei darunter auch IBM GBS fällt, da der Konzern seine Dienstleistungsbereiche organisatorisch erst so spät vom klassischen Geschäft separierte. In Summe handelt es sich also um einen recht jungen Marktsektor.

Kapitalmehrheit nach Regionen

Das IT-Beratungs- und Systemintegrations-Geschäft ist ein vorwiegend nationales Geschäft. Zwar operieren zahlreiche multinationale Konzerne mit eigenen Tochtergesellschaften im deutschen Markt, der zu den größten IT-Märkten der Welt gehört, allerdings sind Unternehmen mit deutscher Kapitalmehrheit eindeutig in der Überzahl. Nimmt man alle Teilnehmer an der Lünendonk®-Studie zum IT-Service-Markt als Maßstab, so verfügen rund 79 der Unternehmen überwiegend über deutsche Kapitaleigner, rund 10 Prozent haben ihre Shareholder in anderen europäischen Staaten, vor allem Frankreich, aber auch Großbritannien, Finnland und Österreich. Bei rund 11 Prozent befindet sich das Grund- oder Stammkapital überwiegend in den Händen von US-Shareholdern.

Die Relationen verändern sich jedoch gravierend, wenn man die hinter den einzelnen Unternehmen stehenden Umsätze berücksichtigt. Dann zeigt sich, dass sich der Anteil der Unternehmen mit US-Kapitalmehrheit auf fast 41 Prozent erhöht, während sich der Anteil der Unternehmen mit deutschen Eignern auf 43 Prozent verringert. Auch der mit Umsatz gewichtete Anteil der Unternehmen mit Shareholdern in anderen europäischen Staaten nimmt auf rund 16 Prozent zu.

Damit ist offensichtlich, dass die IT-Beratungs- und Systemintegrations-Unternehmen mit ausländischem Kapital im Durchschnitt sehr viel größer sind als die mit deutscher Kapitalmehrheit. Diese Tendenz hat sich in den vergangenen zehn Jahren noch verstärkt. Im Jahr 1998 sahen die Relationen wie folgt aus:

- Gesellschaften mit deutscher Kapitalmehrheit: Anteil 77 Prozent, gewichtet mit Umsatz 46 Prozent.

- Gesellschaften mit sonstiger europäischer Kapitalmehrheit: Anteil 16 Prozent, gewichtet mit Umsatz 25 Prozent.

- Gesellschaften mit US-Kapitalmehrheit: Anteil 7 Prozent, gewichtet mit Umsatz 29 Prozent.

Die Bedeutung des deutschen Marktes für IT-Beratung und Systemintegration für die multinationalen Konzerne zeigen die Deutschlandanteile am Konzernumsatz einiger weltweit operierender Konzerne. Die Anteile dieser Unternehmen schwanken zwischen rund 2 Prozent (Unisys) und rund 9 Prozent (IBM GBS), gemessen am weltweiten Umsatz der Konzerne. Der durchschnittliche Anteil der ausgewählten neun Unternehmen beträgt knapp 6 Prozent.

Das Leistungsspektrum der IT-Beratungs- und Systemintegrations-Unternehmen

Das Leistungsspektrum der IT-Beratungs- und Systemintegrations-Unternehmen setzt sich aus einem Bündel von Tätigkeiten zusammen, die bei den einzelnen Unternehmen unterschiedliches Gewicht haben können. In der jährlich durchgeführten Lünendonk®-Studie zu diesem IT-Teilmarkt werden die Teilnehmer um Auskunft über die Anteile der einzelnen Leistungsarten am Umsatz gebeten. Bei den 63 IT-Beratungs- und Systemintegrations-Unternehmen liegt 2007 die IT-Beratung als Leistungsart an der Spitze. Sie macht im Durchschnitt 21,8 Prozent des jeweiligen Umsatzes der 63 Unternehmen aus. Auf Platz zwei folgt gleich dahinter mit 21,6 Prozent Individual-Software-Entwicklung. Zusammen mit Systemintegration (12,2 Prozent), Standard-Software-Einführung (11,3 Prozent) und Projektmanagement (5,1 Prozent) summieren sich die nach der Definition für die Teilnahme an dieser Studie zugrunde gelegten Leistungsarten auf 72 Prozent des Umsatzes der einzelnen Unternehmen.

Von steigender Bedeutung ist für die Unternehmen dieses Marktsegmentes auch die Leistungsart Outsourcing in ihren verschiedenen Varianten (12,2 Prozent). Diese Leistungsart steigt ebenso wie die Manage-

mentberatung (4 Prozent) im Zeichen des Trends zum Gesamtdienstleister.

Als weitere Tätigkeiten sind die häufig mit der Systemintegratoren-
Rolle verbundenen Aufgaben von Bedeutung: Software-Wartung (4 Prozent), Standard-Software-Vertrieb (2,8 Prozent), Schulung (1,9 Prozent)
und Hardware-Vertrieb/Hardware-Wartung (0,6 Prozent).

Die mit den jeweiligen Umsätzen gewichteten Prozentanteile haben
eine höhere Aussagekraft als die einfachen Mittelwerte, wenn man
einen Eindruck über die Bedeutung der einzelnen Tätigkeitskatego-
rien für die gesamte Branche gewinnen will. Bei der Systemintegration
(23,6 Prozent) und bei Outsourcing (19,8 Prozent) liegen die gewichteten Werte deutlich über den einfachen arithmetischen Durchschnittswerten, während IT-Beratung (19,1 Prozent), Individual-Software-Entwicklung (14,2 Prozent), Standard-Software-Einführung (6,3 Prozent)
und Projektmanagement (3 Prozent) niedriger als bei den einfachen
Durchschnittswerten liegen.

Die Leistungsarten mit relativ höheren gewichteten Mittelwerten werden von den größeren Unternehmen überdurchschnittlich durchgeführt. Die Leistungsarten mit relativ niedrigeren gewichteten Umsatzanteilen haben bei den mittelgroßen und kleinen Anbietern eine größere Bedeutung.

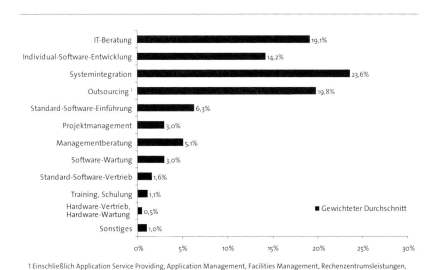

*Abbildung 2: Leistungsspektrum der IT-Beratungs- und Systemintegrations-Unternehmen 2007
(Gewichteter Durchschnitt; Anteile am Umsatz in Prozent)*

Ein Vergleich der gewichteten Umsatzanteile mit den Ergebnissen aus der Studie für das Jahr 1998, das heißt vor mehr als 10 Jahren, zeigt mit einer Ausnahme keine signifikanten strukturellen Veränderungen der durchschnittlichen Leistungsanteile. Die Ausnahme bildet die Leistungskategorie Outsourcing, die 1998 für die IT-Beratungs- und Systemintegrations-Unternehmen noch eine völlig untergeordnete Rolle gespielt hat. Inzwischen machen vor allem die größeren Unternehmen dieser IT-Teilbranche beträchtliche Umsatzanteile mit Outsourcing. Die gewichteten Durchschnittswerte für 2007 zeigen dies. Business Process Outsourcing: 6,8 Prozent, Application Management: 2,6 Prozent, Application Service Providing: 0,6 Prozent sowie Facilities Management und Outsourcing ohne weitere Spezifizierung: 9,8 Prozent.

Bedeutende Technologie- und Themen-Schwerpunkte

Rasche Innovationsschritte bei der Nutzung der Informationstechnik zwingen die IT-Beratungs- und Systemintegrations-Unternehmen nicht nur zu schritthaltenden Wissensinvestitionen, sondern verlangen auch die richtige Auswahl von Technologien und Themen, da selbst für große Unternehmen eine gleich intensive Betätigung auf allen Technologie-Feldern kaum möglich ist. Die Bewertung der aktuellen Marktthemen anhand einer Skala (-2 = keine Bedeutung bis +2 = sehr große Bedeutung) zeigt die Bedeutung für die befragten IT-Beratungs- und Systemintegrations-Unternehmen.

Favorit ist der Themenkomplex „Business Intelligence/Knowledge Management/Data-Warehouse/Data-Mining" (1,2). Dieses Themenfeld bewerten die mittleren und kleineren Anbieter niedriger (1,1) als die ganz großen, umsatzstärksten Top-10-Unternehmen (1,4). An zweiter Stelle folgen mit identischer Durchschnittsbewertung (1,0) die Themen Service-orientierte Architekturen (SOA) und Prozess Innovation. Beide Themen haben für die Top 10 eine deutlich höhere Bedeutung als für die mittelgroßen und kleinen IT-Beratungs- und Systemintegrations-Unternehmen.

Auf dem vierten Platz landet das Thema Security, das ebenso wie Customer Relationship Management (CRM) und das Thema Web-Services mit 0,9 bewertet wurde. Die drei Themen erhalten von den Top 10 jeweils beträchtlich höhere Benotungen. Enterprise Application Integration (EAI) und IT-Service-Management (ITIL) bekommen beide die Bewertung 0,7. Von den Top 10 werden beide teilweise beträchtlich höher eingestuft.

Business Process Outsourcing (BPO) erreichte die Note 0,6, was vor allem die hohe Einschätzung durch die Top 10 bewirkt. Enterprise Resource Planning (ERP), Supply-Chain-Management (SCM), Enterprise IT-Management und Mobile (M-Business, VPN, Remote Access) liegen mit der Bewertung 0,5 gleichauf, wobei die ersten beiden von den Top 10 höhere Noten bekommen haben, während die beiden letztgenannten von den mittelgroßen und kleineren Unternehmen höher bewertet wurden.

Niedrig fällt die Einschätzung des Themas Information Lifecycle Management (ILM) aus: Es erhielt 0,3 im Durchschnitt, wurde aber von den Top 10 mit 0,8 beachtlich höher bewertet. Ebenfalls niedrig liegt die Bewertung für Infrastruktur-Management (Storage etc.) mit 0. Das Themenfeld rangiert sowohl bei großen wie auch bei den kleineren Unternehmen am Ende der Skala.

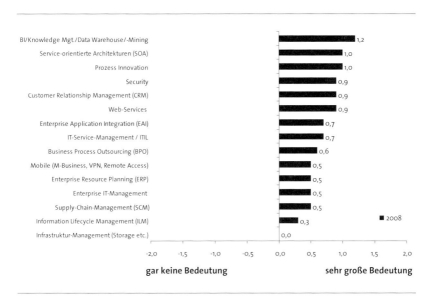

Abbildung 3: Bedeutung aktueller Marktthemen für die IT-Beratungs- und Systemintegrations-Unternehmen (-2 = keine Bedeutung bis +2 = sehr große Bedeutung)

Marktsektoren

Industrieunternehmen und das Finanzdienstleistungsgewerbe sind seit Jahren die wichtigsten Kunden der IT-Beratungs- und Systemintegrations-Unternehmen in Deutschland. Im Durchschnitt erzielen die 63 an der aktuellen Lünendonk®-Studie beteiligten Unternehmen 28,5

Prozent ihres Umsatzes mit Industrieunternehmen und 23,3 Prozent mit Banken oder Versicherungen. An dritter Stelle folgt der Sektor Telekommunikation (11,9 Prozent) vor Energie/Verkehr/Logistik mit 10,6 Prozent.

Geringe Verschiebungen in der Reihenfolge bringt der Vergleich mit den gewichteten Durchschnittswerten, die die jeweiligen Umsatzhöhen der einzelnen Unternehmen berücksichtigen. Energie/Verkehr/Logistik, Handel und Finanzdienstleister gewinnen an Gewicht. Industrie, Gesundheitswesen und sonstige Dienstleistungen verlieren einige Prozentpunkte.

Diese Analyse zeigt, dass Energie/Verkehr/Logistik und Handel mehr Bedeutung für die größeren und die zuletzt genannten Marktsektoren mehr Bedeutung für die mittelgroßen und kleinen IT-Beratungs- und Systemintegrations-Unternehmen besitzen.

Produktionsfaktor Nummer eins: Mitarbeiter

IT-Beratung und Systemintegration ist ein personalintensives Geschäft. Das Wachstum der Unternehmen dieser Branche ist untrennbar mit einer korrespondierenden Zunahme der Mitarbeiter verbunden, da sie die eigentlichen Produktionsfaktoren in diesem Geschäft sind. Mittelfristig verlaufen deshalb Umsatz- und Mitarbeiterwachstum typischerweise parallel. Abweichungen sind nur kurzfristig durch höhere Kapazitätsauslastung oder längerfristig zunehmend durch den Einsatz von externen Ressourcen (zum Beispiel Nearshore-/Offshore-Kapazitäten) möglich, die sich nicht in der eigenen Mitarbeiterzahl, sondern nur in der Gewinn- und Verlustrechnung niederschlagen.

Rund 52.000 Mitarbeiter waren im Jahr 2007 bei den 63 IT-Beratungs- und Systemintegrations-Unternehmen der Lünendonk®-Studie angestellt. Soweit Vergleiche mit dem Vorjahr möglich sind, ergibt sich in der Summe ein Mitarbeiterzuwachs der an der Studie beteiligten Unternehmen gegenüber 2006 um rund 3.200.

Eine wichtige Benchmark-Größe für die Überprüfung der eigenen Organisationsstruktur ist das Verhältnis zwischen direkt in der Beratungs- und Projektarbeit tätigen Mitarbeitern und denjenigen, die überwiegend Aufgaben im Management, im Support, in der Verwaltung und im Vertrieb wahrnehmen.

Es fällt aber nicht nur bei kleineren Unternehmen oft schwer, die direkten und indirekten Funktionen – bezogen auf Personen – genau zu trennen. Besonders bei Vertriebsaufgaben sind in IT-Beratungs- und

Systemintegrations-Unternehmen häufig Manager ebenso involviert wie erfahrene Projektleiter und Berater. In einzelnen Fällen muss davon ausgegangen werden, dass Vertriebspersonal auch in der genannten Zahl für Management und Verwaltungspersonal enthalten ist.

Aus den Angaben der Unternehmen lässt sich ein Personalanteil von durchschnittlich knapp 18 Prozent für Management, Verwaltung und Vertrieb errechnen, wovon zwei Drittel auf Manager und Verwaltungspersonal und ein Drittel auf Vertriebspersonal entfallen. Der Median für Management und Verwaltung liegt bei 11,1 Prozent, der für Vertrieb bei 4,6 Prozent.

Die Schwankungsbreiten der einzelnen Unternehmenswerte sind sehr hoch. Bei Management und Verwaltung liegt sie zwischen 36 Prozent am oberen Rand und 4,5 Prozent am unteren Rand. Bei Vertrieb beträgt der gemeldete Höchstwert 20 Prozent, der niedrigste 0 Prozent.

Die Verteilung der individuellen Relationen des gesamten Overhead und des „direct staff" auf Größenklassen zeigt, dass 71 Prozent der Unternehmen eine Berater/IT-Expertenquote von über 80 Prozent und 12 Prozent der Unternehmen von maximal 75 Prozent aufweisen. Der einfache Durchschnitt liegt bei knapp 83 Prozent und der Median bei gut 84 Prozent.

Die starke Branchenkonjunktur im IT-Dienstleistungsgeschäft in den letzten Jahren hat zu Engpässen auf dem Arbeitsmarkt geführt. In diesem Zusammenhang interessiert, welche Basisausbildung die Berater haben. Mit fast 40 Prozent haben die meisten der Berater und IT-Experten ein Informatikstudium absolviert. Ein gutes Fünftel hat Wirtschaftswissenschaften studiert und knapp 13 Prozent Ingenieurwissenschaften. Eine naturwissenschaftliche Ausbildung weisen fast 11 Prozent der Berater und gut 15 Prozent sonstige Ausbildungsrichtungen auf.

Bei den zehn umsatzstärksten Unternehmen sind nur die Wirtschaftswissenschaftler unter den Mitarbeitern überproportional vertreten, alle anderen Fachrichtungen haben bei den übrigen, mittelgroßen und kleinen IT-Beratungs- und Systemintegrations-Unternehmen höhere Anteile an Spezialisten und Beratern. Zwar besagt im Beratungsgeschäft die Grundausbildung eines Beraters noch lange nicht, dass er später auch eine entsprechende Tätigkeit ausübt, aber durch die große Zahl der betroffenen Mitarbeiter bilden diese Zahlen eine gewisse Richtschnur.

Abgesehen von Greencards und anderen Überlegungen, partielle Knappheiten durch Import von ausländischen Fachkräften zu überwinden, ist das IT-Geschäft international, und es waren schon immer verschiedene Nationalitäten bei den IT-Unternehmen in Deutschland beschäftigt. Wie viel Prozent der Berater beziehungsweise IT-Experten haben eine andere als die deutsche Staatsangehörigkeit? Der einfache arithmetische Mittelwert von 10,7 Prozent wird von dem Median (5 Prozent) ganz wesentlich unterschritten, das heißt, man kann davon ausgehen, dass wesentlich weniger als jeder zehnte Berater oder IT-Experte bei den befragten IT-Beratungs- und Systemintegrations-Unternehmen eine ausländische Staatsangehörigkeit besitzt.

Die Nutzung von Nearshore-/Offshore-Kapazitäten

Die Globalisierung hat dem traditionell multinationalen IT-Software- und Services-Geschäft eine neue Dimension beschert. Angesichts der überragenden Bedeutung des Produktionsfaktors Arbeit hat das Personalkostengefälle zwischen den Industriestaaten Westeuropas und Nordamerikas zu den Schwellenländern Mittel- und Osteuropas beziehungsweise Ostasiens in den letzten Jahren zu einer Verlagerung von Entwicklungs- und Wartungsarbeiten geführt.

Wie stark die führenden IT-Beratungs- und Systemintegrations-Unternehmen in Deutschland bereits auf solche Nearshore-/Offshore-Kapazitäten zurückgreifen, ermittelte die Lünendonk-Umfrage. Gut ein Drittel (35 Prozent) der IT-Beratungs- und Systemintegrations-Unternehmen bot 2007 seinen Kunden Nearshore- oder Offshore-Kapazitäten an. Von den zehn umsatzstärksten Unternehmen sind es allerdings 70 Prozent, von den mittelgroßen und kleineren Unternehmen aber nur 40 Prozent.

Wenn die Unternehmen solche Nearshore- oder Offshore-Kapazitäten anbieten, dann sind es bei gut der Hälfte eigene Kapazitäten, das heißt in der Regel Tochter- oder Schwestergesellschaften in diesen Regionen mit niedrigeren Kosten. Gut ein Viertel (27 Prozent) bietet Kapazitäten eines Partners oder eines externen Dienstleisters an. Bei 20 Prozent sind beide Varianten möglich.

Bei den Top 10 bietet fast jeder nur eigene Nearshore- oder Offshore-Kapazitäten an oder stellt beide Möglichkeiten bereit. Von den mittleren und kleineren IT-Beratungs- und Systemintegrations-Unternehmen können weniger als die Hälfte eigene Kapazitäten anbieten, die übrigen greifen auf Partner-Kapazitäten (35 Prozent) zurück oder stellen wahlweise eigene oder fremde Nearshore-/Offshore-Kapazitäten zur Verfügung (21 Prozent).

Noch ist der Anteil von Nearshore- und Offshore-Kapazitäten am Projektumsatz überschaubar. Bei fast drei Viertel der befragten Unternehmen hatten diese Kapazitäten 2007 einen Anteil am Umsatz von maximal 5 Prozent. Bei 3 Prozent der Unternehmen lag dieser Anteil bei über 5 bis 10 Prozent, bei 15 Prozent über 10 bis 20 Prozent und bei 9 Prozent über 20 Prozent.

Die längerfristige Prognose der Anbieter ergibt, dass im Jahr 2013 bei den meisten Projekten nennenswerte Anteile durch Nearshore-/Offshore-Kapazitäten gedeckt sein werden. Nur noch 40 Prozent rechnen mit Anteilen von maximal 5 Prozent. Bei jedem fünften Projekt soll der Nearshore-/Offshore-Anteil über 10 bis 20 Prozent betragen und bei jedem vierten soll er dann mehr als 20 Prozent des Umsatzes ausmachen.

Insgesamt scheint allerdings gegenüber den Befragungen in früheren Jahren zu diesem Thema inzwischen eine gewisse Ernüchterung eingetreten zu sein. Zwar wird die Nutzung von Nearshore-/Offshore-Kapazitäten zunehmend als selbstverständliche Variante des Sourcing angesehen, allerdings eben auch nur als eine neben anderen Ressourcen.

Vertragsformen

Das Thema Vertragsformen im Beratungsgeschäft spielt seit einigen Jahren in der Diskussion eine zunehmend wichtigere Rolle. Das hängt unter anderem mit dem zunehmenden Wettbewerb zusammen, der den Beratungskunden eine stärkere Position verschafft. Besondere Aktualität gewann die Frage nach der richtigen Vertragsform durch die öffentlichen Diskussionen um den Nutzen der Beratertätigkeit, zum Beispiel bei staatlichen Institutionen, und die Angemessenheit der Honorare. Bei den Beratern selbst gibt es verschiedene Lager, die über die Frage diskutieren: Wie viel Erfolgsabhängigkeit ist sinnvoll, nötig und möglich?

Lünendonk hat die IT-Beratungs- und Systemintegrations-Unternehmen um die Bewertung unterschiedlicher Vertragsformen gebeten. Dabei wurde für die sechs Vertragsvarianten eine Bewertungsskala von -2 = nicht akzeptabel bis +2 = richtig vorgegeben. Betrachtet man die Ansicht aller Befragten, so ergibt sich eine klare Präferenz für Abrechnung nach Aufwand mit der Note 2,0, das heißt vollständig richtig. Die Verteilung der Voten zeigt 85,5 Prozent richtig und 12,7 Prozent vertretbar. Ein Festpreisvertrag für eine definierte Leistung wird auch noch eher befürwortet (0,97). Das offenbart auch die Verteilung der Stimmen: 40 Prozent richtig und 30,9 Prozent vertretbar.

Mit zunehmender Abhängigkeit von Erfolgskomponenten nimmt die Zustimmung der Befragten ab. Basishonorar mit Erfolgsbeteiligung erhält im Durchschnitt bereits eine negative Bewertung (-0,29). Nur noch 12,7 Prozent bewerten dies als richtig und 10,9 Prozent als vertretbar. Ähnlich sieht es für eine Bonus/Malus-Vereinbarung (-0,33) und eine erfolgsabhängige Honorierung (-0,63) aus. Sie werden als eher problematisch angesehen. Mindestens ein Viertel der Befragten hält diese Vertragsformen für nicht akzeptabel und fast ebenso viele zumindest für problematisch.

Geschäftsbeziehungen auf der Basis von Wertschöpfungspartnerschaften werden im Durchschnitt mit -0,17 bewertet, wobei ein sehr hoher Weder-noch-Anteil (26 Prozent) nahelegt, dass dieser Begriff noch nicht allzu weit verbreitet ist. Allerdings stimmten auch 37 Prozent für problematisch oder nicht akzeptabel.

Völlig anders fällt das Ergebnis aus, wenn man den Durchschnitt der Antworten der zehn umsatzstärksten IT-Beratungs- und Systemintegrations-Unternehmen betrachtet. Mit einer Ausnahme werden alle Vertragsformen von den Top 10 zumindest als eher vertretbar angesehen. Nur eine vollständig erfolgsabhängige Honorierung halten auch die Top 10 für problematisch (-0,28). Die mittelgroßen und kleineren Beratungsunternehmen bezeichnen hingegen alle Honorarvereinbarungen mit erfolgsabhängigen Komponenten als eher problematisch.

Das Verhältnis der IT-Beratungs- und Systemintegrations-Unternehmen zu ihren Kunden

Anhand einer Liste mit 15 Varianten sollten die befragten IT-Beratungs-Unternehmen das Verhältnis zu ihren Kunden charakterisieren, indem sie die drei wichtigsten Varianten ankreuzten. Ein Charakteristikum liegt klar vorn: dauerhafter Partner (73 Prozent). Fast drei Viertel der befragten IT-Beratungs- und Systemintegrations-Unternehmen sehen sich dadurch charakterisiert. An der zweiten Stelle rangiert die Rolle als Integrator moderner Technologien mit 43 Prozent Nennungen. Zwei Beschreibungen des Rollenverständnisses erhalten etwa gleich viele Nennungen: Beratungsdienstleister (34 Prozent) und Berater (29 Prozent). Eine weitere Gruppe mit ähnlicher Nennungszahl folgt: Innovation Partner (25 Prozent), individueller Problemlöser (23 Prozent) und Gesamtdienstleister (23 Prozent). Über 10 Prozent der Nennungen erhalten noch die Charakteristika Transformation Partner (16 Prozent), Betreiber von Prozessen (16 Prozent) und Dienstleister (11 Prozent).

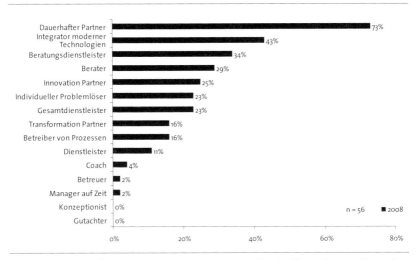

Dauerhafter Partner	73%
Integrator moderner Technologien	43%
Beratungsdienstleister	34%
Berater	29%
Innovation Partner	25%
Individueller Problemlöser	23%
Gesamtdienstleister	23%
Transformation Partner	16%
Betreiber von Prozessen	16%
Dienstleister	11%
Coach	4%
Betreuer	2%
Manager auf Zeit	2%
Konzeptionist	0%
Gutachter	0%

n = 56   ■ 2008

Abbildung 4: Das Verhältnis der IT-Service-Unternehmen zu ihren Kunden (Beschreibung der Unternehmen anhand von 15 Varianten – Nennungen der drei wichtigsten Varianten; Mittelwerte in Prozent)

Gesamtdienstleister BITP

Seit einigen Jahren treten Unternehmen am Beratungs- und Dienstleistungsmarkt auf, die sich als „Business Innovation/Transformation Partner" (BITP) verstehen und als Gesamtdienstleister einen Mix aus Management- und IT-Beratung, Realisierung und Betrieb (Outsourcing) anbieten.

Was halten die IT-Beratungs- und Systemintegrations-Unternehmen von diesem Gesamtdienstleister-Ansatz (Skala: -2 = sehr schlecht bis +2 = sehr gut)? Die positive Einstellung zum BITP-Ansatz überwiegt ganz eindeutig (40 Prozent = sehr gut; 34 Prozent = gut). Schlecht (10 Prozent) oder sehr schlecht (2 Prozent) finden den Ansatz nur wenige. Nur noch wenige (14 Prozent = weder noch) Befragte haben ein ambivalentes Verhältnis dazu. Der Mittelwert aller Voten von 0,99 bestätigt die positive Einstellung.

Der getrennte Blick auf die Teilnehmer nach Unternehmensgrößen legt offen, dass vor allem mittelgroße und kleine IT-Beratungs- und Systemintegrations-Unternehmen doch noch wenig mit diesem Begriff anfangen können. Die ganz großen Unternehmen (Top 10) votieren ganz überwiegend (sieben Unternehmen = sehr gut; zwei Unternehmen = gut; ein Unternehmen = keine Angabe) dafür. Keiner ist indifferent oder hält den Ansatz für schlecht. Der Mittelwert beträgt 1,78. Die übrigen Unternehmen stimmen immerhin mit 69 Prozent für sehr gut oder gut, nur noch 17 Prozent haben keine Meinung dazu und 14 Prozent finden den Ansatz schlecht bis sehr schlecht. Entsprechend niedriger als bei den ganz Großen ist der Mittelwert (0,82).

Unter den Zustimmenden zur Frage, ob sie sich selbst als BITP sehen (56 Prozent), befinden sich sogar viele kleine Unternehmen. Dies ist angesichts des dafür notwendigen Leistungsumfangs in den meisten Fällen nur für kleine Nischen und kleine Kunden überhaupt realistisch.

Die zukünftige Entwicklung des IT-Beratungs- und Systemintegrations-Marktes

Wie schätzen die IT-Beratungs- und Systemintegrations-Unternehmen die zukünftige Entwicklung dieses Marktes in Deutschland quantitativ ein? Mittelfristig, das heißt für den Zeitraum bis 2013, sehen die Studienteilnehmer die Entwicklung des IT-Beratungs- und Systemintegrations-Marktes recht optimistisch.

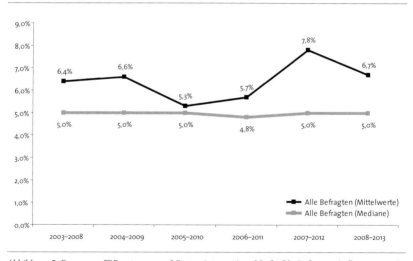

Abbildung 5: Prognosen IT-Beratungs- und Systemintegrations-Markt (Veränderung in Prozent p. a.)

Zwar sieht eine Mehrheit den Wachstumspfad im Bereich über 0 bis 5 Prozent (58 Prozent), jedoch rechnet ein Drittel mit einem jährlichen Marktwachstum von über 5 bis 10 Prozent und fast jeder Zehnte erwartet sogar jährliche Wachstumsraten über 10 Prozent. Keiner der Studienteilnehmer rechnet für den Zeitraum bis 2013 mit negativen Wachstumsraten oder prognostiziert für diese Jahre einen stagnierenden Markt. Als einfaches Mittel beim Marktwachstum ergeben sich für diese Jahre im Durchschnitt 6,7 Prozent. Der Median von nur 5 Prozent zeigt, dass der Mittelwert nicht uneingeschränkt die Meinung der Mehrheit der Teilnehmer wiedergibt.

Lünendonk erfragte auch die Einschätzung der langfristigen Perspektiven (2013 bis 2020) durch die IT-Beratungs- und Systemintegrations-Unternehmen. Sehr deutlich (60 Prozent) liegt der Schwerpunkt der Schätzungen zum Marktwachstum zwischen 0 und 5 Prozent. Die Mittelwerte weichen wenig von der mittelfristigen Prognose (bis 2013) ab und belaufen sich auf 6,1 Prozent. Der Median ist sogar identisch, das heißt, man geht allgemein mittel- und langfristig von einem Wachstumspfad um 5 Prozent pro Jahr aus, was in diesem Zeitraum fast einer Verdoppelung des Marktvolumens entsprechen würde.

Insgesamt zeigt sich, dass die großen Anbieter zwar kurzfristig sehr viel vorsichtiger mit ihren Schätzungen als die übrigen mittelgroßen und kleinen IT-Beratungs- und Systemintegrations-Unternehmen sind, bei den Schätzungen für die mittelfristige Zukunft (bis 2013) mit 4,9 beziehungsweise 7 Prozent und die langfristige Zukunft (2013 bis 2020) mit 5,3 beziehungsweise 6,6 Prozent sich die Mittelwerte der Prognosen der beiden Größenklassen aber zunehmend annähern.

Thesen über die Zukunft der Branche

Den Teilnehmern an der Lünendonk-Befragung werden jährlich Thesen über die fernere Zukunft der Branche und ihrer eigenen Unternehmen zur Bewertung anhand der Skala (-2 = trifft gar nicht zu bis +2 = trifft voll zu) vorgelegt.

Dass im Jahr 2020 IT-Beratung und System-Realisierung praktisch immer mit der Übernahme von Services (zum Beispiel Outsourcing) verbunden ist, hält fast die Hälfte (47 Prozent) für zutreffend. Ein Drittel hält dies für nicht oder weniger zutreffend und 22 Prozent meinen weder noch. Der Mittelwert aus allen Voten zu dieser These ergibt einen niedrigen positiven Wert (0,11), das heißt, diese These trifft nur bedingt zu.

Die These, dass 2020 Beratungsverträge immer einen hohen erfolgsabhängigen Honoraranteil enthalten, findet auch nur eine geteilte Zustimmung bei den Befragungsteilnehmern. 4 Prozent sagen, trifft voll zu, und 41 Prozent sagen, trifft zu. Ein gutes Viertel meint, dass die These nicht oder weniger zutrifft. 30 Prozent sind unentschieden.

Der Mittelwert von 0,16 bestätigt den sehr schwachen positiven Eindruck. Bei dieser These gibt es deutlich unterschiedliche Bewertungen zwischen den großen Beratungsunternehmen, für die sich einen Mittelwert von 0,44 errechnet, während bei den übrigen, mittelgroßen und kleinen Unternehmen eine geringere Zustimmung herrscht (Mittelwert: 0,10).

Bei der These, die besagt, dass 2020 der Wettbewerb mit Management-beratungs-Unternehmen, die auch IT-Beratung anbieten, sich etabliert hat, herrscht eine leicht positive Meinung vor (Mittelwert: 0,47). Mehr als die Hälfte stimmen der These zu, ein knappes Viertel lehnt sie ab und ein Fünftel hat keine Meinung dazu. Zwischen den großen (0,44) und den übrigen Beratungsunternehmen (0,48) gibt es keine grundsätzlichen Differenzen.

Die These, dass die Zusammenarbeit mit den Kunden für immer kürzere Zyklen gilt, hält die Mehrheit für nicht zutreffend, und nur 2 Prozent meinen, dass diese These voll zutreffe. Der Mittelwert aus allen Voten zu dieser These ergibt auch einen negativen Wert (-0,6), das heißt, diese These trifft eher weniger zu.

Die These, dass die Zusammenarbeit mit den Kunden zunehmend längerfristig wird, also auf mehrjähriger Basis unter Einsatz von Rahmenverträgen erfolgt, findet eine weitgehende Zustimmung bei den Befragungsteilnehmern. 23,5 Prozent sagen, trifft voll zu, und 45,1 Prozent sagen, trifft zu. Der Mittelwert von 0,8 bestätigt diesen positiven Eindruck. Bei dieser These gibt es unterschiedliche Bewertungen zwischen den großen Beratungsunternehmen, für die sich einen Mittelwert von 0,57 errechnet, während bei den übrigen, mittelgroßen und kleinen Unternehmen eine größere Zustimmung herrscht (Mittelwert: 0,81).

Bei der These, die besagt, dass die Bereitschaft der Kunden für neue Partnerschaftsmodelle, zum Beispiel Wertschöpfungspartnerschaften, steigt, herrscht grundsätzlich eine positive Meinung vor (Mittelwert: 0,7). Allerdings bewegen sich die Voten mehrheitlich im neutralen Bereich. Ein hoher Wert im Bereich Weder-noch (26 Prozent) zeigt, dass man sich über diese Entwicklung noch nicht ganz im Klaren ist.

Technologieberatungen

Mitverantwortung für die Produkte der Kunden
Technologieberatung und Engineering-Services gestalten die Zukunft mit

Hartmut Lüerßen

Einleitung

Forschung und Entwicklung für neue Produkte und Technologien sind ein wichtiger Quell des Unternehmenserfolges. Galt lange Zeit, dass diese Aufgaben fast ausschließlich intern im eigenen Unternehmen erbracht werden müssen, hat sich diese Ansicht beispielsweise in der Luftfahrt- oder der Automobilindustrie komplett geändert. Nicht nur ein großer Teil der Wertschöpfung hat sich in die Zulieferkette verlagert, inzwischen investiert die Zulieferindustrie auch fast doppelt so viel in Forschung und Entwicklung wie die Automobilhersteller.[1]

Gleichzeitig verlagern sowohl die Automobilhersteller als auch die Zulieferfirmen immer mehr Aufgaben an externe Dienstleister: die Anbieter von Technologieberatung und Engineering-Services. Diese Anbieter unterstützen mit ihren Beratungsaktivitäten beziehungsweise Engineering-Lösungen die verschiedenen Phasen im Lebenszyklus der Produkte des Auftraggeber-Unternehmens von der Entwicklung über die Tests und Qualitätssicherung bis hin zu After-Sales-Services.

Diese Produkte werden dann an den Endkunden – oft als Teilprodukt zusammen mit dem Gesamtprodukt – weiterverkauft. Typische Beispiele für solche Teilprodukte sind etwa eine Software für die Motorsteuerung in einem Auto, die Elektronik für ein Triebwerk eines Flugzeuges oder Embedded Software für Mobilfunkzellen in der Telekommunikations-Infrastruktur.

Die Dienstleistungen umfassen dann zum Beispiel Produktdesign und -entwicklung, Entwicklung von Embedded Systems mit der dazugehörigen Software, Systemintegration, Simulation, Test und Validierung, aber auch Services wie Research und Innovation Consulting oder Unternehmensstrategieberatung in Bezug auf zukünftige Technologien, die für Kunden strategisch wichtige Entscheidungen darstellen.

Die Tätigkeit im Produktlebenszyklus stellt gleichzeitig eine relativ deutliche inhaltliche Abgrenzung zu den Leistungen der IT-Beratungs- und Systemintegrations-Unternehmen dar. Denn die IT-Beratungs- und Systemintegrations-Unternehmen wirken mit ihrer Beratung und ihren Dienstleistungen vor allem an den Prozessen und Arbeitsabläufen der Unternehmen mit, etwa durch die Entwicklung oder Integration betriebswirtschaftlicher Standard-Software oder die Verknüpfung von Anwendungen und Geschäftsprozessen über Unternehmensbereiche oder sogar über Unternehmensgrenzen hinweg.

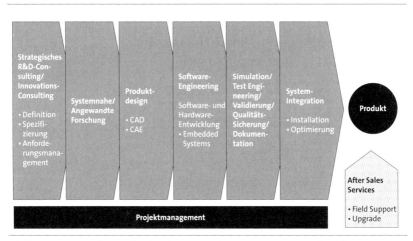

Abbildung 1: Leistungskette Technologieberatung und Engineering Services entlang der Produktentwicklung

Die Abgrenzung ist insofern wichtig, als der Wertschöpfungsanteil von Software und Informationstechnologie (IT) sowie Telematik in Autos, Flugzeugen, aber auch im Maschinenbau seit Jahren steigt. Daher ist es auch nicht verwunderlich, dass es Grenzfälle innerhalb der Anbieterlandschaften und Überschneidungen mit dem Marktsegment der IT-Beratung und Systemintegrations-Unternehmen gibt. Einige Beispiele machen dies deutlich:

- SQS erwirtschaftet signifikante Umsatzanteile mit dem Lizenzgeschäft der eigenen Test-Software-Lösungen.

- Tieto und ESG erwirtschaften einen hohen Umsatzanteil mit IT-Beratung und Systemintegration, die teilweise im Umfeld von Standard-Software erbracht wird, teilweise aber auch mit Hardware-naher Entwicklung.

- EDAG liefert über die Engineering Services hinaus beispielsweise auch Produkte, Prüftechnik und Systeme für Fertigungsprozesse.

Diese Überschneidungen zwischen den beiden Marktsegmenten führten zu ersten Voruntersuchungen. Seit 2006 analysiert die Lünendonk GmbH den Markt für Technologieberatung und Engineering Services kontinuierlich. Statistiken und Auswertungen für diesen Fachbeitrag wurden, soweit nicht anders angegeben, der Lünendonk®-Studie 2008: „Führende Anbieter von Technologieberatung und Engineering Services in Deutschland" entnommen.

Der Markt für Technologieberatung und Engineering Services in Deutschland

Die Entwicklung des Technologieberatungs- und Engineering-Services-Marktes in Deutschland war im Jahr 2007 erneut durch starke Dynamik gekennzeichnet. So stieg der Inlandsumsatz der Top-25-Anbieter-Unternehmen um 14,6 Prozent. Der Gesamtmarkt dürfte nach Schätzungen von Lünendonk um etwa 12 Prozent gewachsen sein und im Jahr 2007 bei etwa 6,7 Milliarden Euro gelegen haben.

Dabei gestaltet sich die Anbieterlandschaft sehr heterogen und unübersichtlich. Neben einigen sehr großen Unternehmen mit mehreren 100 Millionen Euro Jahresumsatz wird das Marktsegment auch durch die Vielzahl kleiner und kleinster Ingenieurbüros geprägt.

Unter den Top 25 der Anbieter-Unternehmen finden sich zwölf Unternehmen mit einem Umsatz von mehr als 100 Millionen Euro. Das größte Unternehmen EDAG erreichte einen Umsatz von 407,2 Millionen Euro im Jahr 2007. Das Unternehmen euro engineering übersprang im Jahr 2007 mit 105 Millionen Euro Umsatz die 100-Millionen-Euro-Marke. Die Nummer 25 der Lünendonk®-Liste erzielte immerhin einen Umsatz von 50,3 Millionen Euro.

Die Top 10 der Technologieberater erzielten 2007 gemeinsam einen Umsatz von 2,2 Milliarden Euro. Das entspricht 32,8 Prozent des Marktvolumens 2007. Zum Vergleich: Dieser Anteil der Top 10 am Gesamtmarkt liegt unterhalb der Quote im Markt für Zeitarbeit und Personaldienstleistungen (Anteil der Top 10 in 2007: 36,2 Prozent), aber höher als im Markt für IT-Beratung und Systemintegration (Anteil der der Top 10 2007: 28,4 Prozent).

Die Top-25-Technologieberater erzielten 2007 einen Umsatz von 3,6 Milliarden Euro. Das entspricht einem Marktanteil von 53,7 Prozent. Die übrigen 3,1 Milliarden Euro verteilen sich auf die vielen hundert kleineren und kleinsten Ingenieurbüros sowie Tausende freiberuflich tätige Ingenieure, Softwareentwickler, CAD-Spezialisten, Forscher oder Berater.

Unternehmen	Umsatz in Deutschland in Mio. Euro		Mitarbeiterzahl in Deutschland		Gesamtumsatz in Mio. Euro (Nur Unternehmen mit Hauptsitz in Deutschland)	
	2007	2006	2007	2006	2007	2006
1 EDAG GmbH & Co. KGaA, Fulda	407,2	313,5	3.158	2.993	610,9	507,0
2 Bertrandt AG, Ehningen	310,7	217,2	4.234	3.170	339,5	241,1
3 FERCHAU Engineering GmbH, Gummersbach	270,0	210,0	3.800	3.100	270,0	210,0
4 IAV GmbH – Ingenieurgesellschaft Auto und Verkehr, Berlin *	248,0	204,2	2.504	2.118	310,0	255,0
5 MBtech Group, Sindelfingen *	180,0	163,2	1.657	1.506	300,0	200,0
6 ESG Elektroniksystem- und Logistik Gruppe, München *	177,9	180,7	1.070	1.008	186,0	189,0
7 ALTRAN Deutschland GmbH, Frankfurt/Main	155,0	139,0	1.380	1.300		
8 TietoEnator Deutschland GmbH, Eschborn	152,0	124,0	1.350	1.062		
9 YACHT TECCON Engineering GmbH & Co. KG, Düsseldorf *	136,0	123,0	2.000	1.805		
10 Brunel GmbH, Bremen	129,2	108,8	1.956	1.614	129,2	108,8
11 IABG Industrieanlagen-Betriebsgesellschaft mbH, München	116,0	112,0	1.000	955	136,1	132,0
12 euro engineering AG, München	105,0	85,0	1.650	1.410	105,0	85,0
13 Rücker AG, Wiesbaden *	92,9	109,5	1.550	1.646	168,9	166,1
14 ASSYSTEM Deutschland GmbH, Hamburg	85,0	86,0	880	900		
15 IVM Automotive Holding GmbH & Co. KG, München	84,0	90,0	890	850	84,0	90,0
16 MVI Group GmbH, München	83,7	79,0	790	770,0	107,0	100,0
17 ETAS GmbH, Stuttgart *	83,0	80,0	385	385	137,0	133,5
18 Labinal GmbH, Hamburg *	61,2	56,4	380	350		
19 IndustrieHansa Consulting & Engineering GmbH, München	61,0	61,0	728	633	61,0	61,0
20 Alten Group Deutschland, Coburg [1]	58,3	54,7	700	571		
21 Satyam Computer Services Ltd., Wiesbaden *	55,0	30,0	295	180		
22 SQS Software Quality Systems AG, Köln	54,3	41,9	420	375	121,1	78,9
23 RLE International Produktentwicklungsgesellschaft mbH, Overath *	54,0	40,0	450	350	85,0	55,0
24 PCL Group GmbH, München[2]	51,0	60,0	850	800		
25 VOLKE Consulting Engineers GmbH & Co. Planungs KG, München *	50,3	47,0	640	604	50,3	47,0

[1] In der Alten Group Deutschland sind die Umsätze der Gesellschaften Altek GmbH, imp-engineering GmbH sowie Aerotech enthalten. Altek GmbH und imp-engineering GmbH fusionieren ab 01.07.2008 zur Alten Engineering Deutschland GmbH.   2 Die Umsätze der P+Z sowie der Tesco T.S. sind in der PCL Group GmbH konsolidiert.
* Umsatz- und/oder Mitarbeiterzahlen teilweise geschätzt. Aufnahmekriterium für diese Liste: Mehr als 50 Prozent des Umsatzes werden mit Technologieberatung und Engineering Services erwirtschaftet, einschließlich Design/Konzeption, Testen/Validierung, Research & Innovation Consulting, Embedded Systems/Software, Experten-Leasing, Projektmanagement, Scientific Simulations und Modelling, Prozessoptimierung, Unternehmensstrategieberatung, Systemintegration, Prozessberatung, IT-Beratung/Software-Entwicklung sowie Network Management und Transformation.
Die Rangfolge des Rankings basiert auf kontrollierten Selbstauskünften der Unternehmen über in Deutschland bilanzierte/erwirtschaftete Umsätze.
COPYRIGHT: Lünendonk GmbH, Kaufbeuren 2008 - Stand 10.06.2008 (Keine Gewähr für Firmenangaben)

Tabelle 1: Lünendonk®-Liste 2008: Führende Anbieter von Technologieberatung und Engineering Services in Deutschland 2007

Das größte Anbieter-Unternehmen, EDAG, erreichte im Jahr 2007 lediglich einen Marktanteil von 6,1 Prozent. Das zweitgrößte Anbieter-Unternehmen, Bertrandt, erzielte 4,6 Prozent Marktanteil. Ferchau als drittgrößtes Unternehmen kam auf einen Marktanteil von 4 Prozent. Damit sind die Abstände zwischen dem größten und dem kleinsten Anbieter der Top 25 im Markt Technologieberatung und Engineering Services deutlich kleiner als in den Märkten Zeitarbeit und Personaldienstleistungen sowie IT-Beratung und Systemintegration.

Dort erzielen die größten Anbieter jeweils Umsätze jenseits der Milliardengrenze. Insofern erfolgte im Markt für Technologieberatung und Engineering Services noch keine ausgeprägte Konsolidierung, obgleich es in den vergangenen Jahren auch Übernahmen in den Top 25 zu verzeichnen gab: So übernahm beispielsweise die DIS AG im Jahr 1999 euro engineering. 2004 übernahm TietoEnator mit der S.E.S.A. AG einen führenden Anbieter von F&E-Dienstleistungen für die Telekommunikationsbranche in Deutschland. 2006 kaufte Randstad den Anbieter Bindan samt der Tochterunternehmen Yacht und Teccon, die 2008 zu Yacht-Teccon verschmolzen wurden. Interessanterweise wurde das auf die Vermittlung von freiberuflichen IT-Beratern spezialisierte Unternehmen Gulp, das durch die Übernahme von Vedior zu Randstad kam, der Steuerung durch Yacht-Teccon zugeordnet.

Aufgrund der starken Nachfrage konnten die meisten der führenden Technologie- und Engineering-Experten ihre Marktanteile steigern. Bei einigen Anbietern gingen die Marktanteile etwas zurück, weil ihr Umsatzwachstum unterhalb des Marktwachstums lag. Innerhalb der Top 25 mussten lediglich ESG, Rücker, Assystem Deutschland, IVM sowie die PCL Group einen Umsatzrückgang verzeichnen, so dass ihr relativer Marktanteil sich deutlich reduzierte. Zu berücksichtigen ist dabei allerdings, dass es beispielsweise in der Luftfahrt-Branche – insbesondere bei Airbus durch Probleme mit dem Prestigeprojekt A380 sowie anderen Herausforderungen – zu Projektausfällen und Umschichtungen kam, die sich aufgrund der teilweise sehr großen Projektvolumina kaum kurzfristig kompensieren ließen.

Trotz einiger Turbulenzen auch bei großen Automobilherstellern in Deutschland übersteigt die Nachfrage das Angebot an vorhandenen Ingenieuren, Softwareentwicklern für Embedded Systems und anderen Spezialisten deutlich. Dieser Fachkräftemangel wird den deutschen Markt voraussichtlich über Jahre hinweg begleiten.

Denn bereits heute können Tausende Ingenieursstellen nicht besetzt werden. Auf der Kundenseite steigt jedoch parallel dazu die Nachfrage nach flexiblerem Einsatz von Experten im Rahmen einer längerfristigen Zusammenarbeit – auch international. Insofern wird es interes-

sant sein zu beobachten, inwieweit die Anbieter von Technologieberatung und Engineering Services in Deutschland von den erwarteten Ein-
brüchen in der Automobilindustrie im Jahr 2009 getroffen werden.
Derzeit lässt sich nur schwer abschätzen, ob die konjunkturellen Effekte den strukturellen Ingenieur- und Fachkräftemangel 2009 und 2010
übersteigen, und welchen Effekt die angekündigten Konjunkturpro-
gramme auf nationaler und europäischer Ebene haben werden.

Aufgrund der vielfach großen und international tätigen Kunden aus
den Branchen Automobil, Telekommunikation, Luftfahrt oder Maschinenbau ist es für die Anbieter von Technologieberatung und Engineering Services jedoch nicht unüblich, auch Umsätze außerhalb von
Deutschland zu erwirtschaften. Vergleicht man die Auslandsumsätze
der analysierten Unternehmen, so liegt die durchschnittliche Quote
der Auslandsumsätze bei 11,4 Prozent. Dabei liegt der Auslandsanteil
des Umsatzes bei den Top 10 mit knapp 10,7 Prozent in der gleichen
Größenordnung wie bei den übrigen analysierten Unternehmen (11,6
Prozent).

Dieses auf den ersten Blick auffällige Ergebnis erklärt sich vor allem
durch das „symbiotische Wachstum mit dem Kunden". Auf diese Weise
ist es auch für die mittelgroßen und kleineren Anbieter vergleichsweise leicht möglich, im Ausland Fuß zu fassen. Somit verfügen nicht nur
die großen Anbieter über eine oder sogar mehrere Niederlassungen im
Ausland, eng angegliedert an die wichtigsten Kunden-Unternehmen.
Den prozentual am Gesamtumsatz gemessenen höchsten Auslandsanteil verzeichnet das Unternehmen SQS mit 55,2 Prozent (66,8 Millionen Euro), gefolgt von Rücker mit 45 Prozent (76 Millionen Euro) und
Infotech mit 44,4 Prozent (12 Millionen Euro).

Leistungsspektrum

Das Leistungsspektrum der führenden Anbieter von Technologieberatung und Engineering Services verdeutlicht, in welchen strategischen
Aufgabengebieten der Produktentwicklung die Anbieter-Unternehmen
für ihre Kunden tätig sind.

Dabei machten die drei wichtigsten Leistungselemente Design/Kon-
zeption (17,6 Prozent), Testen/Validierung (16,5 Prozent) sowie Scientific Simulations and Modeling (13 Prozent) im Jahr 2007 zusammen
mehr als 47 Prozent des Umsatzes aus.

Ebenfalls einen hohen Anteil am Leistungsspektrum erzielte 2007 das
Experten-Leasing mit 10 Prozent. Weitere wichtige Leistungselemente,

die mehr als 5 Prozent des Umsatzes ausmachen, sind Embedded Systems (9,5 Prozent), Projektmanagement (7,7 Prozent), IT-Beratung/Software-Entwicklung (5,6 Prozent) sowie Research & Innovation Consulting (5 Prozent). Zwar gibt es leichte Verschiebungen im Jahresvergleich, insgesamt erweist sich das Leistungsspektrum jedoch als relativ konstant.

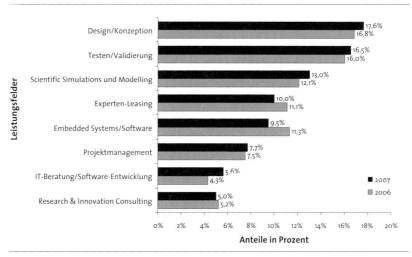

Abbildung 2: Leistungsspektrum der Technologieberatungs- und Engineering-Services-Unternehmen 2007 und 2006 (Alle Unternehmen – Mittelwerte; Angaben in Prozent)

Vergleicht man die Top 10 mit den übrigen analysierten Unternehmen, so ergeben sich einige signifikante Unterschiede im Leistungsspektrum. So weisen die Top 10 gegenüber den übrigen analysierten Unternehmen deutlich höhere Anteile beim Experten-Leasing sowie beim Projektmanagement und bei IT-Beratung/Software-Entwicklung auf. Ein Teil der Abweichungen erklärt sich bei den Top 10 durch den höheren genannten Anteil beim Experten-Leasing. Der höhere Anteil beim Projektmanagement deutet darauf hin, dass die großen Anbieter einerseits häufiger als externe Projektmanager bei den Kunden eingesetzt werden. Andererseits sind die Projekte, die die großen Anbieter bearbeiten, auch deutlich größer und erfordern einen höheren Anteil an Projektmanagement, um die verschiedenen Berater- und Ingenieurteams zu steuern.

Kundenbranchen

Für die Anbieter von Technologieberatung und Engineering Services in Deutschland ist die Automobilbranche einschließlich der Zulieferindustrie die wichtigste Kundenbranche. Dort erzielten die in der Lünendonk®-Studie analysierten Unternehmen im Jahr 2007 mehr als die Hälfte ihres Umsatzes (56,6 Prozent). An zweiter Stelle rangieren die Kundenbranchen Aerospace/Defence mit einem Umsatzanteil von 21,5 Prozent. In den weiteren Kundenbranchen erzielen die analysierten Anbieter-Unternehmen jeweils Umsätze im einstelligen Prozentbereich, wobei einzelne Anbieter in diesen durchschnittlich weniger vertretenen Branchen höhere Umsatzanteile aufweisen: Verkehr, Transport, Logistik (4,1 Prozent), Finanzdienstleister (3,6 Prozent), Maschinen-/Anlagenbau (3,5 Prozent), Telekommunikation, Medien (3,3 Prozent) und Elektronik/Hightechindustrie (3,3 Prozent). Die Branche Finanzdienstleistungen stellt dabei durchaus einen Exoten dar – die Umsätze in dieser Kundenbranche werden überwiegend mit Software-Entwicklung und IT-Beratung erzielt. Bei der Analyse der verschiedenen Größenklassen der Anbieter-Unternehmen zeigt sich bei den Top 10 eine deutlich höhere Bedeutung der Kundenbranchen Telekommunikation, Medien. Die Top 10 erzielen in diesen Kundenbranchen durchschnittlich 9 Prozent ihres Umsatzes, während die übrigen analysierten Unternehmen lediglich 1,3 Prozent ihres Umsatzes in diesem Kundensegment erzielen.

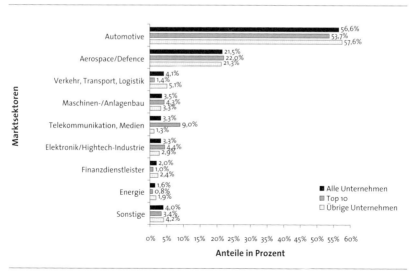

Abbildung 3: Kundenbranchen 2007
(Alle Unternehmen, Top 10 und übrige Unternehmen – Mittelwerte; Angaben in Prozent)

Dagegen liegt der Umsatzanteil der Top 10 in der wichtigsten Kunden-branche Automotive gegenüber den übrigen analysierten Unternehmen (57,6 Prozent) etwas niedriger bei 53,7 Prozent.

Einsatzbereiche der Dienstleistungen

Die typischen Einsatzbereiche von Anbieter-Unternehmen für Techno-logieberatung und Engineering Services sind Konstruktion, Produkt-design, Forschung und Entwicklung, Elektrizität, Elektrik, Automatik sowie Systems Engineering. Diese Einsatzbereiche machen zusammen mehr als 86 Prozent des Umsatzes der analysierten Unternehmen aus.

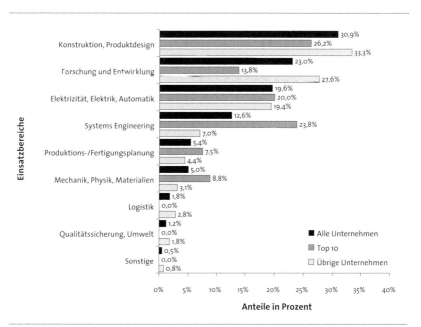

Abbildung 4: Einsatzbereiche der Dienstleistungen 2007
(Alle Unternehmen, Top 10 und übrige Unternehmen – Mittelwerte; Angaben in Prozent)

Der wichtigste Einsatzbereich Konstruktion, Produktdesign machte 2007 dabei durchschnittlich 30,9 Prozent bei allen untersuchten Unternehmen aus. An zweiter Stelle folgt Forschung und Entwicklung (23 Prozent), an dritter Stelle mit 19,6 Prozent der Einsatzbereich Elek-trizität, Elektrik, Automatik. Auf Platz vier rangiert mit 12,6 Prozent das Systems Engineering.

154

Deutliche Unterschiede beim Vergleich der Top 10 mit den übrigen Unternehmen zeigen sich bei den Einsatzbereichen Forschung und Entwicklung sowie Systems Engineering. So liegt der Umsatzanteil beim Systems Engineering bei den Top 10 mit 23,8 Prozent mehr als 16 Prozentpunkte über dem Wert der übrigen Unternehmen. Das ist unter anderem darauf zurückzuführen, dass von den großen Unternehmen beispielsweise auch Vorserienfertigungen oder Implementierungsleistungen als Umsetzungsleistungen in höherem Maße erbracht werden.

Ausbildung der Mitarbeiter

Die Ausbildungsrichtung der Mitarbeiter spiegelt das hochwertige Leistungsspektrum der analysierten Anbieter-Unternehmen für Technologieberatung und Engineering Services deutlich wider. So haben 59 Prozent der Mitarbeiter der Unternehmen ein Studium der Ingenieurwissenschaften abgeschlossen, 12 Prozent sind Informatiker, 9 Prozent haben ein naturwissenschaftliches Studium absolviert, 7 Prozent sind Wirtschaftswissenschaftler, 13 Prozent haben eine sonstige Ausbildung abgeschlossen.

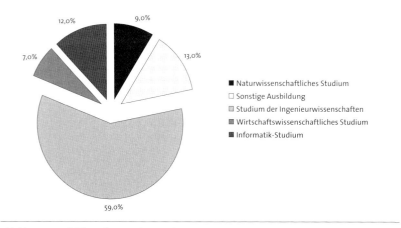

Abbildung 5: Ausbildung der Mitarbeiter (Alle Unternehmen – Mittelwerte; Anteile in Prozent)

Aufgrund der hohen Akademikerquote bei den Dienstleistungsanbietern wirkt sich der Fachkräftemangel besonders stark aus. Dementsprechend hat die Herausforderung, qualifizierte Fach- und Führungskräfte zu rekrutieren und langfristig an das Unternehmen zu binden, höchste Priorität. Um die Attraktivität als Arbeitgeber zu steigern, investieren die Unternehmen daher verstärkt in die Weiterbildung ihrer Mitarbeiter sowie in attraktive Karrieremodelle und versuchen, durch die Zusammenarbeit mit Hochschulen interessante Kandidaten bereits über Projektarbeit oder Praktika schon während des Studiums an das Unternehmen zu binden.

Beim Vergleich der Top 10 mit den übrigen Unternehmen ergeben sich leichte Abweichungen in Bezug auf die Verteilung der Ausbildung der Mitarbeiter. Beim Vergleich fällt auf, dass bei den Top 10 der Anteil der Ingenieure mit 65 Prozent um 10 Prozentpunkte höher liegt als bei den übrigen Unternehmen. Auch bei den Mitarbeitern mit naturwissenschaftlichem Studium ist der Anteil bei den Top 10 mit 13 Prozent gegenüber 7 Prozent bei den übrigen Unternehmen stärker ausgeprägt. Bei den übrigen Unternehmen dagegen ist die Zahl der Informatiker mit 16 Prozent gegenüber 7 Prozent bei den Top 10 deutlich stärker vertreten.

Zukünftige Bedeutung der konzerninternen Ingenieursdienstleistungen

Die Chancen für zukünftiges Umsatzwachstum bei den Anbietern von Technologieberatung und Engineering Services hängen in Deutschland zu einem großen Anteil von der Bereitschaft der Kunden-Unternehmen ab, zusätzliche Aufgaben an externe Dienstleistungspartner abzugeben. Dabei sind konzerninterne Ingenieureinheiten und Konstruktions-Dienstleister oft sowohl Kunde als auch Wettbewerber bei der Vergabe zusätzlicher Aufträge. Die Zusammenarbeit mit den konzerninternen Einheiten ist damit durchaus komplex und wird mit dem englischen Kunstwort „Coopetition", das sich aus competition (Konkurrenz, Wettbewerb) und co-operation (Zusammenarbeit) ableitet, treffend charakterisiert.

Aus Sicht der Anbieter-Unternehmen stellen die konzerninternen Ingenieureinheiten und Konstruktions-Dienstleister wichtige Wettbewerber und Partner in der Zusammenarbeit dar. Mit 86,7 Prozent erwartet die deutliche Mehrheit der befragten Anbieter-Unternehmen, dass die konzerninternen Ingenieursdienstleistungen zukünftig an Bedeutung gewinnen.

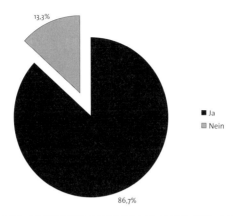

13,3%

■ Ja
▨ Nein

86,7%

Abbildung 6: Werden aus Ihrer Sicht die unternehmensinternen Ingenieursdienstleitungen an Bedeutung zunehmen? (Alle Unternehmen – Mittelwerte; Angaben in Prozent)

Die Anbieter-Unternehmen der Top 10, die sich zu der Frage geäußert haben, gehen sogar einhellig davon aus, dass die konzerninternen Ingenieursdienstleistungen zukünftig an Bedeutung gewinnen werden. Sie rechnen daher mit mehr Wettbewerb durch die konzerneigenen Tochterunternehmen für Technologieberatung und Engineering Services. Dabei wurden diese Einschätzungen im Zeitraum April bis Juni 2008 und damit deutlich vor Beginn der gegenwärtigen Finanzkrise erhoben.

Betrachtet man vor diesem Hintergrund beispielsweise die Entwicklungen bei Airbus oder BMW, wo Tausende Stellen in der Produktion, die bisher mit Zeitarbeitnehmern besetzt waren, gestrichen wurden und die Zahl der externen Dienstleister aufgrund von Kostenüberlegungen reduziert wird, könnten auch diese Entscheidungen als Indiz für die steigende Bedeutung interner Dienstleistungen und einen verschärften Wettbewerb mit den externen Dienstleistern interpretiert werden.

Mittelfristig wiederum – das haben auch andere Untersuchungen der Lünendonk GmbH gezeigt – sind die Aussichten für die externen Dienstleister weiterhin positiv. Denn auch wenn die Konzerne in Krisenzeiten die Zahl ihrer externen Dienstleister reduzieren, weiten sie bisher den Umfang der Zusammenarbeit aus. Gründe hierfür sind neben dem Flexibilisierungsbedarf nicht selten die im internationalen Wettbewerb kaum finanzierbaren Haustarife mancher Konzerne in Deutschland.

Bislang haben von diesem Trend vor allem die großen Engineering-Dienstleister profitiert. Denn sie sind es, die von den großen Unternehmen als Preferred Partner oder Tier-1-Supplier ausgewählt werden. Allerdings – so zeigen es auch andere Dienstleistungsbranchen – könnten die großen Dienstleister bei einem Nachfrageabschwung auch stärker von dem Rückgang getroffen werden als die kleinen Anbieter, die aufgrund höherer wirtschaftlicher Abhängigkeit nicht selten einen „Welpenschutz" genießen.

Insgesamt betrachtet dürfte das Beziehungsgeflecht zwischen internen Ingenieureinheiten und Konstruktions-Dienstleistern sowie den externen Dienstleistern angesichts schwieriger Konjunkturaussichten an vielen Stellen belastet werden. Vieles spricht für eine stärkere Konkurrenz um die schrumpfenden Budgets. Diese Herausforderung wird eine echte Bewährungsprobe für die Key-Account-Manager der Anbieter-Unternehmen.

Nutzung von Nearshore-/Offshore-Kapazitäten

Die Globalisierung hat nicht nur Auswirkungen auf die Produktionsstandorte der international agierenden Unternehmen, sondern auch auf die Verteilung der Dienstleistungsstandorte. Das gilt besonders für wissensintensive Dienstleistungen, die mit modernen IT- und Kommunikations-Technologien komplett standortunabhängig und damit weltweit erbracht werden können.

Dabei ergibt sich neben der Möglichkeit, das Lohnkostengefälle auszunutzen, auch die Option, die Entwicklungszyklen durch das sogenannte Follow-the-sun-Prinzip zu beschleunigen. Dabei arbeiten in verschiedenen Zeitzonen verteilte Teams gemeinsam an Projekten, so dass sich gewissermaßen ein „Drei-Schichtbetrieb" rund um die Uhr im Gegensatz zu normalen Büroarbeitszeiten ergibt.

Die Unterscheidung zwischen Nearshore- und Offshore-Ländern wird dabei jeweils aus der Sicht des Herkunftslandes des Auftraggebers interpretiert. Eine wichtige Rolle bei der Abgrenzung spielt neben der tatsächlichen Entfernung sowie dem Lohnkostengefälle der gleiche Kulturkreis. Für Deutschland gelten daher beispielsweise Tschechien, Ungarn oder Polen sowie die Ukraine zu den Nearshore-Ländern. Das größte Offshore-Land ist Indien, wobei China und andere asiatische Boom-Länder schnell aufholen.

Infolge dieser Entwicklung hat die Nutzung von Near-/Offshore-Kapazitäten im Bereich der Software-Entwicklung bereits zum Aufbau großer Entwicklungszentren in Indien und anderen asiatischen Ländern geführt. Dort haben Unternehmen wie Accenture, Capgemini oder IBM inzwischen Mitarbeiterzahlen von mehreren 10.000 aufgebaut.

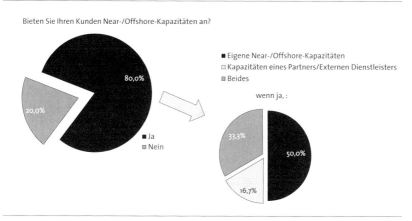

Abbildung 7: Die Nutzung von Nearshore-/Offshore-Kapazitäten – Eigene Near-/Offshore-Kapazitäten beziehungsweise Kapazitäten eines Partners/externen Dienstleisters (Alle Unternehmen – Mittelwerte; Anzahl der Unternehmen in Prozent)

Doch wie sieht die Situation im Markt für Technologieberatung und Engineering Services aus? Von den Unternehmen, die 2008 zu dieser Frage Auskunft gaben, bieten 80 Prozent der Unternehmen ihren Kunden bereits Near-/Offshore-Kapazitäten an. Von diesen Unternehmen greift die Hälfte auf eigene Near-/Offshore-Kapazitäten zurück, 16,7 Prozent bieten Kapazitäten eines externen Partners an. Ein Drittel der Unternehmen, die ihren Kunden bereits Near-/Offshore-Kapazitäten anbieten, offeriert beide Varianten.

Gemessen am Umsatz fallen diese Nearshore-/Offshore-Aktivitäten jedoch noch kaum ins Gewicht. Dennoch weisen die Anbieter-Unternehmen dieser Herausforderung eine große Bedeutung zu. Schließlich sind die Lohnkostenunterschiede zu deutlich, als dass sie nicht große Begehrlichkeiten bei Anbietern und Kunden wecken würden. Die Risiken beispielsweise durch längere Abstimmungsprozesse oder den Schutz des geistigen Eigentums stellen für diese Marktsegmente allerdings eine größere Hürde dar als etwa im Markt für Software-Entwicklung.

Unternehmen, die auf Nearshore- oder Offshore-Ressourcen setzen, werden für derartige international aufgesetzte Entwicklungsprojekte Erfahrungen sammeln und neue Governance-Strukturen entwickeln müssen, die eindeutig regeln, wie die Zusammenarbeit und die Abstimmungsprozesse ablaufen.

Zukunftsperspektiven

Die Anbieter von Technologieberatung und Engineering Services in Deutschland stehen vor vielfältigen Herausforderungen. Neben den negativen Aussichten für die konjunkturelle Entwicklung kommt in diesem Marktsegment der strukturelle Fachkräftemangel als Wachstumshemmnis voll zum Tragen.

Insofern haben diejenigen Unternehmen, die in der Vergangenheit bereits in die Marke des Unternehmens sowie in die Attraktivität als Arbeitgeber investiert haben, Vorteile bei der Rekrutierung von Studienabgängern sowie berufserfahrenen Fach- und Führungskräften.

Der Fachkräftemangel ist jedoch nicht nur ein Wachstumshemmnis für die Anbieter in Deutschland, er erleichtert auch den Markteintritt von ausländischen Dienstleistern, die ihre Engineering- und Entwicklungszentren in Niedriglohn-Ländern vermarkten wollen. Damit ist das Thema Globalisierung auch in diesem Marktsegment vollständig angekommen. Zwar gibt es seitens der Kunden-Unternehmen durchaus Vorbehalte gegenüber dem Nearshore-/Offshore-Modell. Wenn die Projekte jedoch ohne die Hilfe dieser Kapazitäten nicht bewältigt werden können, dürften die Vorbehalte schnell aufweichen. Der Konjunkturabschwung wird diesen Trend allenfalls aufschieben.

Vor dem Hintergrund der vielfältigen Herausforderungen lauten die zehn wichtigsten Herausforderungen und Wirkungskräfte für den Markt von Technologieberatung und Engineering Services aus Sicht der Lünendonk GmbH in den nächsten Jahren:

- Konsolidierung an der Marktspitze,
- Fachkräftemangel in Deutschland,
- Sichtbarkeit am Markt und Zugang zu Preferred-Supplier-Listen bei Großunternehmen,
- Innovations- und Komplexitätsmanagement,
- Grundlagenforschung und Integration neuer Technologien,
- Attraktivität als Arbeitgeber,
- Entwicklung nachhaltiger Karrieremodelle,
- Neue Partnermodelle,
- Globalisierung,
- Neue internationale Wettbewerber.

Mit der Sichtbarkeit am Markt kämpfen sogar die großen Anbieter-Unternehmen. Denn anders als beispielsweise bei der Managementberatung oder der IT-Beratung sind Kunden-Unternehmen seltener bereit, als Referenzkunde in die Öffentlichkeit zu gehen. Die Problematik, dass die Kunden-Unternehmen ihre Produktentwicklung als

Verschluss-Sache behandeln, wird sich kaum auflösen lassen. Spannende Referenzprojekte lassen sich jedoch auch ohne Details aus laufenden Entwicklungsprojekten erstellen.

Zwar wird die Presse- und Öffentlichkeitsarbeit von den befragten Unternehmen als weniger wichtig eingeschätzt, sie bietet jedoch eine vergleichsweise kostengünstige Möglichkeit, mehr Sichtbarkeit am Markt zu erhalten. Insbesondere, wenn sich Artikel, Bücher oder andere Publikationen mit neuen Technologien beschäftigen, steigt die Chance für den Vertrieb, mit Neukunden ins Gespräch zu kommen und so mittelfristig Zugang zu den Preferred-Supplier-Listen bei Großunternehmen zu erhalten.

Weil Öffentlichkeitsarbeit viel für die Sichtbarkeit und Wahrnehmung des Unternehmens leistet, wirkt sie auch indirekt auf die Rekrutierung. Und die Rekrutierung von neuen Talenten sowie erfahrenen Fach- und Führungskräften ist das zentrale Thema bei Investitionen in die Attraktivität als Arbeitgeber. Ein wichtiges Element, um als Arbeitgeber für Bewerber attraktiv zu sein, ist beispielsweise ein nachhaltiges Karrieremodell, das Fach- und Führungslaufbahnen anbietet und verhindert, dass eine Blockade im mittleren Management für Aufstiegschancen entsteht.

Nicht zu unterschätzen im Zusammenhang mit der Attraktivität als Arbeitgeber ist dabei jedoch auch der Aspekt der Unternehmenskultur, die sich nicht „erkaufen" lässt und sogar oft den entscheidenden Unterschied bei vergleichbaren Rahmenbedingungen ausmacht. Im Zeitalter von Work-Life-Balance dürfte dieser Aspekt im arbeitsintensiven Projekt- und Beratungsgeschäft sogar noch stärker in den Fokus der Mitarbeiter rücken, die zunehmend über interdisziplinäre Kompetenzen verfügen müssen.

Interdisziplinäre Kompetenzen werden wichtiger, weil die Bedeutung der Elektrotechnik und Telematik genauso wie der IP-gestützten Kommunikation massiv zunimmt. Gleichzeitig stehen beispielsweise die Automobilhersteller vor der Herausforderung, die Variantenvielfalt als Antwort auf den Trend zur Individualisierung zu erhöhen und gleichzeitig die Produktionskosten durch Vereinheitlichung der Baugruppen zu reduzieren.

Vor diesem Hintergrund wird Kompetenz im Innovations- und Komplexitätsmanagement auch für die externen Dienstleister immer wichtiger. Die Voraussetzung dafür ist eine hohe Produktkompetenz und disziplinübergreifendes Beratungs-Know-how bei den Dienstleistern. Dieser Spagat aus Spezialisierung, übergreifendem Know-how und Beratungskompetenz erfordert neue Ingenieur- und Beraterprofile und stellt hohe Anforderungen an den Vertrieb.

Für die Grundlagenforschung stellt die Bundesregierung zusätzliche Mittel bereit. In diesem Zusammenhang ergeben sich für die Dienstleistungsunternehmen einerseits Chancen, bei der Nutzung neuer Technologien zu den Marktführern zu gehören. Andererseits bietet sich durch Kooperationen mit Universitäten und anderen Forschungseinrichtungen gutes Potenzial für die Rekrutierung neuer Mitarbeiter.

Da trotz der hohen strategischen Bedeutung der Produktentwicklung auch diese Budgets bei den Kunden-Unternehmen unter Druck sind, deutet vieles darauf hin, dass die sogenannte virtuelle Fabrik zukünftig zu einer weiteren Verlagerung der Leistungsschwerpunkte führen wird.

Neue Partnermodelle, zum Beispiel Wertschöpfungspartnerschaften, mit den Kunden können in diesem Zusammenhang auch einen wichtigen Schritt im Wettbewerb gegen die neuen internationalen Wettbewerber aus Niedriglohnländern bedeuten. Allerdings bedeuten diese neuen Partnermodelle meist auch die Bereitschaft des Dienstleisters, verstärkt Investitionen in Infrastrukturen zu tätigen.

Für Unternehmen, die traditionell auf Projektgeschäft und Ressourcen-Partnerschaften setzen, würden neue Partnermodelle einen tiefen Einschnitt in das bisherige Geschäftsmodell bedeuten. Hier könnte es zu einer verstärkten Differenzierung im Markt bei den Anbieter-Typologien kommen.

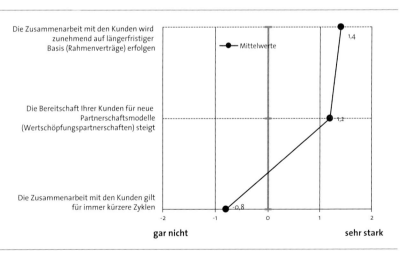

Abbildung 8: Aussagen über die Zukunft der Branche beziehungsweise des Unternehmens (Alle Unternehmen – Mittelwerte; -2 = gar nicht bis +2 = sehr stark)

Angesichts eines Marktvolumens von etwa 6,7 Milliarden Euro im Jahr 2007 sowie der Größenklassen der führenden Anbieter-Unternehmen ist die Anbieterstruktur noch sehr heterogen ausgeprägt. Nicht zuletzt aufgrund der Konsolidierungsbestrebungen bei den großen Kunden-Unternehmen dürfte jedoch auch auf Seiten der Anbieter eine verstärkte Konsolidierung einsetzen, wie sie bei den Zeitarbeits- und Personaldienstleistungsunternehmen bereits deutlich stärker zu beobachten ist.

Dabei wird interessant sein zu beobachten, inwieweit Anbieter-Unternehmen mit Sitz in Deutschland zu den übernehmenden Unternehmen gehören oder Ziel von strategischen Übernahmen ausländischer Anbieter oder sogar investorengestützter Buy-and-Build-Strategien werden.

Wie eng die Marktsegmente Zeitarbeit und Personaldienstleistungen sowie Technologieberatungs- und Engineering Services miteinander verbunden sind, wird unter anderem deutlich anhand der Unternehmen Yacht-Teccon, die nach der Übernahme von Bindan zur Randstad-Gruppe gehören, oder euro engineering, die als Tochter der DIS AG zur Adecco-Gruppe gehört. Ein anderes Beispiel ist Timepartner mit der Engineering-Tochter Molis.

Nahezu unstrittig unter Marktteilnehmern ist jedoch die Ansicht, dass die Bedeutung dieses Marktsegments als Innovationsmotor für so wichtige Technologie-Branchen wie Automobilindustrie, Luft- und Raumfahrt, Telekommunikation oder Maschinenbau für den Standort Deutschland in Zukunft weiterhin kontinuierlich steigen wird.

Fußnoten

1   Studie Car Innovation 2015, Oliver Wymann, 2007:
    http://www.oliverwyman.com/de/pdf-files/Car_Innovation_2015_deutsch.pdf

Die Telekommunikationstechnologie revolutioniert die Automobilindustrie
Aus Fahrzeugen werden mobile Endgeräte

Interview mit Günter Zettler

Langfristig wird das Auto seine Ausprägung als Statussymbol verlieren. Statusträchtig sind dann die multimedialen Anwendungen, die digitalen Services, die in diesen mobilen Endgeräten jederzeit und an jedem Ort zur Verfügung stehen. Günter Zettler, visionärer Stratege von Tieto, hat diesen Trend längst erkannt und weiß: „Deutschland wird Vorreiter sein, wenn die Telekommunikationstechnologie die Automobilindustrie revolutioniert."

Ist es nicht eine gewagte Aussage, dass die Telekommunikationstechnologie die gesamte deutsche Automobilindustrie revolutionieren wird?

Nein, das ist ein Trend, der kommen wird, davon sind wir absolut überzeugt. Tieto tritt im Telekommunikationsbereich als Engineering- und IT-Dienstleister auf. In dieser Kombination sind wir europaweit führend. Andere Unternehmen fokussieren sich entweder auf den Entwicklungsprozess oder nachfolgende Geschäftsprozesse wie Logistik, Datenmanagement, CRM- oder ERP-Systeme. Wir dagegen decken alle Bereiche ab und schöpfen dabei aus einem großen Erfahrungsschatz. Uns zeichnet eine tiefgreifende Kenntnis beim Aufbau, Betrieb, Testen und Optimieren von Netzwerken sowie der Entwicklung und Planung von Netzkomponenten aus, ebenso wie in der Entwicklung von Applikationen und Services. Bei Endgeräten (Mobile Devices) engagieren wir uns stark in der Entwicklung und beim Testen. Tieto entwickelt hier umfassende Applikationssoftware, validiert und verifiziert Bedienerschnittstellen, um die Mensch-Maschine-Interaktion zu vereinfachen.

Alle Services bieten wir sehr erfolgreich in der Telekommunikation an. Und jetzt betrachten Sie das Infotainment-System in den nächsten Automobilgenerationen. Das Fahrzeug wird mittelfristig als Mobilteil gesehen, das mindestens die gleichen Fähigkeiten besitzen muss wie herkömmliche Endgeräte.

Die vierte Dimension der Mobilität

Die räumliche, physikalische Mobilität eines Fahrzeugs wird durch die Telekommunikationstechnologie mit einer virtuellen Mobilität erweitert. Somit geht die drei- in eine vierdimensionale Mobilität über.

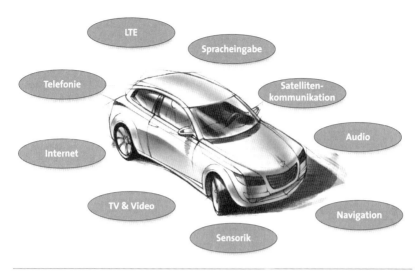

Abbildung 1: Erst die Zusammenführung und die logische Kombination verschiedener Services ergeben den Nutzen für den Autofahrer

Heute subventionieren Betreiber mobile Endgeräte, um dadurch weitere Services zu verkaufen. Ähnlich wird das mit den Automobilen geschehen, auch wenn sicherlich ein Auto niemals kostenlos oder für einen Euro angeboten wird. Aber das Fahrzeug wird subventioniert, die reinen Fahrzeugkosten werden geringer sein als heute.

Heute ist Ihr Unternehmen vorwiegend im Telekommunikationsbereich bekannt. Wie wollen Sie die Automobilbranche erobern, um sie zu revolutionieren?

Wir wollen ja nicht aktiv revolutionieren. Die Revolution kommt von ganz alleine, getrieben durch die Konsumenten. Und wir sind mit dabei, weil wir unser Wissen und unsere Erfahrungen aus der Telekommunikation in den Automobilbereich transferieren. Derzeit formieren sich Business-Netzwerke und sogenannte Automobil-Technologie-Cluster, in die wir einsteigen. Wir fokussieren uns auf Premiummarken, denn nur diese haben derzeit die Bereitschaft, in innovative und integrierte Multimedia-Car-Systeme zu investieren. Wir werden an verschiedenen Stellen ansetzen, um in der Automobilindustrie für uns und unsere Lösungen Aufmerksamkeit zu erzeugen. Dazu pflegen wir engagiert die Mitarbeit in Gremien und Verbänden, in Technologie-Clustern zusammen mit den OEMs, First Tiers und Universitäten.

Tieto zeichnet vor allem ein tiefes Verständnis bei End-to-End-Szenarien aus, angefangen von den Embedded Systems über die Anwendungen bis hin zu den Geschäftsprozessen. Wir haben ein Gesamtverständnis für die Belange der Kunden und können zudem alles aus einer Hand anbieten. In unserer langjährigen Arbeit in der Telekommunikation haben wir unsere Wertschöpfung basierend auf Customer Intimacy stets ausgebaut. Für uns bedeutet Customer Intimacy, unsere Kunden und deren Bedürfnisse sowie die im Markt befindlichen Herausforderungen genau zu kennen, um Services über verschiedene Kanäle für alle nutzbringend anbieten zu können.

Woher gewinnen Sie Ihr Wissen über die Entwicklung in der Automobilindustrie?

Einige Modellreihen im Premiumsegment beschreiben schon heute den Weg, den andere auch gehen werden. Betrachten Sie die neuen Modellreihen eines führenden Premium-Car-Herstellers. Hier gibt es einen freien Internetzugang im Fahrzeug, der OEM verkauft SIM-Karten mit Flatrate. Das ist das erste Mal in Deutschland, dass ein Automobilhersteller zum Serviceprovider wird.

Es ist auch ein weitgehender Schritt in der Philosophie der großen Automobilhersteller, da hier ein neuer Geschäftsprozess aufgesetzt wird, der nicht beim Autobauer im Hause integriert ist. Wir wissen, was in der Kommunikationstechnologie möglich ist und was nicht. Somit können wir bereits in der Konzeptionsphase der Automobilhersteller für neue Modelle unser Know-how einbringen. Und wir besitzen die Expertise, dieses Know-how in Lösungen umzusetzen und diese zu implementieren. Durch unseren engen Kontakt mit der Telekommunikation wissen wir, welche zukünftigen Trends in dieser Technologie gesetzt werden.

Geben Sie uns ein Beispiel?

Ein Beispiel ist die Long Term Evolution (LTE), eine brandneue drahtlose Netzwerktechnologie, die sehr hohe Bandbreiten bietet. Dadurch werden wesentlich mehr Funktionalitäten möglich als durch heutige Lösungen: Audio- und Video-Download, Videostreaming, Echtzeit-Video- und -Audiokonferenzen – alles über eine Luftschnittstelle. LTE wird so gut funktionieren wie DSL im Festnetz heute, die Nutzung der Services ist aber nicht an eine festinstallierte Steckdose gebunden, sondern frei nach dem Slogan „any time, anywhere, any situation, any content, any device". Diese Technik werden wir in die Automobilbranche einbringen. Es ist zwar eine etwas gewagte Aussage, aber ich denke, dass es bald zu einer großen Umwälzung im Bereich der Netzwerkbetreiber kommen wird, indem die großen Automobilhersteller aktiv in diesen Markt eingreifen werden.

Welche weiteren Gründe sprechen dafür, sich in der Automobilindustrie stärker zu engagieren?

Wir werden unser Engagement in den kommenden Jahren im deutschen Automotive-Markt vervielfachen. Hier erkennen wir künftig wesentlich größeres Wachstumspotenzial als im klassischen Telekommunikationsumfeld. Entwicklung und Produktion von Telekommunikationssystemen und Engineering-Dienstleistungen werden in Europa nicht mehr so gefragt sein, die R&D- und Manufacturing-Aktivitäten werden heute schon heruntergefahren. Es wird mittelfristig eine vollständige Auslagerung in Low-Cost-Länder geben. Hier ist Deutschland kein Wachstumsmarkt mehr. Anders in der Automobilbranche: Der gesamte Automotive-Markt mit allen davon abhängigen Industriezweigen erwirtschaftet 20 Prozent des deutschen Bruttoinlandsprodukts. Ein Beispiel aus der Elektronikbranche: Laut Strategy Analytics lag der Gesamtwert für elektronische Systeme in Pkw und leichten Nutzfahrzeugen im Jahr 1996 bei rund 51 Milliarden Dollar, 2006 bereits weltweit bei 133 Milliarden US-Dollar. Und dieser Trend wird weitergehen, auch für 2008 war eine erneute Steigerung prognostiziert. Ebenso wird der Markt der Sicherheitssysteme in Fahrzeugen steigen. Fahrerassistenzsysteme wie beispielsweise die adaptive Geschwindigkeitsregelung, Spurhalteassistenten oder adaptives Kurvenlicht sind im Massensegment auf dem Vormarsch. Zudem wandern die deutschen Automobil-Premiummarken mit ihren zentralen Entwicklungen mittelfristig nicht an neue Standorte in Asien oder Indien ab. Eher sehen wir eine leichte Verlagerung in osteuropäische Staaten.

Wie beschreiben Sie technisch Ihre künftigen Einsatzbereiche in der Zielbranche Automotive?

Tieto ist Lösungsanbieter, von der Idee über Entwicklung und Testing bis hin zur Wartung von Systemen und Anwendungen. Die Automobilindustrie mit ihren Produkten erfordert weitergehendes Know-how als dies in der Telekommunikation nötig ist. Wenn wir in einem Fahrzeug ein Infotainment-System integrieren, ist das etwas Spezielles. Hier gibt es keinen klimatisierten Schaltschrank wie in der Telekommunikation. Hier müssen neue Lösungen für die physikalische Umgebung im Fahrzeug entwickelt werden. Das erfordert Verständnis der Branche und umfassende system- und prozessübergreifende Kenntnisse von Ingenieuren. Alle Automobilhersteller haben das Ziel, die R&D-Kosten zu senken. Ihnen werden wir als externer Partner ebenso helfen wie den großen Zulieferern. Denn gerade diese müssen zunehmend Gesamtlösungen anbieten, um wettbewerbsfähig zu bleiben. Außerdem wird sich die Zahl der Zulieferbetriebe ebenso verdichten wie die der eigenständigen Automobilmarken. Entwicklungsdienstleister werden mit den großen Zulieferern eine neue Schicht bilden. „Insgesamt wird die Wertschöpfungsentwicklung bis 2015 um rund 250 Milliarden Euro wachsen, wobei der Wertschöpfungsanteil der Automobilhersteller von 35 auf 23 Prozent sinkt, der der Zulieferer steigt von 65 auf 77 Prozent", so die FAST-2015-Studie aus dem Jahr 2003, deren Zahlen noch heute aussagekräftig sind.

Kann Telekommunikations-Know-how eins zu eins auf eine andere Industrie übertragen werden?

Nein, wir müssen hier weiterdenken. Alleine die produzierten Stückzahlen von einzelnen Komponenten sind ein Vielfaches höher als in der Telekommunikation. Infotainment-Systeme werden in verschiedene Modellreihen aller Marken implementiert. Hier muss auf alle Teile genauestens geachtet werden. Aber die physikalischen Umgebungsbedingungen – wie bereits angedeutet – sind sehr unterschiedlich. Im Auto herrschen starke Vibrationen vor, es kann zu extremen Temperaturunterschieden (-40 bis +80 °C) kommen. Diese Anforderungen müssen in die Konzeption und Entwicklung unbedingt mit einfließen. Hinzu kommt, dass die Elektronik im Fahrzeug historisch gewachsen ist. Im Automobilbau müssen aufgrund des enormen Kostendrucks, der permanente Neuentwicklungen nicht zulässt, ältere elektronische Komponenten mit Neuentwicklungen verbunden werden. Diese geforderte Kompatibilität in allen Richtungen ist eine große Herausforderung.

Zudem müssen wir weit vorausdenken, um ein nachhaltiges Infotainment-System zu entwickeln. Zwei Jahre vor dem Serienstart müssen bei einem neuentwickelten Fahrzeug alle Komponenten stehen, danach darf es keinerlei Änderungen mehr geben. Das ist eine weitere Herausforderung, denn wir wollen zum Serienstart allerneueste Multimediatechnologie in der Anwendung haben. Ich bin felsenfest davon überzeugt, dass moderne Infotainment-Systeme mit den neuesten Features spätestens in fünf bis zehn Jahren den Autokauf maßgeblich beeinflussen werden.

Sie sind sicher, dass Kunden in Zukunft ein Auto aufgrund von multimedialen Anwendungsmöglichkeiten kaufen werden?

Ja, die sogenannten Digital Natives, also die Generation, die in der digitalen, multimedialen Welt des Internets aufgewachsen ist, fragen nach solchen Autos. Auf der Kundenseite der Automobilbranche findet gerade ein Generationenwechsel statt. Betrachtet man die langen Produktentstehungszyklen, so ist es notwendig, rechtzeitig die Weichen zu stellen. Die Digital Natives kaufen solche Autos nicht gleich im Premiumsegment, sie fangen eher mit einem Fahrzeug aus dem Volume-Segment oder einem Gebrauchtwagen an, der neueste Infotainment-Features bietet. Die Autoindustrie ist hier sofort gefordert.

Werden Autos von anderen Märkten den deutschen Herstellern Konkurrenz machen?

Wenn in den BRIC-Ländern (Brasilien, Russland, Indien, China) erst einmal qualitativ einigermaßen ansprechende, aber sehr preisgünstige Fahrzeuge hergestellt werden können und diese den europäischen Markt überschwemmen, dann werden bei uns auch die Digital Natives auf diese Produkte zurückgreifen. Für Deutschland erkenne ich zwei Gruppen von Menschen, die dann Autos kaufen. Die Älteren, die Komfort und Sicherheit wollen sowie fahrerunterstützende Features, und auf der anderen Seite die Digital Natives, denen der Komfort weitgehend egal ist, die jedoch die neuesten Multimedia-Features im Fahrzeug nutzen wollen.

Die Fahrzeuge für die Digital Natives werden langfristig aus Asien kommen, mit einfacher Funktionalität, was das Fahrzeug an sich betrifft, aber mit komplexer Funktionalität, was Multimedia- und Kommunikationsanwendungen anbelangt. Für diese Gruppe ist ein Auto kein Statussymbol mehr, sondern die Funktionalitäten der Multimedia-Services machen den Mehrwert aus. Das Fahrzeug ist dann nur Mittel zum Zweck. Schon heute kaufen in Asien die jungen Leute, die Reichtum erlangt haben, Fahrzeuge nicht allein aufgrund des Markenimages, des Designs oder des Motors, sondern vor allem wegen der Multimediaanwendungen, die mit dem Fahrzeug möglich sind.

Aber werden Autobauer jetzt nicht erst in ökologische Antriebe investieren, bevor sie die Multimediatechnologie vorantreiben?

Die Autobauer müssen in beide Technologien investieren. Nur mit sparsamen Motoren werden sie die neuen Zielgruppen der Digital

Natives nicht ansprechen können; die setzen sparsame Motoren mit niedrigem CO_2-Ausstoß voraus. Alternative Antriebe in Kombination mit innovativer Multimedia- und Kommunikationstechnologie sind der richtige Schritt in die Zukunft. Dazu sollte ein guter Kontakt zu Content-Providern herrschen, denn auch bei der Beschaffung von Informationen wird sich das Verhalten der Kunden ändern. Jetzt heißt es noch: Ich hole mir die Inhalte, wenn ich sie benötige oder haben will. Mit den vielen Möglichkeiten der digitalisierten Welt können irgendwann auch gezielt Dienste zum Kunden gebracht werden. Personalisierter Content wird „gepusht", man überzeugt den Kunden vom Kauf der situationsgerechten und personalisierten Services.

Zwingt nicht auch der Kunde die Content-Anbieter, immer bessere und individuellere Informationen anzubieten?

Ja, natürlich, von den Endkunden kommt vermehrt der Druck, neue Features, Dienste, Services oder Endgeräte zu entwickeln, nicht mehr nur von den Unternehmen. Somit funktioniert die Personalisierung der Dienste, das Pushen von Services nur, wenn ich als Unternehmen genau das Profil des Kunden kenne, am besten zu jeder Lebenssituation. Dann werden die entsprechenden Angebote akzeptiert.

Wenn beispielsweise bei einem Autohersteller eine SIM-Karte gekauft wird und alles über die neuen Luftschnittstellen übermittelt wird, dann braucht man keine weiteren Provider, auch nicht zu Hause. Mittelfristig wird es dadurch keinen DSL-Anschluss mehr geben. Die mit dem Fahrzeug gekaufte Flatrate wird dann auch zu Hause für Internet und Telefonie genutzt. Um so eine Entwicklung voranzutreiben, benötigt man jedoch die bandbreitenstarke LTE-Technologie. Und die Fahrzeughersteller schaffen es nicht, so etwas ohne die Betreiber von mobilen Kommunikationsnetzwerken aufzubauen. Wer den Kunden besitzt, das heißt, sein Kaufverhalten genau kennt, hat die Macht im Markt der multimedialen Anwendungen. Er kann dem Endkunden die Services anbieten, die dieser dann auch nutzt, weil sie genau zu seinem Umfeld in jeder Situation passen.

Wird es durch diese Entwicklung zu einem neuen Ingenieursaufgabenfeld kommen?

Es entsteht eine neue Ingenieursdisziplin, ohne Zweifel. Diese Fachleute haben dann sowohl elektromechanische, gestalterische als auch kommunikationstechnologische Expertise, kennen alle Kommunikations-BUS-Systeme im Inneren eines Fahrzeugs genauso wie die Technik für die Kommunikation ins Internet nach außen. Zudem müssen sie ein hohes Verständnis für Applikationen wie Audio-, Video- und Sprachverarbeitung aufweisen. Das alles umfasst das neue, spannende Aufgabenfeld für Ingenieure der Zukunft. Sie brauchen ein breites system- und anwendungsübergreifendes Wissen.

Wie können Sie Automobilhersteller neben dem technischen Know-how unterstützen?

Wir haben mit unserer Smart Sourcing-Philosophie ein Modell, das auf die individuellen Bedürfnisse unserer Kunden ausgerichtet ist. Outsourcing heißt für uns nicht, möglichst billig Dienstleistungen einzukaufen, sondern geplant vorzugehen. Wir bieten Nearshore- und Offshore-Lösungen, die aufeinander abgestimmt sind. Viele unserer Kunden setzen lieber auf Nearshore-Lösungen in Europa als auf Offshore-Lösungen in Asien. Sie haben in die Leistungsfähigkeit des europäischen Kontinents mehr Vertrauen als zu anderen Erdteilen, gerade auch, weil eine politische Stabilität vorhanden sein muss.

Im Smart Sourcing-Bereich besitzen wir durch unser Engagement in der Telekommunikation weitreichende Erfahrung, wir haben eigene Tochterunternehmen in Osteuropa und Asien. Das wird ein wichtiger Punkt für die Verantwortlichen in der Automotive-Branche sein. Smart Sourcing ist ein Umsetzungsmodell, das sich rechnet.

Wagen Sie einen Ausblick. Was passiert noch alles mit unserer Kommunikation in und mit Automobilen?

Man benötigt in Zukunft nur noch ein einziges Endgerät für alle multimedialen Services. Grund-Services werden über Flatrates angeboten, spezielle Services über neue Finanzierungsmodelle on demand oder gepusht. Die Spracheingabe wird einen deutlichen Schub erhalten und das Mensch-Maschine-Interface wird wesentlich einfacher und für alle Generationen beherrschbarer. Jeder wird von der noch einfacheren Bedienung der Systeme und den neuen Services profitieren und sie gutheißen.

Eine heute schon technisch mögliche Anwendung ist die verkehrssituationsbedingte Routenoptimierung. Daraus resultiert eine Reduzierung des Spritverbrauchs bei gleichzeitiger Verkürzung der Fahrzeit. Durch den Aufbau einer telematischen Kette unter Einsatz aller technischen Funktionen eingebettet ins Fahrzeug, das über ein externes Kommunikationsnetzwerk mit der Leitzentrale verbunden ist, kann die Erreichung des Fahrziels flexibel auf jede Verkehrssituation angepasst werden. Zudem können individuelle Wünsche des Fahrers erfüllt werden: Will er beispielsweise am Wochenende sein Auto sportlicher fahren oder im Urlaub mit seinem Wohnwagen Alpenpässe überqueren, so kann er über ein elektronisches Upgrade die Leistungsstärke des Motors für einen bestimmten Zeitraum erhöhen lassen. Freuen wir uns auf den Fortschritt!

„Wir erleben eine fundamentale Veränderung des Konsumentenverhaltens, die Auswirkungen auf Unternehmensstrategien hat. 2001 hat ein amerikanischer Pädagoge den aktuellen Generationenunterschied beschrieben, indem er die nach 1985 Geborenen als Digital Natives bezeichnete und die älteren Jahrgänge als Digital Immigrants. Die Natives sind in einer Zeit aufgewachsen, in der digitale Anwendungen und Services selbstverständlich wurden. Sie nutzen sie alltäglich. Genauso haben die fortgeschrittenen Digital Immigrants gelernt, mit ihnen umzugehen. Beide Gruppen repräsentieren heute bereits mehr als 50 Prozent der Bevölkerung.

In der Zukunft werden die zentralen Kommunikations- und Servicekanäle mehr und mehr digital. Dank des großen Stellenwerts des Internets und der unterschiedlichen Möglichkeiten zur Interaktion über verschiedene Kanäle und Medien nimmt die Wahlmöglichkeit, aber auch die Macht der Anwender zu. Sie agieren ohne Grenzen und Einschränkung – situationsbedingt, egal, wo sie gerade sind."

Abbildung 2: Zitat von Pekka Viljakainen, Executive Vice President von Tieto

Personaldienstleister/
Zeitarbeitsunternehmen

Zukunftschancen für Unternehmen und Arbeitnehmer
Mehr Flexibilität durch Zeitarbeit und Personaldienstleistungen

Hartmut Lüerßen

Einleitung

Der Bedarf an unternehmerischer Flexibilität ist einer der wichtigsten Faktoren für das Wachstum von Unternehmensdienstleistungen, sogenannten Business-to-Business-Dienstleistungen. Ähnlich wie auch andere Business-to-Business-Dienstleistungsmärkte ist der Markt für Zeitarbeit und Personaldienstleistungen im Vergleich zu klassischen Industriesektoren noch recht jung. Gleichwohl zeigen die hohen, zweistelligen Wachstumsraten in den vergangenen Jahren, die steigende Zahl der Zeitarbeitnehmer sowie ein Marktvolumen von 14,6 Milliarden im Jahr 2007 die hohe Bedeutung für den Arbeitsmarkt und die Wertschöpfung des Wirtschaftsstandorts Deutschland.

Grundlage für die Zeitarbeit in Deutschland ist das Arbeitnehmerüberlassungsgesetz (AÜG) aus dem Jahre 1972. Das Gesetz definiert die Regeln für die Arbeitnehmerüberlassung an Kunden-Unternehmen sowie die Arbeitgeberpflichten des Zeitarbeitsunternehmens wie Zahlung des Gehaltes, Abführung von Lohnsteuern, Entrichtung von Sozialabgaben, Gewährung von bezahltem Urlaub oder Leistungen im Krankheitsfall.

Seit 1972 wurden die Regelungen des Arbeitnehmerüberlassungsgesetzes mehrfach geändert. Darüber hinaus führten auch andere gesetzliche Änderungen zu einer stärkeren Deregulierung der Zeitarbeit (siehe Tabelle 1), die als eines der wenigen wirklich wirksamen Flexibilisierungsinstrumente des deutschen Arbeitsmarktes gilt.

Der Zeitarbeitsmarkt ist gewissermaßen ein Seismograf für die wirtschaftliche Entwicklung Deutschlands. Zieht die Konjunktur an, steigt zunächst die Nachfrage nach Zeitarbeit an, bevor das Wachstum auch bei den Festanstellungen sichtbar wird. Schwächen sich die Auftragslage und die Konjunktur ab, so werden typischerweise zuerst die flexiblen Kapazitäten reduziert, bevor es zu Produktionsstopps oder Kurzarbeit kommt oder sogar Teile der festangestellten Belegschaft entlassen werden. Ein Abschwung trifft also zunächst auch die Zeitarbeitsfirmen, die dann versuchen, die Zeitarbeiter in andere Wirtschaftszweige zu vermitteln.

Über viele Jahre hinweg besagte eine Faustregel, dass 1 Prozent Wachstum beim Bruttoinlandsprodukt (BIP) 10 Prozent Wachstum für die Zeitarbeits- und Personaldienstleistungsunternehmen bedeutet. Diese Größenordnung von eins zu zehn wurde jedoch in den letzten Jahren durch die weitgehende Deregulierung verstärkt. Das heißt, das Wachstum des Zeitarbeits- und Personaldienstleistungs-Marktes übertraf seit 2003 den Faktor zehn des BIP-Wachstums zum Teil deutlich.

In Kraft	Art der Änderung
ab 1. April 1997	• Verlängerung der maximalen Überlassungsdauer von neun auf zwölf Monate • Erlaubnis zur Synchronisation von Einsatzdauer und Arbeitsvertrag bei erstmaliger Überlassung • Zulassung lückenlos aufeinanderfolgender, befristeter Arbeitsverträge mit demselben Zeitarbeitnehmer • Zulassung einmaliger Befristung des Arbeitsvertrages ohne sachlichen Grund
ab 1. Januar 2002	• Verlängerung der maximalen Überlassungsdauer von 12 auf 24 Monate • Gleichbehandlungsgrundsatz nach zwölf Monaten
ab 1. Januar 2003	• Wegfall des Synchronisationsverbotes, der Höchstdauer der Überlassung und des Wiedereinstellungsverbotes • Einführung des Gleichbehandlungsgrundsatzes, sofern keine abweichenden Tarifvereinbarungen bestehen • Lockerung des Überlassungsverbotes für das Bauhauptgewerbe

QUELLE: IABKURZBERICHT NR. 14/2006

Tabelle 1: Wichtige Änderungen der gesetzlichen Rahmenbedingungen für die Arbeitnehmerüberlassung seit 1997

Die Lünendonk GmbH analysiert den Markt für Zeitarbeit und Personaldienstleistungen in Deutschland seit 1999 kontinuierlich. Statistiken und Auswertungen für diesen Fachbeitrag wurden, soweit nicht anders angegeben, der Lünendonk®-Studie von 2008: „Führende Zeitarbeits- und Personaldienstleistungsunternehmen in Deutschland" entnommen.

Der Markt für Zeitarbeit und Personaldienstleistungen in Deutschland

Nach dem Markteinbruch infolge des Platzens der New-Economy-Blase im Jahr 2001 hat sich der Markt für Personaldienstleistungen ab 2003 schnell erholt und wächst seitdem zweistellig. Getragen von einer nachhaltig starken Konjunktur dürfte das Gesamtmarktwachstum im Jahr 2007 etwa 25 Prozent betragen haben. Das Marktvolumen stieg demnach nach Schätzungen der Lünendonk GmbH von 2006 (11,7 Milliarden Euro) um 25 Prozent auf mehr als 14,6 Milliarden Euro im Jahr 2007 an. Dabei wurde aufgrund von zusätzlichen statistischen Vergleichsinformationen das Marktvolumen für das Jahr 2006 rückwirkend auf 11, 7 Milliarden Euro angehoben.

Die Bundesagentur für Arbeit beziffert die Beschäftigtenzahl der Zeitarbeitsunternehmen (Betriebszweck ausschließlich oder überwiegend Arbeitnehmerüberlassung) auf circa 630.000 zum Stichtag 30. Juni 2007. Im Jahr 2006 waren es zum gleichen Stichtag etwa 516.000. Das entspricht einem Anstieg von 22 Prozent. Insgesamt hat sich die Zahl der Zeitarbeitnehmer jeweils zum gleichen Stichtag seit 2003 (273.089) mehr als verdoppelt.[1]

Gleichzeitig gestaltet sich der deutsche Zeitarbeitsmarkt sehr unübersichtlich. Inzwischen gibt es mehr als 21.000 Unternehmen mit der Erlaubnis zur Arbeitnehmerüberlassung. Während die Zahl der Unternehmen mit Erlaubnis zur Arbeitnehmerüberlassung zunimmt, hat an der Marktspitze eine Konsolidierung eingesetzt. Die Ursachen dieser Entwicklung sind vielfältig und liegen unter anderem in dem hohen Flexibilisierungsbedarf deutscher Unternehmen, einer Verringerung der Regulierung, einem strukturellen Fachkräftemangel sowie einem Nachholbedarf in Deutschland begründet. Dieser Nachholbedarf lässt sich anhand der im europäischen Vergleich niedrigen Zeitarbeitsquote von etwa 1,3 Prozent im Jahr 2006 (nach International Confederation of Private Employment Agencies, CIETT) deutlich ablesen.[2] Die Zeitarbeitsquote bezeichnet den Anteil der Zeitarbeitnehmer in Relation zur Zahl der sozialversicherungspflichtig Beschäftigten. Zum Vergleich: Die Zeitarbeitsquote betrug im europäischen Durchschnitt 1,8 Prozent, in den Niederlanden 2,5 Prozent und in UK sogar 4,5 Prozent.

Die beiden größten Anbieter in Deutschland sind Randstad sowie die Adecco-Gruppe, die im Jahr 2007 beide einen Marktanteil von mehr als 10 Prozent erreichten, wenn man die Umsätze von Adecco, Tuja und DIS AG zusammenrechnet. In der Lünendonk®-Liste „Führende Zeitarbeits- und Personaldienstleistungsunternehmen in Deutschland 2007" wurden die Tochterunternehmen von Adecco letztmalig separat aufgeführt.

Rang	Unternehmen	Umsatz in Mio. Euro		Interne Mitarbeiter		Zeitarbeitnehmer	
		2007	2006	2007	2006	2007	2006
1	Randstad Deutschland GmbH & Co. KG, Eschborn[1]	1.475,0	1.183,0	2.594	2.233	58.400	47.011
2	Manpower GmbH & Co. KG, Frankfurt am Main*	580,0	466,0	1.450	1.150	24.900	20.000
3	Adecco Personaldienstleistungen GmbH, Fulda[2]	579,6	474,0	1.254	1.000	26.000	20.000
4	Persona Service Verwaltungs AG & Co. KG, Lüdenscheid	573,0	536,0	1.743	1.588	17.500	16.700
5	Tuja Zeitarbeit Holding GmbH, Ingolstadt*	462,0	355,0	708	645	17.700	10.142
6	DIS Deutscher Industrie Service AG, Düsseldorf	446,2	390,6	1.002	762	8.995	8.131
7	Hays AG, Mannheim[3]	335,0	250,0	500	400	7.000	5.000
8	Orizon GmbH, Augsburg[4]	307,1	183,5	454	300	9.035	4.680
9	TimePartner Holding GmbH, Kiel	265,0	214,0	360	300	6.400	5.220
10	ZAG Zeitarbeits-Gesellschaft GmbH, Hannover	261,0	215,0	480	430	11.000	10.000
11	I.K. Hofmann GmbH, Nürnberg	259,0	183,0	359	303	10.770	8.000
12	AutoVision GmbH, Wolfsburg	239,0	198,0	205	170	5.730	4.750
13	Trenkwalder Holding AG, München	202,5	138,6	352	175	7.335	5.253
14	Allgeier Dienstleistungs GmbH, München	200,0	164,0	450	350	8.000	6.500
15	Tempton GmbH, Essen	187,0	145,0	528	448	5.500	4.000
16	Dekra Arbeit GmbH, Stuttgart	147,1	98,3	350	180	5.000	4.000
17	USG People Germany GmbH, München[5]	140,0	126,0	325	303	6.000	5.500
18	Vedior Personaldienstleistungen GmbH, Hamburg	130,0	120,0	137	135	3.170	2.900
19	Runtime Deutschland GmbH, Bremen	112,9	88,6	201	192	3.700	2.400
20	Piening GmbH Personal-Service, Bielefeld	112,0	86,0	203	159	4.313	3.386
21	Start Zeitarbeit NRW GmbH, Duisburg	98,8	79,4	162	151	2.560	2.250
22	Amadeus FiRe AG, Frankfurt am Main	89,3	67,1	222	174	1.335	955
23	DB Zeitarbeit GmbH, Berlin	85,3	60,0	79	62	2.504	1.698
24	Job AG Personaldienstleistungen AG, Fulda	82,0	59,8	220	146	3.000	2.250
25	Allbecon Deutschland GmbH, Düsseldorf	76,6	71,0	230	211	2.724	2.462

*Daten teilweise geschätzt. 1 Übernahme der Bindan-Gruppe in 2006, Umsätze einschließlich Bindan ohne Yacht-Teccon, 2 Übernahme der DIS AG in 2006; Übernahme der Tuja Gruppe in 2007, 3 Überwiegend freie Projekt-mitarbeiter, 4 Übernahme der Jobs in Time Holding GmbH in 2007, 5 Übernahme des Geschäftsbereichs Personal Services der Allgeier Holding AG in 2008
Die Rangfolge des Rankings basiert auf kontrollierten Selbstauskünften der Unternehmen über in Deutschland bilanzierte/erwirtschaftete Umsätze.
COPYRIGHT:Lünendonk GmbH, Kaufbeuren 2008 – Stand 19.05.2008 (Keine Gewähr für Firmenangaben)

Tabelle 2: Lünendonk®-Liste 2008: Führende Zeitarbeits- und Personaldienstleistungs-Unternehmen in Deutschland 2007

Seit 2003 agieren verstärkt Finanzinvestoren im deutschen Markt für Zeitarbeit und Personaldienstleistungen. Als bevorzugtes Modell der Finanzinvestoren wurden sogenannte Buy-and-Build-Strategien verfolgt, bei denen in den meisten Fällen die übernommenen Firmen mit ihren Marken unter einer Holding-Dachmarke erhalten wurden. Im Fokus dieser Buy-and-Build-Strategien standen dabei vor allem Unternehmen mit einer Größenordnung zwischen 10 und etwa 70 Millionen Euro. Beispiele für diese Strategie sind unter anderem:

- Allgeier Holding, München, die 2008 ihr Zeitarbeits-Geschäft an USG People verkauft hat,

- Orizon GmbH, Augsburg,

- TimePartner Holding GmbH, Kiel,

- Tempton GmbH, Essen.

Nachdem die Phase von 2004 bis etwa 2006 die Aufbauphase für die von Finanzinvestoren geführten Buy-and-Build-Anbieter darstellte, scheint sich die Aktivität in Richtung strategischer Übernahmen traditioneller Zeitarbeitskonzerne zu verlagern. So hat Adecco 2007 mit Tuja das fünftgrößte Unternehmen am deutschen Markt übernommen. Randstad hat 2007 auf internationaler Ebene die Übernahme von Vedior angekündigt und 2008 abgeschlossen.

Dass Vedior im Jahr 2007 mit 70 Prozent der Anteile die Mehrheit an Gulp übernommen hat, einem Vermittler von IT-Freiberuflern und dem – nach eigenen Angaben – Betreiber der größten IT-Projektbörse in Deutschland, ist ein interessanter Nebenaspekt. Denn für große Anbieter stellt sich seit Jahren die Herausforderung, die internen Prozesse und Datenbanken zu optimieren. Die Plattform von Gulp bietet hier sicherlich neue Möglichkeiten für die Randstad-Gruppe.

Eine weitere strategische Übernahme gibt es von USG People zu vermelden, mit einem internationalen Umsatz von mehr als 3,8 Milliarden Euro ebenfalls ein wichtiger Player in Europa. So hat das Unternehmen 2008 das Zeitarbeitsgeschäft der Allgeier Holding für rund 175 Millionen Euro übernommen, gebündelt unter der Allgeier Dienstleistungs GmbH.

Mit Timepartner, Orizon und Tempton sind mehrere von Finanzinvestoren geführte Unternehmen in den Top 25 der Zeitarbeitsunternehmen in Deutschland aktiv. Der Kampf um die Marktführerschaft ist hier voll im Gange. So erscheint es fast nur eine Frage der Zeit, bis einer der großen Konzerne erneut zugreift.

Inzwischen haben sich jedoch die gesamtwirtschaftlichen Rahmenbedingungen infolge der Finanzkrise verändert. Die Prognosen führender Wirtschaftsforschungsinstitute für die Entwicklung in Deutschland für 2009 und Folgejahre schwanken zwischen Stagnation und Rezession. Dementsprechend haben sich nicht nur die Erwartungen und Planungen der Zeitarbeits- und Personaldienstleistungsunternehmen verändert, sondern auch die Unternehmensbewertungen.

Leistungsspektrum

Die Arbeitnehmerüberlassung nach dem AÜG ist das Kerngeschäft der in die Lünendonk®-Studie einbezogenen Unternehmen und mit durchschnittlich 87,5 Prozent die mit Abstand wichtigste Dienstleistung, die sie anbieten. Betrachtet man nur die zehn größten Unternehmen, so ist die Bedeutung lediglich geringfügig kleiner (84,9 Prozent).

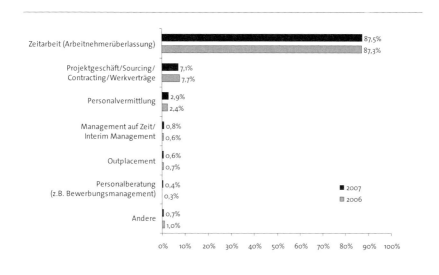

Abbildung 1: Leistungsspektrum der Zeitarbeitsunternehmen 2007 und 2006
(Alle Unternehmen – Mittelwerte; Anteile am Umsatz in Prozent)

Das Projektgeschäft in Form von Sourcing oder Contracting, das neben der Vermittlung von Zeitarbeitskräften bei den Personaldienstleistungen eine wichtige Rolle (7,1 Prozent) spielt, wird unter anderem von einem der großen Studienteilnehmer unter den Top 10 betrieben. Die Hays AG hat ihren Tätigkeitsschwerpunkt auf dem Projektgeschäft und der Vermittlung von IT-Freiberuflern. Unter anderem bewirkt das, dass der Umsatzanteil dieser Tätigkeit bei den Top-10-Anbietern bei 12,6 Prozent, bei den übrigen Studienteilnehmern jedoch nur bei 6,1 Prozent liegt.

Die Ausweitung des Leistungsportfolios ist jedoch insgesamt ein nachhaltiger Trend. Die Bandbreite der Tätigkeiten reicht dabei von der nah am Kerngeschäft angesiedelten Personalvermittlung über Aufgaben in der Personalverwaltung bis hin zum Outsourcing von Callcentern. Auch Personalberatungsaufgaben und Outplacement von Kundenmitarbeitern gehören teilweise zum Leistungsspektrum.

Diese Leistungen erreichen jedoch durchschnittlich jeweils nicht einmal 1 Prozent Anteil am Gesamtumsatz. Hier wirkt sich aber auch ein Überlagerungseffekt aus. Dieser Überlagerungseffekt bewirkt, dass die Zeitarbeitsunternehmen aufgrund der hohen Nachfrage nach klassischer Arbeitnehmerüberlassung den Aufbau zusätzlicher und neuer Dienstleistungen zurückstellen. Diese neuen Dienstleistungen verlieren damit anteilig an Gewicht. Personalvermittlung ist die einzige neuere Dienstleistung, die eine positive Entwicklung aufzeigt. Lag der Wert 2006 bei 2,4 Prozent über alle Unternehmen hinweg, so waren es im Jahr 2007 2,9 Prozent.

Marktsektoren

Lange wurden mit Zeitarbeit in der öffentlichen Wahrnehmung ausschließlich einfache Helfertätigkeiten verbunden. Doch inzwischen hat sich dieses Bild deutlich gewandelt. Das zeigt auch die Analyse der Marktsektoren und Qualität der Aufgaben, mit denen Zeitarbeiter bei den Kunden-Unternehmen betraut werden.

Der Anteil der einfachen Tätigkeiten beträgt etwa 40 Prozent des Umsatzes der analysierten Unternehmen, der Anteil der höherwertigen Industrie-Services (Facharbeitertätigkeiten) im Jahr 2007 durchschnittlich 25,6 Prozent und hat damit im Vergleich zu 2006 trotz eines spürbaren Fachkräftemangels leicht zugenommen.

Der Umsatzanteil, den die befragten Zeitarbeitsunternehmen mit der Überlassung von Büropersonal erwirtschaften, liegt mit im Durchschnitt rund 16 Prozent an dritter Stelle vor den Spezialisten für informations- und kommunikationstechnische Aufgaben (4,4 Prozent) sowie den Mitarbeitern für Konstruktions-Services (4,3 Prozent) und Finanzaufgaben (4,3 Prozent). Dabei weisen die Top-10-Anbieter bei höheren Qualifikationen insgesamt deutlich höhere Anteile auf.

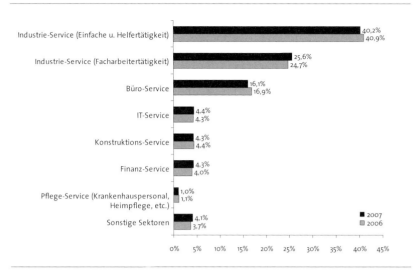

	2007	2006
Industrie-Service (Einfache u. Helfertätigkeit)	40,2%	40,9%
Industrie-Service (Facharbeitertätigkeit)	25,6%	24,7%
Büro-Service	16,1%	16,9%
IT-Service	4,4%	4,3%
Konstruktions-Service	4,3%	4,4%
Finanz-Service	4,3%	4,0%
Pflege-Service (Krankenhauspersonal, Heimpflege, etc.)	1,0%	1,1%
Sonstige Sektoren	4,1%	3,7%

0%   5%   10%   15%   20%   25%   30%   35%   40%   45%

Abbildung 2: Marktsektoren der Zeitarbeitsunternehmen 2007 und 2006
(Alle Unternehmen; Anteile am Umsatz in Prozent)

Gegenüber dem Jahr 2006 haben die Industrie-Services sowie die Büro-Services anteilig zugenommen, während die Spezialisten-Funktionen in der IT sowie in den Konstrukteurs- und Ingenieurs-Funktionen auf-grund des vorhandenen Fachkräftemangels sowie des deutlich kom-plexeren Profil-Matchings nicht so stark wachsen konnten. Der Bedarf an höheren und hohen Qualifikationen übersteigt dabei stark die Zahl der verfügbaren Bewerber und Fachkräfte am Markt.

Kundenbranchen und Größenklassen der Kundenfirmen

Die Industriefirmen bilden die wichtigste Kundenbranche. Sie machen im Durchschnitt deutlich mehr als die Hälfte (50,1 Prozent) des Umsat-zes der im Rahmen der Lünendonk®-Studie untersuchten Zeitarbeits-unternehmen aus. An zweiter Stelle der Kundenbranchen folgt Trans-port/Logistik (11,9 Prozent) vor dem Baunebengewerbe (8,2 Prozent), IT/Telekommunikation (7,8 Prozent) und dem Sektor Sonstige Dienst-leistungen (5,9 Prozent).

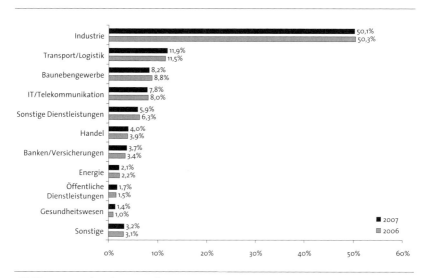

Abbildung 3: Branchen der Kundenfirmen 2007 und 2006
(Alle Unternehmen – Mittelwerte; Anteile am Umsatz in Prozent)

In der deutschen Wirtschaft kommt der Gruppe der Unternehmen mit bis zu 50 Mitarbeitern, also dem kleinen Mittelstand, eine wichtige Rolle in Bezug auf die Zahl der Arbeitsplätze zu.

Analysiert man jedoch die Kundengruppen der Zeitarbeitsunternehmen, so ist die Gruppe der Unternehmen mit bis zu 50 Mitarbeitern als Kunden der Zeitarbeits- und Personaldienstleistungsunternehmen unterrepräsentiert. Dagegen liegt die Zahl der Unternehmen, die 1.000 und mehr Mitarbeiter beschäftigen, mit etwa 21 Prozent innerhalb der Kundenstruktur der Zeitarbeitsunternehmen vergleichsweise hoch.

Für die Zeitarbeitsunternehmen sind die großen Kunden sehr attraktiv. Ein Ansprechpartner entscheidet über eine große Zahl von einzusetzenden Zeitarbeitnehmern. Das bedeutet eine sehr hohe Effizienz im Vertrieb, verlangt jedoch aufgrund der Kundenanforderungen für Rahmenverträge oft eine deutschlandweite Präsenz.

Gesuchte Qualifikationen

Der Fachkräftemangel in Deutschland spiegelt sich deutlich bei den von den Kunden-Unternehmen besonders gesuchten Qualifikationen wider. Gemessen an der durchschnittlichen Bewertung aller Teilnehmer, liegt die Qualifikationsgruppe der Facharbeiter/Techniker mit 1,8 (von möglichen 2,0) Punkten klar an der Spitze der Nachfrage und hat damit sogar noch an Bedeutung zugelegt. In der Befragung aus dem Jahr 2007 lag der Wert noch bei 1,7. Auf Platz zwei folgen die Ingenieure mit der Durchschnittsbewertung 1,5. Dahinter folgen die Konstrukteure mit einer Durchschnittsbewertung von 1,1. Bei IT-Spezialisten wird die Nachfrage mit 0,7 bewertet. Nach der Gruppe des qualifizierten Pflegepersonals (0,6) fallen die Bewertungen deutlich ab.

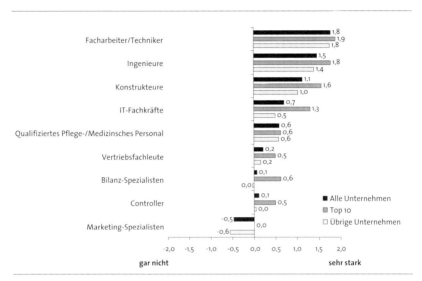

Abbildung 4: Welche Qualifikationen werden zurzeit von Ihren Kunden besonders stark nachgefragt (-2 = gar nicht bis +2 = sehr stark)?

Die Beurteilung der Top-10-Unternehmen zeigt durchgängig höhere Bewertungen, aber in gleicher Reihenfolge. Hier liegen die Facharbeiter/Techniker mit einem Wert von 1,9 schon fast am Maximalwert von 2,0. Die Ingenieure erhalten eine Nachfragebewertung von 1,8, Konstrukteure liegen bei 1,6. Auch IT-Fachkräfte werden von den Top 10 (1,3) deutlich stärker gesucht als von den übrigen Unternehmen (0,5).

Herkunft und Altersstruktur der Zeitarbeitnehmer

Die Zeitarbeit hat sich als effektives Instrument des Arbeitsmarktes bewährt. Zwischen 2003 und 2007 hat sich die Zeitarbeit darüber hinaus als wichtiger Motor bei der Schaffung von Arbeitsplätzen und der Integration Arbeitsloser in den Arbeitsmarkt gezeigt.

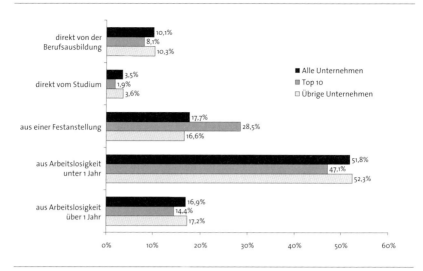

Abbildung 5: Herkunft der Zeitarbeiternehmer 2007
(Anteil an der Anzahl der Zeitarbeitnehmer in Prozent)

Mehr als zwei Drittel der Zeitarbeitnehmer der von der Lünendonk GmbH befragten Personaldienstleister waren vorher arbeitslos. 16,9 Prozent der Zeitarbeitnehmer waren sogar länger als ein Jahr arbeitslos, bevor sie eingestellt wurden. Damit hat sich der Trend, dass die Zeitarbeit auch Langzeitarbeitslose erreicht, spürbar fortgesetzt. Inzwischen liegt dieser Wert fast so hoch wie der prozentuale Anteil derer, die aus einer Festanstellung zu einem Zeitarbeitsunternehmen wechseln (17,7 Prozent). Der größte Teil der Zeitarbeitnehmer war vor der Beschäftigung weniger als ein Jahr arbeitslos (51,8 Prozent). Bei den Top 10 liegt der Wert etwas niedriger bei 47,1 Prozent.

In Bezug auf die Altersgruppen hat die Struktur der Zeitarbeitnehmer in den vergangenen Jahren begonnen, sich zu wandeln. Zwar gehören weiterhin mehr als 43 Prozent der bei den Studienteilnehmern unter Vertrag stehenden Zeitarbeitnehmer der Gruppe der unter 30-Jährigen an, die Zahl der älteren Zeitarbeitnehmer, insbesondere der über 50-Jährigen, nimmt jedoch parallel zur demografischen Entwicklung tendenziell zu, während die Gruppe der 30- bis 39-Jährigen tendenziell kleiner wird. Das Alter – das bestätigen auch viele Marktteilnehmer – spielt inzwischen nicht mehr eine so große Rolle bei der Vermittlung an ein Kunden-Unternehmen. Das gilt insbesondere dort, wo Erfahrung gefragt ist. Bei Spezialisten, etwa IT-Experten oder Ingenieuren, ist das Alter ohnehin aufgrund des Fachkräftemangels kaum noch ein Hinderungsgrund.

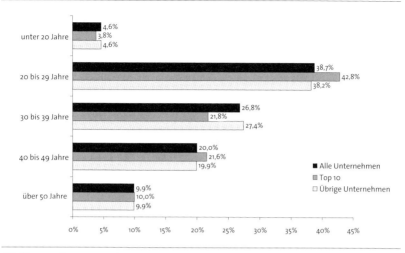

Abbildung 6: Altersgruppen der Zeitarbeitnehmer
(Anteile an der gesamten Zeitarbeitnehmerzahl nach Unternehmensgröße in Prozent)

Zukunftsperspektiven

Der Fachkräftemangel hat sich zu einer dauerhaften Herausforderung entwickelt. Demzufolge bleiben die höheren Qualifikationen als zukunftsträchtiges Marktsegment mit hohen Margen von strategischer Bedeutung für Zeitarbeits- und Personaldienstleistungen.

Obwohl sich das Image der Zeitarbeit in den letzten Jahren deutlich verbessert hat, werden klassische Zeitarbeitsunternehmen bisher kaum als Pool für Topexperten wahrgenommen. Die Grenzen weichen jedoch zunehmend auf, nicht zuletzt dadurch, dass die großen Zeitarbeitsunternehmen meist auch auf IT oder Engineering spezialisierte Tochterunternehmen im Portfolio haben.

Für die Zeitarbeits- und Personaldienstleistungsunternehmen, die sich verstärkt im hochqualifizierten Segment engagieren oder sich als strategischer Partner ihrer Kunden mit erweitertem Leistungsportfolio positionieren wollen, gelten damit – zumindest bei den höheren Qualifikationen – zunehmend die gleichen Herausforderungen wie für die Spezialanbieter (zum Beispiel Ingenieurbüros, IT-Beratungs-Unternehmen, IT-Dienstleister):

• War for talents – Attraktivität als Arbeitgeber,
• Karriereplanungsmodelle,
• Positionierung und Wahrnehmung beim Kunden,

- Erschließen neuer Entscheidergruppen,
- Steigende Integration in die Kundenprozesse.

Für die Zeitarbeitsunternehmen mit spezialisierten Tochterunternehmen, die unter eigener Marke agieren, ergeben sich darüber hinaus Herausforderungen im Markenmanagement. Denn für die Ansprechpartner vor Ort sowie für die Rekrutierung der Spezialisten gilt es, die „Spezialmarke" zu pflegen und gleichzeitig die Dachmarke zu nutzen, wenn es um Rahmenverträge mit großen Kunden geht. Dieser Spagat ist nicht einfach und dürfte teilweise nur schwer zu bewerkstelligen sein.

Aufgrund der hohen Nachfrage im Markt für Zeitarbeit und Personaldienstleistungen in Deutschland konnten die Anbieter-Unternehmen in den letzten Jahren in ihrem Kerngeschäft der Arbeitnehmerüberlassung stark wachsen. Dementsprechend haben sich die meisten Unternehmen auf ihr Kerngeschäft konzentriert und wenig in eine mögliche Ausweitung des Leistungsportfolios investiert. Als Folge dieser Entwicklung ist der Anteil der Arbeitnehmerüberlassung am Leistungsspektrum seit 2005 wieder angestiegen und wird auch zukünftig das Kerngeschäft ausmachen.

Einige der großen Unternehmen haben jedoch begonnen, die internen Prozesse zu verbessern und somit auch die Zusammenarbeit mit den Kunden zu fördern. Ein wichtiger Faktor für diese Verbesserungen sind effiziente Software-Lösungen, die die Arbeitsabläufe für die Personaldisponenten im Vertrieb, aber auch für die Rekrutierung und das Backoffice verbessern.

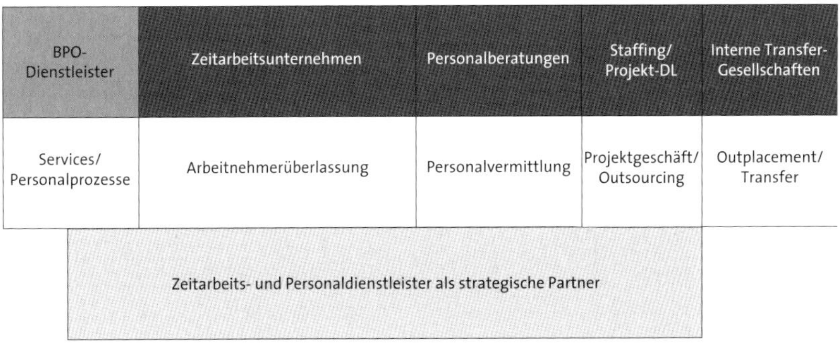

BPO-Dienstleister	Zeitarbeitsunternehmen	Personalberatungen	Staffing/ Projekt-DL	Interne Transfer-Gesellschaften
Services/ Personalprozesse	Arbeitnehmerüberlassung	Personalvermittlung	Projektgeschäft/ Outsourcing	Outplacement/ Transfer
	Zeitarbeits- und Personaldienstleister als strategische Partner			

Abbildung 7: Aufgabenfelder im Personalbereich: Mehr Potenzial für strategische Partner

Darüber hinaus sind für die Zukunft in der Zusammenarbeit mit den Kunden vielfältige weitere Aufgaben denkbar, die von modernen Personaldienstleistungsunternehmen übernommen werden beziehungsweise werden können:

- Zentraler Partner für Kapazitäts- und Rekrutierungsmanagement,
- Personalvermittlung intern bei Konzernen,
- Weiterbildungsmanagement,
- Lohn- und Gehaltsabrechnungen,
- Management von elektronischen Personalakten,
- Callcenter für Personalanfragen.

Dies würde jedoch den Aufbau neuer Strukturen erfordern. Wie viele klassische Zeitarbeitsunternehmen diese Chancen angehen, wird interessant zu beobachten sein. In anderen europäischen Ländern sind die Personaldienstleister diesbezüglich teilweise deutlich weiter.

Perspektiven

Im Jahr 2007 hat sich der Konsolidierungsprozess an der Marktspitze weiter fortgesetzt. Dabei scheint sich der Fokus innerhalb der Top 25 der Zeitarbeitsunternehmen nach drei Jahren Dynamik durch Buy-and-Build-Strategien nun mehr in Richtung strategischer Übernahmen der großen – internationalen – Zeitarbeitskonzerne zu verlagern. Interessant zu beobachten wird es sein, wie sich die Finanzinvestoren in der aktuellen Phase verhalten. Die Unternehmensbewertungen sind eingebrochen, die Konjunkturprognosen schwanken zwischen Stagnation und Rezession. Finanzierungen sind nur schwer zu stemmen. Gleichzeitig müssen Randstad, Adecco oder USG als mögliche Käufer zunächst ihre jüngsten, während starker Konjunktur getätigten Übernahmen integrieren.

Die Lünendonk GmbH erwartet nach einer Phase der Orientierung auch zukünftig weitere Übernahmen innerhalb der Top 25 der Zeitarbeitsunternehmen. Dabei dürften die von Finanzinvestoren geführten Unternehmen besonders im Fokus stehen. Trotz der hohen Unsicherheit und der negativen Aussichten ab 2009 erscheinen die mittelfristigen Aussichten für die Zeitarbeit in Deutschland aufgrund der strukturellen Faktoren positiv. Und auch von Seiten der Kunden-Unternehmen sind die Signale so zu verstehen, dass der Bedarf nach mehr unternehmerischer Flexibilität im Bereich des Personals noch lange nicht gedeckt ist.

Fußnoten

1 Statistik der BA,
   http://www.pub.arbeitsamt.de/hst/services/statistik/200712/iiia6/aueg/auegd.pdf
2 Research Center International Confederation of Private Employment Agencies,
   http://www.ciett.org/index.php?id=63

Der Kampf um neue Talente

Uwe Beyer

Das Bewusstsein für die Bedeutung der demografischen Veränderungen für Unternehmen ist nirgends so ausgeprägt wie in Deutschland. In den Strategien der Firmen spiegelt sich die Tatsache aber nur teilweise wider. Anders als beispielsweise in Großbritannien und den USA, vernachlässigt ein Großteil der deutschen Unternehmen noch immer, Arbeitsumgebungen zu bieten, die Fach- und Führungskräfte ansprechen – dies gilt vor allem im Mittelstand. Vielerorts fehlt es an einer klaren Unternehmensstrategie, um eine starke Arbeitgebermarke, die Employer Brand, zu definieren und zu festigen. Dabei ist sie entscheidend, wenn es darum geht, High Potentials für das eigene Unternehmen zu gewinnen. Das Employer Branding zielt darauf ab, nachhaltig die Rekrutierung von Personal zu vereinfachen. Die Idee entstand in den späten 90er Jahren, als die Verknappung von talentierten und hochqualifizierten Mitarbeitern offensichtlich wurde.

Die Berichterstattung der Medien verdeutlicht zudem, dass Unternehmen heute neue Handlungsweisen entwickeln müssen, wollen sie in der Zukunft erfolgreich bleiben. So kann man heutzutage kaum noch ein Medium aufschlagen oder einschalten, ohne mit Schlagworten wie demografische Zeitbombe, Auswanderungs- und Verrentungswelle, Kollaps der Sozialsysteme, War of Talents, Fachkräftemangel und dergleichen konfrontiert zu werden. Gerade durch das häufige Auftreten der Themen in den Medien sollen die Menschen sensibilisiert werden. Gleichzeitig besteht die Gefahr, dass durch die wiederholte Berichterstattung ohne neue Erkenntnisse und konstruktive Hinweise ein Gewöhnungseffekt für die negativen Schlagzeilen eintritt. Somit würden die Meldungen weniger beachtet, wodurch Zusammenhang und Bedeutung der Kerninhalte aus der Wahrnehmung geraten können. Es ist daher unerlässlich, mit dem Themenkomplex verantwortungsvoll umzugehen, denn es sollen keine Ängste geschürt werden. Viel eher sollten praktikable Lösungsansätze die Diskussion beherrschen. Genau diese Lösungsansätze sind es, die deutsche Unternehmer und Personalverantwortliche aus der Erstarrung befreien sollen.

Fakt ist, dass der Kampf um die besten Talente mit immer härteren Bandagen geführt wird. Die hochqualifizierten Arbeitskräfte von morgen werden sich ihre Arbeitsstellen aus einer Fülle von attraktiven Angeboten aussuchen können. Eine langfristig ausgelegte Unternehmensstrategie war noch nie so entscheidend, wie sie es in der heutigen

Zeit ist. Nur wer sich heute bereits auf die Zukunft vorbereitet, sichert sich den wirtschaftlichen Erfolg.

Es stehen nicht alleine die Produkte und Dienstleistungen der Firmen in Konkurrenz miteinander, sondern auch das Angebot an Arbeitsplätzen. Der zeitliche Aufwand für die Rekrutierung ist bereits gewachsen. Im Jahr 2007 benötigte ein Unternehmen noch durchschnittlich zwei Monate, um eine vakante Stelle zu besetzen. 2008 waren es bereits drei bis sechs Monate.

Gerade in den Wachstumsregionen wie Baden-Württemberg und Bayern nehmen die Firmen große Anstrengungen auf sich. Die Konkurrenz ist groß, das Angebot an qualifiziertem Fachpersonal jedoch begrenzt. Ein Rollentausch ist das Ergebnis des verknappten Angebots. Zunehmend sehen sich Unternehmer auf der anderen Seite des Tisches, denn anstatt Bewerbungen zu sichten, sind sie es, die sich bewerben.

So winken Unternehmen mit einem höheren Einstiegsgehalt, firmeneigenen Fitnesscentern und Kindergärten, regelmäßigen Betriebsausflügen, subventioniertem Wohnraum, günstigen Leasing-Konditionen für Fahrzeuge und und und. Jedes sechste Unternehmen zahlt inzwischen Kopfprämien – oft bereits im vierstelligen Bereich –, um neue Mitarbeiter zu gewinnen. Die hochqualifizierten Bewerber sind sich mittlerweile ihres Marktwerts deutlich bewusst und gehen dementsprechend in die Verhandlungen. Eine attraktive Vergütung ist selbstverständlich geworden. Die höchsten Einstiegsgehälter erzielen derzeit Ingenieure, Naturwissenschaftler und Informatiker mit Uni-Abschluss mit bis zu 50.000 Euro im Jahr. Deutlich mehr Gewicht legen Bewerber daher auf die Firmenkultur, die Zukunftsperspektiven und die frühe Übernahme von Verantwortung. Manch ein Unternehmen weitet sein Headhunting auf alle betrieblichen Ebenen aus.

Die großen deutschen Unternehmen, vornehmlich aus der Industrie, beklagen sich kaum wegen zu weniger Bewerbungen von Studienabgängern und qualifiziertem Fachpersonal. Große Arbeitgebermarken erfreuen sich weiterhin eines anhaltenden Zuspruchs. Die Marktführer der jeweiligen Branchen werden als die besten Arbeitgeber wahrgenommen. Nichts ist so sexy wie Erfolg. Meist ist die Zahl der Bewerbung vielfach höher als die der tatsächlich zu besetzenden Stellen. Die Faszination, in einem Konzern zu arbeiten, der international tätig ist, bleibt weiterhin ungebrochen. Dennoch bereiten sich die Konzerne auf den Mangel an qualifiziertem Personal vor und senken teilweise die Eintrittshürden in das Unternehmen. So werden nicht mehr alleine die besten zehn Absolventen eines Studienjahrgangs umworben, sondern alle Abgänger gleichermaßen. Diese Vorgehensweise ist bei weitem nicht überzogen, denn schätzungsweise werden bereits 2020 doppelt so viele Akademiker altersbedingt aus dem Arbeitsleben ausscheiden, wie Universitätsabsolventen neu auf den Markt drängen. Norbert Walter ist Chefvolkswirt der Deutschen Bank und rechnet dies vor. In ihrer Studie „Deutschland 2020" kalkuliert die Unternehmensberatung McKinsey diese Lücke auf 1,2 Millionen Akademiker.

Uneins sind sich die Konzerne noch bei der Gewichtung der Zensuren von Studienabgängern. Ein Teil der Unternehmen berücksichtigt den Notendurchschnitt weniger stark und setzt eher auf erste berufliche Erfahrungen, die beispielsweise in Praktika gewonnen wurden. Der Schwerpunkt wird auf die Arbeit in der Praxis gelegt, da diese die einzige Möglichkeit darstellt, dass der Studienabsolvent eine klare Vorstellung von seiner beruflichen Tätigkeit erlangt hat. Aus diesem Grund sind in den meisten Studiengängen Praktika ein fester Bestandteil. Bewirbt sich der Absolvent bei einem Unternehmen, erkennt der Personalentscheider aufgrund der bereits erworbenen Berufserfahrungen des Bewerbers die Ernsthaftigkeit des Wunsches, in der jeweiligen Branche zu arbeiten. In einem Punkt ist man sich jedoch einig: Der neue Mitarbeiter sollte in seinem bisherigen Lebenslauf mit einem deutlichen Hinweis auf Mobilität und Flexibilität aufwarten können. Da im gleichen Atemzug vermehrt nach Quereinsteigern Ausschau gehalten wird, kann das Zeitarbeitsmodell für Mitarbeiter ein Sprungbrett darstellen. Der Zeitarbeitnehmer hat nicht nur seine Flexibilität belegt, sondern auch bei den Arbeitseinsätzen in diversen Unternehmen aus unterschiedlichen Branchen wertvolle Berufserfahrungen und Einblicke gewonnen. Die namhaften Personaldienstleister bilden zudem die eigenen Mitarbeiter noch weiter, um die Qualifikationen arbeitsstellenspezifisch zu vermitteln, die der Arbeitsmarkt verlangt.

Der Mittelstand hat es schwerer, seine Arbeitgebermarke eindeutig zu definieren und dadurch die Anzahl der Bewerber zu erhöhen. In der Regel sind mittelständische Unternehmen regional bekannt, selten jedoch bundesweit. Dabei sind es diese Firmen, die oftmals als Zulieferer der großen Konzerne eng eingebunden sind. Kaum ein Bewerber hat davon Kenntnis, dass er bei einem mittelständischen Betrieb ebenso die Chance erhält, an Großprojekten der international aufgestellten Konzerne mitzuarbeiten. Auf diese Tatsache wird noch viel zu wenig aufmerksam gemacht, wobei der Mittelstand die Möglichkeit verstreichen lässt, im Glanz der großen Marken Fachkräfte für sich zu gewinnen.

Jedes Unternehmen besitzt eine Arbeitgebermarke, ob man diese in die eigene Vorgehensweise integriert oder nicht. Employer Branding ist zu einem überwiegenden Teil Unternehmensstrategie und muss für eine erfolgreiche Umsetzung im Einklang mit der Hauptmarke stehen. Es ist für jedes Unternehmen also unerlässlich, exakt zu wissen, wer man ist und wo man hin möchte. Schließlich erfüllt die Arbeitgebermarke zwei wesentliche Funktionen im Personalbereich: Sie soll hochqualifizierte Bewerber gewinnen und darüber hinaus nur die Bewerber, die zur Unternehmenskultur passen – daher muss sie so exakt wie möglich ausgearbeitet sein. Auf diese Weise wird Frust auf Seiten der Personalentscheider und der abgelehnten Bewerber vermieden. Das Unternehmen sollte bedenken, dass jeder Bewerber auch gleichzeitig ein möglicher Kunde sein kann. Ob sich dieser jedoch nach der Absage für die Dienstleistungen oder Produkte des Unternehmens erwärmen kann, ist fraglich. So entstehen nicht nur unnötige Kosten und Mehraufwand für die Rekrutierung von Nachwuchs, sondern auch der Umsatz kann Schaden erleiden. Jedoch sollten die Profile nicht allzu spitz zugeschnitten sein, um die Bewerber nicht fernzuhalten, die für die offenen Posten qualifiziert sind, sich aber selbstkritischer betrachten.

Der deutsche Mittelstand leidet bereits erheblich unter dem Fachkräftemangel. Die Wirtschaftsverbände ASU und BJS befragten für das Magazin „Wirtschaftswoche" 450 Firmen und kam zu dem Ergebnis, dass 60 Prozent von ihnen freie Stellen haben und ein Drittel der Unternehmen daher Aufträge ablehnen muss. Rund 43 Prozent der Unternehmen gab an, dass es zwar Bewerber gibt, diese aber nicht den Anforderungen entsprechen würden.

Um die eigene Arbeitgebermarke aktiv zu formen und nach außen zu tragen, haben einige Unternehmen Public Relations für sich entdeckt. Gerade im Mittelstand hat man bisher eine aktive Öffentlichkeitsarbeit als zweitrangig empfunden, da die Ergebnisse anders als beim klassischen Marketing weniger greifbar erscheinen. Unternehmer und Geschäftsführer tun sich teilweise noch schwer, den Wert eines weit über die Produkte hinausreichenden Images einzuschätzen. Dabei sind es nicht alleine die Produkte einer Firma, die bei High Potentials das Interesse wecken. Doch bei jeder Kampagne ist Vorsicht geboten, denn deren Botschaften müssen unbedingt den tatsächlichen Gegebenheiten entsprechen, auch wenn es noch so verlockend ist, Übertreibungen zu nutzen. Ansonsten läuft man Gefahr, dass Mitarbeiter mit falschen Erwartungen in das Unternehmen eintreten. Darüber hinaus verursachen Bewerber, die nicht den Anforderungen des Unternehmens entsprechen, Kosten und einen höheren Rekrutierungsaufwand. Eine ansprechende Firmenkultur muss vorhanden sein, erst dann kann man diese nach außen hin kommunizieren.

Den Kampf um die besten Talente findet man in ähnlicher Weise in der Natur. Blumen auf der blühenden Sommerwiese stehen in Konkurrenz miteinander, denn jede Pflanze möchte so viele Insekten wie möglich zur Bestäubung anlocken. Die Bestäubung ist die Voraussetzung für die Befruchtung und damit auch die der Samenbildung und Vermehrung. Ohne Insekten kann demnach kein Wachstum stattfinden. Aus der Sicht der Insekten besteht ein nahezu unerschöpfliches Angebot an Blüten und damit an Pollen. Der Konkurrenzkampf um die Bestäuber ist dementsprechend hoch. Die Natur hat zur Lösung des Problems das Employer Branding in der Evolution umgesetzt. Bestimmte Blumen bevorzugen eine bestimmte Gruppe von Insekten wie zum Beispiel Bienen. Daher haben sich genau diese Pflanzen auf ihre Zielgruppe spezialisiert und locken mittels eines unverwechselbaren und ansprechenden Blütendufts und der Farben der Blütenblätter die gewünschten „Mitarbeiter" an. In gewisser Hinsicht haben die Pflanzen damit eine einzigartige Marke in der Flora geschaffen, die nicht nur auf eine bestimmte Zielgruppe anspricht, sondern durch die genaue Definition Ausschlusskriterien beinhaltet. Auf diese Weise wird der im übertragenden Sinne Rekrutierungsaufwand auf ein Minimum beschränkt und fördert dennoch die Möglichkeit des maximalen Erfolgs.

Eine weitere Schwierigkeit für das Besetzen von vakanten Stellen mit qualifiziertem Personal ist die Auswanderung von Fach- und Führungskräften. Hohe Steuern und Abgaben werden häufig als Begründung angegeben. Somit stehen Unternehmen verstärkt unter Druck. Wirtschaft und Politik sind aufgefordert, Arbeitnehmern ein angenehmes und zukunftssicheres Arbeitsumfeld anzubieten, möchte man das Ausbluten stoppen. Anstelle von Subventionen in die Standortsicherung von Unternehmen ist eine verstärkte Investition in Bildung und Ausbildung am Standort Deutschland zu verbessern. Die Zahl der Schulabgänger geht ständig zurück und so beenden immer weniger Leute ihr Studium oder ihre Ausbildung. Seitens der Politik ist man sich im Klaren, dass großer Handlungsbedarf besteht. 2008 hatte Bundeskanzlerin Merkel das Ziel der „Bildungsrepublik Deutschland" ausgerufen und Bildung als wichtigste soziale Frage des 21. Jahrhunderts benannt. Die Bildungspolitik liegt im Verantwortungsbereich der einzelnen Bundesländer und so kann Angela Merkel allenfalls für mehr Bildungsprojekte werben. Für die erfolgreiche Umsetzung wird vor allem Geld benötigt. Nach aktuellen Schätzungen werden Finanzmittel in Höhe von zehn Milliarden Euro notwendig sein. Will man den Hochschulbau fördern, werden weitere Investitionen erforderlich sein.

Längst ist bewiesen, dass sich Investitionen in die Bildung bereits bei Kleinkindern lohnen. Eine Langzeitstudie aus den USA belegt, dass die Investitionen niedrigere Arbeitslosigkeit hervorbringen und die Sozialsysteme entlasten. Am Perry-Preschool-Projekt nahmen 120 drei- bis vierjährige Kinder aus benachteiligten Elternhäusern teil und wurden dazu in zwei Gruppen gegliedert. Die eine Gruppe bekam Zugang zu einer guten Vorschule. Darüber hinaus wurden die Eltern von Betreuern beraten. Die Kinder aus der Vergleichsgruppe erhielten keine Förderung. Rund 50 Jahre ist dies nun her, und der Erfolg hat sich dadurch gezeigt, dass die Kinder der geförderten Vorschulgruppe bessere Schulabschlüsse und höhere Einkommen vorweisen können. In Deutschland liegen die Ausgaben im Vor- und Grundschulbereich unter dem Pro-Kopf-Schnitt der OECD-Industrieländer, wobei die Unifinanzierung deutlich darüber liegt. Bildung ist der Schlüssel für einen erfolgreichen Berufsweg. Die gezielte Förderung von Kleinkindern entdecken einzelne Unternehmen als Lösungsversuch, der Verknappung von Fachkräften entgegenzuwirken. So plant das Unternehmen Bosch, Technik-Baukästen an Kindergärten zu verteilen. Auf diese Weise möchte man Kleinkinder für Technik begeistern, und es schwingt die Hoffnung mit, dass die Begeisterung bis zur Berufswahl anhält. Dies sind zwei Beispiele dafür, dass es möglich ist, den Zugang zu Bildung zu ermöglichen. Kooperationen zwischen Politik und privater Wirtschaft könnten Bildungsprojekte gemeinsam umsetzen, um einen höheren Erfolg zu erreichen.

Eine bereits umgesetzte Kooperation ist das Projekt Quadriga, an dem die Bundesagentur für Arbeit, das Institut für Arbeitsmarkt- und Berufsforschung und Adecco gemeinsam arbeiten. Ziel ist es, die hohe Langzeitarbeitslosigkeit zu bekämpfen und durch gezielte Qualifizierung Fachkräfte auszubilden. Jugendliche Empfänger von Arbeitslosengeld II ohne abgeschlossene Ausbildung erhalten auf diese Weise eine berufliche Perspektive. Das Projekt verbindet eine schnelle Tätigkeitsaufnahme im Rahmen der Arbeitnehmerüberlassung mit einer modularen, individuell zugeschnittenen Qualifizierung während der Zeit, in der die Jugendlichen nicht an ein Unternehmen verliehen werden. Auf diese Weise werden berufspraktische und theoretische Elemente in dem Vorhaben wechselseitig kombiniert und individuell auf den Teilnehmer zugeschnitten. In Kooperation mit zertifizierten Bildungsträgern werden für jeden Einzelnen solche individuellen Qualifikationsziele festgelegt, die auch am Arbeitsmarkt nachgefragt werden. Vor dem Erhalt eines unbefristeten Arbeitsvertrags von Adecco werden gemeinsam mit einem Coach der berufliche Standort, das berufliche Potenzial sowie die zukünftige Tätigkeit bestimmt.

Wird der Zugang zur gezielten Aus- und Weiterbildung flächendeckend geschaffen, stehen nicht nur dem Arbeitsmarkt deutlich mehr Fachkräfte zur Verfügung, sondern auch die beruflichen Chancen werden gerechter verteilt. Der Staat profitiert in nicht unerheblichem Maße davon, denn arbeitslose Jugendliche mit erheblichen Vermittlungshemmnissen werden so in eine sozialversicherungspflichtige Tätigkeit integriert. Fördern und Fordern durch marktgerechte Qualifizierung, Stärkung von Motivation und weitere Betreuung führt zur Beseitigung der Hilfebedürftigkeit und schafft echte berufliche Perspektiven.

Generell dreht sich in der Zeitarbeit sehr viel um die Qualifizierung von Mitarbeitern. Sind nicht genügend Fachkräfte für den Einsatz beim Kunden vorhanden, müssen diese ausgebildet werden. Ein Aspekt dabei ist die stellenspezifische Weiterbildung, die Adecco in Zusammenarbeit mit externen Bildungsträgern unter anderem durchführt. So werden Fertigkeiten vermittelt, die auf dem freien Arbeitsmarkt rar geworden sind, von den Unternehmen jedoch dringend benötigt werden. Mit Unterstützung des hauseigenen Qualifizierungsprogramms Career Up erhalten zudem alle Mitarbeiter – vom Berufseinsteiger bis zum erfahrenen Profi – individuelle Fortbildungen und eine aktive Karriereberatung.

Ein Aspekt der Weiterbildung von Adeccos Mitarbeitern verdient besondere Aufmerksamkeit. Die Luft- und Raumfahrtindustrie ist besonders hart vom Fachkräftemangel betroffen. Das benötigte Personal ist auf dem freien Arbeitsmarkt so gut wie gar nicht verfügbar. Der Grund hierfür ist, dass die Branche ganz spezielle Qualifikationen abruft, die sonst in keinem anderen Bereich gefragt sind. Fast jede abgeschlossene technische Ausbildung bedarf der Weiterbildung, um den Anforderungen gerecht zu werden. Jahrelang galt die Luft- und Raumfahrt als Wachstumsbranche, die jedoch davon bedroht ist, ausgebremst zu werden. Die Verknappung von Rohstoffen, vor allem bei Erdöl, wird in Diskussionen häufig als Grund aufgezählt. Der Personalmangel, der der Entwicklung der Branche ebenso wie der Mangel an Rohstoffen deutliche Grenzen aufzwingt, findet nicht immer Beachtung oder wird gar völlig unter den Teppich gekehrt. Wir befinden uns im Zeitalter der Globalisierung, und so sind Qualifikationen und Verfügbarkeit des Humankapitals für eine Branche und Region von maßgeblicher Bedeutung.

Der anhaltende Mangel an qualifizierten Fachkräften wird sich in Zukunft durch die demografische Entwicklung weiter verschärfen. Die Auswirkungen auf die Wirtschaft sind dramatisch und bereits heute spürbar. Schon 2007 veranschlagte der Deutsche Industrie- und Handelskammertag 400.000 fehlende Fachkräfte. Das Wirtschaftswachstum ist dadurch nachhaltig gehemmt, denn durch nicht besetzte Fachstellen gehen weitere Arbeitsplätze verloren. Besonders bei den Ingenieuren klappt die Schere zwischen offenen Stellen und zur Verfügung stehenden arbeitslosen Kräften immer weiter auseinander. Rund 95.000 Stellen sind vakant, dem stehen jedoch nur etwa 22.000 ausgebildete und arbeitsuchende Ingenieure gegenüber. Das tatsächliche

Stellenangebot liegt laut Schätzungen sogar noch höher, denn auf jeden fehlenden Ingenieur kommen zwei bis drei Arbeitsplätze, die nicht entstehen. Die größten Probleme verzeichnen ironischerweise die Vorzeigebranchen wie Maschinen-, Autobau und Elektrobetriebe. Keine zehn Jahre ist es her, als es noch nicht genug Jobangebote für die Anzahl an arbeitslos gemeldeten Ingenieuren gab. Die derzeit verfügbaren Fachkräfte müssen schnell und unkompliziert in den Arbeitsmarkt integriert werden. Das Zeitarbeitsmodell mit seinen arbeitsstellenspezifischen Fortbildungen hat sich in dieser Hinsicht bereits mehrfach bewährt.

Laut einer Studie, die die Süddeutsche Zeitung zitiert hat, geht man davon aus, dass 2014 deutschen Unternehmen bis zu 95.000 Ingenieure und 135.000 Naturwissenschaftler fehlen. Mit diesem Mangel wäre alleine im Jahr 2007 ein Prozent des Bruttoinlandprodukts ausgefallen – ein Schaden von 20 Milliarden Euro. Betroffen sind vor allem Schlüsselindustrien, die für die technologische Leistungsfähigkeit im internationalen Wettbewerb besonders wichtig sind.

Die Auswirkungen des demografischen Wandels für Unternehmen macht folgendes Beispiel sehr gut deutlich. Mainframes sind Großrechner aus den 70er Jahren, die Daten, Anwendungsprogramme und Benutzeroberflächen auf einem Hauptrechner zentralisieren. Laut einer aktuellen Studie arbeiten 56 Prozent der kleinen und mittleren Unternehmen in Deutschland noch heute mit diesen Rechnern und planen keine Umrüstung auf neuere Modelle, da ihnen dies zu risikoreich erscheint. Solange die Technik einwandfrei arbeitet, ist die Haltung der Unternehmer gerechtfertigt. Den Anschein hat es zumindest. Fakt ist, dass in heutigen IT-Studiengängen das Thema Mainframe keinen Schwerpunkt mehr bildet, und gleichzeitig sind die Menschen, die heute mit diesen Großcomputern arbeiten, bereits Ende 50. In wenigen Jahren stehen die älteren Mitarbeiter dem Arbeitsmarkt nicht mehr zur Verfügung. Herausgezögert wird dieser Zeitpunkt höchstens mit dem Anheben des Renteneintrittsalters. Somit stehen viele Unternehmen vor einem Milliardenproblem, welches in der Tragweite noch nicht flächendeckend erkannt wurde. Der Zeitpunkt ist absehbar, ab dem man über eine IT-Hardware verfügt, die alle relevanten Informationen zentralisiert, aber keine Mitarbeiter mehr hat, die mit der Technik arbeiten können.

Der demografische Wandel ist kein zukünftiges Problem, sondern er ist bereits heute allgegenwärtig. Der Geburtenrückgang hat jetzt die Schulen erreicht und wird sich in wenigen Jahren direkt auf den Arbeitsmarkt auswirken. Die Rechnung ist dabei sehr einfach. Je weniger Schulabgänger es gibt, umso weniger Menschen treten in den

Arbeitsmarkt ein. Fakt ist, dass wir Deutschen immer weniger werden. Zwar sterben wir später, dennoch wirkt sich die rückläufige Geburtenrate stärker aus. Die Vereinten Nationen haben berechnet, dass die Gesamtbevölkerungszahl in Deutschland von rund 83 Millionen im Jahr 2005 auf 79 Millionen im Jahr 2050 zurückgeht. Mit einer schrumpfenden Bevölkerung sinkt auch die Zahl der Personen im erwerbsfähigen Alter. Aus diesem Grund ist es für Unternehmen unerlässlich, Arbeitskräfte nachhaltig an das eigene Unternehmen zu binden, wobei die eigene Arbeitgebermarke zum Tragen kommt.

Hierzu veröffentlichte das Forschungsinstitut Gallup vor kurzem erschreckende Zahlen, denn 88 Prozent der Arbeitnehmer besitzen keine echte Bindung an den Arbeitgeber und somit empfiehlt nur jeder Fünfte die Produkte oder Dienstleistungen seiner Firma weiter. Den eigenen Job empfiehlt im Freundes- und Bekanntenkreis sogar nur jeder Zehnte. Der jährliche Schaden für deutsche Unternehmen wird auf 250 Milliarden Euro geschätzt. Sieben von zehn heiß umworbenen Fach- und Führungskräften wollen in den kommenden zwei Jahren die Stelle wechseln, wie eine Studie der Universität Lüneburg zu Tage gefördert hat.

Durch den Wandel in der demografischen Struktur wird es auch bei uns in Zukunft als vollkommen normal angesehen werden, dass Arbeitnehmer immer länger berufstätig bleiben werden, bis sie die Verrentung erreichen. Dabei sollen die Mitarbeiter möglichst lange gesund sein und vor allem auch motiviert werden, um sich im Laufe ihres Arbeitslebens ständig weiter zu qualifizieren. Nur so werden sie für die Anforderungen des Arbeitsalltags gerüstet sein. Viele Arbeitnehmer haben nach ihrer beruflichen Ausbildung nie wieder an einer Fortbildungsmaßnahme teilgenommen oder daran gearbeitet, ihre persönlichen Fähigkeiten weiterzuentwickeln.

Einige wenige Firmen haben eine Vorreiterrolle inne, wenn es um das Gesundheitsmanagement geht, welches von ausgewogener Ernährung in den Kantinen bis hin zu physiotherapeutischer Betreuung und Betriebssport reicht. Den Firmen ist bewusst, dass durch diese Maßnahmen nicht nur die Gesundheit des Einzelnen, sondern auch das kollegiale Miteinander gefördert wird. Die Erfahrungen der Generation 50+ werden wieder verstärkt geschätzt und Unternehmen setzen vermehrt auf eine gemischte Altersstruktur in ihren Teams. Man hat erkannt, dass sich das Wissen und die Erfahrung der älteren Belegschaft und die Leistungsbereitschaft der Jüngeren sehr gut verbinden lassen.

Experten sind der Meinung, dass Unternehmen ihren Bedarf an qualifizierten Arbeitskräften nur noch decken können, wenn es zukünftig besser gelänge, Beschäftigte über 55 Jahren produktiv einzusetzen. Bislang wird das Potenzial der älteren Menschen in Deutschland allerdings noch zu wenig genutzt, denn Fakt ist, dass die Zahl der Neueinstellungen der über 50-Jährigen viel zu gering ist – vor allem, wenn man diese mit anderen Ländern vergleicht. Stark verwurzelt sind Vorurteile wie Unflexibilität und mangelnde Lernbereitschaft, die man mit älteren Mitarbeitern in Verbindung bringt. Mit dem Allgemeinen Gleichbehandlungsgesetz schafft man hier nur einen bürokratischen, wenn auch notwenigen Regelungsrahmen. Dadurch kann man jedoch den erforderlichen kulturellen Wandel nicht erzwingen. In den letzten konjunkturschwachen Jahren haben viele Unternehmer vermehrt ältere Mitarbeiter in den vorzeitigen Ruhestand entlassen. Die Folge ist, dass ihnen heute nicht nur die jungen Nachwuchskräfte, sondern auch die erfahrenen älteren Mitarbeiterinnen und Mitarbeiter fehlen. Was man in vielen deutschen Betrieben vorfindet, nennen die Fachleute komprimierte Altersstruktur – eine Fehlentwicklung, die fatale Folgen haben kann. In Ländern wie Irland, Spanien, Australien und Neuseeland sind geeignete Kenntnisse und soziale Kompetenz wichtiger als das Alter, wie das Magazin „Junge Karriere" berichtete.

Seit Jahren beschäftigt sich Adecco mit diesen Entwicklungen und deren Auswirkungen auf den Arbeitsmarkt und begegnet ihnen mit eigenen Lösungen. In diesem Zusammenhang hat der Personaldienstleister fünf Handlungsfelder definiert, in denen Unternehmen und Organisationen aktiv werden müssen. Diese sind Karrieremanagement, lebenslanges Lernen, Gesundheits-, Wissens- und Diversity-Management. Diversity-Management toleriert dabei nicht nur die Verschiedenheit des Einzelnen, sondern hebt diese im Sinne einer positiven Wertschätzung besonders hervor.

In diesem Zusammenhang hat das Adecco Institut eine repräsentative Studie zur demografischen Fitness der Unternehmen – beginnend in den fünf größten Volkswirtschaften Europas – durchgeführt. Hierzu wurden 2.500 Unternehmen untersucht. Die Personalentscheider wurden zur Anwendung, Ausprägung und Akzeptanz von Maßnahmen in den fünf oben beschriebenen Handlungsfeldern befragt. Die Ergebnisse wurden anhand eines Indexwertes für ihre „demografische Fitness" verdichtet. Die Studie hat dabei drei wesentliche Dinge zu Tage gebracht:

Erstens erzielten die befragten Firmen von 400 möglichen Indexpunkten im Durchschnitt lediglich einen Wert von 183. Was ihre demografische Fitness angeht, sind die europäischen Unternehmen also nicht einmal halb so gut, wie sie es sein könnten.

Zweitens sind viele europäische Unternehmen den deutschen schon eine Nasenlänge voraus. Zum Beispiel sind britische Firmen im Schnitt besser darüber informiert, wie sich ihre Belegschaft altersmäßig zusammensetzt.

Das dritte Ergebnis der Studie war, dass Firmen, obwohl sie sich in der Regel genauestens darüber im Klaren sind, welches Wissen an welchem Arbeitsplatz benötigt wird, überraschenderweise ihre Experten nicht kennen. Wer also über welches Know-how verfügt, bleibt im Dunkeln. Darüber hinaus ist die Personalplanung mit einem Horizont von nur 1,3 Jahren sehr kurzfristig ausgelegt.

Es ist also von entscheidender Bedeutung, Mitarbeiter an sein Unternehmen zu binden, sie zu motivieren und stetig weiterzubilden. Beim Kampf um neue Talente ist es unerlässlich, sein Profil zu schärfen und seine Arbeitgebermarke zu formen, sie kontinuierlich aufzubauen und nach außen zu tragen. All das, um sich als Unternehmen auch in Zukunft erfolgreich am Markt zu behaupten und die Wettbewerbsfähigkeit zu sichern.

Literatur

„Chancen wie noch nie", manager magazin Ausgabe 9/08.

„Europa vergreist immer stärker", Fuldaer Zeitung 27. August 2008.

„Fachkräftemangel verschärft", Focus online 28. Juni 2008.

„Fehlende Fachkräfte verursachen 20 Milliarden Euro Schaden", golem.de 20. August 2007.

„Frust in der Firma" GELD idee Nr. 9, September 2008.

„Jagd auf die scheuen Schlauen", Focus Nr. 31 28. Juli 2008.

„Länder fordern Milliarden für Bildung vom Bund", Welt online 19. August 2008.

„Schulabbrecherzahl halbieren", Frankfurter Allgemeine Zeitung 4.September 2008.

„Werben um Bewerber", manager magazin Ausgabe 9/08.

„Werben um die Alten", Focus online 1. September 2008.

„Werben um die jüngsten Köpfe", Focus online 9. Mai 2008.

Müssen – Können – Wollen
Erkenntnisse aus einer Trendstudie zur Flexibilität

Heide-Lore Knof

Flexibilität wird heute gelebt und eingefordert. Sie eröffnet unendliche Gestaltungsfreiräume, verlangt aber vom Einzelnen auch verstärkt Eigenverantwortung. Flexibilisierung durch den gesellschaftlichen Wandel wird immer stärker wahrgenommen und als Reaktion auf die Dynamisierung der Rahmenbedingungen verstanden. Eine Studie, die Randstad gemeinsam mit dem Hamburger Trendbüro durchgeführt hat, thematisiert die gesellschaftliche Bedeutung von Flexibilität im Spannungsfeld zwischen Müssen, Können und Wollen. Dort wird deutlich, wie sich die Welt um uns herum verändert und welche Herausforderungen sich daraus ergeben. Die Untersuchung macht deutlich, dass Flexibilität sowohl als inneres Streben (Wie flexibel will ich sein?) als auch als Umfeldanforderung (Wie flexibel muss ich sein?) verstanden werden kann; beide Ebenen wirken aufeinander ein und verstärken sich. Das Flexibilitätspotenzial und damit die Einstellung zu Flexibilität werden durch die persönliche Meinung, Lebenssituation und Prägung bestimmt. Hieraus lassen sich drei Flexibilitätstypen ableiten: Für den Beständigen schafft Flexibilität unbeherrschbare Komplexität, für den Angepassten ist Flexibilität eine notwendige Eigenschaft, der Enthusiast sieht Flexibilität als Chance. Je höher also das individuelle Flexibilitätspotenzial ist, desto eher wird die Flexibilisierung als „Benefit" begriffen. Die Flexibilität als Umfeldanforderung resultiert aus der Dynamisierung des gesellschaftlichen Rahmens und fordert vom Einzelnen ein gesteigertes Maß an Beschäftigungsfähigkeit, Leistungsfähigkeit, Selbstverantwortung und Selbstbestimmung, so die Erkenntnisse der Studie. Mit der Zunahme von Flexibilitätsdruck und Flexibilitätspotenzial wird in Zukunft kognitive Flexibilität an Bedeutung gewinnen. Die zukünftige Flexibilität heißt Innovationsfähigkeit und Kreativität, so das Ergebnis der Studie.

Kontext und Bedeutung von Flexibilität

Nie zuvor hat sich unsere Welt schneller verändert, nie zuvor mussten Menschen und Unternehmen sich dem Wandel ihres Umfelds rascher anpassen als seit Einführung der Informationstechnologie. Flexibilität ist als Schlagwort in aller Munde. Darunter versteht man die Lockerung, Veränderung oder gar Auflösung fest verankerter Strukturen – woraufhin neue, dynamischere Prozesse und Strukturen entstehen. Durch die Dynamisierung des gesellschaftlichen Rahmens wird Flexibilität zur Voraussetzung in allen Lebensbereichen – Familie, Freunde und die Freizeitplanung sind genauso betroffen wie die Organisation des Alltags, Reisen oder das Konsumverhalten des Einzelnen. Besonders in der Arbeitswelt und beim Ausbalancieren von Arbeit und Freizeit ist Flexibilität gefragter denn je. Überstunden, Wochenendarbeit und Geschäftsreisen müssen in den Alltag integriert werden, Kreativität und Spontaneität im Arbeitsalltag gehören im Verständnis vieler genauso zum guten Ton wie eine flexible Zeitplanung. Damit geht einher, dass die Grenzen zwischen Arbeit und Freizeit immer häufiger verschwimmen.

Will ich oder muss ich flexibel sein?

Die Einstellung des Individuums zum Thema Flexibilität entwickelt sich laut Trendstudie auf zwei unterschiedlichen Ebenen: auf der inneren Ebene, die aus dem Einzelnen heraus entspringt, und der äußeren Ebene, die sich aus dem Umfeld des Menschen generiert. Wird Flexibilität als inneres Streben verstanden, beschreibt sie das Ausleben eines inneren Neugier- und Variationstriebs: Wie flexibel will ich sein? Betrachtet man Flexibilität als Umfeldanforderung, dann verlangt diese, das eigene Verhalten auf die externen Begebenheiten abzustimmen: Wie flexibel muss ich sein? Beide Ebenen wirken aufeinander und verstärken sich gegenseitig. Die Ausprägung der Flexibilität des Einzelnen umfasst also das innere Flexibilisierungspotenzial einerseits und den Flexibilisierungsdruck andererseits.

Flexibilität als inneres Streben und Umfeldanforderung

Individuum

Wie flexibel will ich sein?
Flexibilitätspotenzial

Umfeld

Wie flexibel muss ich sein?
Flexibilitätsdruck

Abbildung 1: Flexibilitätspotenzial oder -druck

Flexibilitätspotenzial: Flexibilität als inneres Streben

Die persönliche Disposition wie beispielsweise Charaktereigenschaften oder kognitive Fähigkeiten sowie die Lebenssituation und die Werteprägung bestimmen die individuelle Einstellung der Menschen zur Flexibilität und die Ausprägung des inneren Neugier- und Variationstriebs. Je nach Intensität der inneren Flexibilität lassen sich drei Flexibilisierungstypen unterscheiden:

Das individuelle Flexibilitätspotenzial bestimmt die Einstellung zu Flexibilität; man kann drei Flexibilitätstypen unterscheiden

niedrig	Flexibilitätspotenzial		hoch
	Der Beständige	Der Angepasste	Der Enthusiast
Lebens-situation	– Familiär gebunden – Geringere Formalbildung – Angestellt – Strukturen wichtig	– Familiär eher gebunden – Formal gut gebildet – Angestellt – Mehrfachbelastung	– Familiär unabhängig – Formal gut gebildet – Selbständig oder höhere berufliche Stellung
Persönliche Merkmale	– Eher pessimistisch – Traditionell und beständig – Trennung von Arbeit und Freizeit wichtig	– Realistisch und kritisch – Aufgeschlossen – Desillusioniert – Organisationstalent	– Optimistisch – Liebt Abwechslung – Offen und neugierig – Kommunikationsstark – Nicht bindungswillig
Einstellung	Flexibilität schafft unbeherrschbare Komplexität	Flexibilität ist eine notwendige Eigenschaft zur Sicherung der eigenen Existenz	Flexibilität bietet Gestaltungsfreiheit und vervielfacht die Möglichkeiten

Tabelle 1: Flexibilisierungstypen I

Je höher das individuelle Flexibilisierungspotenzial, desto eher wird Flexibilität als Benefit gesehen. Der beständige Typ sieht Flexibilität als Unsicherheitsfaktor, sein Flexibilisierungspotenzial ist niedrig: „Man muss immer verfügbar sein und schnell reagieren. Man ist zwar flexibel, aber nur, um es jemandem recht zu machen. Für mich ist das eher anstrengend." Sein Motiv für Flexibilität ist in dem Wunsch nach Anschluss und der Anpassung an gesellschaftliche Rahmenbedingungen begründet. Der Angepasste hingegen sieht Flexibilität als einen Kompromiss: „Wenn ich im Arbeitsleben flexibel bin und auch die Stadt wechsel' oder vielleicht irgendwann ins Ausland gehe, bekomme ich dafür mehr Geld." Er sieht in der Flexibilisierung die Chance, seine Lebenssituation zu verbessern. Der enthusiastische Typ wiederum hat ein sehr hohes Flexibilisierungspotenzial und sieht Flexibilität dementsprechend als Benefit an: „Wenn ich flexibel bin, bleibe ich dynamisch. Es macht Spaß, jeden Tag mit neuen Aufgaben konfrontiert zu sein und nicht immer das Gleiche zu machen."

Um sich persönlich entfalten zu können, ist Flexibilität für den Enthusiasten ein Muss.

Flexibilitätsdruck: Flexibilität als Umfeldanforderung

Flexibilität als Umfeldanforderung resultiert aus der Dynamisierung des gesellschaftlichen Rahmens: Soziale, technologische, kulturelle und ökonomische Faktoren verändern sich immer schneller. Ein Flexibilisierungsdruck entsteht, mit dem die Menschen mehr oder weniger gut umgehen können.

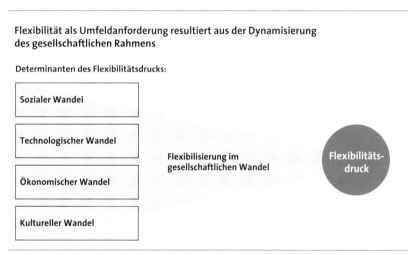

Tabelle 2: Flexibilisierungstypen II

Sozialer Wandel eröffnet vielfältige Optionen

Der soziale Wandel eröffnet den Menschen neue Möglichkeiten der Selbstbestimmung, Gestaltung und Eigenverantwortung, gleichzeitig steigt jedoch der Erfolgs- und Entscheidungsdruck. Traditionelle Werte wie Gehorsam und Pflichterfüllung werden von hedonistischen Werten wie Autonomie und Selbstverwirklichung ersetzt. Die Globalisierung der Märkte und die Anforderungen der Arbeitswelt verlangen wirtschaftliche, aber auch persönliche Mobilität und Dynamik. Bildungs- und Arbeitsmöglichkeiten variieren zunehmend, flexible Arbeitsstrukturen lösen mehr und mehr die klassische Festanstellung ab und die Beschäftigungsverhältnisse werden kürzer. Befristete Verträge und das Prinzip des kontinuierlichen Karriereaufbaus in unterschiedlichen Unternehmen nehmen hingegen zu. Dadurch steigen die Ansprüche der Bewerber an den Job, aber auch die Arbeitgeber legen die Messlatte für Berufseinsteiger höher an. Unterschiedliche Erfahrungen, Fähigkeiten und Kompetenzen wiegen mehr als spezifisches Fachwissen, kontinuierliches Update des eigenen Know-hows und Mobilität gelten als weitere Türöffner im Arbeitsmarkt. Die Bewältigung der Spannung zwischen Entfaltungswunsch und Erfolgszwang liegt in der Variationsfähigkeit des Einzelnen. Denn wer variationsfähig, also flexibel, in der Lebensführung ist, investiert in eine attraktive und vielschichtige Biografie als Voraussetzung für ein stabiles Einkommen und schafft damit Sicherheit.

Technologischer Wandel schafft vernetzte Virtualität

Die fortschreitende Technologisierung durchdringt und revolutioniert die Gesellschaft in allen Bereichen. Die steigende Verarbeitungskapazität, die Miniaturisierung der Hardware und die ständige Ausbreitung des Internets beschleunigen den Datenaustausch – Information und Wissen sind zunehmend überall abrufbar. Die technische Vernetzung jedes Einzelnen erleichtert die Kontaktierbarkeit und erweitert das Kommunikations- und Interaktionsumfeld. Auf dem Arbeitsmarkt ist Produktivität längst nicht mehr zeit- und ortsgebunden, dank der neuen Kommunikationstechnologien findet Arbeit häufig unterwegs statt, die klassische Arbeitsplatzbindung verliert an Gewicht. Zeitmanagement, Selbstkontrolle und Medienkompetenz werden vorausgesetzt und der effiziente Umgang mit den eigenen Kapazitäten wird immer wichtiger. Die vernetzte Welt führt zur Flexibilisierung des Interaktionsraums und erzeugt ein Spannungsfeld zwischen dem Wunsch nach festen Strukturen und dem Druck, ständig erreichbar und handlungsfähig zu sein. Wer interaktionsfähig ist, also zeit- und ortsouverän agiert, kann sich effizienzsteigernd in den Wertschöpfungsprozess einbringen und erhöht so die eigene Produktivität.

Ökonomischer Wandel erhöht die Leistungsorientierung

Der dynamisierte Arbeitsmarkt und der weltweite Wettbewerb fordern sowohl von Unternehmen als auch von Arbeitnehmern Anpassungsfähigkeit. Leistung gilt als Qualifikationskriterium für den beruflichen und sozialen Status, dabei liegt die Verantwortung für das „Gelingen des Lebens" verstärkt beim Individuum selbst. Der Sozialstaat und die damit verbundenen sozialen Sicherheiten werden zurückgebaut, gleichzeitig nimmt die Bedeutung von Qualifikation, Wissen, lebenslangem Lernen und vielfältig einsetzbaren Methodenkompetenzen zu.

Der ökonomische Wandel verstärkt den Druck und die Eigenverantwortung in Bezug auf finanzielle Absicherung und Wettbewerbsfähigkeit. Der Arbeitsmarkt bietet mehr Menschen mehr Raum für Selbstverwirklichung, die Verantwortung innerhalb der Unternehmen wird breiter verteilt und Mitarbeiter werden stärker in Entscheidungsprozesse eingebunden. Projektarbeit mit wechselnden Teams und Aufgabenstellungen fordern Kooperationsfähigkeit und selbständiges Arbeiten, persönliche Netzwerke sichern den Zugang in den Markt. Aber auch der Wunsch des Einzelnen nach Selbstverwirklichung und Souveränität steigt. Beides lässt sich nur durch Aktionsfähigkeit vereinbaren. Wer die Flexibilität seiner Handlungsoptionen bewahrt, also aktionsfähig ist, gewinnt Unabhängigkeit zur persönlichen Entfaltung und damit Gestaltungsfreiheit.

Kultureller Wandel führt zu Ästhetisierung

Ästhetisierung spielt sich vor dem Hintergrund der Individualisierung und der Gesundheitsorientierung ab. Während die Gesellschaft immer älter wird, steigt der Wert von Jugendlichkeit. Diese wird zum ästhetischen Benchmark – sie ist Voraussetzung für beruflichen und privaten Erfolg. Der Körper rückt in den Mittelpunkt des Bewusstseins und übernimmt eine Ausweisfunktion. Dies führt zu einer Flexibilisierung des Selbstbildes. Der Körper und der persönliche Lifestyle werden zunehmend gestaltbar. Auf der einen Seite ermöglicht dies andauernde Anerkennung und Aufmerksamkeit, denn die heutige Arbeitswelt ist jugendlich – auch wenn die Arbeitsnehmer durch den demografischen Wandel im Durchschnitt älter werden. Auf der anderen Seite steht jeder Einzelne unter einem enormen Optimierungsdruck, wenn der Körper zum Ausdruck der eigenen Leistungsfähigkeit wird. Der dynamische Arbeitsmarkt fordert altersunabhängig mentale und körperliche Fitness. Wer wettbewerbsfähig ist, sich also seine mentale und körperliche Beweglichkeit bewahrt, kann die eigene Performance steigern.

Motivation: Mehrwert durch Flexibilität

Der gesellschaftliche Wandel fordert vom Einzelnen ein gesteigertes Maß an Flexibilität. Um dieser Anforderung nachzukommen, ist bereits jetzt als Bewältigungsstrategie ein gesellschaftliches Umdenken zu beobachten, durch das der Einzelne seine Variations-, Interaktions-, Aktions- und Wettbewerbsfähigkeit ausbaut. Aus der gesellschaftlichen Perspektive nimmt Flexibilität Überschaubarkeit, feste Strukturen, Abhängigkeit und Hierarchie und baut damit Kontinuität ab. Gleichzeitig gibt Flexibilisierung Optionsvielfalt, Zeit- und Ortssouveränität, Selbstbestimmung und Performance-Möglichkeiten und baut damit die eigene Gestaltungsfreiheit aus. Neben dem Faktor Umfeld spielt das persönliche Flexibilisierungspotenzial eine entscheidende Rolle für das Ausleben der Flexibilität. Je höher das individuelle Flexibilitätspotenzial, desto eher wird Flexibilisierung als „Benefit" gesehen. Die Ausprägung dieses Potenzials und die Wahrnehmung des externen Drucks bestimmen den Umgang mit Flexibilität.

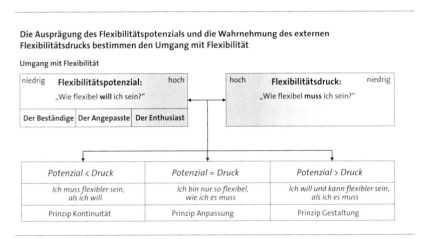

Abbildung 2: Umgang mit Flexibilität

Der persönliche Nutzen, also das Flexibilitätsmotiv, beeinflusst die Wahrnehmung von fremdbestimmt-reaktiv oder selbstbestimmt-aktiv erbrachter Flexibilität. Der Beständige hat ein niedriges Flexibilisierungsmotiv und sieht deshalb vor allem die Fremdbestimmung: „Ich muss flexibel sein, um mithalten zu können." Der Enthusiast ist selbstbestimmt flexibel: „Ich will flexibel sein, um mich weiterzuentwickeln." Der Angepasste wiederum sieht beides, die selbstbestimmte und die fremdbestimmte Flexibilität.

Ausblick: Zukunft der Flexibilität

Als eine sich selbst verstärkende Spirale erzeugt die Flexibilisierung des gesellschaftlichen Wandels einen immer höheren Bedarf an Flexibilität. Zur aktiven Gestaltung dieser Flexibilität sind in der Ideenökonomie der Zukunft zunehmend Kreativität und Innovationsbereitschaft gefragt.

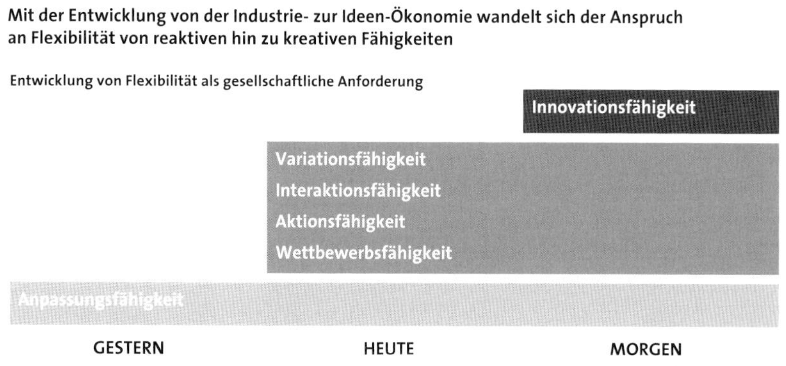

Mit der Entwicklung von der Industrie- zur Ideen-Ökonomie wandelt sich der Anspruch an Flexibilität von reaktiven hin zu kreativen Fähigkeiten

Entwicklung von Flexibilität als gesellschaftliche Anforderung

Innovationsfähigkeit

Variationsfähigkeit
Interaktionsfähigkeit
Aktionsfähigkeit
Wettbewerbsfähigkeit

Anpassungsfähigkeit

GESTERN　　　　　HEUTE　　　　　MORGEN

Abbildung 3: Entwicklung Flexibilität

Flexible Personallösungen

Personaldienstleistung gilt als modernste Form der Arbeit und hat in den vergangenen Jahren einen regelrechten Boom erlebt. Aus der heutigen Wirtschaft ist Zeitarbeit als Flexibilisierungsinstrument nicht mehr wegzudenken. Durch den Einsatz flexibler Personallösungen können Unternehmen Projekte durchführen und Innovationen umsetzen, die aufgrund mangelnder Kapazitäten sonst nicht möglich wären. Auch um Auftragsspitzen oder Spezialaufgaben bewältigen zu können, setzen Unternehmen vermehrt Zeitarbeit ein. Flexible Personallösungen leisten einen wichtigen Beitrag zur Standortsicherung, sind ein wirksames Instrument gegen Arbeitslosigkeit und schaffen so jedes Jahr Tausende neue Arbeitsplätze. Allein Randstad hat innerhalb von drei Jahren über 33.000 neue Jobs geschaffen.

Voraussetzung Flexibilität

Von den Arbeitnehmern wird in der heutigen Arbeitswelt grundsätzlich eine positive Einstellung zu Flexibilität verlangt und auch die Ansprüche des Einzelnen an einen abwechslungsreichen Job steigen – das hat die Trendstudie „Müssen. Können. Wollen." deutlich gezeigt. Von Mitarbeitern eines Personaldienstleisters wird ein besonders hohes Maß an Flexibilität und Offenheit erwartet: Zeitarbeitnehmer sollten sich für abwechslungsreiche Einsätze in verschiedenen Unternehmen interessieren, sich rasch in neue Aufgabenstellungen einarbeiten und Organisationstalent besitzen. Darüber hinaus wird vorausgesetzt, dass sie offen auf neue Menschen zugehen, sich schnell in bestehende Teams integrieren und in ihrem Umkreis mobil sind. Wechselnde Einsätze und die ständige Konfrontation mit neuen Situationen erweitern den Erfahrungshorizont und das berufliche Netzwerk der Arbeitnehmer. Die feste Bindung an einen Arbeitsplatz wird aufgelöst, Zukunftskompetenzen wie Team- und Kooperationsfähigkeit gefördert. Die Flexibilitätsanforderungen des Umfelds sind durch die besonderen Kennzeichen der Zeitarbeit besonders ausgeprägt.

Flexibilität eröffnet Chancen

Gerade weil die Mitarbeiter von Personaldienstleistern flexibler und offener sein müssen als andere Arbeitnehmer, bieten sich ihnen viele Chancen. Zeitarbeitnehmer sammeln Berufserfahrung, lernen verschiedene Branchen, Betriebe und Kollegen kennen und erweitern die eigenen Fähigkeiten und den persönlichen Horizont. Viele Arbeitnehmer nutzen daher Zeitarbeit als berufliche Orientierungsphase oder als Türöffner in das jeweilige Wunschunternehmen. Durch eine Vielzahl an Qualifizierungs- und Weiterbildungsmöglichkeiten – während der Arbeitszeit oder in Vollzeit-Intensivlehrgängen – bilden Zeitarbeitnehmer aller Branchen sich fortlaufend weiter und verbessern so ihre Chancen auf dem Arbeitsmarkt.

Menschen ohne abgeschlossene Berufsausbildung haben es auf dem Arbeitsmarkt besonders schwer. Aufgrund der geringen beruflichen Erfahrungen und des fehlenden Nachweises ihrer Kompetenzen sind sie kaum in feste Arbeitsverhältnisse zu vermitteln. Mit dem Konzept „Lernen im Job" hat die Randstad Stiftung speziell für diese Zielgruppe deutschlandweit ein innovatives und praxisnahes Qualifizierungsprogramm entwickelt. Überbetriebliche Mitarbeiter durchlaufen während ihrer Einsätze bei Kunden-Unternehmen verschiedene Qualifizierungsmodule und haben die Möglichkeit, anschließend einen zertifizierten Abschluss der IHK zu erhalten. Das Projekt „Lernen im Job" umfasst bislang drei Tätigkeitsfelder: im gewerblichen Bereich den Lager- und den Produktionsassistenten sowie im kaufmännischen Bereich den Büroassistenten. Durch die wechselnden Einsätze in unterschiedlichen Kunden-Unternehmen erwerben Zeitarbeitnehmer ständig neue Kompetenzen und passen sich immer wieder neuen Rahmenbedingungen an. In Form eines Baukastensystems wurden Module entwickelt, deren Inhalte mit den Tätigkeiten der Kundeneinsätze übereinstimmen. Durch die Dokumentation der in der Praxis der Zeitarbeit erworbenen Kompetenzen wird der Zugang zu einer IHK-zertifizierten Qualifizierung ermöglicht, die unterhalb der dualen Berufsausbildung angesiedelt ist. Randstad strebt an, das Projekt langfristig im Berufsbildungsgesetz zu verankern, um die Beschäftigungschancen geringer qualifizierter Bewerber deutlich zu erhöhen. Wer sich also auf diese moderne Art der Arbeit einlässt, baut die eigene Gestaltungsfreiheit aus und investiert aktiv in die Zukunft.

Zukunft der Flexibilisierung

Die Trendstudie hat ergeben, dass der gesellschaftliche Wandel ein immer höheres Maß an Flexibilisierung verlangen wird. Dies bedeutet auch eine Veränderung des festen Arbeitsverhältnisses hin zu flexiblen Personallösungen. Unternehmen wie Randstad sind ohne Frage zukunftsweisend. Verändern wird sich in den kommenden Jahren sicherlich die Einstiegsqualifikation der Arbeitnehmer. Derzeit ist der Anteil an hochqualifizierten Zeitarbeitnehmern, beispielsweise mit Hochschulstudium, noch vergleichsweise gering. In Zukunft werden vermehrt auch hochqualifizierte Akademiker bei Personaldienstleistern angestellt sein, denn Unternehmen rekrutieren über Personaldienstleister gezielt die Arbeitnehmer, die sie zur Bewältigung spezieller Projekte in einem festen Zeitfenster benötigen. Dabei ist die schnelle Verfügbarkeit von passgenauen Arbeitskräften der entscheidende Faktor.

2020 – Investition in die eigene Beschäftigungsfähigkeit

Arbeitnehmer müssen sich immer schneller in unterschiedliche Aufgabenbereiche einarbeiten und ihr Wissen stets aktualisieren, um auf dem Arbeitsmarkt erfolgreich zu sein. Wer sich jedoch auf die Flexibilitätsanforderungen einlässt und die geforderte Beweglichkeit zeigt, investiert in die eigene Beschäftigungsfähigkeit. In der Zeitarbeit wird durch immer wieder neue Herausforderungen das Prinzip des lebenslangen Lernens „on the job" verwirklicht.

In einer dynamisierten Welt wird Arbeit zunehmend zu Projektarbeit – Team- und Kooperationsfähigkeit werden zu zentralen Qualifikationen. Unser Berufsleben wird durch temporäre Arbeitsverhältnisse bereichert werden, so dass Zeitarbeit ein normaler Bestandteil der beruflichen Entwicklung sein wird. In der Zukunft wird es normal sein, in einem Berufsleben für 25 Arbeitgeber in verschiedenen Positionen gearbeitet zu haben, anstatt wie früher für 25 Jahre Betriebszugehörigkeit geehrt zu werden.

Methodik der Studie

Für die Trendstudie „Flexibilität – Müssen. Können. Wollen." wurde ein zweistufiger, qualitativer Ansatz gewählt. Internationale und nationale Medien sowie aktuelle Studien wurden gesichtet und bewertet. Hinzu kam die Untersuchung zweier Fokusgruppen mit Menschen in unterschiedlichen Beschäftigungsverhältnissen. Die beiden Analyseebenen wurden abschließend zusammengeführt.

Flexibilität als Wert
Die Zukunft der Zeitarbeit hat erst begonnen

Sven Kilian

Flexibilität ist in den letzten Jahrzehnten immer mehr zu einem Schlüsselfaktor geworden, sowohl in wirtschaftlicher als auch in gesellschaftlicher Hinsicht. Verantwortlich hierfür sind vor allem zwei Faktoren: die Globalisierung und der technische Fortschritt.

Ursachen für den steigenden Flexibilitätsbedarf

Durch die Globalisierung der Märkte müssen Unternehmen ihre Produkte und Dienstleistungen weltweit wettbewerbsfähig halten, was allein durch gute Qualität nicht mehr möglich ist. Preis, Schnelligkeit und Individualität sind mitentscheidend, auch weil auf internationalen Märkten die Bedürfnisse und die Nachfrage der Kunden kurzfristigen und starken Schwankungen unterworfen sind. Mit starren Angeboten ohne regelmäßige Innovationen können Unternehmen nicht mehr gegen die internationale Konkurrenz bestehen.

Doch die Globalisierung ist nicht allein ursächlich für den wachsenden Flexibilitätsbedarf. Ebenso bedeutend ist der informationstechnische Fortschritt. E-Mails und Internet beschleunigen die Kommunikation und machen Bestellungen und Beauftragungen, Anfragen und Reklamationen – über alle Landesgrenzen hinweg – quasi in Echtzeit möglich. Spielräume und zeitliche Puffer, die in Zeiten des Briefverkehrs selbstverständlich waren, werden in der Regel nicht mehr gewährt. Hinzu kommt die industrielle und logistische Weiterentwicklung. Moderne Fertigungsstraßen und computergesteuerte Transportsysteme auf Straßen und Schienen, zu Wasser und in der Luft machen Lieferung und Produktion just in time möglich. „Geht nicht gibt's nicht" ist zu einer Einstellung geworden, die für viele Unternehmen heutzutage selbstverständlich ist. Doch diesen Anforderungen kann nur mit einem hohen Maß an Flexibilität Rechnung getragen werden. Denn produziert werden muss, wenn die Nachfrage wächst, und nicht, wenn gerade die personellen und technischen Kapazitäten vorhanden sind.

Einflüsse auch im gesellschaftlichen Bereich spürbar

Die beschriebene Entwicklung hat nicht nur auf die Wirtschaft einen immensen Einfluss, auch gesellschaftliche Veränderungen sind klar zu erkennen. Die Anforderungen, die an Unternehmen gestellt werden, lassen sich ebenso auf den Menschen als Individuum übertragen. Die Arbeitszeiten sind längst nicht mehr so starr wie noch vor wenigen Jahren. Die Anforderungen an die Tätigkeiten und Fähigkeiten der Arbeitnehmer wachsen stetig, und die lebenslange Beschäftigung bei nur einem Arbeitgeber – früher noch eine Selbstverständlichkeit – ist heutzutage in der freien Wirtschaft eher die Ausnahme. Ein Ende dieser Entwicklung ist noch lange nicht abzusehen. Damit einher geht die Notwendigkeit, auch bei der Wahl des Arbeitsplatzes und damit des Wohnortes Kompromisse einzugehen, nicht zuletzt auch wegen der hohen Arbeitslosigkeit in Deutschland. Längst ist die Arbeit nicht mehr zwangsläufig auch dort zu finden, wo man aktuell seinen persönlichen Lebensmittelpunkt hat.

Im Umkehrschluss bedeuten diese veränderten Bedingungen für den einzelnen Arbeitnehmer aber auch eine Chance. Denn wer flexibel ist, neuen Herausforderungen offen gegenübersteht, Lernbereitschaft zeigt und auch in seiner beruflichen Vergangenheit bereits vielfältige Erfahrungen gesammelt hat, ist als Mitarbeiter für Unternehmen äußerst attraktiv – denn er kann individuell eingesetzt werden und ist nicht fixiert auf nur eine bestimmte Tätigkeit und einen festen Arbeitsplatz. Mit diesen Eigenschaften verschafft er sich einen Vorteil gegenüber anderen Bewerbern. Durch die Flexibilität, die er als Arbeitnehmer an den Tag legt, steigert er seinen Wert auf dem Arbeitsmarkt.

Gleiches gilt für Unternehmen. Wenn sie flexibel auf Marktschwankungen reagieren und ihre Produkte und Dienstleistungen individuell auf die Bedürfnisse der Kunden zugeschnitten anbieten können, verschaffen auch sie sich einen Vorteil gegenüber dem Wettbewerb. Sie sind erfolgreicher und steigern sowohl den Wert ihrer Produkte als auch den des Unternehmens.

Diese Anpassung an die veränderten Marktbedingungen sowohl in wirtschaftlicher als auch in gesellschaftlicher Hinsicht stellt aber große Anforderungen und hat ihren Preis. Flexibilität in diesem Maße ist nur zu erreichen, wenn man in einem bedeutenden Punkt Abstriche macht: der Planbarkeit, denn eine Planung sowohl in wirtschaftlichem als auch in privatem Hinblick ist nur noch sehr eingeschränkt möglich. Man weiß nicht, wo man in fünf Jahren arbeiten und leben wird, welche Dienstleistungen in einem Jahr nachgefragt werden und was in fünf Monaten in welcher Stückzahl produziert werden wird. Flexibilität geht immer auf Kosten der Planungssicherheit.

Outsourcing schafft Handlungsspielraum

Der wachsende Bedarf an Flexibilität mit gleichzeitiger Abnahme der mittelfristigen Planbarkeit hat – neben anderen Faktoren – einen Trend begründet, der in den 90er Jahren begann und der noch immer anhält: das Outsourcing. Unternehmen sind dazu übergegangen, Unternehmensaufgaben und -strukturen an Drittunternehmen abzugeben. Neben Kosteneinsparungen und einer höheren Konzentration auf eigene Kernkompetenzen bietet das Outsourcing vor allen einen Vorteil: Man kann schneller auf Veränderungen reagieren. Fordert der Markt etwa neue Techniken, spezielle Modifikationen oder deutlich höhere Stückzahlen, wird die dafür notwendige Marktanpassung nicht mehr zwingend und primär durch den Betrieb geleistet, sondern als Anforderung vor allem an die Zuliefererindustrie weitergegeben. Die Firmen wiederum, die die ausgegliederten Aufgaben und Bereiche übernommen haben, sind gezwungen, die neuen Anforderungen ihrerseits zu erfüllen oder werden – im schlimmsten Falle – durch andere, flexibler agierende abgelöst.

So erfolgversprechend das Outsourcing als Anpassung an die sich verändernden Märkte auch erscheint, hat es doch Grenzen, an die Unternehmen in letzter Zeit immer wieder stoßen oder sie gar überschreiten. Denn mit dem Outsourcing gibt man neben einem Teil seiner Aufgaben auch ein gewisses Maß an Kontrolle an das Drittunternehmen ab. Es entsteht eine Abhängigkeit von der Zuverlässigkeit und der Selbstkontrolle des Zulieferers. Werden Abhängigkeit und Kontrollverlust zu groß, verliert das Unternehmen den Einfluss auf die Qualität der eigenen Produkte. Im Extremfall wird es durch den Markt für Versäumnisse und Unzulänglichkeiten abgestraft, die die zuliefernden Betriebe verursacht haben. Das haben in den letzten Jahren zahlreiche Unternehmen schmerzhaft erfahren müssen, weshalb ein deutliches Abflauen des Outsourcing-Trends festzustellen ist – zumindest bei Produktionsschritten, Teilezulieferung und in der IT-Branche, wo das Outsourcing in der Vergangenheit besonders rasant an Bedeutung gewonnen hatte und praktiziert wurde.

Entwicklungspotenzial in neuen Aufgabenbereichen

Doch gibt es auch Unternehmensbereiche und -aufgaben, die bisher nicht zu den klassischen von der Auslagerung betroffenen Feldern zählten. Ein Bereich mit einem – vor allem in Deutschland – riesigen Wachstumspotenzial ist die Zeitarbeit. Schon seit 30 Jahren wird gerade für einfache Tätigkeiten – etwa in der Produktion und in der Logistik – auf externes Personal zurückgegriffen. Zeitarbeitsunternehmen haben Arbeitnehmer fest unter Vertrag und stellen deren Arbeitskraft den Kunden-Unternehmen individuell nach Bedarf zur Verfügung. Auftragsspitzen können somit ebenso wie Flauten flexibel abgefangen werden, da Personalkosten nur dann anfallen, wenn die Arbeitskräfte auch wirklich benötigt werden. Fixe Kosten werden so vermieden. In der letzten Zeit unterliegt die Zeitarbeitsbranche einem starken Wandel. Diente Zeitarbeit in der Vergangenheit vor allem bei Personalbedarf für einfache Tätigkeiten mit einem geringen Maß an Qualifikation oder bei Helferaufgaben als sinnvolle Lösung, decken Firmen immer häufiger auch bei anspruchsvollen Tätigkeiten, die ein hohes Maß an Qualifikation erfordern, ihren Bedarf an Arbeitskräften durch Zeitarbeit. Große, international agierende Konzerne besetzen Positionen für Ingenieure, Techniker und selbst Manager mit hochqualifizierten und zum Teil diplomierten Zeitarbeitnehmern. Deren Bezahlung steht der von Festangestellten oft in nichts nach und die Sozialleistungen entsprechen denen der Kollegen im Unternehmen.

On-Site-Management: das Rundum-Sorglos-Paket

Neben der klassischen Zeitarbeit, bei der ein konkreter Bedarf an Personal durch Angestellte eines externen Dienstleisters gedeckt wird, gehen immer mehr Unternehmen noch einen Schritt weiter. Sie übertragen die komplette Organisation und Koordination des Einsatzes der externen Arbeitskräfte im Rahmen des On-Site-Managements an einen Dienstleister. Hierbei sitzt ein Spezialist gegebenenfalls direkt im Kundenbetrieb und ist somit als Ansprechpartner ständig vor Ort. Zu seinen Aufgaben gehören zum Beispiel die Einweisung der Mitarbeiter und deren Steuerung vor Ort, Anwesenheitskontrollen und Sicherheitseinweisungen sowie die Vorkontrolle der Rechnungen und Tätigkeitsnachweise. On-Site-Management bietet vor allem Einsparpotenzial. Der Verwaltungsaufwand wird deutlich reduziert, weniger eigenes Personal muss zur Koordination der Arbeitskräfte eingesetzt werden und die Effizienz wird gesteigert. Hinzu kommt auch hierbei eine höhere Flexibilität. Personalengpässe werden sofort erkannt und können schnellstmöglich behoben werden. Der Kunde hat die Möglichkeit, über den Dienstleister vor Ort jederzeit umfassende Informationen und Reportings bezüglich Art und Umfang der eingesetzten Kräfte abzufragen und kann gegebenenfalls darauf reagieren. Und sollte es mal Probleme oder Unstimmigkeiten geben, kann der Spezialist des Zeitarbeitsunternehmens sofort korrigierend eingreifen. Somit bietet On-Site-Management, eine noch relativ junge Dienstleistung im Zeitarbeitssegment, Unternehmen die Möglichkeit, Ressourcen zu sparen und entsprechend flexibel auf Marktveränderungen zu reagieren.

Potenzial für die Zeitarbeit

Mit diesen neuen Dienstleistungen im Zeitarbeitssektor und den steigenden Qualifizierungen der Zeitarbeitnehmer geht ein Umdenken einher, das in deutschen Betrieben meist erst am Anfang steht. Ist für international agierende Großkonzerne der Einsatz von Zeitarbeitnehmern auf fast allen Hierarchieebenen und in zahlreichen Branchen bereits heute eine Selbstverständlichkeit, tun sich mittelständische Betriebe noch immer sehr schwer damit, verantwortungsvolle und anspruchsvolle Positionen durch externe Mitarbeiter zu besetzen. Diese Diskrepanz hat vor allem zwei Gründe: Zum einen unterliegen die großen Unternehmen einem viel stärkeren weltweiten Wettbewerb, in dem sie immer profitabler wirtschaften und flexibler auf Veränderungen reagieren müssen als Akteure auf einem national oder kontinental begrenzten Markt. Zum anderen können sie aber auch auf Erfahrungen und Erkenntnisse aus vielen verschiedenen Märkten zurückgreifen. Bezogen auf die Zeitarbeit bedeutet das: von Deutschlands Nachbarn lernen, was auch in Deutschland Zukunft hat. Denn in Sachen Zeitarbeit ist Deutschland ein Entwicklungsland. Verglichen mit zum Beispiel England oder den Niederlanden ist der Anteil von Zeitarbeitern an der gesamten arbeitenden Bevölkerung in Deutschland noch relativ gering. Während bei den europäischen Nachbarn die Penetrationsrate – also der Anteil der Zeitarbeiter an der gesamten arbeitenden Bevölkerung – bei schätzungsweise 5 Prozent liegt, sind in Deutschland gerade einmal 1,8 Prozent der arbeitenden Bevölkerung Zeitarbeiter. Auch hierzulande steigt die Quote jährlich, und ein Ende des Trends ist nicht abzusehen.

Zeitarbeit erschließt neue Branchen

Das liegt zum einen an dem wirtschaftlichen Druck auf die Unternehmen, auch in Zukunft wettbewerbsfähig und vor allem flexibel zu bleiben. Zum anderen ist dafür aber auch ein Umdenken in Branchen verantwortlich, die bisher nur sehr selten oder gar nicht auf Zeitarbeit gesetzt haben. Die Bereiche Medizin und Pflege etwa wurden früher durch gesetzliche Regelungen und öffentliche Träger finanziert. Ein wirtschaftliches Denken war zwar wichtig, aber nicht existenzentscheidend. Doch der Beinahe-Zusammenbruch des Gesundheitssystems zwingt alle Beteiligten zum Umdenken. Effizienz und Konkurrenzfähigkeit bestimmen immer stärker den Arbeitsalltag. Auch hier kommt der Flexibilität wieder eine bedeutende Rolle zu. Es müssen Wege gefunden werden, Technik und Ausstattung bestmöglich zu nutzen und Personal je nach Bedarf flexibel einzusetzen, sowohl zeitlich als auch in Bezug auf die vielfältigen und hochspezialisierten Qualifikationen. Mit Festangestellten ist das nur bedingt möglich. Und heutzutage kann es sich kaum ein Unternehmen mehr leisten, die Beschäftigten nicht auch während ihrer gesamten Arbeitszeit zu „beschäftigen", also entsprechend ihrer Qualifikationen einzusetzen. Das gilt auch für Betriebe im Gesundheitswesen, seien es Krankenhäuser, Pflegeheime oder Rehabilitationszentren. Auch hier heißt die Lösung immer öfter Zeitarbeit, denn sie bietet die Möglichkeit, nur genau das Personal einzusetzen, das wirklich gebraucht wird und das begrenzt auf den Zeitraum, in dem es benötigt wird. In dieser und in vielen anderen Branchen ist bereits ein Anfang gemacht und es ist abzusehen, dass in den nächsten Jahren in immer mehr Bereichen Zeitarbeitnehmer eingesetzt werden, um möglichst flexibel auf Marktveränderungen reagieren zu können und sich somit im wachsenden Konkurrenzdruck wettbewerbsfähig aufzustellen.

Arbeitskräfte steigern ihren Marktwert

Die aktuellen Entwicklungen in der Zeitarbeitsbranche haben schon jetzt zu einer veränderten Wahrnehmung seitens der Industrie geführt. Immer mehr Unternehmen setzen Zeitarbeitnehmer ein und kommunizieren das auch offen. Es ist nicht mehr gesellschaftlich verwerflich, neue Wege bei der Personalpolitik zu gehen. Hinzu kommt, dass die Branche im Gegensatz zu früher eine hohe Professionalisierung erfahren hat. Die Behandlung der Zeitarbeitnehmer wird stetig besser, egal ob bei der Bezahlung, der Arbeitsplatzsicherheit oder den Sozialleistungen. Dies alles hat auch zu einer merklichen Steigerung des Ansehens von Zeitarbeit in Deutschland geführt. Immer mehr Menschen sehen Zeitarbeit als eine realistische Alternative zur klassischen Festanstellung. Vor allem bei Menschen mit höherer Bildung ist hier eine Trendwende zu erkennen. So ist der Anteil derer, die sich vorstellen können, in einem Zeitarbeitsunternehmen zu arbeiten, laut einer aktuellen Umfrage in der Gruppe der

Befragten mit Abitur oder Hochschulabschluss mit 28 Prozent am höchsten.[1] Neben dem äußeren Faktor Wahrnehmung von Zeitarbeit in der Öffentlichkeit spielt hier auch der innere Faktor Mehrwert der Zeitarbeit für den Arbeitnehmer eine wesentliche Rolle. Denn die Zeitarbeit bietet Arbeitnehmern die Möglichkeit, den eigenen Marktwert zu steigern. Gerade Berufseinsteiger können durch die unterschiedlichen Einsatzgebiete und die regelmäßig wechselnden Kunden-Unternehmen vor allem eines sammeln: umfassende Erfahrung. Zugleich haben sie die Möglichkeit, verschiedene Unternehmen und deren Arbeitsweisen kennenzulernen, ohne sich gleich für längere Zeit vertraglich an einen Arbeitgeber zu binden. Neben den gewonnenen Erfahrungen und Kenntnissen zeigen sie mit der Entscheidung, den Berufseinstieg über eine Zeitarbeitsfirma zu wählen, vor allem auch die Bereitschaft und Fähigkeit zur Flexibilität. Die Berufseinsteiger haben bewiesen, dass sie sich schnell auf neue Aufgaben einstellen und sich in veränderten Arbeitsumfeldern rasch zurechtfinden können, was sie für Arbeitgeber interessant macht.

Zeitarbeit als Weg aus der Arbeitslosigkeit

Dieser Wandel in der Wahrnehmung hat noch einen anderen Grund. Zeitarbeit ist nicht nur gesellschaftsfähig geworden. Sie wird auch immer häufiger zum Weg aus der Arbeitslosigkeit. Die Zahl der Erwerbslosen ist auf einem konstant hohen Niveau in Deutschland, zeitgleich nimmt die staatliche Unterstützung für Menschen ohne Einkommen in Deutschland stetig ab. Immer mehr Arbeitslose erkennen, dass sie arbeiten müssen, um der Armut zu entkommen. Da es aber immer schwieriger wird, vor allem nach Jahren der Arbeitslosigkeit, wieder in das Berufsleben zurückzufinden, ist auch hier Flexibilität gefordert. Um nicht dauerhaft auf staatliche Hilfe angewiesen zu sein, bedarf es der Bereitschaft, auch Beschäftigungsverhältnisse jenseits der klassischen Festanstellung einzugehen und auch über Zeitarbeit als Erwerbsmöglichkeit nachzudenken.

Für viele ist diese Form der Flexibilität oft der einzige Weg, sich weiterzuqualifizieren, den eigenen Wert als Arbeitnehmer zu steigern und unter Beweis zu stellen. Die hohe Zahl an Zeitarbeitnehmern, die innerhalb kurzer Zeit eine Festanstellung in dem Unternehmen finden, in dem sie zuvor als Zeitarbeiter im Einsatz waren, zeigt das hohe Potenzial der Zeitarbeit – auch für Arbeitnehmer. Die Akzeptanz von Zeitarbeit als Ausweg aus der Arbeitslosigkeit wird belegt im Kundenkompass Zeitarbeit 2008 von TimePartner und dem F.A.Z.-Institut, nach dem 61 Prozent der Befragten angaben, dass Zeitarbeit eine gute Möglichkeit zum Wiedereinstieg in den Beruf sei.

Neue Besen und alte Eisen

Auch bietet Zeitarbeit vor allem Arbeitnehmerinnen und Arbeitnehmern jenseits der 50 eine attraktive Möglichkeit, selbst nach einer längeren Pause wieder in den Berufsalltag zurückzukehren. Denn was immer mehr Unternehmen für ihr eigenes Personal erkennen, ist in der Zeitarbeitsbranche schon seit geraumer Zeit bekannt und praktiziert: Ältere Arbeitnehmer verfügen über einen großen Erfahrungsschatz, können mit besonderen Situationen häufig gelassener umgehen und sind oft zuverlässiger. Und für den Fall, dass bestimmte Qualifikationen fehlen, bieten Zeitarbeitsunternehmen heutzutage oft die Möglichkeit der Aus- und Weiterbildung. Eine Chance auch für besonders junge Arbeitnehmer, die vielleicht eine Ausbildung abgeschlossen haben, denen aber die praktische Erfahrung fehlt. Auch sie können von Zeitarbeit profitieren, da sie innerhalb kurzer Zeit weitreichende Kenntnisse und Qualifikationen erlangen können. Zeitarbeit ist Kompetenzerwerb.

Flexibilität als Wert der Zukunft

Bereits jetzt ist Flexibilität so wichtig wie noch nie. Egal, ob als produzierendes Unternehmen, als Dienstleister oder als Arbeitnehmer – wer Flexibilität beweist, steigert seinen Marktwert und damit seine Konkurrenzfähigkeit. Und die Bedeutung von Flexibilität wird auch weiterhin stark wachsen, weil sich die äußeren Bedingungen immer schneller und immer tiefgreifender verändern. Die Halbwertszeit von Wissen, neuen Technologien und Innovationen sinkt rapide. Was sich heute noch bestens verkauft, kann morgen schon ein Ladenhüter sein. In Zukunft wird sich langfristig nur behaupten können, wer Flexibilität als Wert erkennt und auch kultiviert.

Fußnoten

1   Quellen: TimePartner, F.A.Z.-Institut, Juni 2008.

VII

Facility Management – infrastrukturell, technisch, kaufmännisch

Wachstumsbranche Facility Management
Neue Services und steigende Kundenanforderungen

Jörg Hossenfelder

Das Anbieterfeld im deutschen Markt für Facility Management (FM) hat sich in den zurückliegenden Jahrzehnten genauso verändert wie die Palette der angebotenen Leistungen. Neben die klassischen, inhabergeführten FM-Unternehmen mit originär infrastrukturellen Service-Leistungen wie beispielsweise Reinigung sind weitere Anbieterkategorien getreten: Tochterunternehmen von Baukonzernen, interne FM-Einheiten von Unternehmen und schließlich FM-Anbieter, an denen private Investoren mehrheitlich beteiligt sind.

FM-Unternehmen werden leider auch heute noch häufig in den Kontext gestellt, ausschließlich oder überwiegend Reinigungsleistungen zu erbringen. Dabei macht die Gebäudereinigung inzwischen im Durchschnitt weniger als 30 Prozent der erbrachten FM-Dienstleistungen aus. Bei der Betrachtung der oben erwähnten Protagonisten wird deutlich, dass FM weit mehr ist als die Hausmeisterdienste, mit den FM-Unternehmen häufig in Verbindung gebracht werden.

Allein das Portfolio im infrastrukturellen Segment reicht von Sicherheit, Empfang- und Pförtnerdienste über Grünlagen- und Landschaftspflege bis hin zum Catering. Das technische Gebäudemanagement steht unter anderem für die Haustechnik auf der einen (Klimaanlage, Heizung, Aufzugstechnik, Leitstände) und die Produktions- und Anlagentechnik auf der anderen Seite (Diagnose, Wartung, Instandsetzung). Und die kaufmännischen Leistungen umfassen Leistungen von der An- und Vermietung, Kosten- und Objektmanagement über Flächenoptimierung bis hin zur Due Diligence. Aktuell spielt auch das Energiemanagement eine zunehmend wichtige Rolle.

Beim Facility Management handelt es sich demnach um hochkomplexe Themen, die Prozesse, Kosten und Qualität optimieren und zur Werterhaltung respektive Wertsteigerung der Immobilie beitragen. Da es hier auch um Managementkompetenz geht, ist der Begriff Facility Management (nicht Facility Services) angebracht. Nicht nur aus diesem Grund ist Facility Management seit einigen Jahren eine anerkannte Wissenschaft und wird als eigene Managementdisziplin an Hochschulen gelehrt. Doch trotz des etablierten Status' fehlt es an einer allgemeingültigen Definition.

Etablierter Status, unterschiedliche Definitionen

Der Deutsche Verband für Facility Management e.V. (GEFMA) definiert FM als „die Betrachtung, Analyse und Optimierung aller kostenrelevanten Vorgänge rund um ein Gebäude, ein anderes bauliches Objekt oder eine im Unternehmen erbrachte (Dienst-)Leistung, die nicht zum Kerngeschäft gehört".

Das European Facility Management Network (EuroFM) geht einen Schritt weiter, indem es sich von der Immobilie löst: „Facility Management ist der ganzheitliche, strategische Rahmen, Leistungen für koordinierte Programme rund um Gebäude sowie ihre Systeme und Inhalte kontinuierlich bereitzustellen, funktionsfähig zu halten und an die wechselnden organisatorischen Bedürfnisse anzupassen".

Die International Facility Management Association (IFMA) schließlich umfasst das Gebiet des FM wie folgt: „Facility Management ist in der Praxis die Verknüpfung des physischen Arbeitsplatzes mit dem Menschen und dem Arbeitsgebiet der Organisation. Es vereint die Prinzipien von Verwaltung und Architektur sowie Verhaltens- und technischen Wissenschaften."

Zusammenfassend lässt sich festhalten, dass FM für einen wirtschaftlichen Betrieb von Immobilien und reibungslosen Prozessen sorgen soll. Da Unternehmen oft sowohl die Zeit als auch die Kapazitäten fehlen, sich genügend um diese Sekundärprozesse zu kümmern, erhält das Facility Management eine wichtige Bedeutung. Denn Ziel eines effektiven FM ist es, dass sich Kunden-Unternehmen – die eine Immobilie besitzen oder nutzen – komplett auf das eigene Kerngeschäft konzentrieren können.

Entwicklung in Deutschland

Im Idealfall sollten die FM-Unternehmen demnach nicht nur die Bewirtschaftung eines bereits existierenden Gebäudes übernehmen, sondern am gesamten Lebenszyklus der Immobilie beteiligt sein. In Anbetracht dieser komplexen Aufgabenstellungen stellt sich die Frage, wieso die Leistungen der FM-Unternehmen teilweise immer noch auf die Hausmeisterdienste reduziert werden? Hier hilft ein Blick in die Historie.

Facility Management als wirtschaftlicher Sektor ist keine neue Erfindung. Bereits vor dem Zweiten Weltkrieg gab es Unternehmen, die Gebäudereinigung, Sicherheitsdienste und Hausmeisterdienste anboten. Als Beispiel sei hier der 1913 gegründete FM-Anbieter Piepenbrock genannt. Auch Zehnacker (1933 gegründet) bot seinen Kunden ähnliche Services an. Die Betreuung von Produktions- und Anlagentechnik sowie kaufmännische Leistungen wurden von den Kunden-Unternehmen damals überwiegend intern erbracht.

Schon in den 50er Jahren tauchte das erste Beispiel eines FM-Dienstleisters im heutigen Sinne auf. US-amerikanische Unternehmen und die Fluggesellschaft Pan American World Services (PAWS) führten das sogenannte Outsourcing ein, um Betriebsführung und Instandhaltung effizienter gestalten zu können. PAWS wurde FM-Dienstleister für die US Air Force und gilt weltweit als das erste externe FM-Unternehmen.

Zur Zeit des Wiederaufbaus in der Bundesrepublik gründeten sich einige der heute größten Unternehmen des deutschen FM-Marktes. Ein bekanntes Beispiel hierfür ist die Wisag Service Holding, deren Gründer Claus Wisser sich mit Reinigungsleistungen das Studium finanzierte und ein Jahr nach der Gründung seines Dienstleistungsunternehmens, 1965, bereits 20 Mitarbeiter beschäftigte. Auch Peter Dussmanns 1963 gegründeter Heimpflegedienst ist in diesem Kontext zu nennen. 1969 waren aus den zehn Mitarbeitern im Gründungsjahr stolze 1.000 geworden. Heute beschäftigen beide Unternehmen allein in Deutschland zusammen mehr als 50.000 Mitarbeiter.

Professionalisierung in den 70er Jahren

Der US-Möbelhersteller Hermann Miller verhalf dem Facility Management Ende der 70er Jahre zum Durchbruch. Auf seine Initiative hin bildete sich eine Arbeitsgruppe, in der Grundlagen des Facility Managements erstmals genauer analysiert wurden. Hieraus entwickelte sich 1979 das erste Facility-Management-Institut in Ann Arbor, Michigan. Und nur ein Jahr später schlossen sich die ersten Facility Manager in der National Facility Management Association (NFMA) zusammen, die 1982 in die International Facility Management Association (IFMA) umbenannt wurde. Der Sektor blühte weiter auf.

In dieser Zeit schaffte das Facility Management nach heutigem Verständnis den Durchbruch in Europa. Bereits 1976 übernahm die von US-Firmen gegründete SKE Group ihren ersten Auftrag in Deutschland. Einzelne Dienstleister setzten den Trend fort: Die Dussmann AG erweiterte 1978 ihre Leistungen, indem sie neben Heimpflege Vollverpflegung, Hauswirtschaft und Sicherheitsdienste anbot. Mit Erfolg: 1987 zählte Dussmann 20.000 Mitarbeiter. Die Wisag gründete 1975 eine zweite Firma, die sich mit Sicherheits-, Überwachungs- und Empfangs-dienstleistungen beschäftigte.

Die Mitarbeiter der späteren HSG waren in den 70er Jahren bereits mit dem Betrieb und der Instandhaltung von Objekten der ehemaligen Muttergesellschaft, Philipp Holzmann AG, betraut. Im selben Zeitraum begann der Anlagenbauer Zander, seine Aktivitäten im Facility Management aufzubauen und auf die Bedürfnisse eines wachsenden Marktes auszurichten. 1988 wurde die HSG als eigene Tochtergesell-schaft gegründet, gehört heute zum Bilfinger-Berger-Konzern und hat sich – auch durch die Übernahme der M+W Zander D.I.B. Facility Management – zu einem der aktuell größten FM-Anbieter Deutsch-lands entwickelt.

In den 80er Jahren etablierten sich in ganz Europa Interessenvertre-tungen, zuerst 1985 in Großbritannien. 1989 schließlich wurde der Deutsche Verband für Facility Management e.V. (GEFMA) gegründet. Wissenschaft und Unternehmen beschäftigten sich zunehmend mit FM als strategischem Thema.

Etablierung in den 90er Jahren

In den 90er Jahren etablierte sich der Begriff Facility Management end-gültig im heutigen Verständnis. Das Frankfurter Unternehmen Wisag bot 1990 bereits infrastrukturelle und erste technische Dienstleistun-gen an – damals noch aufgeteilt in Einzelunternehmen. 1993 wurden diese zur heutigen Wisag Service Holding zusammengeführt.

Mitte der 90er Jahre beschlossen einige Konzerne und Großunterneh-men, in diesen vielversprechenden Markt einzusteigen. Der internatio-nale Baudienstleister Hochtief gründete 1996 die Tochter Hochtief Faci-lity Management. Unterstützt wurde die „FM-Bewegung" ab 1996 durch die GEFMA-Richtlinie 100 für den deutschen Markt, in der Rah-menbedingungen festgelegt wurden. Hierdurch wurde ein weiterer Schritt getan, FM als bedeutenden Wirtschaftszweig zu etablieren. Zudem war ein Trend zu internationalen Aktivitäten zu erkennen. Dussmann war bereits 1995 weltweit in 20 Nationen vertreten und zählt heute noch zu den im Ausland aktivsten Dienstleistern. Zehn-acker eröffnete Niederlassungen in Polen und der Schweiz; in Öster-reich ist der Anbieter bereits seit 1972 aktiv.

Mit der Voith Industrial Services trat 2000 ein neuer FM-Anbieter auf dem deutschen Markt an. Der 1825 gegründete Maschinenbauer eröff-nete einen eigenen Konzernbereich Industriedienstleistungen mit der

Übernahme der DIW. Heute gehören auch Premier und Hörmann Industrietechnik zum Unternehmen.

Gesamtdienstleister formieren sich

In dieser Zeit entwickelte sich in Deutschland auch der Trend zur Nachfrage nach Gesamtdienstleistern. Denn gerade die international tätigen Kunden erkannten die Vorteile, die sich ergeben, wenn alle outgesourcten Dienstleistungen einer Immobilie aus einer Hand erfolgen. In diesem Zusammenhang begannen einzelne FM-Unternehmen, durch Übernahmen, Partnerschaften und organische Expansion die Sachkenntnis und Fachkräfte zu erwerben, um umfassende Dienstleistungen anbieten zu können.

Zu Beginn dieses Jahrtausends ist der deutsche FM-Markt nun geprägt durch hohen Kostendruck und Marktkonsolidierung. Die ersten prominenten Akquisitionen tätigte Hochtief FM mit den Übernahmen der kaptiven – also zuvor konzerninternen – FM-Einheiten von Lufthansa und Siemens. In der Folge trennten sich auch weitere Unternehmen von den internen Gebäudemanagement-Töchtern, beispielsweise ABB, Deutsche Telekom, Jenoptik und ThyssenKrupp.

Käufer	übernommene Unternehmen
Bilfinger Berger Facility Services / HSG	M+W Zander D.I.B Facility Management
Hochtief Facility Management	Vattenfall Contracting, aurelis
ISS Deutschland	M&S Steinle Schädlingsbekämpfung
Jones Lang LaSalle	Kemper's, Brune Consulting
Klüh	Union Technik
RGM	Kamb Elektrotechnik
Sodexo	Zehnacker
Strabag	DeTeImmobilien
Voith Industrial Services	CeBeNetwork, Ermo, SIS (DK)
Wisag Service Holding	GTE, GlobeGround
X-tern Group	Ruhl Gebäudetechnik
YIT	Stangl
Zehnacker	Vitanis

Tabelle 1: Übernahmen im deutschen FM-Markt 2007 und 2008
(Auswahl von Merger & Acquisition-Tätigkeiten; in alphabetischer Reihenfolge)

Folgen der Marktkonsolidierung

Im Rahmen der Marktkonsolidierung ist eine Differenzierung des Anbieterfeldes zu konstatieren: Während ein Teil der FM-Unternehmen das eigene Portfolio kontinuierlich verbreitert, sucht der andere Teil sein Heil in der Spezialisierung. Diese beiden Kategorien spiegeln die Einkaufsstrategien von Kunden-Unternehmen in vereinfachter Form wider. Nach wie vor gibt es Kunden, die gemäß dem Motto „best of breed" für unterschiedliche Dienstleistungen jeweils den aus ihrer Sicht besten Service-Partner auswählen. Andere Unternehmen hingegen möchten zu viele Schnittstellen zu unterschiedlichen Dienstleistern vermeiden und setzten demgemäß auf Gesamtdienstleister, die alle oder mehrere Services aus einer Hand erbringen.

Auch zeigen sich Unterschiede in der Vergabe von FM-Services an externe Dienstleister in unterschiedlichen Marktsektoren. Im Finanzsektor beispielsweise ist das vollständige Outsourcing von FM-Dienstleistungen bereits deutlich fortgeschritten, andere Branchen wie etwa die Automobilindustrie sowie die mannigfaltigen Zulieferer werden diesem Trend folgen.

Die obengenannte Marktkonsolidierung wird sich in den kommenden Jahren weiter fortsetzen. In den deutschen FM-Markt, der bisher stark von deutschen Anbietern geprägt war, drängen seit Anfang des neuen Jahrtausends zunehmend auch ausländische Unternehmen. So haben Unternehmen wie Axima, Compass, ISS und Sodexo ihre Akquisitions- und Wachstumsabsichten offen kommuniziert. Es wird erwartet, dass weitere namhafte ausländische Unternehmen versuchen, den Eintritt in den lukrativen deutschen Markt zu schaffen beziehungsweise den bereits bestehenden Marktanteil auszubauen.

Internationale Aktivitäten deutscher FM-Unternehmen sind hingegen sehr überschaubar. Allein die Betrachtung der 25 führenden Anbieter der Lünendonk®-Liste, denen man ein ausländisches Engagement qua Größe zutrauen würde, unterstreicht diese Tatsache: Nur 14 Prozent des Gesamtumsatzes wird von dieser Gruppe im Ausland erwirtschaftet. Das Gros der Unternehmen hat jedoch aufgrund der Marktkonzentration in Deutschland vor, die eigenen Auslandsaktivitäten zu steigern.

	Unternehmen	Umsatz in Mio. Euro				Mitarbeiter in Deutschland	
		2007 im Inland	2006 im Inland	2007 gesamt	2006 gesamt	2007	2006
1	Dussmann AG & Co. KGaA, Berlin [1]	853,0	826,0	1.331,0	1.284,0	24.655	24.072
2	Wisag Service Holding GmbH & Co. KG, Frankfurt am Main [2]	685,0	659,0	708,0	682,0	24.200	22.600
3	Voith Industrial Services Holding, Stuttgart	611,0	501,0	791,0	666,0	8.500	7.600
4	Bilfinger Berger Facility Services GmbH (HSG), Neu-Isenburg	579,0	548,0	720,0	658,0	7.580	6.985
5	Hochtief Facility Management GmbH, Essen [3]	547,0	452,0	592,0	515,0	4.400	3.500
6	Zehnacker Gruppe, Singen [1]	510,0	305,5	572,0	376,0	10.200	9.000
7	Klüh Service Management GmbH, Düsseldorf [1]	388,0	345,0	537,0	461,0	16.760	16.500
8	SKE Group, Mannheim	370,4	259,6	370,4	259,6	1.147	1.027
9	Piepenbrock Dienstleistungsgruppe, Osnabrück	360,0	347,0	360,0	347,0	25.026	24.251
10	M+W Zander D.I.B. Facility Management GmbH, Stuttgart	350,0	342,3	456,4	435,8	2.550	2.460
11	Thyssenkrupp Industrieservice GmbH, Köln	320,0	320,0	320,0	320,0	16.500	16.500
12	ISS Facility Services GmbH, Düsseldorf	300,0	241,0	300,0	241,0	12.500	13.000
13	Gegenbauer SA & Co. KG, Berlin	289,4	302,0	293,4	308,0	11.453	12.088
14	Axima Deutschland GmbH, Köln	287,0	280,2	302,0	295,0	1.350	1.300
15	Kötter Unternehmensgruppe, Essen	262,0	225,0	262,0	225,0	12.000	10.800
16	Sodexho Catering & Services GmbH, Hochheim	241,3	225,5	241,3	225,5	5.060	4.700
17	Schubert Holding AG & Co. KG, Düsseldorf [1]	233,0	228,0	233,0	228,0	8.500	8.500
18	Götz Management Holding AG, Regensburg	189,4	186,5	212,0	208,0	11.000	10.500
19	Lattemann & Geiger Dienstleistungsgruppe, Kempten	158,8	130,6	158,8	130,6	7.995	7.300
20	Dorfner Gruppe, Nürnberg	115,0	111,0	121,0	117,0	6.900	6.800
21	Dr. Sasse AG, München	102,0	101,0	120,0	120,0	3.320	3.120
22	Hectas Gebäudedienste Stiftung + Co. KG, Wuppertal	100,0	93,0	194,0	194,0	5.903	5.834
23	RGM Gebäudemanagement GmbH, Dortmund [4]	93,6	99,7	93,6	99,7	830	875
24	Plural Servicepool GmbH, Laatzen	93,1	89,4	95,7	91,8	5.601	5.508
25	Heico Unternehmensgruppe, Wiesbaden	88,0	83,0	91,0	85,0	4.430	4.150

1 Umsätze von Servicegesellschaften/Organschaften anteilig 1 Umsätze von Servicegesellschaften/Organschaften anteilig enthalten,   2 Durch das Bilden einer Organschaft und den Verkauf der Parkraum-Aktivitäten wurden für 2007 im Vergleich zum Vorjahr 25 Mio. Euro nicht berücksichtigt.   3 Anteile Auslandsumsatz sind Schätzzahlen. Umsatze Property Management und Energy Management der jeweiligen Tochtergesellschaften sind inkludiert. Umsätze PPP Solutions und Projektentwicklung nicht eingerechnet.   4 Umsatzveränderung im Vergleich zum Vorjahr bedingt durch Bereinigung im Rahmen des Verkaufs des Unternehmens aus dem RAG Konzern (jetzt evonik).
Aufnahmekriterien für diese Liste: Mehr als 66% des Umsatzes resultieren aus externen Aufträgen, mehr als 60% des FM-Umsatzes bestehen aus infrastrukturellem und technischem Gebäudemanagement.
Die Rangfolge der Übersicht basiert auf kontrollierten Selbstauskünften der Unternehmen und Schätzungen der Lünendonk GmbH über in Deutschland bzw. von Deutschland aus bilanzierte/erwirtschaftete Umsätze.
COPYRIGHT: Lünendonk GmbH, Kaufbeuren 2008 - Stand 03.06.2008 (Keine Gewähr auf Firmenangaben)

Tabelle 2a: Lünendonk®-Liste 2008: Führende Facility-Management-Unternehmen für infrastrukturelles und technisches Gebäudemanagement in Deutschland 2007

Führende Facility-Management-Unternehmen in Deutschland 2007 Top-10-Ranking inkl. kaptiver Unternehmen			
Unternehmen	Inlandsumsatz 2007 in Mio. €	Gesamtumsatz 2007 in Mio. €	Mitarbeiter in Deutschl. 2007
1. DeTelmmobilien, Münster	982,3	1.028,8	6.200
2. DB Services, Berlin	910,0	910,0	13.000
3. InfraServ Hoechst, Frankfurt am Main	901,0	901,0	2.700
4. Dussmann, Berlin [1]	853,0	1.331,0	24.655
5. Wisag, Frankfurt am Main [2]	685,0	708,0	24.200
6. Voith Industrial Services, Stuttgart	611,0	791,0	8.500
7. Bilfinger Berger FS/HSG, Neu-Isenburg	579,0	720,0	7.580
8. Hochtief FM, Essen [3]	547,0	592,0	4.400
9. Zehnacker Gruppe, Singen [1]	510,0	572,0	10.200
10. Klüh, Düsseldorf [1]	388,0	537,0	16.760

Tabelle 2b: Lünendonk®-Liste 2008: Führende Facility-Management-Unternehmen für infrastrukturelles und technisches Gebäudemanagement in Deutschland 2007

Marktvolumen wächst stetig

Das Marktvolumen für infrastrukturelles und technisches Gebäudemanagement wächst seit Jahren konstant um etwa 5 Prozent per anno und betrug 2007 mehr als 52 Milliarden Euro. Würde man die kaufmännischen sowie die häufig nicht sichtbaren kaptiven, also intern erbrachten, FM-Services hinzurechnen, stiege das Marktvolumen sogar in die dreistellige Milliarden-Euro-Größenordnung.

Die positive Entwicklung ist Anlass dafür, dass dem deutschen FM-Markt seit Jahren wachsende Aufmerksamkeit entgegengebracht wird. Das zunehmende Outsourcing von FM-Services lässt das Interesse weiterhin steigen, auch was das Engagement von privaten Investoren angeht. Dass sich inzwischen große Managementberatungen und Finanzinvestoren für das Thema Facility Management interessieren, ist ein weiterer Beleg für die Bedeutung dieser Branche.

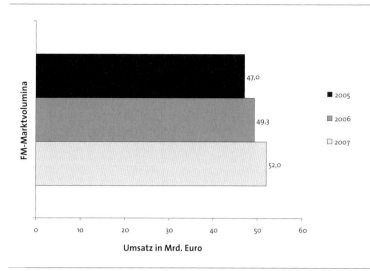

FM-Marktvolumina

Umsatz in Mrd. Euro

- 2005
- 2006
- 2007

47,0
49,3
52,0

Abbildung 1: Marktvolumen des FM-Marktes in Deutschland für infrastrukturelles und technisches Gebäudemanagement 2005–2007 (Angaben in Milliarden Euro; inklusive kaptiver Unternehmen)

Zudem ist eine Änderung im Leistungsspektrum festzustellen. Längst bieten FM-Unternehmen weitaus mehr als die klassischen Reinigungs- und Sicherheits-Services. Zu Beginn des neuen Jahrtausends wurden vor allem die technischen Leistungen stark ausgebaut – auch als Reaktion auf den starken Preisdruck in der Reinigungs- und Sicherheitsbranche. Die historisch gewachsenen Instandhaltungsunternehmen mussten sich im Zuge dieser Entwicklung mit einem neuen Wettbewerbsfeld auseinandersetzen. Es entwickelten sich sogenannte Gesamtdienstleister, die über ein breites Portfolio verfügen. Zudem erweitern auch teilweise branchenfremde Services das Leistungsspektrum. So sind mitunter auch Zeitarbeit, IT-Services, Telekommunikation, Fuhrpark und Transportdienste in die Angebote von FM-Dienstleistern aufgenommen worden. Und ein Ende der Ausweitung des Leistungsspektrums ist – insbesondere wenn Kunden das wünschen – nicht abzusehen.

Im Rahmen der Lünendonk®-Studie „Führende Facility-Management-Unternehmen für infrastrukturelles und technisches Gebäudemanagement in Deutschland" haben 86 FM-Unternehmen einen Blick in die Kristallkugel gewagt und Angaben über die zukünftige Marktentwicklung gemacht. Hierbei geht es nicht nur um einen Fünf-Jahres-Ausblick, sondern auch um das prognostizierte Wachstum bis zum Jahr 2020. In dem Zeitraum bis 2013 erwarten die Befragten eine durchschnittliche Marktentwicklung von 5,8 Prozent pro Jahr.

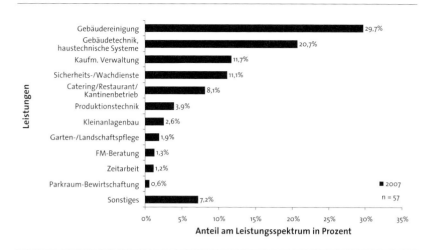

Abbildung 2: Leistungsspektren 2007 detailliert
(Alle Unternehmen – Mittelwerte; Angaben in Prozent)

Auch für die folgenden Jahre bis 2020 rechnen die Anbieter mit einem jährlichen Wachstum von im Durchschnitt 5,8 Prozent. Nicht überraschend ist, dass die Prognosen für die Umsatzentwicklung des eigenen Unternehmens in der Regel über den Erwartungen der allgemeinen Marktentwicklung liegen.

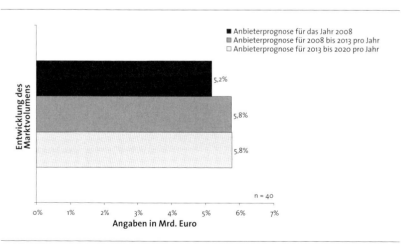

Abbildung 3: Entwicklung des FM-Marktvolumens 2008, 2008–2013 p. a. und 2013–2020 p. a.
(Alle Unternehmen – Mittelwerte; Angaben in Prozent)

Zusammenschlüsse und Übernahmen

Die Umsatzentwicklung der FM-Unternehmen in den Jahren 2004 bis 2007 zeigt, welche Dynamik dieser Markt gewonnen hat. Die in die Lünendonk®-Studie einbezogenen Unternehmen sind 2007 um durchschnittlich 11,4 Prozent gewachsen. 2004 betrug das Wachstum „lediglich" 5,5 Prozent im Durchschnitt, 2005 8,2 Prozent und im Folgejahr 9,1 Prozent.

Einen erheblichen Anteil an diesem allgemeinen Umsatzanstieg haben Zusammenschlüsse und Übernahmen. So ist der Anteil an anorganischem Wachstum bei den FM-Unternehmen auf durchschnittlich 29 Prozent, bei den nach Umsatz führenden 25 Marktteilnehmern sogar auf 39 Prozent gestiegen – jeweils gemessen am Gesamtumsatz. Bei Betrachtung der Top 10 erhöht sich dieser Anteil auf eindrucksvolle 50 Prozent.

Im Hinblick auf die mittelgroßen und kleinen Unternehmen stellt sich die Relation anders dar: Hier macht sich aufgrund der konjunkturellen Rahmenbedingungen das Wachsen aus eigener Kraft stärker bemerkbar. Nichtsdestotrotz denken auch Unternehmen dieser Größenordnungen über Zukäufe und Kooperationen nach, um den Anforderungen der Zukunft begegnen zu können.

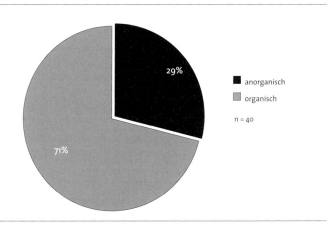

Abbildung 4: Verhältnis organisches und anorganisches Unternehmenswachstum 2007
(Alle Unternehmen – Mittelwerte; Angaben in Prozent)

Im Beobachtungszeitraum von 2003 bis 2007 haben die führenden zehn FM-Unternehmen in Deutschland ein höheres durchschnittliches Wachstum realisiert als der Gesamtmarkt. Hierbei muss das Jahr 2004 besondere Beachtung finden: In diesem Jahr betrug das durchschnittliche Wachstum der Top 10 im Vergleich zum Vorjahr 2003 fast 60 Prozent. Für diese Entwicklung sorgte maßgeblich die Integration der Gebäudemanagement-Einheiten von Lufthansa und Siemens in die Hochtief Facility Management GmbH. Auch in den Folgejahren trugen Übernahmen der führenden Unternehmen zu diesen hohen Wachstumszahlen bei. Die Zukäufe von Strabag (DeTeImmobilien), HSG (M+W Zander D.I.B.) und Sodexo (Zehnacker) bestätigen diese Entwicklung. Im auslaufenden ersten Jahrzehnt des neuen Jahrtausends werden Übernahmen in diesen Größenordnungen indes abnehmen. Denn einerseits müssen die erworbenen FM-Anbieter in die Unternehmensstruktur integriert werden, andererseits wurde im Rahmen der Finanz- und Wirtschaftskrise der Erhalt von fremden Mitteln erschwert.

Trend zum Outsourcing

Ungebremst wird sich aber der Outsourcing-Trend fortsetzen und somit Wachstumschancen für FM-Anbieter bieten. Denn die Nutzer von FM-Dienstleistungen stellen sich im Zuge der globalen Herausforderungen schlanker auf und trennen sich zunehmend von Leistungen, die nicht zum Kerngeschäft gehören. Diese Entwicklung bedeutet vor allem für die kaptiven FM-Einheiten, dass sie sich (noch) stärker auf dem Drittmarkt engagieren werden und sich intern auf Management- und Organisationsthemen konzentrieren. International agierende Unternehmen wie Henkel oder Siemens haben dies beispielsweise bereits umgesetzt.

Wenn es darum geht, Dienstleistungen über die deutschen Landesgrenzen hinaus zu erbringen, hat die Mehrheit der deutschen FM-Anbieter noch Wachstumschancen – positiv formuliert. Die nach Umsatz führenden zehn FM-Unternehmen, denen man qua Größe ein überdurchschnittliches Engagement im europäischen Ausland zutrauen würde, haben in den Jahren 2003 bis 2007 die Auslandsumsätze sukzessive gesteigert. Betrug 2003 der Auslandsanteil der Top 10 gerade einmal 659 Millionen Euro, so ist dieser 2007 auf nahezu 1,2 Milliarden Euro angestiegen. In Relation zum Gesamtumsatz von 6,4 Milliarden Euro betrug der Umsatzanteil der Top10 im Ausland durchschnittlich 18,8 Prozent.

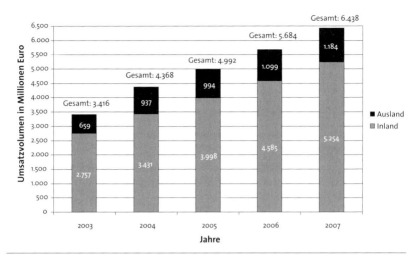

Abbildung 5: Entwicklung des Umsatzvolumens der Top 10 des Jahres 2008 in den Jahren 2003 bis 2007 (Absolute Zahlen)

Neben Umsatz- und Mitarbeiterentwicklung ist die durchschnittlich erzielte Umsatzrendite ein wesentlicher Indikator für den Zustand der Branche. Aufgrund der Heterogenität des Marktes sind in diesem Zusammenhang Vergleiche nur bedingt aussagekräftig. Bei den Analysen der Lünendonk GmbH hat sich in der Vergangenheit gezeigt, dass das EBIT bei der Mehrheit der FM-Unternehmen (58 Prozent) zwischen 2,5 und 4,9 Prozent liegt.

Industrie: die wichtigste Branche

Die FM-Unternehmen erzielen im Durchschnitt 30 Prozent ihrer Umsätze mit Industrieunternehmen als Kunden. Neben infrastrukturellen werden auch technische Leistungen erbracht. Zweitwichtigste Kundenbranche ist das Gesundheitswesen (20 Prozent), wenngleich in diesem Markt sehr viele Spezialisten sowie wenige große Anbieter tätig sind. Auf der einen Seite erwartet man in diesem Segment aufgrund der Finanzsituation bei den Kranken- und Pflegeeinrichtungen steigenden Bedarf für externe FM-Services, auf der anderen Seite wird sich aber zukünftig die Anzahl der Krankenhäuser und Kliniken reduzieren. Im Hinblick auf die demografische Entwicklung werden die Alten- und Pflegeheime als Kundengruppe jedoch an Bedeutung gewinnen.

Mit Banken und Versicherungen werden im Durchschnitt 19,5 Prozent der Umsätze erzielt. Dieser Anteil hat in den zurückliegenden Jahren signifikant zugenommen. Der Grund: Diese Branche hat sich bereits sehr intensiv mit der Outsourcing-Thematik befasst und dementsprechend FM-Einheiten ausgelagert. Andere Branchen – allen voran die Produktionsbetriebe – werden diesem Beispiel sukzessive folgen.

Auf den Öffentlichen Dienst entfallen im Durchschnitt 10 Prozent der Umsätze der FM-Anbieter. Diese Branche setzt auf der einen Seite auf regionale Dienstleister, andererseits auf die großen, namhaften FM-Anbieter. Im Hinblick auf leere öffentliche Kassen werden dem Thema Public Private Partnership (PPP) überdurchschnittliche Wachstumschancen vorausgesagt.

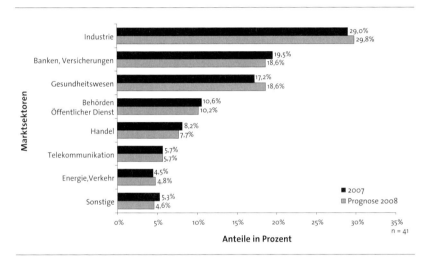

Abbildung 6: Marktsektoren 2007 und Prognose 2008
(Alle Unternehmen – Mittelwerte; Angaben in Prozent)

Wahrgenommene Restriktionen

Der hohe Wettbewerbsdruck beeinflusst die wahrgenommenen Behinderungsfaktoren für erfolgreiches Agieren im Markt. So zeigt die Lünendonk®-Studie, dass seit Jahren der Wettbewerb über den Preis als stärkste Restriktion gilt. Gerade Reinigung und Sicherheitsdienstleistungen sind einem enormen Druck ausgesetzt. Durch das Entsendegesetz ist diese Entwicklung in der Reinigungsbranche ein wenig gebremst worden, zumal der Zoll die Einhaltung der Regeln spürbar kontrolliert. Der Verdrängungswettbewerb wird sich unabhängig davon auch in den kommenden Jahren fortsetzen – Umsatzgewinne der einen gehen zu Lasten der anderen FM-Anbieter.

Ein weiterer Behinderungsfaktor hat einen dramatischen Schub erfahren: der Mangel an qualifiziertem Personal. Eine Folge: Die Fluktuation, die in anderen Business-to-Business-Dienstleistungsmärkten wie etwa für Managementberatung und Wirtschaftsprüfung seit längerer Zeit sichtbar ist, nimmt auch im FM-Markt zu.

Die Zunahme der Restriktion *Mangel an qualifiziertem Personal* ist einerseits eine Reaktion auf die Bevölkerungsentwicklung in diesem Land. Andererseits ist dies auch ein Appell an die Ausbildungseinrichtungen, dem Thema Facility Management höhere Aufmerksamkeit zu schenken, beziehungsweise an FM-Unternehmen, mehr mit Hochschulen und anderen Ausbildungsstätten zusammenzuarbeiten. Diese Situation gewinnt zudem an Brisanz, weil die Anbieter mit dem Image der eigenen Branche nicht zufrieden sind. Auch aus diesem Grund hat der Branchenverband GEFMA gemeinsam mit einigen FM-Unternehmen 2007 eine Kampagne zur Steigerung des Bekanntheitsgrades gestartet. Diese steht unter dem Motto „Die Möglichmacher".

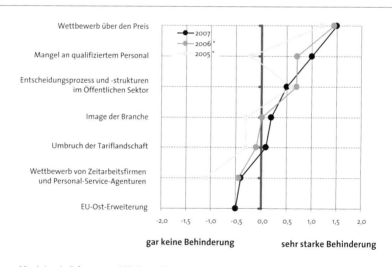

* Ergebnisse der Befragung vom Frühjahr 2006 bzw. 2007

Abbildung 7: Die stärksten Behinderungsfaktoren für FM-Unternehmen in Deutschland 2005 bis 2007 (Alle Unternehmen – Mittelwerte; Bewertung von -2 = gar keine Behinderung bis +2 = sehr starke Behinderung)

Welche Benefits versprechen die FM-Anbieterunternehmen den Kunden? Effizienz, Kostensenkung oder Ertragssteigerung? Das häufigste Leistungsversprechen für die Vergabe von FM-Services an einen externen Dienstleister ist die *Konzentration des Kunden auf Kernkompetenz*. Es ist zu erwarten, dass sich diese Tendenz in der Zukunft fortsetzen wird.

Der Trend zum Outsourcing spielt den FM-Unternehmen in die Karten. Die Anbieter müssen sich an dem Wertversprechen messen lassen, ihre Kunden wirtschaftlich von den Aufwendungen für Sekundärprozesse zu entlasten.

Daneben gewinnt die *Qualitätsverbesserung* an Bedeutung. Ebenfalls wichtig in der Kundenansprache ist das Wertversprechen *Effizienzsteigerung*. Die positive Entwicklung des Qualitätsbegriffes war zu erwarten. Das Thema Qualität entwickelt sich im hart umkämpften FM-Markt zum Gütesiegel und somit zum Differenzierungsmerkmal. Denn die drei obengenannten Wertversprechen an die Kunden liegen alle vor dem Thema Preis.

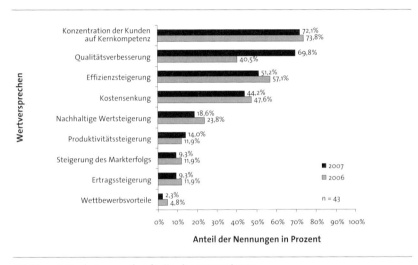

Abbildung 8: Ergebnisversprechen für Kunden 2007 und 2006
(Alle Unternehmen – Mittelwerte; Angaben in Prozent; Mehrfachantworten möglich)

Zukunft der Branche

Im Rahmen der Analyse über den deutschen FM-Markt ist es von besonderer Bedeutung, neben der Betrachtung der bisherigen Entwicklung auch Aussagen über die Zukunft einzubeziehen. Welche Erwartungen richten die FM-Unternehmen an die kommenden Jahre?

Es zeigt sich, dass die Anbieter dem Thema Managementleistungen im Gesamtangebots-Portfolio einen hohen Stellenwert beimessen. Das gilt sowohl für große als auch mittelgroße und kleine Unternehmen. Daraus resultiert auch eine hohe Erwartungshaltung der Kunden an die Dienstleister: Management-Kompetenz ist also aufzubauen respektive zu erweitern.

In Zukunft wird auch das Angebot von integrierten Service-Angeboten den Markt dominieren, so die Erwartungen der FM-Unternehmen. Gerade die nach Umsatz führenden Anbieter forcieren diese Entwicklung. Nach dem horizontalen Wachstum (bundesweite Präsenz) wird vermehrt das vertikale Wachstum betrieben (weitere Services, weitere Branchen).

Dass Service-Leistungen künftig überwiegend nach flexiblen Abrechnungsmodellen erbracht werden, wird von den FM-Unternehmen ebenfalls prognostiziert. Dieses Szenario wird auch von Kunden-Unternehmen und Marktexperten gestützt. Flexible Honorierungen, kürzere Vertragslaufzeiten und die Vereinbarung von Service Level Agreements (SLAs) werden als bestehende und künftige Bestandteile von Service-Verträgen angegeben – hier gibt es indes auch weiterhin die klassische Einkäuferposition: den Preis.

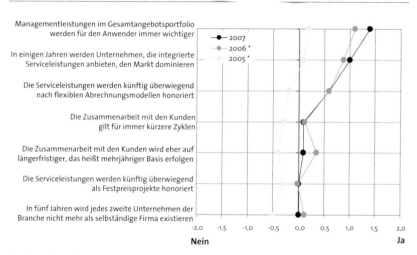

* Ergebnisse der Befragung vom Frühjahr 2006 bzw. 2007

Abbildung 9: Meinungen über die Zukunft der Branche – 2005 bis 2007
(Alle Unternehmen – Mittelwerte; Bewertung von -2 = Nein bis +2 = Ja)

Ausblick

Der deutsche FM-Markt birgt noch sehr viel Potenzial in sich. Es ist zu erwarten, dass der Trend zum Outsourcing von immobilienbezogenen Leistungen sich als Wachstumsmotor eines zunehmend wichtigeren Wirtschaftszweiges entwickeln wird. Auf dem Weg in die Zukunft müssen die Anbieter sich neuen Services im eigenen Portfolio sowie gesteigerten Kundenanforderungen wie etwa Open Book Policy oder flexiblen Abrechnungsmodellen stellen.

Bei Beobachtung der Leistungsspektren und der Positionierung der FM-Unternehmen fällt auf: Während ein Teil der Anbieter das eigene Portfolio sukzessive verbreitert, sucht der andere Teil sein Heil in der Spezialisierung. Dies ist ein Trend, der auch in anderen Dienstleistungsbranchen zu beobachten ist. Im Schatten der großen Gesamtdienstleister werden weiterhin Spezialisten und Nischenanbieter gut leben.

Neben dem beschriebenen vertikalen Wachstum ist auch das horizontale Wachstum von hohem Interesse. In der Tat sind viele deutsche FM-Unternehmen bestrebt, flächendeckend im Inland Dienstleistungen anzubieten – durch Aufbau von Niederlassungen, Eingehen von Kooperationen sowie durch Zukäufe. Im Ausland hingegen sind die Aktivitäten bis dato noch sehr überschaubar, was auch für die führenden 25 Anbieter in Deutschland gilt. Es ist indes eine klare Wachstumstendenz erkennbar.

Darüber hinaus zeigt sich, dass die positiven Umsatzentwicklungen der Vergangenheit nicht nur auf organischem Wachstum basieren. Die gestiegenen Übernahmeaktivitäten haben einen erheblichen Anteil an der Marktdynamik. Dieser Trend wird auch in Zukunft Bestand haben.

Hochmotivierte und kompetente Mitarbeiter
Einer der wesentlichen Zukunftsfaktoren für erfolgreiches Facility Management

Otto-Kajetan Weixler

„Es sind Menschen, die gute Dienste leisten." So banal dieser Satz klingen mag – der Mensch ist in der Dienstleistung Facility Management der Schlüssel zum Erfolg. Hierbei spielt es keine Rolle, ob es um infrastrukturelle, technische oder kaufmännische Leistungen geht. Der Objektleiter, der Versorgungsingenieur, der Servicetechniker, die Reinigungskraft, der Pförtner, der Koch, der Kaufmann für Immobilienwirtschaft, der Controller und andere mehr sind vor Ort präsent und müssen durch ihr Engagement sowie Fach- und Sozialkompetenz überzeugen. Diese „menschliche" Komponente ist im Zuge vergleichbarer Preise und Service-Angebote für die Dienstleistungsunternehmen immer wichtiger.

Der Facility-Management-Markt befindet sich im Wandel. Gerade der deutsche Markt mit seinem bis dato heterogenen Teilnehmerfeld unterliegt seit Anfang dieses Jahrtausends starken Veränderungen: Konzerne und Großunternehmen beginnen mit dem Verkauf oder Outsourcing der internen FM-Einheiten, Krankenhäuser und Kliniken gründen mit Anbietern Organschaften, die Öffentliche Hand befasst sich mit Public Private Partnership (PPP). Ferner rüsten einige infrastrukturelle FM-Anbieter auf und bieten ein breiteres Leistungsspektrum an, und zusätzlich drängen ausländische FM-Unternehmen auf den deutschen Markt.

Die Marktkonsolidierung ist in vollem Gange und wird sich nach kurzen Verschnaufpausen weiter fortsetzen, die Anzahl der FM-Unternehmen wird tendenziell sinken. Natürlich wird es weiterhin kleinere regionale Anbieter und Spezialisten geben. Durch Fusionen und strategische Partnerschaften haben insbesondere mittelständische Firmen auch die Möglichkeit, als Gesamtdienstleister aufzutreten und die notwendige Expansion ins Ausland, den Marktanforderungen folgend, weiter voranzutreiben. Nichtsdestotrotz werden im Jahr 2020 wenige große Gesamtdienstleister mit internationalem Tätigkeitsfeld den deutschen Facility-Management-Markt deutlich prägen.

Fachkompetenz und Integrität

Wodurch wird diese Entwicklung gestützt? Zum einen sind Markt- und Kostendruck so angestiegen, dass überproportionales Wachstum aus eigener Kraft nicht mehr ausreicht. Anbieter kaufen zu und fusionieren. Dem Kunden dient Facility Management als Instrument zur Kosten- und Prozessoptimierung. Dabei gewinnt das Thema zunehmend an strategischer Bedeutung, und im Jahr 2020 reichen diese Services tief in die internen Kundenstrukturen hinein.

Marktstudien wie beispielsweise von Droege & Comp. oder Lünendonk weisen schon seit dem Jahr 2008 darauf hin, dass eine Reihe von Kunden nicht mehr nur auf den Preis, sondern auch auf Effizienz- und Wertsteigerung sowie auf Beratung auf Augenhöhe setzen – mit steigender Tendenz. Es wird zukünftig nicht mehr allein um Kostenminimierung gehen, sondern um Wertoptimierung. Der Facility Manager und Objektleiter entwickelt sich zu einem Sparrings-Partner für den Auftraggeber. Der Kunde, der sich schlank aufstellt und seine Kernkompetenzen in den Mittelpunkt rückt, lässt Leistungen und Sekundärprozesse von externen Dienstleistern managen. Hierzu gehört als Voraussetzung Vertrauen in das Unternehmen und in die beteiligten Personen. Es geht nicht nur um die Fachkompetenz und das Prozess-Know-how, sondern auch um die Integrität.

Zudem nimmt neben der Verantwortung auch das Leistungsspektrum zu. Im Jahr 2020 sind die Dienstleister mit vielfältigen Sekundärprozessen der Kunden befasst. Das führt auch dazu, sich mit Gewährleistungspflichten und Haftungsansprüchen auseinanderzusetzen. Einige Kunden werden so weit gehen, langfristige Partnerschaften mit den Dienstleistern einzugehen, in deren Zuge Risiken, aber auch Gewinne aufgeteilt werden. Dazu kommt die Internationalisierung. Weltweit tätige amerikanische und englische Konzerne beauftragen FM-Unternehmen, die als Systempartner europaweit beziehungsweise weltweit in der Lage sind, alle ihre FM-Aktivitäten zu steuern und zu managen.

Erweiterung der Lieferkette

In diesem Zusammenhang kommt den FM-Einheiten von international tätigen Bauunternehmen eine besondere Bedeutung zu: Zum einen haben deren Service-Einheiten aufgrund der Konzerneinbindung die finanzielle Kraft, um Kunden solide Sicherheiten zu bieten. Zum anderen spielen ihnen die erweiterte Lieferkette sowie die internationale Präsenz in die Hände. So bildet der Bau- und Dienstleistungskonzern

Bilfinger Berger den kompletten Lebenszyklus einer Immobilie, Anlage oder Infrastruktur ab: von der Konzeption, Finanzierung, Planung, Bau über Betrieb, Instandhaltung und Sanierung bis hin zum Abriss.

Dieser integrierte Ansatz zahlt sich sukzessive aus. In Summe hat sich das Dienstleistungsgeschäft zu einem wichtigen Ergebnisträger bei der Bilfinger Berger AG entwickelt. Auftraggeber können hierdurch wesentliche Leistungen wie Energiemanagement, Contracting oder das sogenannte Green Building umfassend erhalten. Dies bietet die Chance, frühzeitig Stellschrauben sowohl für die Werterhaltung und -optimierung als auch für die Prozesssteigerung einzusetzen und kontinuierlich zu justieren. Das bedeutet auch: nachhaltiger und effizienter Betrieb. Nicht zuletzt aus diesem Grund baut Bilfinger Berger neben Investitionen in private Betreiberprojekte die Dienstleistungen Facility Management und Industrial Services weiter aus. In den PPP- oder CCP-Projekten garantiert der Konzern die Bewirtschaftungskosten bis zu den Verbraucherwerten über 20 bis 30 Jahre schon bei der Entstehung eines Bauwerkes.

Berufsbild gewinnt an Attraktivität

An dieser Stelle wird deutlich, dass der Facility Manager im Jahr 2020 ganz anderen Herausforderungen gegenübersteht als Ende des vergangenen Jahrtausends. Zum einen ist das Leistungsspektrum komplexer, zum anderen die Einbindung in die Unternehmen der Kunden intensiver. Organisations- und Prozessdenken sind ausgeprägte Eigenschaften eines Facility Managers. Er führt nicht nur vorab definierte Dienstleistungen aus, er plant diese mit und passt die Tätigkeit des Dienstleisters flexibel an die aktuellen Bedingungen an. Gleichermaßen fungiert er als Ratgeber, Lösungsfinder und Umsetzer. Dieser integrierte Ansatz wird zukünftig für eine effiziente Unternehmenssteuerung entscheidend sein.

Mit den steigenden Erwartungen an und Herausforderungen für den Facility Manager steigt die Attraktivität des Berufes. Der verantwortliche Facility Manager vor Ort koordiniert, kontrolliert und motiviert nicht nur die Mitarbeiter und Sub-Dienstleister, sondern trägt auch im hohen Maße Verantwortung für Anlagen und Prozesse – bis in den kaufmännischen Bereich hinein. Dieser Beruf ist heute und künftig reich an Abwechslung und Verantwortung zugleich.

Hinzu kommt der internationale Aspekt: Die Branche wird sich in Zukunft Europa und den sogenannten Emerging Markets weiter öffnen. Vor allem Industriekunden produzieren schon lange nicht mehr allein in Deutschland und suchen daher Dienstleister, die über Landesgrenzen hinaus Services anbieten. Die Dienstleister werden auch zukünftig ihren Kunden folgen, aber neben der opportunistischen Expansion auch strategische Investitionen tätigen.

EU-Osterweiterung als Chance

Ferner wird im Jahr 2020 gerade die fortschreitende Integration der osteuropäischen Länder in die gewachsenen Strukturen der Europäischen Union zu einer Angleichung der Kostenstrukturen in den Unternehmen geführt haben. Damit verstärkt sich zwangsläufig auch der im „Alten Europa" bestehende Trend der Konzentration auf das Kerngeschäft und die Auslagerung von Dienstleistungen in diesem Wirtschaftsraum. Dies birgt hohes Potenzial – und im Jahr 2020 werden sich die Grenzen der Europäischen Union noch ein Stück weiter gen Osten und Südosten verschoben haben.

Gerade im Hinblick auf Energieressourcen wie Gas und Öl spielt Osteuropa heute schon eine wesentliche Rolle. Kraftwerke, Tanks, Pipelines und Bohrinseln sind Segmente, die gerade für die von den genannten Rohstoffen abhängigen Industriestaaten wie Deutschland von hoher Bedeutung sind. Bilfinger Berger widmet sich diesem strategischen Thema mit der konzerneigenen Einheit Power und Industrie Services. Vor dem Hintergrund der knappen Ressourcen und der Abhängigkeit richtet sich zudem der Blick verstärkt auf die erneuerbaren Energien wie Wind- und Wasserkraft sowie Photovoltaik.

Klima- und Energiedebatte

Das Green Building erfährt im Rahmen der Klima- und Energiedebatte ebenfalls eine Aufwertung: Laut der Deutschen Energieagentur DENA entfielen im Jahr 2007 ganze 40 Prozent des Energieverbrauchs europaweit auf Gebäude. Der größte Anteil entfällt auf Energie für Heizung, Warmwasser und Beleuchtung. Die FM-Anbieter werden zukünftig verstärkt Ratgeber der Kunden sein, wenn es um Energieeffizienz und alternative Energienutzung geht. Energieberatung und Contracting werden sich daher im Jahr 2020 als fester Bestandteil im FM-Portfolio etabliert haben.

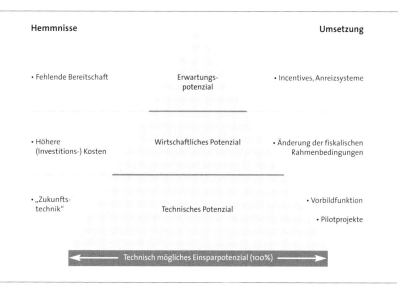

Hemmnisse		Umsetzung
• Fehlende Bereitschaft	Erwartungs- potenzial	• Incentives, Anreizsysteme
• Höhere (Investitions-) Kosten	Wirtschaftliches Potenzial	• Änderung der fiskalischen Rahmenbedingungen
• „Zukunfts- technik"	Technisches Potenzial	• Vorbildfunktion • Pilotprojekte

Technisch mögliches Einsparpotenzial (100%)

Abbildung 1: Potenzialpyramide Green Building (Quelle: Kristof Hank, Wuppertal Institut, eigene Darstellung, 2005).

Dieser „Green-Building-Gedanke" führt zukünftig dazu, dass die Facility-Management-Unternehmen weitaus stärker in die energieeffiziente Planung von Gebäuden einbezogen werden. Gerade die kombinierten Erfahrungen eines Anbieters wie Bilfinger Berger aus Hoch- und Tiefbau sowie FM-Services bieten den Kunden einen deutlichen Mehrwert bei der Planung und Umsetzung. Dieser verschärfte Fokus auf die Lebenszykluskosten bereits in der Planung mit optimierten Bewirtschaftungskosten schafft einen Mehrwert. FM-Dienstleister können sich mit einer entsprechenden Kompetenz von den Wettbewerbern differenzieren.

Ferner wird die internationale Präsenz als wesentlicher Erfolgsfaktor auch im Hinblick auf die Klima- und Energiedebatte immer bedeutender. Der integrierte Gesamtdienstleister steht vor der Herausforderung, in den maßgeblichen Wachstumsregionen weltweit verfügbar zu sein. Die Industrieunternehmen haben diesen Weg bereits eingeschlagen. Bilfinger Berger Facility Services ist mit ihrer Präsenz in 20 europäischen Ländern in der Lage, dies gemeinsam mit den international tätigen Konzerneinheiten zu leisten.

Flexibilität und Transparenz

Die Chancen, die sich aus den beschriebenen Entwicklungen ergeben, sind integral verbunden mit der Eigenentwicklung der FM-Branche im Allgemeinen und dem FM-Personal im Besonderen. Die eingangs beschriebenen gestiegenen Anforderungen an den Beruf Facility Manager sind das eine, Flexibilität und Transparenz (zum Beispiel Open-Book-Kalkulationen) das andere. Die FM-Unternehmen werden im Jahr 2020 gemeinsam mit dem Kunden Konzepte erarbeiten, um den mannigfaltigen individuellen Anforderungen gerecht zu werden – auch während eines laufenden Dienstleistungsvertrages.

Vor dem Hintergrund des Mangels an qualifiziertem Personal steht die Branche vor der Herausforderung, Fachpersonal für diesen Beruf zu begeistern und zu qualifizieren. Es gilt, die Attraktivität dieses Berufsstandes zu steigern und Menschen für diese Wachstumsbranche zu gewinnen. Ferner heißt es, die Mitarbeiter kontinuierlich weiterzubilden, zu schulen und auf internationale Aufgaben vorzubereiten. Denn aufgrund der gestiegenen Komplexität sind die Fach- und Sozialkompetenz der handelnden Personen ein wesentliches Diversifikationsmerkmal am Markt.

Vom „Abhängig Beschäftigten" zum „Neuen Selbständigen"

Die FM-Branche in Deutschland gewinnt weiter an Professionalität. Inzwischen zahlen sich kontinuierliche Image- und Öffentlichkeitsarbeit aus, der Bekanntheitsgrad sowie die Berücksichtigung des Themas in der Medienberichterstattung steigen. Ein weiterer Meilenstein ist die gemeinsame Image-Kampagne der größten deutschen FM-Unternehmen: „FM – Die Möglichmacher".

Aber auch in den FM-Unternehmen selbst ist vieles im Fluss: Neben dem Ausbau von Fortbildungen werden viele Maßnahmen ergriffen, um Mitarbeiter zu gewinnen und – nicht minder wichtig – langfristig zu halten. Wie gelingt es aber, ein für den Kunden konstantes, motiviertes Team dauerhaft zu etablieren und sich als attraktiver Arbeitgeber zu positionieren? Karriereperspektiven und Erfolgsbeteiligungen sind schließlich klassische Instrumente, mit denen alle Anbieter arbeiten. Wie ist also diesem Aspekt erfolgreich zu begegnen?

Es sind in diesem Zusammenhang auch die Veränderungen innerhalb der Arbeitswelt zu betrachten. So stellt der Kuratoriumsvorsitzende der BAT-Stiftung für Zukunftsfragen, Professor Dr. Horst Opaschowski, einen steigenden Wunsch der Mitarbeiter nach Spannung, Erfolgen und Erlebnissen am Arbeitsplatz fest. Der Arbeitgeber der Zukunft darf den Angestellten nicht das Gefühl vermitteln, dass die Arbeit Leben von der „Habenseite ihrer Existenz" abzieht. Es muss vermieden werden, dass sich die Mitarbeiter einerseits von der Arbeit vereinnahmt fühlen und andererseits die Herausforderungen vermissen, die sie von Freizeitaktivitäten her kennen. Es geht vielmehr um das positive Gefühl, am Arbeitsplatz gefordert zu sein und vor allem etwas bewegen zu können. Oder laut Horst W. Opaschowski: „Lebensfreude ist ‚in', Arbeitsfreude auch".

Im Jahr 2020 sind Arbeitszeit und Freizeit noch enger miteinander verzahnt als zu Beginn des 21. Jahrhunderts. Dem muss der Arbeitgeber Rechnung tragen, um mit einer motivierten, stabilen Mannschaft arbeiten und punkten zu können. In diesem Zusammenhang geht es weniger um das klassische abhängige Angestelltenverhältnis, sondern um eine „Neue Selbständigkeit". Damit ist ein persönlicher und unternehmerischer Freiraum im Unternehmen gemeint. Das heißt: Der Mitarbeiter schafft sein Arbeitsumfeld überwiegend selbst und gestaltet es auch nach seinen Vorstellungen.

Arbeitnehmer mit Ideen und Mut verstehen sich immer mehr als „Mit-Unternehmer". Im Jahr 2020 reicht es nicht aus, dass etwa 8 Prozent der Berufstätigen selbständig sind. Arbeitnehmer müssen selbst etwas unternehmen, um ihre und auch neue Arbeitsplätze zu schaffen. Aber: Der Arbeitgeber muss hier auch die richtigen Rahmenbedingungen setzen. Mit starren Strukturen kann man in der Dienstleistung nicht erfolgreich sein.

Anreize durch Beteiligung

Wie gelingt es vor diesem Hintergrund, engagierte Mitarbeiter langfristig zu binden und mit einem konstanten, motivierten Team dem Kunden einen Mehrwert zu bieten? Bilfinger Berger Facility Services geht einen neuen Weg. Seit 2009 beteiligt unser Haus führende Mitarbeiter am Unternehmen. Die Vorteile des Modells Mitarbeiterbeteiligung liegen auf der Hand:

1. Motivation und Pflichtbewusstsein der Mitarbeiter nehmen zu,
2. Unternehmertum, Produktivität und Arbeitsleistung steigen,
3. Kostenbewusstsein wird geschärft,
4. Identifikation der Arbeitnehmer mit „ihrem" Unternehmen wird verbessert.

Damit steigen Verantwortungsgefühl und Einsatzwille. Von diesen Eigenschaften einer gelebten Service-Kultur profitiert auch der Kunde. Hierdurch wird auch ein Signal gegeben, dass der Mitarbeiter bei den Kunden nicht an kurzfristigen Erfolgen orientiert ist, sondern nachhaltige Lösungen anstrebt. Damit gewinnt die Zusammenarbeit neue Dimensionen in Qualität und Verbindlichkeit. Gerade vor dem Hintergrund von Gewährleistungen und Haftungsübernahmen wird diesem Aspekt eine hohe Bedeutung beigemessen. Der Unternehmer im Unternehmen profitiert von der Unternehmenswertsteigerung über seinen Unternehmensanteil.

Hohen Erwartungshaltungen der Kunden begegnen

Immobilien- und Anlagenplanung sowie -betrieb spielen im Jahr 2020 eine strategische Rolle in den Unternehmen. FM-Dienstleister sind aufgrund der Auslagerungstendenz und der flexiblen Anforderungen eng in die Unternehmensstrukturen eingebunden. Da das Leistungsportfolio stark expandiert – etwa um IT-Services, Einkauf und Logistik –, hat es der Markt mit immer komplexeren Prozessen zu tun. Hierfür ist entsprechendes Personal erforderlich, um den Kundenerwartungen gerecht zu werden.

Denn Facility Management im Jahr 2020 setzt früher an: Die Bemühungen der Bauherren und Planer, auf der einen Seite Energieressourcen sparsam einzusetzen, auf der anderen Seite aber die Ansprüche an das Gebäude auf hohem Niveau zu halten, bedingen einen Blick auf das Ganze. Neben den Kosten stehen eindeutig Qualität und Nachhaltigkeit im Mittelpunkt.

Für die Facility-Management-Branche liegt hier ein zentraler Erfolgsfaktor der Zukunft. Aufgrund der gestiegenen Verantwortung bedeutet dies, dass die „Trennlinie" Produktion/Nicht-Produktion im Jahr 2020 von FM-Unternehmen in Richtung Produktion überschritten sein wird. Hierbei geht es nicht nur um reine Dienstleistungen, sondern partiell auch um Managementaufgaben. Bereits zu Beginn dieses Jahrtausends wurde immer wieder über Sekundärprozesse gesprochen – in 2020 ist diese Sichtweise erfolgreich etabliert.

Hohe Wertschöpfung macht den Unterschied

Hieraus wird ersichtlich, dass sich im Jahr 2020 der Beruf Facility Manager anders darstellen wird als heute. Die Kunden werden immer mehr Aufgaben und Leistungskombinationen an externe Dienstleister abgeben. Outsourcing und Kooperationen sind etablierte Modelle im deutschen und europäischen FM-Markt. Was zu Beginn dieses Jahrtausends bereits bei Banken und Versicherungen zum Zuge kam und sich als erfolgreiches Konzept etablierte, wird sich 2020 nahezu in allen Branchen durchgesetzt haben.

Natürlich wird es weiterhin auch reine Dienstleister geben, die mit einzelnen Gewerken im deutschen Markt überleben können. Jedoch werden immer mehr Aufgaben gebündelt an diejenigen FM-Anbieter vergeben, die ein breites Angebotsportfolio offerieren, international präsent sind und dem Kunden damit eine hohe Wertschöpfung bieten können.

Als großer integrierter Gesamtdienstleister bietet gerade Bilfinger Berger Facility Services eine breite Palette integrierter Leistungen, mit denen die Wertschöpfungskette vollständig abgedeckt ist. Die Einbindung in einen großen Bau- und Dienstleistungs- und damit Multi-Service-Konzern ermöglicht die Schaffung und Nutzung von Synergien quer über alle Unternehmenseinheiten. Für die Kunden bedeutet dies, umfassende Beratung sowie Services aus einer Hand. Im Rahmen der Globalisierung werden 2020 FM-Unternehmen bevorzugt werden, die in wichtigen Wachstumsregionen der Welt präsent sind und sich als FM-Systempartner etabliert haben.

Schlüssel für den zukünftigen Erfolg sind mehr denn je gut ausgebildete Mitarbeiter mit einer ausgeprägten Dienstleistungskultur. Es gilt, Mitarbeitern eine Arbeitsorganisation zu schaffen, in denen sie Motivation und Herausforderung zugleich finden, um für den Kunden ihr Bestes geben zu können. Denn bei Business-to-Business-Services gilt vorrangig das Motto: „Es sind die Menschen, die gute Dienste leisten im Interesse der Kunden".

Kunden wollen sich auf ihre Kernkompetenzen konzentrieren
Der Facility Manager wird zum Sekundärprozess-Manager

Michael C. Wisser

Im Jahr 2020 wird es nicht mehr allein um das klassische Verständnis von Facility Management – also Dienstleistungen in und um Immobilien – gehen. Es zeichnet sich bereits in unseren Tagen ein erheblicher Wandel im Denken des Marktes über Dienstleistungen für Organisationen ab. Kunden-Unternehmen wollen sich zunehmend auf den eigentlichen Unternehmenszweck konzentrieren. Das setzt voraus, dass sie sich wenig bis gar nicht um Sekundärprozesse kümmern müssen. Sie werden deutlich mehr Leistungen und Prozesse an Dienstleister verlagern, die sie heute noch mit eigenen Ressourcen erbringen. Der FM-Dienstleister von heute muss darum im Jahr 2020 der Sekundärprozess-Dienstleister mit Full-Service-Angebot sein. Er muss weitaus mehr übernehmen als klassische Dienstleistungen wie beispielsweise Reinigung, Sicherheit, Haustechnik, Catering, Garten- und Landschaftspflege – er muss mit seinen Services wirtschaftlich und effektiv den reibungslosen Betrieb einer Organisation an einem oder mehreren Standorten sicherstellen.

Dieses Full-Service-Angebot reduziert den Steuerungsaufwand beim Kunden. Er wird sich in der Zukunft nicht mehr mit zahlreichen Service-Lieferanten koordinieren müssen, sondern diese Aufgabe an den externen SPM (Sekundärprozess-Manager) übertragen, der den Facility Manager heutigen Zuschnitts dann ergänzt oder sogar abgelöst hat. Zu dessen Aufgaben werden dann auch Themen zählen, die heute noch von anderen Serviceprovidern erbracht werden, 2020 aber zum Full-Service-Spektrum gehören. Hier seien beispielsweise Dienstleistungen zur Sicherstellung von Informations- und Telekommunikationstechnik (IT- und TK-Services) erwähnt, Maklerdienste, Transport- und Healthcare-Services für Mitarbeiter, Staffing-Services für Kurzprojekte und zahlreiche weitere Personaldienstleistungen.

Eine Schnittstelle zu vielen Leistungen

Entscheidend für den Erfolg eines Sekundärprozess-Dienstleisters wird sein, dass er mit einer Schnittstelle zum Kunden-Unternehmen verbindlich, zuverlässig und ökonomisch mit vielfältigen Services dessen reibungslosen Betrieb sicherstellt. Entscheidend für den Erfolg der

Kunden-Unternehmen wird sein, genau zu definieren, welche Prozesse sie nicht selbst betreiben wollen oder müssen, und welche Service-Level sie vereinbaren müssen, um sich auf ihre eigentlichen Kernprozesse konzentrieren zu können.

Die heutige Facility-Management-Branche wird sich daher entscheidend verändern. Sie wandelt sich bis zum Jahr 2020 vom heutigen Personaldienstleistungsunternehmen zum vielseitigen Systemlieferanten. Und das heißt: Ihre Leistungskette beginnt weitaus früher als bisher.

Hierzu ein Beispiel: Wurde früher vom Auftraggeber erst nach einem FM-Dienstleister gesucht, wenn eine neue oder bestehende Immobilie gepflegt und betreut werden musste, so wird im Jahr 2020 der Auftrag lauten: „Stellen Sie zum Termin X am Standort Y zum Miet- und Service-Maximalpreis Z Immobilienkapazitäten mit Merkmalen wie hell, sicher, sauber, zentral gelegen auf einer Fläche N inklusive Miete, Nebenkosten und Wartung bereit." Diese neuen Kundenbedürfnisse werden es für die FM-Anbieter erforderlich machen, zur Risikoabdeckung zunehmend strategische Partnerschaften mit neuen Service-Partnern – beispielsweise Energielieferanten und IT-Unternehmen – einzugehen, um die entstehenden Risiken ihrerseits kompetent und angemessen zu verteilen.

Die Beherrschung der mit dieser Situation verbundenen Service-Komplexität stellt neue strukturelle und qualitative Herausforderungen an Dienstleister. Der Qualitätsdienstleister des Jahres 2020 wird ständig neue Anforderungen der Immobilieneigentümer und der Auftraggeber erfüllen müssen, um sich erfolgreich von seinem Wettbewerb abzusetzen. Diese neuen Angebotsformen bergen jedoch nicht nur für den Kunden eindeutige Vorteile, sondern eröffnen auch den Service-Partnern weitere Chancen. Die Möglichkeit des Dienstleisters, in bestimmten Auftragsstrukturen oder bei bestimmten Kunden Quersubventionen innerhalb des Leistungsportfolios zuzulassen, wird essentiell. Das heißt konkret: Es rechnet sich nicht jede einzelne Dienstleistung, in jedem Falle aber das Gesamtpaket. Entsprechend leistungsfähige und breit aufgestellte Dienstleister sind somit in der Lage, sich durch intelligente Risikoübernahme als strategische Systempartner zu etablieren; sie unterliegen damit nicht mehr so stark dem Kurzzyklus von kleinteiligen und temporär eng begrenzten Ausschreibungen.

Neue Anbieterstrukturen für neue Service-Anforderungen

Die neuen Service-Anforderungen der nächsten Jahrzehnte werden sich auch auf der Anbieterseite des Marktes eindeutig widerspiegeln.

Es wird eine stärkere Spreizung in der Anbieterstruktur geben. Wenigen sehr großen Unternehmen werden 2020 sehr viele kleine Unternehmen gegenüberstehen. Die kleinen Dienstleister werden sich als Spezialisten für Technik und Themen, für Regionen und Spezialaufgaben durchaus erfolgreich positionieren. Ihrem Wachstum sind jedoch Grenzen gesetzt. Jede Portfolio-Erweiterung erweitert auch den Kreis der Wettbewerber, jede räumliche Expansion führt zwingend zu höheren Kosten und zusätzlichen Managementanforderungen. Es ist damit zu rechnen, dass sich nur wenige Spezialisten erfolgreich in der Fläche etablieren. Ihre Rolle wird nicht selten die des qualifizierten Subunternehmers von großen Dienstleistern sein.

Besonders gute Chancen werden große Service-Unternehmen mit einer hohen Wertschöpfung und einem breiten Angebotsportfolio haben. Dabei wird es interessant sein zu beobachten, inwieweit Dienstleister, die heute noch nicht im FM-Markt präsent sind, sich dort als Seiteneinsteiger etablieren. Denn wenn klassische FM-Unternehmen in weitere Leistungssegmente migrieren, werden sie es hinnehmen müssen, dass Serviceprovider anderer Provenienz in den FM-Markt einsteigen.

Die großen Service-Unternehmen werden einerseits für den Kundenmarkt, andererseits aufgrund ihres stabilen Cashflows auch für den Anlegermarkt attraktiv sein. Aber auch für sie wird es ohne eine gewisse Spezialisierung nicht gehen, wenn sie langfristig erfolgreich am Markt agieren wollen. Sie werden sich je nach Historie und Strategie mehr oder weniger auf spezielle Kundengruppen und Kundensegmente ausrichten und bestimmte Technologien oder Services, in denen sie stark und bekannt sind, in den Mittelpunkt ihres Angebots rücken. Den „All-in-One-Dienstleister", der sowohl alle Dienstleistungen als auch alle Kundenmärkte und -segmente bedient, wird es auch 2020 vermutlich nicht geben.

Mehr Leistungstransparenz und „atmende Dienstleistungen"

Eindeutig geben wird es jedoch ein hohes Maß an Leistungstransparenz. Die bereits heute existierende Politik der offenen Bücher beziehungsweise der „gläsernen Kalkulation" ist im Jahr 2020 eine seit langem praktizierte Geschäftsplattform, die nicht in Frage gestellt wird. Mit der neuen Transparenz in Kalkulation, Preis und Leistung wird auch die Forderung der Kunden einhergehen, „atmende Dienstleistung" in Anspruch nehmen zu können, also ein flexibles Leistungs- und Kostenpaket abzurufen, das sich den jeweils aktuellen Anforderungen des Kunden-Unternehmens anpasst.

Der Markt für Facility Management und weitere Sekundärprozesse für Unternehmen wird sich in diesem Zusammenhang stringent in zwei Haupttypologien entwickeln: Auf der einen Seite stehen die Low-Cost-Anbieter, die ihre Aufträge vornehmlich über Geschäftsplattformen wie Internetauktionen gewinnen, ein in der Regel eingeschränktes Portfolio offerieren und für maximal zwei Jahre einen Auftrag bekommen. Auf der anderen Seite positionieren sich die – zum Teil höherpreisigen – Qualitätsanbieter, die ihre Leistungen tendenziell über beschränkte Ausschreibungen und mit intelligenten, langfristigen Gesamtkonzepten gewinnen. Merkmale für die Vergabe der Aufträge an diese Dienstleistergruppe sind aber die Pflicht zur Übernahme höherer unternehmerischer Risiken sowie das Eingehen auf weiterreichende Verpflichtungen.

Mehr Technik fängt reduzierte Personalressourcen auf

Obwohl auch im Jahr 2020 die Kosten für jedes Unternehmen eine wichtige Rolle spielen, werden beim Thema FM die Dienstleistungsqualität und Innovationen weitaus stärker im Fokus stehen als im ersten Jahrzehnt des neuen Jahrhunderts. Die Preissituation wird durch den Einsatz von kostenreduzierenden, technischen Lösungen nicht mehr die Dominanz haben. Es wird bis dahin zu einer deutlichen Verschiebung zu mehr technischen Lösungen kommen. Dazu gehören beispielsweise der Einsatz von IT-Systemen zur Fernüberwachung und Steuerung technischer Prozesse, Roboter-Lösungen und intelligente Netzwerke. Mit diesen Systemen wird sich der Personaleinsatz reduzieren lassen.

Die technischen Systeme sind jedoch nicht die Treiber dieser Entwicklung. Vielmehr sorgt der demografische Wandel in Deutschland und Europa dafür, dass Dienstleistungen mit weniger Menschen erbracht werden müssen, weil die erforderlichen Personalkapazitäten 2020 und in den Folgejahren nicht zur Verfügung stehen werden. Daran wird auch eine mögliche großzügigere Zuwanderungspolitik in den nächsten Jahren nichts ändern können. Für die FM-Unternehmen wird es daher die größte Herausforderung des dritten Jahrzehnts dieses Jahrhunderts darstellen, ausreichend qualifizierte oder zu qualifizierende Mitarbeiterinnen und Mitarbeiter zu gewinnen. Dabei wird sich der Kampf um geeignetes Personal nicht nur innerhalb der FM- und Service-Branche abspielen, sondern branchenübergreifend stattfinden. Die Attraktivität des Sekundärprozess-Dienstleisters als Arbeitgeber wird somit in Zukunft der Schlüssel zum Erfolg.

Natürlich kommt die demografische Entwicklung den FM-Dienstleistern auch entgegen. Da Kunden-Unternehmen zunehmend darauf angewiesen sein werden, Dienstleistungen, die nicht mehr mit eigenem Personal erbracht werden können, an Service-Partner zu verlagern, können sie sich spätestens ab 2020 auf eine stärkere Nachfrage nach Dienstleistungen einstellen. Diese positive Nachfrageentwicklung erhöht jedoch den Druck auf die Dienstleister, passendes Personal zu rekrutieren. Dabei werden sich auch Chancen für ältere Arbeitnehmerinnen und Arbeitnehmer eröffnen, die zwar nicht mehr in der Lage sind, schwere körperliche Arbeiten zu leisten, aber sehr wohl Steuerungs- und Überwachungsaufgaben zu übernehmen.

Technische Systeme werden in diesem Zusammenhang dafür sorgen, dass Distanzen überbrückt werden können und schnelle Reaktionszeiten – Realtime – garantiert sind, ohne dass für jedes Thema der entsprechende Mitarbeiter vor Ort stationiert sein muss. Für diese schlanken und transparenten Prozesse ist die Unterstützung mit neuester Informations- und Kommunikationstechnik zwingende Voraussetzung. Dabei werden die IT-Systeme des FM-Dienstleisters und des Kunden-Unternehmens miteinander verbunden. Dies dient einerseits der Leistungsdokumentation und -kontrolle sowie andererseits einer transparenten Leistungsverrechnung.

Solche intelligenten Systemlösungen sind jedoch mit einer höheren und kontinuierlich zu entwickelnden Mitarbeiterqualifikation verbunden. Hier werden die Anforderungen signifikant steigen. Ein reduzierter Personaleinsatz lässt sich nur mit deutlich qualifizierteren Mitarbeitern realisieren. Da nicht damit zu rechnen ist, dass sich in den nächsten zehn Jahren die schulische und berufliche Qualifikationssituation deutlich positiv ändern wird, kommen auf die großen Dienstleister in den nächsten Jahren und auch in weiterer Zukunft erhebliche Investitionen in Basisausbildung, Qualifizierung und Weiterbildung zu.

Deutliche Veränderungen im Kundenmarkt

Selbstverständlich wird sich bis zum Jahr 2020 nicht nur der Anbietermarkt für FM-Dienstleistungen und Sekundärprozesse verändern. Auch auf der Kundenseite zeichnet sich bereits heute der Wandel ab. Einerseits wird es nach wie vor die institutionellen Anleger als Kundengruppe geben. Zu ihnen zählen Immobilienfonds und Private-Equity-Unternehmen sowie große Industrie- und Wirtschaftsunternehmen. Und auch Kundengruppen, die FM-Leistungen in der Vergangenheit nur zögerlich an externe Dienstleister übertragen haben, werden sie 2020 nahezu vollständig ausgelagert haben. Hier sind vor allem Healthcare-Unternehmen und -Organisationen, bestimmte Industriezweige, produzierendes Gewerbe, aber auch Städte und Kommunen zu nennen. Andererseits werden sich aber in Zukunft auch die Privatkunden zu einer immer größeren FM-Kundengruppe entwickeln. Die Betreuung von Privathaushalten sowie Senioren gehört zu den Services, deren Nachfrage in den kommenden Jahrzehnten aufgrund der demografischen Entwicklung enorm steigen wird.

Diese unterschiedlichen Kundengruppen wollen in ihrer spezifischen Erwartungshaltung angemessen angesprochen werden. Die Anforderungen an Dienstleister werden also auch hier nachhaltig steigen. So fordern die institutionellen Kunden Instandhaltung und Pflege von Einrichtungen, die Übernahme von Risiken, die Pauschalisierung von Betriebskosten und die Realisierung wirtschaftlicher Gesamtkonzepte. Dies wird zu einer steigenden Vergabe von Leistungen in Gesamtpaketen führen, die sowohl die FM-Dienstleistung als auch Energie- und Medien-Services sowie Leerstands- und Vermietungsrisiken enthalten.

Aus dem privaten Kundensektor wird es ebenfalls die Forderung nach Service-Qualität sowie Festpreis- und Pauschalkonzepten geben, darüber hinaus aber ein höheres Maß an persönlicher Präsenz und Betreuung. Dem institutionellen Konzept „Viele für einen" – also zahlreiche Dienstleistungsmitarbeiter für einen Auftraggeber – wird die Formel „Viele für viele" – also viele einzelne Service-Mitarbeiter für viele einzelne Kunden – hinzugefügt werden müssen. Diese Situation setzt völlig neue Geschäftsmodelle und Geschäftsprozesse voraus, die sich mit den klassischen FM-Strukturen nicht lösen lassen werden. Hier sind neue Konzepte und neue Wege gefragt.

Es wäre eine zu schlichte Rechnung, die steigende Altersstruktur der Bevölkerung und die damit verbundenen Healthcare-Services zu einem neuen, sprudelnden Markt für FM-Services zu deklarieren. Die FM-Unternehmen in Deutschland agieren schließlich selbst im deutschen Markt und unterliegen dessen demografischen Restriktionen genauso wie alle anderen Wirtschaftszweige. Wollen sie von den neuen Chancen – unter anderem aus dem Privatkundenmarkt – profitieren, so müssen sie intelligente Konzepte für die Mitarbeitergewinnung, -qualifikation und -bindung entwickeln, um die definitiv vorhandenen Marktpotenziale erschließen zu können.

Der in der Vergangenheit häufig erfolgreiche Weg der engen persönlichen Mitarbeiterführung wird sich in zunehmend größeren Organisationen nicht mehr realisieren lassen. Der zuständige FM-Manager vor Ort sitzt oft näher am Kunden als am eigenen Service-Unternehmen und koordiniert wechselnde Service-Teams. Ein Gemeinschaftsgefühl muss daher über neue Wege der Kommunikation hergestellt und gepflegt werden. Ein Weg dazu kann die Markenbildung sein, um den Mitarbeiterinnen und Mitarbeitern so eine Heimat und eine Identifikation mit dem eigenen Service-Unternehmen zu vermitteln.

Veränderte Rahmenbedingungen in Politik und Gesellschaft

Bis zum Jahr 2020 werden sich die Rahmenbedingungen für den FM-Markt deutlich verändern. Dazu gehört unter anderem ein höherer Stellenwert für das Thema, das sich schon heute längst nicht mehr auf Reinigung oder Bewachung sowie andere infrastrukturelle Dienstleistungen reduzieren lässt. Modernes Facility Management ist etabliert als eine Gesamtlösung und Gesamtleistung aus infrastrukturellen, technischen und kaufmännischen Services für Unternehmen und Organisationen. Durch eine allgemeine Aufwertung der Personaldienstleistung in Deutschland sowie eine spezifische Aufwertung des qualifizierten FM-Personals wird der FM-Markt zu einem attraktiven Arbeitsmarkt mit entsprechender Reputation in Politik und Gesellschaft.

Die komplexe Business-to-Business-Dienstleistung sowie die neuen Business-to-Consumer-Dienstleistungen der FM-Service-Unternehmen haben sich als Leistungsstränge eines sehr erfolgreichen Wirtschaftszweiges in der Öffentlichkeit positioniert. Es wird für jedermann nachvollziehbar sein, worin der Nutzen der Konzentration auf Primärprozesse und Kernkompetenzen in den Kunden-Unternehmen liegt, und warum die Sekundärprozess-Dienstleister hier die richtigen Konzepte zur Aktivierung von Potenzialen bieten können. Das heute noch sehr kontrovers und polarisierend diskutierte Thema des Outsourcings wird ein akzeptierter, geschätzter Erfolgsfaktor für den Wirtschaftsraum und den Arbeitsmarkt Deutschland sein. Die Verlagerung von hochwertigen Sekundärdienstleistungen auf externe Service-Partner wird 2020 für Arbeitsplätze sorgen und in den Auftraggeberunternehmen Arbeitsplätze sichern.

Märkte mit Potenzial: Industrie und Healthcare

Als besonders vielversprechende Kundenmärkte der Zukunft für FM-Unternehmen in Deutschland zeichnen sich bereits heute die Industrie und der Healthcare-Markt ab. In der Industrie sorgt der internationale Wettbewerb für einen ständig steigenden Kosten- und Effizienzdruck. Die produzierenden Unternehmen am Standort Deutschland sind gezwungen, permanent Innovationen zu generieren, ihre Prozesse zu optimieren, produktnahe Dienstleistungen als ertragreiche After-Sales-Services zu offerieren und dabei die höheren Kosten des Standorts mit den sinkenden Preisen am Weltmarkt in ein profitables Verhältnis zu bringen. Da bleibt keine Zeit, sich mit Sekundärprozessen zu beschäftigen, die von professionellen FM-Anbietern sowohl im Hinblick auf Effektivität als auch auf Effizienz besser, preiswerter und zuverlässiger geliefert werden können. Sekundärprozesse sind die Kernkompetenz der FM-Dienstleister, Primärprozesse die der Auftraggeber. Und da trotz des Weges in die Dienstleistungsgesellschaft Deutschland nach wie vor ein wichtiger Produktionsstandort in Europa sein und bleiben wird, können FM-Dienstleister hier einen wesentlichen Beitrag zur erfolgreichen Wertschöpfung vor Ort liefern.

Der Healthcare-Markt wird aus mehreren Gründen ein wesentlicher Zukunftsmarkt für FM-Dienstleister sein. Einerseits steht das Gesundheitswesen – von der medizinischen Basisversorgung bis zu den Pflege-Services – seit Jahren unter einem enormen Kostendruck. Zum anderen steigt die Zahl der Patienten und älteren Menschen, die pflegebedürftig sind, in den kommenden Jahrzehnten dramatisch an. Es besteht daher sowohl die Notwendigkeit einer höheren Wirtschaftlichkeit als auch die berechtigte Forderung der Menschen nach bester Behandlung und Versorgung. In dieser Situation ist es schwierig, an Primärprozessen zu sparen. Wichtiger ist es, die Sekundärprozesse zu optimieren, um hier entscheidende Performance- und Kostenvorteile zu erzielen.

Für FM-Dienstleister eröffnen sich hier große Chancen, einen gleichermaßen sinnvollen Beitrag zu Qualität und Wirtschaftlichkeit zu leisten. Insbesondere Gesamtkonzepte können hier erfolgreich zum Einsatz kommen. Ein Beispiel: Der Klinikbetreiber konzentriert sich auf die medizinische Versorgung und die kaufmännische Verwaltung eines Krankenhauses. Der FM-Dienstleister übernimmt alle infrastrukturellen Leistungen, beispielsweise Reinigung, Sicherheit, Pfortendienste, Gartenpflege und Catering mit spezieller Krankenhauskost, die allen diätetischen Anforderungen genügt. Wobei hier schon die qualifizierte Zusatzleistung mit angeboten wird. Dazu gehört zum Beispiel die Spezialreinigung von Operationssälen und medizinischem Gerät. Weiterhin übernimmt der FM-Dienstleister die komplette Haustechnik sowie das Management der Medizintechnik. Das heißt: Heizungs-, Klima- und Sanitärtechnik werden mit eigenem Personal des FM-Partners betrieben, die Wartung von Aufzügen, medizinischen Geräten und andere komplexen technischen

Lösungen wird koordiniert durch die jeweiligen Hersteller-Services erbracht.

Je nach Konzeption kann ein FM-Dienstleister in Zukunft sogar den kaufmännischen Part des Aufgabenspektrums übernehmen. Damit ist die Zukunft von FM-Dienstleistungen im Healthcare-Sektor aber noch nicht hinreichend beschrieben. Bereits heute wird auch medizinisches und pflegerisches Service-Personal bereitgestellt. Die Intelligenz der ganzheitlichen Lösungen liegt im Healthcare-Sektor einerseits darin, quersubventioniert kalkulieren, komplette, ineinandergreifende Prozessketten definieren und andererseits flexibel auf unterschiedliche Anforderungen – zum Beispiel schwankende Belegungssituationen – reagieren zu können. Dabei werden FM-Dienstleister künftig auch zunehmend die Vernetzung mit externen Zeitarbeitsunternehmen realisieren oder diese sogar in den eigenen Konzern integrieren, um die gewünschte Flexibilität wirtschaftlich abbilden zu können.

Zusammenarbeit mit Zeitarbeitsunternehmen und anderen Dienstleistern

Die Zukunft der Personaldienstleistungen in Deutschland wird sich im FM-Sektor besonders deutlich zeigen. Sowohl in den klassischen Service-Feldern als auch in neuen Leistungsbereichen werden FM-Dienstleister in Zukunft einzeln oder vernetzt ihre Dienstleistungen erbringen. Dabei wird sich die Zusammenarbeit mit oder die Integration von Zeitarbeitsunternehmen und anderen Service-Partnern als eine Option erweisen. Hinzu kommt jedoch, dass sich mit zunehmender Vereinheitlichung von IT- und Telekommunikations-Plattformen deren Bedienung und Wartung einfacher und nachvollziehbarer gestaltet. So ist damit zu rechnen, dass FM-Unternehmen künftig verstärkt auch in Installation, Wartung und Management von einfachen IT-Systemen einsteigen, da beispielsweise Sicherheits- und Technik-Mitarbeiter sowieso beim Kunden vor Ort sind und mit Zusatzschulung in die Lage versetzt werden, beispielsweise Drucker zu warten, Desktops, Laptops und Betriebssysteme neu zu installieren und zu überwachen sowie weitere einfache Service-Arbeiten direkt und zeitnah zu erledigen. Ergänzt werden können diese Leistungen durch die Kooperation mit IT-Beratungs- und Service-Unternehmen, die dann auch die komplexeren IT- und Software-Services im Unternehmen oder „remote" – also per Fernwartung – erbringen.

Service-Bereitschaft rund um die Uhr an allen Tagen des Jahres

Die Grenzen zwischen den Personaldienstleistern in Deutschland werden auf Kundenwunsch in Zukunft immer häufiger verschwimmen. Je nach Bedarf des Kunden und Qualifikation beziehungsweise Flexibilität des externen FM-Partners können künftig Gesamtkonzepte entwickelt werden, die es erlauben, über eine verantwortliche externe Schnittstelle – die nicht selten dann fest im Kunden-Unternehmen installiert ist – eine Vielfalt von Services bedarfsgerecht abzurufen. Dem Leistungsspektrum sind – von heute aus betrachtet – keine Grenzen gesetzt, denn je kompetenter die FM-Anbieter sich aufstellen, je besser sie qualifizierte Mitarbeiter gewinnen und je intelligenter sie mit anderen Dienstleistern kooperieren, desto größer sind ihre Chancen, sich als Generalisten mit vielen Spezialdienstleistungen im Kunden-Unternehmen zu etablieren.

Betrachtet man einmal die Definition, dass FM-Services alle Dienstleistungen in und um eine Immobilie herum abdecken, so ist dieser Weg eine konsequente Fortführung des ursprünglichen Service-Gedankens. Allerdings bezieht sich das Leistungsspektrum heute auf weitaus mehr als die einzelne Immobilie. In der Regel werden heute Gesamtkonzepte verlangt, die an vielen Standorten eines Kunden-Unternehmens 24 Stunden am Tag und 365 Tage im Jahr bereitgestellt werden müssen.

Das heißt nicht, dass auch einzelne Dienstleistungen – an einem oder mehreren Standorten eines Kunden-Unternehmens erbracht – nicht auch in Zukunft noch gefragt und durchaus wirtschaftlich umgesetzt werden können. Es wird auch im Jahr 2020 einen Markt für die Einzelvergabe von FM-Dienstleistungen geben. Entscheidend wird jedoch sein, durch die Vernetzung von unterschiedlichen Dienstleistungen Potenziale und Vorteile zu erschließen, die an den Kunden weitergegeben werden können. Dabei werden sich die FM-Unternehmen erfolgreich positionieren, denen es gelingt, aus ihren bestehenden Kernkompetenzen heraus kundenspezifische oder kundengruppenspezifische Gesamtpakete zu schnüren und diese sukzessive mit neuen Services zu erweitern.

Ein konzeptioneller Wildwuchs ist hier weder im Interesse des Kunden noch des Anbieters. Es wird sich – wie so häufig – als eine sinnvolle Strategie erweisen, die aktuellen und neuen Kundenwünsche richtig zu verstehen und mit den entsprechenden intelligenten und innovativen Lösungen darauf zu reagieren. Wesentliche Unterstützung dabei werden intelligente Systeme liefern, die sowohl die Konzeption von neuen Dienstleistungen als auch das Management der neuen Dienstleistungsprozesse unterstützen.

In Summe wird aber auch 2020 für die Zufriedenheit von FM-Kunden der Mensch der wichtigste Schlüssel zum Erfolg sein. Im sogenannten People Business – also der qualifizierten Personaldienstleistung – wird dieser Erfolg nicht nur über Zahlen, sondern auch über weiche Faktoren und Kommunikation transportiert. Service-Unternehmen, die hier erfolgreich sein wollen, werden einerseits alles tun müssen, um Kundenzufriedenheit zu erreichen, andererseits dieses Ziel aber nur erreichen können, wenn sie auch in der Lage sind, Mitarbeiterzufriedenheit zu entwickeln.

Die Formel von der Wertschöpfung durch Wertschätzung ist kein Schlagwort oder beliebiges Motto, sondern muss heute und in der Zukunft mit Inhalt gefüllt und täglich gelebt werden. Das heißt, dass erfolgreiche Service-Mitarbeiter nicht nur Respekt vor dem Kunden und ihren Kollegen haben, sondern diesen Respekt als Mensch auch selbst verlangen können. Das heißt auch, dass gute Personaldienstleistung von selbstbewussten Menschen erbracht wird, die sich gern in den Dienst des Kunden stellen, dafür aber auch Anerkennung erwarten dürfen. Die Zukunft des Facility Management wird geprägt sein durch noch mehr Partnerschaft und Kommunikationsqualität.

VIII

Wirtschaftsprüfung, Steuerberatung, Rechtsberatung

Reglementierung ist Segen und Fluch zugleich
Der deutsche Markt für Wirtschaftsprüfung

Jörg Hossenfelder

Einleitung

Die Aufgaben und das Leistungsspektrum von Wirtschaftsprüfungs-Gesellschaften sind mannigfaltig. So bieten nicht nur die sogenannten Big Four – PWC, KPMG, Ernst & Young sowie Deloitte – neben den besagten Wirtschaftsprüfungs-Leistungen auch Steuer-, Rechts- und Managementberatung an; auch zahlreiche mittelgroße Unternehmen haben diese Services in den letzten Jahren in ihr Portfolio aufgenommen. Dennoch werden die Prüfungsunternehmen in der Öffentlichkeit immer wieder auf eine Tätigkeit reduziert: die Prüfung des Finanzverhaltens von Unternehmen, vor allem die Jahresabschlussprüfung. In diesem Zusammenhang werden den Prüfern fälschlicherweise Aufgaben wie beispielsweise die Erteilung von Testaten oder Berichten über die wirtschaftliche Situation eines Unternehmens zugesprochen. Im Hinblick auf die Jahresabschlussprüfungen geht es indes um nicht mehr, aber auch nicht weniger als die sachliche und formale Prüfung der von den Unternehmen erstellten Finanzberichte.

Der Berufsstand der Wirtschaftsprüfer hat in Deutschland eine lange Tradition. Die erste staatliche Rechnungskontrollbehörde wurde im Jahre 1701 gegründet. Im 19. Jahrhundert wurde die Prüfung verpflichtend eingeführt (1870). Zunächst oblag es dem Aufsichtsrat, den Jahresabschluss zu prüfen. Nach einer Überarbeitung des Aktienrechts 1884 mussten Aktiengesellschaften die Abschlüsse von externen Prüfern untersuchen lassen. In der Folge gründete sich im Jahre 1896 der Verband Berliner Bücherrevision, der zu Beginn des 20. Jahrhunderts zum Verband deutscher Bücherrevisoren umfirmiert wurde (1905). Ende des 19. und zu Beginn des 20. Jahrhunderts gründeten sich namhafte Wirtschaftsprüfungs-Gesellschaften: 1890 die Deutsch-Amerikanische Treuhandgesellschaft (heute KPMG), 1905 die Treuhand-Vereinigung AG (heute PWC), 1907 die Süddeutsche Treuhand-Gesellschaft AG (Deloitte), 1919 die Schwäbische Treuhand AG (heute Ernst & Young) und ein Jahr später die Deutsche Waren-Treuhand AG (heute BDO).

Seit 1931 gibt es den Berufsstand der Wirtschaftsprüfer. Dieser wurde geschaffen, damit die jährliche Abschlussprüfung einer Aktiengesellschaft durch unabhängige Personen respektive Unternehmen vollzogen und eine Entlastung der Aufsichtsräte herbeigeführt werden konnte. Die Integration einer unabhängigen Wirtschaftsprüfung ging mit den Folgen der Weltwirtschaftskrise 1929 einher. Im Hinblick auf die Funktionen des Wirtschaftsprüfers, die Regulierung des Marktes und die Prüfungsprozesse haben sich die Anforderungen an die Wirtschaftsprüfungs-Gesellschaften über die Jahrzehnte stark geändert.

Bei den Rechnungslegungsstandards wurden vom Aktiengesetz 1937 bis zur Aktienrechtsreform 1965 moderate Änderungen vorgenommen. Die Geschwindigkeit und die Brisanz der Modifikationen sollten sich indes in den Folgejahren erhöhen – unter anderem im Hinblick auf die Herausforderungen der Internationalisierung oder als Reaktionen auf Unternehmenskrisen (beispielweise Jürgen Schneider, Metallgesellschaft, Enron und Worldcom). Das Bilanzrichtlinien-Gesetz (1985) und Kapitalaufnahme-Erleichterungsgesetz (1998), Basel I und II, US-GAAP, Sarbanes-Oxley Act und IFRS sorgten für eine weitere Zunahme an Komplexität. Zudem sind in Deutschland Prüfungs- und Beratungsmandate strikt zu trennen. Und ferner ist bei den Jahresabschlussprüfungen ein steter Wechsel der Prüfer vorgeschrieben, nicht aber – wie in Frankreich – der Prüfungsunternehmen.

Die zunehmende Regulierung stellt für die Wirtschaftsprüfungs-Gesellschaften Segen und Fluch zugleich dar. Denn zum einen müssen die Prüfer und Berater immer auf dem neuesten Stand sein, zum anderen steigt der Bedarf bei den Kunden für Audit, Tax und Advisory Services kontinuierlich.

Die hohen Prüfungsstandards sind mit einem staatlichen Rang vergleichbar. Der Titel Wirtschaftsprüfer ist gesetzlich geschützt und wird von der Wirtschaftsprüfungskammer verliehen. Um als Wirtschaftsprüfer in Deutschland eine Zulassung zu erhalten, muss ein Examen abgelegt werden. Für die Zulassung sind ein abgeschlossenes Hochschulstudium sowie der Nachweis einer mindestens dreijährigen Prüfungstätigkeit vorzulegen. Das von der Wirtschaftsprüferkammer (WPK) durchgeführte Zulassungsverfahren umfasst folgende Themen:

1. Wirtschaftliches Prüfungswesen, Unternehmensbewertung und Berufsrecht,
2. Angewandte Betriebswirtschaftslehre, Volkswirtschaftslehre,
3. Wirtschaftsrecht,
4. Steuerrecht.

Die umfassende und aufwändige Prüfung hat hohe Durchfallquoten zur Folge. In 2007 haben lediglich 19,4 Prozent beziehungsweise 16,1 Prozent der Absolventen die beiden Prüfungstermine erfolgreich abgeschlossen. Dies ist auch ein Grund, warum eine hohe Zahl an Hochschulabsolventen nach dem Studium Berufe ohne Zulassungsvoraussetzung anstrebt –

zum Beispiel bei Managementberatungen. Um dem entgegenzuwirken, bieten Wirtschaftsprüfungs-Gesellschaften Anreize mit überdurchschnittlich hohen Einstiegsgehältern, Unterstützung bei Examensprüfungen sowie Dissertationen und eine hohe Sicherheit des Arbeitsplatzes.

Berufsanforderungen und Reglementierung haben Einfluss auf die Marktstruktur. Der deutsche Wirtschaftsprüfungs-Markt wird dominiert von den vier großen multinationalen Wirtschaftsprüfungs-Gesellschaften PWC, KPMG, Ernst & Young sowie Deloitte. Diese prüfen und beraten nicht nur in Deutschland, sondern weltweit die Mehrheit der börsennotierten Unternehmen. PWC und KMPG haben 28 der Dax-30-Unternehmen als Allein-Mandate unter sich aufgeteilt. Das Mandat der Deutschen Telekom teilen sich PWC und Ernst & Young (Joint Audit). Deloitte hat durch den Aufstieg von K+S in die Dax 30 wieder ein Prüfungsmandat im höchsten deutschen Aktienindex inne. Bei Siemens ist zu erwarten, dass das Unternehmen aufgrund der Entwicklungen der letzten Jahre die langjährige Zusammenarbeit mit KPMG beendet und die Prüfungsaufgaben zukünftig von Ernst & Young und Deloitte wahrnehmen lässt.

Diese dominante Situation der führenden vier Wirtschaftsprüfungs-Gesellschaften führt nicht nur in Deutschland immer wieder zu Diskussionen. Die Marktmacht der Big Four ist manchen Mitbewerbern, Wettbewerbshütern und Regulierungsbehörden ein Dorn im Auge. An dieser Konstellation konnten bis dato weder die Neuregelungen bei der Haftung (in Deutschland limitiert) noch die Erlaubnis für Wirtschaftsprüfer, sich an Gesellschaften im Ausland zu beteiligen, etwas ändern.

Der Markt für Wirtschaftsprüfung in Deutschland

In Deutschland sind neben PWC, KPMG, Ernst & Young sowie Deloitte zahlreiche Wirtschaftsprüfungs-, Steuerberatungs- und Rechtsberatungs-Gesellschaften erfolgreich tätig. Trotz der Dominanz der Big Four erzielen diese Unternehmen seit Jahren steigende Umsätze. Dies liegt zum einen daran, dass es neben der Jahresabschlussprüfung und den Dax-30-Unternehmen noch eine Vielzahl an weiteren Prüfungs- und Beratungsleistungen sowie natürlich auch Unternehmen gibt. So erwirtschaften die weiteren Top-10-Gesellschaften – BDO, Rödl & Partner, Ecovis, Rölfs WP Partner, Dr. Ebner, Dr. Stolz & Partner sowie Susat & Partner – seit Jahren stabile Umsatzsteigerungen mit Abschluss- und Sonderprüfungen, nationaler und internationaler Steuerberatung, Finanzberatung, partiell auch mit Rechts- und Managementberatung. Zudem sind neben den Generalisten auch zahlreiche Spezialisten am Markt erfolgreich, die teilweise aus Spin-offs großer Prüfungshäuser entstanden sind.

	Unternehmen	Umsatz in Deutschland in Mio. Euro		davon Anteil Advisory**	Mitarbeiterzahl in Deutschland		Gesamtumsatz in Mio. Euro	
		2007	2006	2007	2007	2006	2007	2006
1	PWC AG, Frankfurt am Main	1.349,0	1.231,2	••	8.390	8.121		
2	KPMG AG, Berlin	1.215,4	1.118,1	•••	7.854	7.214		
3	Ernst & Young AG, Stuttgart[1]	1.039,0	912,0	•••	5.805	5.582		
4	Deloitte & Touche GmbH, München	579,0	517,0	••••	3.622	3.422		
5	BDO Deutsche Warentreuhand AG, Hamburg	188,4	177,9	•	1.881	1.755	192,9	173,4
6	Rödl & Partner GbR, Nürnberg	117,3	110,6	•	1.540	1.520	141,0	118,0
7	Ecovis AG, Berlin	99,0	96,6	••	1.443	1.426		
8	Rölfs WP Partner AG, Düsseldorf	67,6	66,7	••••	456	442		
9	Dr. Ebner, Stolz & Partner, Stuttgart	65,0	57,7	••	497	432	65,0	58,3
10	Susat & Partner OHG, Hamburg	45,5	38,1	••	417	354	48,5	40,5
11	Warth & Klein GmbH, Düsseldorf[5]	44,4	43,0	•••	420	380		
12	Mazars Hemmelrath GmbH, Frankfurt am Main[2 5]	39,8	38,0	-	400	380		
13	PKF Fasselt Schlage Lang & Stolz Partnerschaft, Duisburg	39,7	39,5	•	410	400		
14	DHPG Dr. Harzem & Partner KG, Bonn	28,3	27,9	••	320	315	29,3	28,2
15	ESC Esche Schümann Commichau GbR, Hamburg*	25,9	24,0	k.A.	189	180		
16	RöverBrönner KG, Berlin[3 4]	24,5	23,1	•	257	230	25,0	23,5
17	Solidaris Revisions-GmbH, Köln	22,9	24,0	••	220	211		
18	Dr. Dornbach & Partner GmbH, Koblenz	22,6	22,0	•	220	210		
19	Bansbach Schübel Brösztl & Partner GmbH, Stuttgart	21,1	20,5	••	184	174		
19	RP Richter & Partner, München	21,1	15,4	••	121	93		
21	Falk & Co GmbH, Heidelberg*	21,0	19,0	k.A.	220	200		
22	Fides Gruppe, Bremen*	20,1	18,5	•	270	260		
23	TPW Todt & Partner KG, Hamburg	20,0	18,5	k.A.	214	210		
24	RWT Reutlinger Wirtschaftstreuhand GmbH, Reutlingen	19,0	18,0	k.A.	220	220		
25	Curacon GmbH, Münster	18,9	17,6	••	175	171		

Tabelle 1: Lünendonk®-Liste 2008: Führende Wirtschaftsprüfungs-Gesellschaften in Deutschland 2007 (Anmerkungen und Fußnoten siehe Tabelle 2)

Die wachsende Bedeutung der vielfältigen Services bei den Wirtschaftsprüfungs-Gesellschaften hat unter anderem dazu beigetragen, dass sich die Lünendonk GmbH diesem Markt seit 2005 widmet und seit 2006 kontinuierlich Studien und Rankings über dieses Marktsegment herausgibt. Statistiken und Auswertungen für diesen Fachbeitrag wurden – soweit nicht anders angegeben – der Lünendonk®-Studie 2008: „Führende Wirtschaftsprüfungs-Gesellschaften in Deutschland" entnommen.

Im Laufe der Analysen kristallisierte sich ein Trend heraus: Bei den Wirtschaftsprüfungs-Gesellschaften in Deutschland verliert die originäre Tätigkeit der Prüfung zunehmend an Bedeutung. Beratungsthemen sowie der Wunsch der Mandanten nach gesamtheitlicher, teilweise weltweiter Betreuung gewinnen zunehmend an Zuspruch.

Dieser Diversifizierung ist auch die Tatsache geschuldet, dass unterschiedliche Größenordnungen über das Marktvolumen kursieren. Je nach Quelle variieren die Angaben zwischen 5,6 und 22 Milliarden Euro. Diese Spanne kann einerseits auf unterschiedlichen Berechnungsmethoden basieren, andererseits liegen unterschiedliche Definitionen über den Wirtschaftsprüfungs-Markt zugrunde. Denn wie eingangs erwähnt, bieten Wirtschaftsprüfungs-Gesellschaften über ihr ursprüngliches Tätigkeitsfeld Prüfung hinaus auch andere Dienstleistungen an. Die Grenzen verschwimmen, gerade im Hinblick auf die Beratungstätigkeiten. Je nachdem, welche Leistungen in das Marktvolumen einbezogen beziehungsweise nicht einbezogen werden, ergeben sich unterschiedliche Zahlen. Die Lünendonk GmbH beziffert das Marktvolumen 2007 auf elf Milliarden Euro. Hiervon entfällt fast die Hälfte auf die führenden zehn Wirtschaftsprüfungs-Gesellschaften (4,9 Milliarden Euro). Die Big Four allein erzielten 2007 einen Gesamtumsatz in Höhe von 4,2 Milliarden Euro. In keinem anderen der von Lünendonk beobachteten Business-to-Business-Dienstleistungsmärkte ist eine derartige Dominanz von wenigen Unternehmen festzustellen.

Mitte 2008 waren in der Wirtschaftsprüferkammer in Berlin über 2.454 Wirtschaftsprüfungs-Gesellschaften vertreten. Die Kammer zählte zum Stichtag 1. Juli 13.523 Wirtschaftsprüfer und 3.880 vereidigte Buchprüfer zu ihren Mitgliedern. Die Vielzahl an Unternehmen weist eindeutig auf einen stark atomisierten Markt hin. Lünendonk teilt die in Deutschland agierenden Marktteilnehmer in vier Gruppen ein:

1. die vier großen internationalen Anbieter (Big Four),
2. die internationalen Netzwerke (Grand Thornton, Moores Rowland u.a.),
3. mittelgroße Unternehmen,
4. kleine Prüfungsunternehmen und „Einzelkämpfer".

Durch die Integration in internationale Netzwerke versuchen mittelgroße und kleine Wirtschaftsprüfungs-Gesellschaften, einerseits gegen die Vormachtstellung der Big Four anzugehen, andererseits den Mandanten auch Services über die Landesgrenzen hinaus anzubieten. Diese Netzwerkgesellschaften generieren inzwischen in Deutschland beachtliche Umsätze: Gran Thornton erzielte 2007 einen Umsatz von 126 Millionen Euro, Moore Stephens 117 Millionen Euro und PKF Pannell Kerr Forster 100 Millionen Euro.

	Unternehmen	Inlandsumsatz 2007 in Mio.	Inlandsumsatz 2006 in Mio.	Mitarbeiter in D 2007
1	Grant Thornton GmbH, Hamburg	126,0	119,0	1.252
2	Moore Stephens Deutschland AG, Berlin	117,0	80,0	1.590
3	PKF Pannell Kerr Forster GmbH, Hamburg	100,0	92,0	1.000
4	Baker Tilly Deutschland GmbH, Frankfurt	72,6	71,7	490
5	Nexia Deutschland GmbH, Bonn [6]	70,0	68,8	861
6	HLB Deutschland GmbH, Düsseldorf *	62,8	59,2	715
7	SC International, Stuttgart * [6]	60,7	53,4	560
8	AGN International, Bremen *	58,3	74,8	613
9	Kreston International, Stuttgart	56,0	50,7	688
10	DFK Germany, München *	51,6	53,3	408

1 Gesamtumsatz und Mitarbeiter in Deutschland der Ernst & Young-Gruppe: Gesamtumsatz (2007): 1.082,0 Mio. Euro, Gesamtumsatz (2006): 954,0 Mio. Euro Mitarbeiter Deutschland (2007): 6.033, Mitarbeiter Deutschland (2006): 6.196 2 Zusammenschluss RSM Hemmelrath GmbH mit Mazars Revision & Treuhandgesellschaft mbH im April 2007 3 Zusammenschluss der Dr. Röver & Partner Gruppe mit Dres. Brönner Treuhand Revision GmbH zu RöverBrönner KG im April 2007 4 Umsatz- und Mitarbeiterzahlen 2006: Kumuliert aus den Unternehmen Dr. Röver und Dres. Brönner Treuhand Revision GmbH 5 Umsatz- und Mitarbeiterzahlen aus 2006 teilweise geschätzt. 6 Nexia und SCI haben in Dezember 2007 fusioniert zu Nexia International
** Unter Advisory werden folgende Leistungen summiert: Finanzierungsberatung, Managementberatung, Unternehmensberatung und IT-Beratung. Die Punktvergabe erfolgt anhand folgender Gruppierung:
– = 0%,
• = ab 0% bis 10%,
• • = ab 10% bis 20%,
• • • = ab 20% bis 30%,
• • • • = mehr als 30%
* Daten teilweise geschätzt; k.A. = keine Angaben
Aufnahmekriterien für diese Liste:
1. Mehr als 50 Prozent des Umsatzes resultieren aus Wirtschaftsprüfungs-, Steuerberatungs- und Rechtsberatungstätigkeiten
2. Nur selbständig organisierte Wirtschaftsprüfungs-Gesellschaften (keine Netzwerkgesellschaften) in der Haupttabelle
Die Rangfolge des Rankings basiert auf kontrollierten Selbstauskünften der Unternehmen über in Deutschland bilanzierte/erwirtschaftete Umsätze sowie Schätzungen.
COPYRIGHT: Lünendonk GmbH, Kaufbeuren 2008 – Stand 09.09.2008 (Keine Gewähr auf Firmenangaben)

Tabelle 2: Lünendonk®-Liste 2008: Top-10-Ranking der in Deutschland tätigen Netzwerke mit unabhängigen Mitgliedergesellschaften

Wie in anderen Business-to-Business-Dienstleistungsmärkten, ist auch bei den Wirtschaftsprüfungs-Gesellschaften eine Marktkonsolidierung in Gange. Moores Rowland und Mazars schlossen sich im April 2007 zum Netzwerk Praxity zusammen. Ferner fusionierten Mazars im gleichen Monat mit RSM Hemmelrath. Die Röver-Gruppe und die Brönner-Gruppe haben ebenfalls in 2007 zu RöverBrönner fusioniert. KSHP und Retag wurden 2008 zu BW Partner verschmolzen. Die Umsatzsteigerungen der meisten Unternehmen lagen 2007 indes nicht in Zukäufen begründet, sondern hatten organische Ursachen. Die Marktkonsolidierung wird sich in den kommenden Jahren im Wirtschaftsprüfungs-Markt fortsetzen.

Das Umsatzwachstum hat natürlich auch einen Anstieg bei den Mitarbeiterzahlen zur Folge. 2007 beschäftigten die von Lünendonk analysierten Wirtschaftsprüfungs-Gesellschaften in Summe 44.191 Mitarbeiter. Für 2006 hatten sie 41.644 Mitarbeiter gemeldet. Bei der Entwicklung der Mitarbeiterzahlen im Wirtschaftsprüfungs-Markt ist eine branchenübliche hohe Fluktuationsrate zu berücksichtigen. Allein bei den zehn umsatzstärksten Studienteilnehmern (Top 10) stehen 72,2 Prozent (31.905) der 44.191 Beschäftigten auf der Gehaltsliste. Der überwiegende Teil der befragten Unternehmen hat 2007 mehr Mitarbeiter eingestellt als verloren. Lediglich sieben Unternehmen verzeichneten einen Rückgang im Vergleich zu 2006.

Leistungsspektrum

Die Jahresabschlussprüfung ist das wichtigste Geschäftsfeld der Wirtschaftsprüfungs-Gesellschaften. Jedoch beträgt der Anteil dieser Leistungen am Gesamtumsatz weit weniger als 50 Prozent.

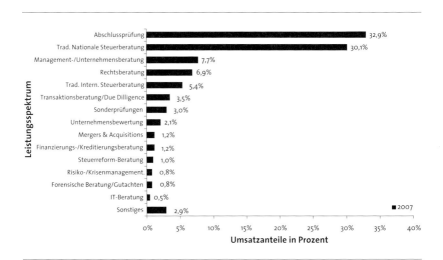

Abbildung 1: Leistungsspektrum 2007 detailliert (Alle Unternehmen – Mittelwerte)

Im Durchschnitt entfällt gerade einmal ein Drittel des Leistungsspektrums (32,9 Prozent) auf die Abschlussprüfung. Mit 30,1 Prozent liegt die nationale Steuerberatung an zweiter Position. Mit großem Abstand folgen Managementberatung (7,7 Prozent), Rechtsberatung (6,9 Prozent), Internationale Steuerberatung (5,4 Prozent), Transaktionsberatung (3,5 Prozent) und Sonderprüfungen (3 Prozent). Diese Aufteilung bestärkt den Trend, dass die Nachfrage nach Beratungsleistungen auch weiterhin zunehmen wird, während die Leistungen für Wirtschaftsprüfung und nationaler Steuerberatung rückläufig sind.

Die Renaissance der früher schon einmal angebotenen Consulting Services wird von den Wirtschaftsprüfungs-Gesellschaften aktiv kommuniziert. Lünendonk hat in der 2008 durchgeführten Untersuchung den Studienteilnehmern die Frage gestellt, ob der Wirtschaftsprüfer zukünftig ebenfalls die Qualifikation eines Managementberaters anbieten müsse. Das Ergebnis: 62,5 Prozent der Befragten beantworten diese Frage mit Ja. Bei der Analyse der führenden zehn Wirtschaftsprüfungs-Gesellschaften erhöht sich dieser Wert sogar auf 90 Prozent.

Als Begründung für diese Annahme der Wirtschaftsprüfer wird vor allem angegeben, dass die Beratungsleistung inzwischen von den Mandaten nachgefragt und gewünscht ist. Zudem setzen die Studienteilnehmer auf einen ganzheitlichen Beratungsansatz. Ferner erhoffen sich die Wirtschaftsprüfungs-Gesellschaften hierdurch eine dauerhafte Kundenbindung sowie Gespräche „auf Augenhöhe".

Die Beratungskompetenz prägt auch das Verhältnis der Wirtschaftsprüfungs-Gesellschaften zu den Mandanten. Nahezu drei von vier Studienteilnehmern sehen sich als dauerhaften Partner mit 73,8 Prozent. Dies ist ein deutlicher Anstieg im Vergleich zu den Vorjahresstudien. Dies impliziert einerseits den partnerschaftlichen, offenen und fairen Umgang, andererseits den Wunsch nach langfristiger Zusammenarbeit. Gerade vor der aktuellen Diskussion, Unternehmen zum kontinuierlichen Wechsel der Prüfer zu verpflichten, spielt diese Aussage eine besondere Rolle. Zudem prägt mit fast 60 Prozent die Rolle des Beraters das Verhältnis zu den Mandanten, gefolgt vom individuellen Problemlöser (57,1 Prozent). Fast drei von zehn Unternehmen nehmen die Rolle des Dienstleisters ein (28,6 Prozent). 26,2 Prozent positionieren sich als Spezialist, und jeweils 19 Prozent als Coach/Sparrings-Partner sowie Gutachter/Prüfer.

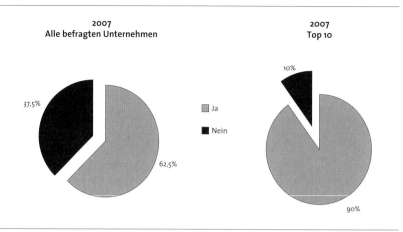

| 2007
Alle befragten Unternehmen | 2007
Top 10 |

37,5%

62,5%

Ja

Nein

10%

90%

Abbildung 2: Was glauben Sie: Muss der Wirtschaftsprüfer zukünftig ebenfalls die Qualifikation eines Managementberaters anbieten? (Angaben in Prozent)

Ein wesentlicher Grund für die Diversifizierung des Leistungsspektrums und den Ausbau der Beratungskompetenz liegt für die Wirtschaftsprüfungs-Unternehmen in der Höhe der Honorarsätze. Denn die Honorarsätze für Prüfung unterliegen einem hohen Preisdruck. Die unterschiedliche Staffelung sah 2007 wie folgt aus: Die höchsten Stundensätze mit durchschnittlich 225 Euro werden mit Rechtsberatung erzielt. Hier ist sogar eine starke Steigerung im Vergleich zum Jahr 2006 festzustellen (192 Euro). Der Stundensatz für Finanzierungsberatung lag wie im Jahr 2006 bei 189 Euro, für Steuerberatung bei 171 Euro (2006: 163 Euro). Bei der Wirtschaftsprüfung werden im Durchschnitt 166 Euro in Rechnung gestellt (2006: 157 Euro). Auffällig ist in diesem Zusammenhang, dass Minimal- und Maximalwerte bei der Prüfungstätigkeit überdurchschnittlich stark vom Mittelwert abweichen. Dies liegt zum einen daran, dass für Sonderprüfungen überdurchschnittliche Preise am Markt erzielt werden, während der Preisdruck bei der standardisierten Abschlussprüfung sehr hoch ist. Hier wird mitunter auch Folgegeschäft subventioniert.

Die führenden zehn Wirtschaftsprüfungs-Gesellschaften in Deutschland haben im Vergleich zum Jahr 2006 in drei Tätigkeitsfeldern 2007 niedrigere Stundenhonorare abgerechnet: Rechtsberatung 223 Euro (2006: 249 Euro), Finanzierungsberatung 222 Euro (2006: 224 Euro) und Steuerberatung 204 Euro (2006: 213 Euro). Dies gilt indes nicht für die Wirtschaftsprüfung. Hier wurden 2007 im Durchschnitt 189 Euro pro Stunde in Rechnung gestellt (2006: 156 Euro).

Marktsektoren

Traditionell sind die Industrieunternehmen das größte Kundensegment der Wirtschaftsprüfer. Ein Drittel des Umsatzes erzielen die von Lünendonk analysierten Gesellschaften mit dieser Kundengruppe, gefolgt vom Handel mit 19 Prozent. Die übrigen Marktsektoren erreichen einstellige Prozentwerte: Gesundheitswesen 7,8 Prozent, Öffentlicher Dienst 6 Prozent, Finanzdienstleister 5,8 Prozent, Telekommunikation 4,6 Prozent, Logistik 4,5 Prozent und Energie 3,1 Prozent.

Eine deutlich andere Verteilung ergibt sich bei der Betrachtung der führenden 25 Anbieter. Diese Analyse zeigt, dass die Top 25 in der Industrie (21,8 Prozent), im Gesundheitswesen (15,2 Prozent), im Handel (12,3 Prozent) und in der Finanzdienstleistung (10,2 Prozent) zweistellige Umsatzanteile aufweisen. Mit Abstand folgen die Branchen Logistik (6,5 Prozent), Öffentlicher Dienst (5,9 Prozent), Telekommunikation (5,8 Prozent) und Energie (2,6 Prozent).

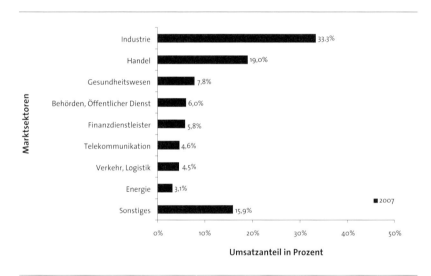

Abbildung 3: Marktsektoren 2007 (Alle Unternehmen – Mittelwerte)

Ergebnisversprechen

Welches Ergebnis ihrer Tätigkeit versprechen die WirtschaftsprüfungsGesellschaften ihren Mandanten? Vier von fünf Unternehmen (78,6 Prozent) versprechen ihren Mandanten gesetzliche Sicherheit – deutlich mehr als in den Jahren zuvor. Hiermit unterstreichen die Wirtschaftsprüfungs-Gesellschaften ihre Rolle als Prüfer beziehungsweise Gutachter. An Bedeutung gewonnen hat der Wert Corporate Governance. Dieser liegt mit 38,1 Prozent auf Platz zwei. Effizienzsteigerung und Qualitätssicherung wurden beide mit 33,3 Prozent bewertet.

Als weitere Mehrwerte ihrer Tätigkeit sehen die Wirtschaftsprüfer die Ergebnisse für nachhaltige Wertsteigerung für das Unternehmen (26,2 Prozent), Know-how-Transfer (23,8 Prozent), Optimales Performance-Management (14,3 Prozent) und Konzentration auf Kernkompetenzen (11,9 Prozent) an. Kostensenkung und Ertragssteigerung (je 7,1 Prozent) bilden gemeinsam mit der optimalen Unternehmensbewertung (4,8 Prozent) den Abschluss der Mehrwerteskala.

Insgesamt wird deutlich, dass neben der gesetzlichen Sicherheit als Ergebnis der Tätigkeit überaus häufig beratungsaffine Argumente von den Wirtschaftsprüfungs-Gesellschaften angeführt werden.

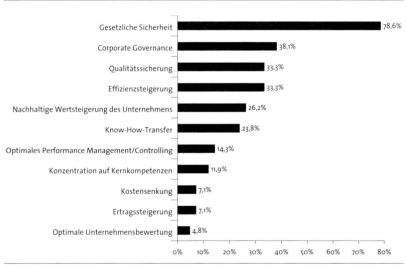

Abbildung 4: Welches Ergebnis Ihrer Tätigkeit versprechen Sie Ihren Kunden/Mandanten? (Alle Unternehmen – Mehrfachnennungen möglich; Angaben in Prozent)

Zukunftsthemen

Die Lünendonk GmbH befasst sich neben den historischen und aktuellen Entwicklungen auch mit den Trends und Restriktionsfaktoren der Zukunft. Hierbei ist es interessant zu erfahren, mit welchen Schwierigkeiten die Wirtschaftsprüfungs-Gesellschaften in Deutschland für ihr Geschäft rechnen. Die Studienteilnehmer wurden gefragt, welches die schwierigsten Probleme in den kommenden zwei bis drei Jahren sein werden. Vorgegebene Aussagen wurden von den Unternehmen anhand einer Skala von -2 (gar kein Problem) bis +2 (sehr großes Problem) bewertet.

Drei Antwortkategorien werden als gravierend für die mittelfristige Entwicklung angesehen: Die erschwerte Rekrutierung von Personal (1,2), die weitere Reglementierung (1,0) sowie der erhöhte Preisdruck (0,8) liegen ganz vorn. Im Vergleich zur Studie 2007 haben sich alle Werte leicht erhöht. Der Mangel an qualifiziertem Personal ist eine Entwicklung, die Lünendonk auch in anderen Dienstleistungs-Märkten feststellt. Die weitere Reglementierung hat hohen Aufwand zur Folge, steigert aber auch den Bedarf der Kunden nach entsprechenden Leistungen.

Die zunehmende Marktkonzentration (-0,1) sowie die zusätzliche Akquisition von Mandanten (-0,2) werden im Durchschnitt leicht negativ eingestuft. Das gilt auch für die Entwicklung des Standorts Deutschland (-0,2) und für die weitere Internationalisierung (-0,4). In diesem Punkten sehen die Wirtschaftsprüfungs-Gesellschaften keine starken Restriktionen.

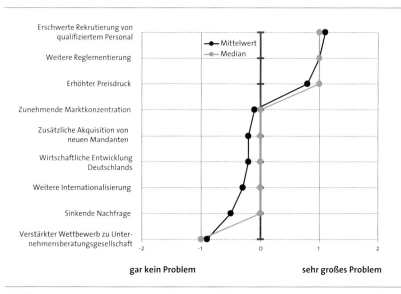

Abbildung 5: Die schwierigsten Probleme für WP-Gesellschaften in den nächsten zwei bis drei Jahren (Alle Unternehmen – Mittelwerte und Mediane; Bewertung von -2 = gar kein Problem bis +2 = sehr großes Problem)

Ausblick

Für die kommenden Jahre lassen sich aus Sicht der Lünendonk GmbH folgende Entwicklungen im Marktsektor Wirtschaftsprüfung festhalten:

- Das Wachstumstempo nimmt ab, es ist indes keine Stagnation zu erwarten.
- Nachfrage nach aktiver Transaktionsberatung lässt nach (M&A, Due Diligence).
- Aber: Supportleistungen bei der absehbaren Konsolidierung in allen Industrie- und Wirtschaftsektoren werden zunehmen.
- Einstieg wird über andere Beratungsfelder – zunehmend wieder Managementberatung – ermöglicht.
- Prüfer und Steuerberater profitieren von neuen Reglementierungen (Erbschaftsteuer, Unternehmensteuerreform).
- Wirtschaftsprüfer rechnen für 2009 mit weniger Neueinstellungen.

In Summe befindet sich die Wirtschaftsprüfungs-Branche im Aufwind. Die führenden 25 Wirtschaftsprüfungs-Gesellschaften der Lünendonk®-Liste sind von 2006 auf 2007 um durchschnittlich 8,7 Prozent gewachsen, die Big Four mit 11 Prozent sogar zweistellig. Auch die Prognosen für die kommenden Jahre sind vielversprechend, jedoch müssen diese unter dem Einfluss der Finanz- und Wirtschaftskrise neu überdacht werden. Während der Druck auf Leistungen, die seit langem einen harten Preiskampf unterliegen, noch weiter zunehmen wird, steigen die Chancen für Beratungsthemen – sowohl in den Segmenten Steuer, Recht als auch Management. Unternehmensteuerreform, Erbschaftsteuer, internationale Rechnungslegung sowie Beratung der Öffentlichen Hand seien exemplarisch als Wachstumsfelder erwähnt.

Zwischen Risk und Performance
Die Beratungseinheiten der Wirtschaftsprüfungs-Gesellschaften auf dem Weg zu Full-Service-Anbietern?

Robert Heinrich

Ein Blick auf die Internetseiten der großen Wirtschaftsprüfungs-Gesellschaften macht es deutlich: Auch in der Kredit-/Finanzkrise suchen alle noch neue Mitarbeiter, Nachwuchs ebenso wie erfahrene Kollegen. Und ein wachsender Teil der freien Stellen entfällt auf das Arbeitsgebiet der allgemeinen Beratung, bei den internationalen Wirtschaftsprüfern meist Advisory genannt. Gerade dieses Feld auszubauen ist reizvoll. Zum einen verspricht der steigende Beratungsbedarf in einer immer komplexeren Welt interessante Zuwachsraten. Zum anderen haben die Wirtschaftsprüfungs-Gesellschaften hier gute Chancen, ihre besonderen Leistungen und eigenen Ideen optimal am Markt zu platzieren und so ihr Stammgeschäft der Wirtschaftsprüfung (WP), der Steuer- und Transaktionsberatung auszuweiten. Damit wappnen sie sich gleichzeitig gegen den zunehmenden hohen Wettbewerbs- und daraus resultierenden Preisdruck in der Branche.

Alles schon mal da gewesen? In der Tat. Schon in den 60er und 70er Jahren hatten die fortschreitende Internationalisierung der Wirtschaftswelt, der gerade begonnene Siegeszug der elektronischen Datenverarbeitung und der neue Trend zu einem zukunftsorientierten Management mit neuen Planungsinstrumenten den Beratungsbedarf der Unternehmen spürbar steigen lassen. Die wachsende Nachfrage nach Organisations-, Strategie- und IT-Beratung ließ eine blühende Landschaft von Unternehmensberatern aller Schattierungen entstehen. Auch die Wirtschaftsprüfer entdeckten, dass ihre Kenntnis der Mandanten-Unternehmen glänzende Möglichkeiten bot, die reine Abschlussprüfung um weitere Dienstleistungen zu ergänzen.

Start in den 70er Jahren

Etliche deutsche Vorläufergesellschaften der heutigen internationalen Prüfergruppierungen hatten sich bereits sehr früh in der Steuerberatung als Ergänzung der Wirtschaftsprüfung engagiert und konnten dieses Geschäft erheblich ausbauen, als die deutsche Industrie in den 70ern ihren Hang zum (zunächst) europäischen Ausland entdeckte und dort verstärkt Tochtergesellschaften gründete. Ebenfalls in den 70er Jahren verstärkten sich die Konzentrationsbewegungen in der Prüferlandschaft, zunächst überwiegend auf nationalem Terrain.

Die 80er und 90er Jahre waren dann die Zeit der Mega-Fusionen in der Branche. Den Anfang machten Peat Marwick International und Klynveld Main Goerdeler (KMG), die sich 1987 zu KPMG zusammenschlossen. 1989 folgten Ernst & Whinney und Arthur Young, die damaligen Nummern vier und fünf im Prüfer-Weltmarkt, die zu Ernst & Young (E&Y) verschmolzen. Aus Teilen der weltweiten Prüfergruppierungen Deloitte, Haskins & Sells sowie Touche Ross wird 1990 Deloitte & Touche, die sich 1993 noch in Deloitte Touche Tohmatsu umbenannten, um der schon von Touche eingebrachten japanischen Mitgliedsgesellschaft Rechnung zu tragen.

1997 kündigten KPMG und Ernst & Young ihre Fusion an, die dann aber aus unterschiedlichen Gründen nicht zur Umsetzung kam. Lediglich Arthur Andersen, vor der Fusionsrunde die Nummer eins der Weltrangliste, blieb „solo". Interessant ist, dass die neuen Branchenriesen zwar alle ihre Firmensitze in den USA hatten und haben, ihre Wurzeln aber teilweise in Europa lagen. So entstand KPMG aus niederländischen, englischen, deutschen und amerikanischen Ursprüngen. Bei PricewaterhouseCoopers lagen beide Firmenstämme in London. William Welch Deloitte gründete sein erstes Büro 1845 an der Themse. Und auch Ernst & Youngs älteste Ursprungsgesellschaft Harding & Pullein war ein englisches Unternehmen.

Kritik von außen: SEC dringt auf Unabhängigkeit

Die Mega-Fusionen dienten nicht nur dazu, neue kritische Massen im Prüfungsgeschäft zu kreieren. Die Wirtschaftsprüfungs-Gesellschaften hatten dabei durchaus auch den Beratungsmarkt im Auge, der ebenfalls zunehmend internationaler wurde. Parallel zur Konzentration, die sich nicht nur auf der Ebene der Big Five abspielte, trieben die Wirtschaftsprüfer ihre Diversifizierung in immer neue Beratungsfelder, die schon in den 70ern begonnen hatte, schwungvoll voran. Damals wie heute nutzen die Prüfungsgesellschaften die Möglichkeiten, ihren Mandaten ihr interdisziplinäres Know-how zur Verfügung zu stellen.

Mit der Freude der Wirtschaftsprüfer an ihrem neuen Erwerbszweig wuchs allerdings auch die Kritik von außen. Weil sie die Unabhängigkeit der Accountants von ihren Kunden durch die erweiterten Geschäftsbeziehungen – insbesondere im IT-Consulting – gefährdet sah, intervenierte die amerikanische Börsenaufsicht SEC 2000 massiv. Nach monatelangem Streit scheiterte sie gegen Jahresende am vehementen Widerstand einiger der damaligen Big Five. Unter der Auflage, die Honorare offenzulegen, durften sie weiterhin Prüfungs- und Beratungsleistungen unter einem Dach anbieten.

Erst im Gefolge des Enron-Skandals 2001 konnte die SEC ihre Vorstellungen von der Unabhängigkeit der Prüfer-Branche weitgehend durchsetzen. Arthur Andersen löste sich auf, und die verbliebenen Big Four beeilten sich, soweit noch nicht geschehen, ihre Business-Beratungsbereiche gänzlich von der Wirtschaftsprüfung abzukoppeln. Die generelle Flaute im Beratermarkt, die sich nach dem Jahr-2000-Boom eingestellt hatte, erleichterte solche Entscheidungen. Generell weniger betroffen waren die Steuer- und die Rechtsberatungsabteilungen, die sich heute als Folge der immer größeren Komplexität der nationalen wie internationalen Systeme wachsender Nachfrage erfreuen. Aus Gründen des Berufsrechts und der Unabhängigkeit haben sich die Rechtsanwaltsfirmen in den vergangenen Jahren zunächst organisatorisch, dann auch rechtlich von den Wirtschaftsprüfungs-Gesellschaften getrennt.

Die Phase der Trennungen

Ernst & Young hatten bereits vor dem Enron-Desaster auf die Signale der SEC und der Investoren reagiert und ihre Aktivitäten auf dem Gebiet der IT-Systemintegration als rechtlich unabhängige Tochter Ernst & Young Consulting ausgegliedert. Im Mai 2000 verkauften sie dieses Unternehmen mit seinen rund 18.000 Beschäftigten und 3,5 Milliarden Euro Umsatz für gut 11 Milliarden Euro an die französische IT-Beratungsgesellschaft Cap Gemini (heute Capgemini), die ihren Umsatz damit nahezu verdoppelte.

Der Wettbewerber KPMG hatte seinen IT-Beratungsbereich ebenfalls schon abgekoppelt und ihn im Januar 2000 als KPMG Consulting LLC verselbständigt. Im Februar 2001 brachte KPMG die Tochtergesellschaft an die Börse und erlöste dafür rund 2 Milliarden Dollar. Die neue KPMG Consulting, Inc. kaufte in der Folgezeit einen großen Teil der übrigen Consulting-Töchter der KPMG in aller Welt, unter anderem auch die deutsche KPMG Consulting GmbH. Nach dem Enron-Skandal, der die gesamte Prüfer-Branche erschütterte, firmierte sich KPMG Consulting in BearingPoint um.

Auch Arthur Andersen hatte sich im Jahr 2000 von seinem IT-Beratungsbereich Andersen Consulting getrennt, allerdings weniger freiwillig. Zwischen den beiden einstigen Andersen-Geschäftsbereichen hatte schon seit den 80er Jahren ein Abgrenzungsstreit geschwelt: Die

Berater waren immer weniger bereit, ihre deutlich höheren Honorareinnahmen in die gemeinsame Kasse mit den ertragsschwächeren Wirtschaftsprüfern einzuzahlen. Die Aufteilung in zwei getrennte Gesellschaften unter dem Dach der Holding Andersen Worldwide Société Coopérative, die 1989 erfolgte, löste die Probleme nicht. Erst 2000 gelang es Andersen Consulting mit einem Schiedsspruch der Internationalen Handelskammer, sich vollständig von Arthur Andersen zu trennen. Seit dem 1. Januar 2001 tritt die ehemalige Andersen Consulting unter der „neuen Flagge" Accenture auf.

PricewaterhouseCoopers (PwC) waren die letzten, die sich von ihrem Beratungszweig trennten. Zwar hatte das Wirtschaftsprüfungs-Unternehmen bereits im Jahr 2000 mit Hewlett Packard (HP) über den Verkauf seines Beratungsgeschäfts – seinerzeit zum Preis von 17 bis 18 Milliarden Dollar – verhandelt. Doch neue strategische Weichenstellungen bei HP ließen den Deal platzen. Pläne für einen Börsengang der Sparte unter dem Namen Monday gab PwC dann ebenfalls auf, als IBM 2002 Interesse an PwC Consulting anmeldete. Mitte des Jahres waren sich die Kontrahenten einig: IBM übernahm die Sparte mit ihren rund 30.000 Mitarbeitern und 4,9 Milliarden Dollar Umsatz. Der Preis von nur noch 3,5 Milliarden Dollar spiegelte die damalige Baisse in der IT-Beratung wider.

Bei Deloitte & Touche blieb das Abkopplungsmanöver im Ansatz stecken. Das Geschäftsfeld der IT-Beratung wurde zwar in Deloitte Consulting umbenannt, die volle Trennung aber im Frühjahr 2003 wieder verworfen. So ist Deloitte bis heute die einzige der vier großen Beratergruppen, die auch noch die IT-Systemintegration als Dienstleistung im eigenen Portefeuille hat.

Das Comeback der Beratung

Seit dem Enron-Desaster, das eine fast schicksalhafte Wende für die gesamte Wirtschaftsprüfungs-Branche bedeutete, sind einige Jahre ins Land gegangen. Die überwiegend technische IT-Beratung, die bis 2000 Wachstumstreiber des Beratungsgeschäfts gewesen war, ist inzwischen selbst bei den einstigen IT-Unternehmen eher in den Hintergrund gerückt. Andere Beratungsthemen, die sich um Sicherheit, Strategie und Ertragskraft ranken, sind in der globalisierten Wirtschaftswelt an ihre Stelle getreten. Hier suchen die Mandanten heute Unterstützung.

Diese Entwicklung blieb den Wirtschaftsprüfern nicht verborgen. Nach und nach haben sie (zunächst) wieder kleine und feine Beratungsabteilungen aufgebaut, deren Erfolge sich inzwischen durchaus mit denen der Jahre vor Enron messen können. Dabei hatten es die europäischen Wirtschaftsprüfungs-Gesellschaften etwas einfacher, im Einklang mit den nationalen oder EU-Regeln zu handeln. Zwar enthält beispielsweise auch der neugefasste deutsche § 319 HGB klare Kriterien für die Unabhängigkeit von Wirtschaftsprüfern. Doch sie fallen weniger rigide aus als die US-amerikanische Regelung. So enthält die Sektion 201 des Sarbanes-Oxley Acts (SOX) striktere Verbote bestimmter Beratungsleistungen bei Prüfungsmandanten. Aber auch die amerikanischen Accountants haben Wege gefunden, im vollen Einklang mit der verschärften Gesetzgebung neue Positionen im Beratermarkt aufzubauen.

Bemerkenswert ist: Bei allen drei Gesellschaften trugen die Steuerberatung und die allgemeine Beratung (Transaktionsberatung, Risk- und Managementberatung) sichtbar mehr zum Wachstum bei als das Stammgeschäft der Wirtschaftsprüfung. Und: Die beiden großen Beratungsfelder machen zusammen bereits rund die Hälfte der Gruppenumsätze aus, bei PwC etwas weniger, bei KPMG etwas mehr. Die Business-Beratung alleine mag ihr altes Gewicht noch nicht ganz wieder erreicht haben; doch sie ist auf dem besten Weg dazu. Die Studie „Führende Wirtschaftsprüfungs-Gesellschaften in Deutschland" 2008 zeigt nach Lünendonk einen erheblichen Ausbau des Beratungsangebotes durch die führenden Wirtschaftsprüfungs-Gesellschaften.

Dabei kommt es den Wirtschaftsprüfungs-Gesellschaften auch zugute, dass sie es über viele Jahre gelernt haben, sehr gute Mandatsbeziehungen zu ihren sowohl Abschluss- als auch Beratungsmandaten aufzubauen (Client Intimacy). und dass sie über ein umfassendes Branchen- und Prozess-Know-how verfügen – gerade Wirtschaftsprüfungs-Gesellschaften können sich branchenübergreifende Sachverhalte leicht erschließen. So entwickelt sich aus dem in den Gesellschaften vorhandenen multidisziplinären Wissen ein Dreiklang aus dem Dienstleistungsangebot „Risk – Perfomance – IT". Und die bei Wirtschaftsprüfungs-Gesellschaften ebenfalls seit vielen Jahren bestehenden Strukturen zur Qualitätssicherung und Nachhaltigkeit tragen in der Regel zu einer hohen Kundenzufriedenheit bei, die sich dann in beständigen Geschäftsbeziehungen manifestiert.

Differenzierung im Detail

Vergleicht man die Beratungsangebote der Big Three miteinander, dann erscheinen ihre Strukturen recht unterschiedlich. Tatsächlich hat jede der Gruppen, teils historisch bedingt, ihre eigenen Stärken und Schwer-

punkte, auch in der Branchenausrichtung. Zudem haben die Beratungsbereiche zum Teil unterschiedliche Wurzeln, die selbst nach mehreren
Fusionsrunden noch sichtbar bleiben. Das erklärt die oft völlig divergie-
renden Zuordnungen einzelner Themen zu den großen Beratungsfeldern. Die jeweils firmeneigene Terminologie macht schließlich die Ver-
wirrung komplett – was bei dem einen Performance-Beratung heißt,
nennt der andere Effizienz-Beratung. Und unter dem gleichen Namen
Risk-Beratung steckt nicht überall die gleiche Dienstleistung.

Bei näherem Hinsehen zeigt sich jedoch, dass die großen Aktionsfel-
der, wenn auch unterschiedlich etikettiert, weitgehend identisch sind:
Wirtschaftsprüfung (Assurance), Steuerberatung (Tax) und die allgemeine Beratung (Advisory) mit Schwerpunkten wie Sanierung,
Transaktionsberatung (bei Fusionen und Beteiligungen), Finanz-(Struk-
tur-)Beratung, Beratung in Fragen des Risk-Managements und der internationalen Rechnungslegung. Die Unterschiede liegen zumeist in der
Feingliederung darunter.

An Gewicht gewinnt derzeit die klassische Managementberatung, die
sich vornehmlich auf strategische und organisatorische Ansätze bezieht,
die forensische Beratung (in Sachen Wirtschaftskriminalität) und die IT-
Beratung. Heute liegt ein wesentlicher Akzent auf der Sicherheit der Systeme beziehungsweise auf der Einhaltung der Compliance- und Ord-
nungsmäßigkeitsanforderungen. Doch in Zukunft werden die Wirtschaftsprüfungs-Gesellschaften deutlich mehr Beratung in den Bereichen
der IT-nahen Managementberatung anbieten. Hierzu zählt unter anderem die Unterstützung bei der Einführung von Standardsoftwaresyste-
men (ERP-Systemen) in unterschiedlichen Funktionsbereichen. Die
Dienstleistungen, die im Rahmen der Unabhängigkeitsregeln bereits von
einigen Gesellschaften angeboten werden, umfassen die Phasen Identifi-
zierung, Diagnose, Design, Einführung, operativer Betrieb, reichen also
von der Aufnahme bis zum nachhaltigen Betrieb.

Lag der Beratungsschwerpunkt aufgrund der historischen Prägung und
des in den Wirtschaftsprüfungs-Gesellschaften vorhandenen Know-hows
bisher auf den Funktionsbereichen der Finanzbuchhaltungssysteme einschließlich der unterstützenden Nebenbücher, so wird er sich in Zukunft
auf die übrigen rechnungslegungsrelevanten Systeme ausweiten, also auf
Kostenrechnung, Vertrieb, Einkauf/Beschaffung, Lagerhaltung, Personal-
wesen, Konsolidierung. Aber auch technische Entwicklungen wie die
SOA (Service-orientierte Architektur) oder bei SAP die sogenannte Net-
Weaver-Technik werden zusätzliche Handlungsfelder eröffnen. Bei der
Erbringung dieser Dienstleistungen werden die Wirtschaftsprüfungs-
Gesellschaften auch in Zukunft verstärkt darauf achten, dass ihre
Unabhängigkeit nicht gefährdet wird. Dies werden sie unter anderem

dadurch sicherstellen, dass sie gewisse Dienstleistungen nicht für ihre Abschlussmandanten erbringen.

Ein ganz wesentliches Beratungsfeld der Wirtschaftsprüfungs-Gesellschaften wird in Zukunft das sogenannte Projektmanagement sein. Es hat das Ziel, unterschiedliche Aufgabenstellungen innerhalb eines vorgesehenen Zeit- und Kostenrahmens und bei optimalem Mitteleinsatz – sowohl personell als auch sachlich – abzuwickeln. Gerade Wirtschaftsprüfungs-Gesellschaften verfügen hier über jenes Querschnittswissen aus handelsrechtlicher, betriebswirtschaftlicher und technischer Sicht, das notwendig ist, um solche Aufgaben optimal zu lösen.

Zwar sind all diese Beratungszweige normalerweise noch in eigene Abteilungen oder Tochtergesellschaften gegliedert. Doch immer mehr zeigt sich, dass gerade die Wirtschaftsprüfungs-Unternehmen dort besonders erfolgreich sind, wo sie ihre interdisziplinären Stärken ausspielen können. Zu einem Transaktionsteam zum Beispiel gehören Due-Diligence-Experten genauso wie Juristen, Steuerberater oder Betriebswirte mit Branchenkenntnis, die Synergien abschätzen können – all diese Spezialisten finden sich in den großen Wirtschaftsprüfungs-Gesellschaften. Damit können nicht nur die finanziellen Aspekte angemessen adressiert werden, sondern auch Risk- und Performance-Fragestellungen frühzeitig aufgenommen werden.

Mit dem Spezialistentum allein ist es freilich nicht mehr getan. Was die gesamte Branche zunehmend benötigt, sind hochqualifizierte Mitarbeiter mit einer starken Expertise, die aber auch über den Tellerrand gucken können. Gesucht ist ein Typus zwischen dem generalistisch denkenden Consultant und dem Finanz- oder Prüfungsexperten. Das heißt: Sowohl der Management- und der Steuerberater als auch der Wirtschaftsprüfer sind zunehmend gefordert, interdisziplinär zu denken und zu handeln, zumindest in einem Maß, das es ihnen ermöglicht, im Team die Kollegen der anderen Fakultäten zu verstehen und aktiv mit ihnen zusammenzuarbeiten. Dieser Mitarbeitertyp ist in der Wirtschaftsprüfungs-Landschaft keineswegs neu. Aber er wird immer mehr zu einem bestimmenden Erfolgsfaktor.

Wachstum braucht Köpfe

Für viele junge Leute macht gerade die geforderte Flexibilität die Arbeit in einer modernen Wirtschaftsprüfungs-Gesellschaft reizvoll. Ein lebenslanges Dasein als Buchprüfer im alten Sinne (den es ohnehin kaum mehr gibt) können sich die meisten Hochschulabsolventen gar nicht vorstellen, wenngleich die interessante, große Bandbreite der

Aufgaben und Methoden viele von ihnen später doch im Wirtschaftsprüfungs-Beruf hält. Wollen Wirtschaftsprüfungs-Gesellschaften aber für den Nachwuchs attraktiv bleiben, müssen sie die Vielfalt ihres Leistungsspektrums aufrechterhalten – trotz aller regulatorischen Auflagen, die sich als Folge der Finanzkrise mit großer Wahrscheinlichkeit noch verschärfen werden.

Denn attraktiv zu bleiben ist für die Wirtschaftsprüfungs-Gesellschaften schlichte Notwendigkeit. Die Nachfrage nach ihren Dienstleistungen, insbesondere in der Beratung, wächst stetig weiter, und das Geschäft ist ein Geschäft der Köpfe. Trotz aller modernen Tools und Methoden heißt Wachstum in der Wirtschaftsprüfungs-Branche immer auch Personalaufbau.

Bei Ernst & Young zeigt sich beispielsweise, dass ein großes Service-Angebot nicht zwangsläufig zu komplizierten Organisationsformen führen muss. Die EY Advisory Services sollen die Mandanten dabei unterstützen, Unternehmenswerte zu schaffen, zu sichern und zu steigern. Daraus ergeben sich zwei Aufgabenfelder: Risk und Performance. In diesem Spannungsfeld bewegt sich die gesamte Beratungsarbeit, aus ihm werden intelligente Lösungen für die Probleme der Mandanten entwickelt.

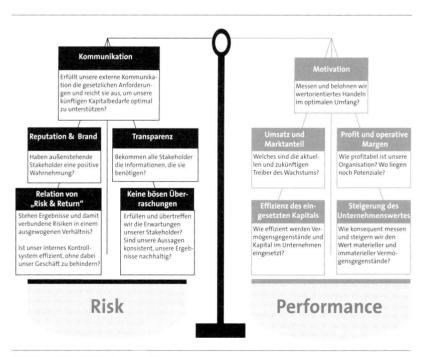

Abbildung 1: Die Risk-Performance-Waage

Entsprechend einfach sind bei Ernst & Young die Advisory Services in die Kompetenzbereiche Risk-Beratung (Risk Advisory Services) und Managementberatung (Business Advisory Services) aufgeteilt. Diese Darstellung dient vor allem dazu, das Service-Angebot transparent zu machen. In der Realität sorgt ein reger Personalaustausch zwischen den beiden Bereichen dafür, dass die Berater bei ihrer Arbeit die ganze Bandbreite möglicher Probleme im Auge behalten.

Beratungsobjekt Risk-Beratung

Die Risk-Beratung hilft den Mandanten, ihre Geschäftsrisiken frühzeitig zu erkennen, zu beurteilen, zu verringern oder ganz zu vermeiden. Sie unterstützt sie bei der Implementierung zuverlässiger Finanzprozesse und -systeme und beim Aufbau einer leistungsfähigen internen Revision. Sie sorgt auch dafür, dass die Mandanten die – immer komplexeren – regulatorischen Vorgaben umsetzen und einhalten können. Banken, Versicherungen und andere Finanzdienstleister arbeiten unter speziellen Risikobedingungen – die Ereignisse der Jahre 2007 und 2008 haben es überdeutlich gemacht.

Risiken lauern oft auch in Verträgen, je umfangreicher sie sind und je länger das „Kleingedruckte" ist, umso mehr. Eine eingehende Analyse vor Vertragsabschluss und die anschließende Überprüfung, ob die Verträge korrekt erfüllt werden, sind Leistungen, mit denen die sogenannten Contract Risk Services den Mandanten vor finanziellen Einbußen ebenso schützen wie vor Rufschäden.

Oft unterschätzt werden die Gefahren, die in Verstößen gegen gesetzliche oder quasigesetzliche Vorgaben liegen, zum Beispiel gegen den Sarbanes-Oxley Act, sein japanisches Pendant J-SOX, das französische Loi de Sécurité Financière (LSF) oder die nationalen Umsetzungen der achten EU-Richtlinie. Hier bedarf es der eingebauten Kontrollen, vor allem in international tätigen Unternehmen. Diese Kontrollen zu bewerten und auf Schwachstellen abzuklopfen, um Empfehlungen zur Einschränkung der Risiken zu geben, ist ebenfalls ein Service der Risk-Beratung von Ernst & Young.

Immer häufiger stehen die Risk-Berater vor der Aufgabe, Delikte aufzuklären und maßgeschneidert für den Mandanten Systeme zu entwickeln, die neuen Strafhandlungen vorbeugen. Zunehmende Bedeutung gewinnt in diesem Zusammenhang auch die IT-Beratung, die sich stark auf die Risk-Prävention und Einhaltung von Vorschriften konzentriert. Insgesamt kann man diese Dienstleistungen unter dem Begriff „Value Protection" zusammenfassen.

Beratungsobjekt Managementberatung

Einem integrierten, praxisnahen und umsetzungsorientierten Ansatz folgend steht neben der Value Protection die Value Creation. Dieser Ansatz basiert auf den Anforderungen der Mandanten, beide Aspekte des unternehmerischen Handelns in umfassendem Maße zu berücksichtigen und aus einer sicheren Position heraus den Unternehmenswert zu steigern. Die Management- beziehungsweise Performance-Beratung zielt darauf ab, in direktem Dialog mit dem Mandanten die Finanz-, die Kunden- und auch die Lieferantenstrukturen und -prozesse auf den Prüfstein zu stellen, maßgeschneiderte Konzepte aufzubauen und durch deren Umsetzung für nachhaltige Anpassung und Steuerung der Finance-, Customer- und Supply-Chain-Aspekte zu sorgen. Das Spektrum reicht von Aufgaben im Bereich der Finanzfunktion bis zur Lösung von Supply-Chain- oder Customer-Management-Fragestellungen. Damit werden globale und besonders dynamische Wachstumsunternehmen unterstützt, ihre Ertragskraft zu verbessern und eine solide Basis zu schaffen, die es ermöglicht, das für die Expansion nötige Kapital an den Finanzmärkten zu beschaffen.

Im Grunde geht es darum, die Aufbau- und Ablauforganisation des Mandanten mit seiner Unternehmensstrategie in Einklang zu bringen und letztlich anwendungsorientiert umzusetzen. Darauf hin sind Planungsinstrumente und Finanzfunktionen genauso abzustimmen wie die operativen Prozesse vom Einkauf über die Lagerhaltung und Produktion sowie Logistik bis hin zu einem professionellen Kundenmanagement, welches den Kundenwert in den Vordergrund stellt und daran die Themen des Customer Management (Kunden- und Markttransparenz, Preismodellierung, Vertriebsexzellenz, Konditionen- und Forderungsmanagement) ausrichtet und zu einem unternehmensweiten Berichtswesen führt, das eine Steuerung im Sinne der Strategie unterstützt. Der Berater hat dabei die Aufgabe, Leistungsreserven aufzuspüren und gemeinsam mit dem Mandanten Instrumente und Prozesse zu entwickeln, die diese Reserven nachhaltig aktivieren.

Wachstumstreiber Transaktionsberatung

Die Transaction Advisory Services sind ein wesentliches Beratungsfeld der Wirtschaftsprüfungs-Gesellschaften und umfassen im Regelfall folgende Aspekte: Börsengänge und Zweitplatzierungen, Fusionen und Übernahmen, die Integration übernommener Einheiten, die steuerliche Gestaltung von Transaktionen, Restrukturierungen, Immobiliengeschäften einschließlich Projektentwicklung und Projektmanagement und schließlich die Unternehmensbewertung in den unterschiedlichsten Zusammenhängen als eigenständige Dienstleistung.

Da sich die weltweite Kreditkrise des Jahres 2008 auch auf das Verhalten der Investoren auswirkt, könnte die Transaktionsberatung für eine gewisse Zeit auf niedrigeren Touren laufen. Aber man kann sicher sein, dass die M&A-Aktivitäten früher oder später weltweit wieder in Gang kommen werden, umso mehr, als die krisenbedingt niedrigen Börsenkurse solventen Investoren – zum Beispiel Staatsfonds – reizvolle Kaufgelegenheiten bescheren. Zudem bieten gerade die bereits durchgeführten Transaktionen in Zukunft ein reichhaltiges Betätigungsfeld für Performance-bezogene Dienstleistungen, da es heute gerade darum geht, die Liquidität der Gesellschaften sicherzustellen. Damit wird nicht nur die Überschuldung beziehungsweise Insolvenz vermieden, sondern die Investition insgesamt gesichert.

Auch darüber hinaus werden die EY Transaction Advisory Services mit der „Nachsorge" bereits vollzogener Transaktionen gut beschäftigt sein. Fusionen, Übernahmen und Verkäufe sind die komplexesten strategischen Aktionen, die eine Organisation zu bewältigen hat. Und die riskantesten dazu: Zahlreiche Studien belegen, dass es keineswegs immer gelingt, die angestrebten und in der Planung bezifferten Synergien wirklich zu realisieren. In vielen Fällen wird sogar Unternehmenswert vernichtet.

Das Dienstleistungsangebot Transaction Integration zielt darauf, mehr Sicherheit in den Ablauf eines M&A-Projekts zu bringen und damit möglichst hohe Werte zu generieren. Es setzt bereits im Vorfeld mit der Analyse der Möglichkeiten und der Projektplanung ein, organisiert das Integrations-Management und unterstützt die praktische Umsetzung einschließlich der Performance-Kontrolle. Nach Abschluss der wesentlichen Integrationsschritte bewertet das Effectiveness Assessment schließlich den Grad der Zielerreichung, um daraus weitere Schritte zur Optimierung abzuleiten.

Die Transaktionsberatung im weiteren Sinne hat also bei E&Y einen längeren Nachlauf, der durchaus über die Zeit der Finanzkrise hinausreichen könnte. Für die Advisory insgesamt kann man hoffen, dass das Geschehen des Jahres 2008 sich nicht nur negativ auswirkt. Denn schwierige Phasen der Wirtschaftsentwicklung schlagen sich in aller Regel auch in einer steigenden Nachfrage nach Beratungsleistungen nieder. Das galt bereits für die wahrhaft tektonischen Verschiebungen im weltweiten Wirtschaftsgefüge, die wir in den letzten Jahren erlebt haben. Zwar empfand die Mehrheit deutscher Manager und Unternehmer die Globalisierung und ihre Auswirkungen eher als Chance denn als Risiko, wie die große Zahl der Gründung von Tochtergesellschaften außerhalb Europas zeigt. Doch die neue Wettbewerbssituation – fast über Nacht wurden Konkurrenten relevant, die man vorher kaum mit Namen kannte – setzte manches Unternehmen unter Druck, sich ein Fitnessprogramm zu verordnen.

Nicht von ungefähr standen 2007 die Beratungsfelder Effizienzsteigerung und Organisation auf den Plätzen eins und drei der Umsatzrangliste deutscher Managementberatungs-Unternehmen, wie es die Lünendonk®-Studie 2008: „Führende Managementberatungs-Unternehmen in Deutschland" ermittelte. Dass Wachstumsstrategien dazwischen den zweiten Rang einnahmen, signalisiert allerdings, dass die Situation nicht nur defensiv, sondern durchaus mit Kampfbereitschaft angegangen wurde. Der Gesamtmarkt der Managementberatung ist laut BDU 2007 um 11,6 Prozent auf 16,4 Milliarden Euro erneut zweistellig gewachsen.

Beratungslücken schließen

Noch lassen die Wirtschaftsprüfungs-Gesellschaften weite Teile des Beratungsspektrums ungenutzt. Um diese zu erschließen, werden sie sich künftig noch weiter von ihren Wurzeln entfernen müssen. Denn weite Teile ihrer Beratung sind bisher noch vom Denken der Wirtschaftsprüfung geprägt, also stark auf die Organisation der Zahlengewinnung und die Analyse der Zahlenwerke sowie das notwendige Instrumentarium ausgerichtet. Das ist nur natürlich. Schließlich sind die Beratungsleistungen aus dem speziellen Know-how entstanden, das die Wirtschaftsprüfer bei ihrer originären Tätigkeit gewonnen haben. Nicht von ungefähr definieren mehrere Gesellschaften diesen Teil des Geschäfts bis heute als prüfungsnahe Beratung.

Diese Nähe zur Prüfung mit ihrer ausgeprägt strukturell-analytischen Sichtweise und ihrer intimen Kenntnis der in Zahlen gefassten Mandanten-Situation ist keinesfalls eine Schwäche. Im Gegenteil: Gerade in den prüfungsnahen Beratungsfeldern haben die Wirtschaftsprüfer einen eigenständigen Wettbewerbsvorteil gegenüber dem großen Feld anderer Beratungsfirmen. Hier finden sie ein optimales Geschäftsfeld außerhalb der eigentlichen Prüfung. Das umso mehr, als sich der Werkzeugkasten des modernen Prüfers auch hervorragend zur Lösung anderer Mandanten-Aufgaben eignet. Wichtig ist allerdings immer wieder und in jedem Einzelfall, dass die Wirtschaftsprüfung ihre Unabhängigkeit und Objektivität gegenüber dem Mandanten gewährleisten kann.

Ein weiterer „Heimvorteil" ist es, dass auch in der Prüfung selbst inter-disziplinäres Denken und Wissen heute unabdingbar sind. Wer Zahlen auf ihre Stichhaltigkeit und ihren Realitätsgehalt prüfen will, kommt mit profundem Buchführungs-Know-how längst nicht mehr aus. Eben-so notwendig sind unter anderem Branchenkenntnisse, die von den spezifischen Strukturmerkmalen einer Industrie bis in die Technik rei-chen können. Solches Wissen hilft auch bei der breiter angelegten Beratung, die damit zum beliebten Karriereziel querdenkender Wirt-schaftsprüfer wird.

Advisory contra Consulting?

Der Weg zum „alles aus einer Hand" ist auch im Beratungsmarkt vor-gezeichnet, jedenfalls für die großen Anbieter. Während die kleineren Berater ihr Heil in der Spezialisierung suchen, entwickeln sich die gro-ßen zu Full-Service-Anbietern für Unternehmensprobleme. Diesem Trend werden auch die Beratungsbereiche der Wirtschaftsprüfungs-Gesellschaften folgen. Das heißt: In die Advisory werden in Zukunft noch stärker als bisher Elemente des klassischen Consulting, der über-wiegend operativen Beratung, einziehen. Dabei werden die ohnehin nicht sehr scharfen Grenzen zwischen den Beratungseinheiten der Prüfer und dem Rest der Beratungswelt weiter verschwimmen – der Wettbewerb wird noch direkter.

Die Lünendonk®-Studie 2008 zum Managementberatungs-Markt gibt Hinweise, wohin der Weg führen könnte. Da ist zum Beispiel das Feld der Wachstumsstrategien, bei Lünendonk wie oben gesehen auf Platz zwei der Umsatzträger. Die Strategieberatung im Finanzbereich gehört zwar seit längerem zum Repertoire der Wirtschaftsprüfungs-Gesell-schaften. Doch auch sie ist eher von der analytischen Zahlen-Sicht der Wirtschaftsprüfung geprägt. Daraus lassen sich zwar viele sinnvolle Weichenstellungen ableiten – es ist zum Beispiel eine überaus strategi-sche Aufgabe, die Finanzstruktur eines Unternehmens auf die Erfor-dernisse geplanter Expansionsschritte zuzuschneiden. Was aber bis-lang meist noch fehlt, ist – ebenfalls nur ein Beispiel – die strategische Verbindung von finanziellen Möglichkeiten, Markterkundung sowie technischen Zielsetzungen und Ressourcen. Und ausgeprägt operative Sujets wie Innovationsmanagement, Projektmanagement oder Custo-mer-Relations-Management, die Methoden und Werkzeuge jenseits der Wirtschaftsprüfungswelt erfordern, sind bislang noch Mangelware. Alle drei sind übrigens Themen mit den höchsten Umsatzzuwächsen in den nächsten zwei bis drei Jahren aus der Lünendonk®-Studie zum Beratermarkt.

Neues Know-how gesucht

Um sich die neuen, prüfungsferneren Felder zu erschließen, werden die Wirtschaftsprüfungs-Gesellschaften ihre Berater-Stäbe mit neuen Kompetenzen anreichern müssen. Je nach Branchenausrichtung werden auch Ingenieure, Mediziner, Biologen, Physiker, Mathematiker oder Händler vermehrt Einzug halten. Auch hier geben die Stellenangebote erste Signale: Gerade bei der Rekrutierung erfahrener Kräfte sind Vertreter der klassischen Management- und (wieder) der IT-Beratung zunehmend gefragt. Und das „Rubrum" Berater steht für einen bunten Strauß verschiedenster Werdegänge.

Eine Gefahr besteht, wenn die Prüfungsgesellschaften ihre Dienstleistungspalette wie beschrieben ausweiten: dass sie sich verzetteln, allen Mandanten von allem nur ein bisschen bieten. Der Ausweg besteht darin, Prioritäten zu setzen und sich zumindest partiell zu spezialisieren, zum Beispiel auf einen begrenzten Kreis von Branchen. Schaut man sich die heutigen Beratungsangebote der Wirtschaftsprüfungs-Gesellschaften an, so scheint es, als hätte jede von ihnen Kompetenzen für alle nur erdenklichen Wirtschaftszweige im Portefeuille. Doch das täuscht – wir erwähnten schon die historisch gewachsenen Schwerpunkte und Branchenausrichtungen, an denen sich die Gesellschaften durchaus unterscheiden.

Die künftige Branchenorientierung darf solche Stärken, die auf Fusionen, regionalen Wurzeln oder anderen Gründen beruhen, natürlich nicht eliminieren. Der weitere Aufbau wird aber noch mehr als bisher nach strategischen Kriterien erfolgen: Wo sind Synergien mit den bisherigen Aktivitäten zu erzielen, wie sind die neuen Kompetenzen so zu strukturieren, dass sie jeweils möglichst viele Branchen abdecken? Aber wie schon Goethe sagte: „In der Beschränkung zeigt sich erst der Meister ..."

Wie weit der Vormarsch in neue Beratungsreviere auch zur Übernahme bestehender Beratungsfirmen mit interessanten Spezialitäten führen wird, ist noch nicht abzusehen. Sicher ist: Die Konzentration sowohl im Wirtschaftsprüfungs- als auch im Beratungsmarkt wird weitergehen. Nicht unbedingt im Spitzenfeld der Big Four, aber im Segment der mittelständischen Prüfer und Berater. Zum einen herrscht in beiden Märkten zunehmender Preisdruck – bei den Beratern wird die erfolgsabhängige Honorierung bereits heiß diskutiert. Zum anderen münden die unaufhaltsam wachsende Fülle regulatorischer Vorgaben – sowohl für den Dienstleister selbst als auch für seine Mandanten – und die immer komplexeren Aufgaben in Anforderungsprofile, denen kleinere Anbieter kaum mehr gerecht werden können. Der Markt wird in Bewegung bleiben.

Fazit

Den Blick nach vorne gerichtet, werden die Wirtschaftsprüfungs-Gesellschaften mit ihrem Wissen den gesamten Lebenszyklus ihrer Mandaten begleiten können. Hierzu zählt neben den erwähnten klassischen Dienstleistungen der Wirtschaftsprüfung, Steuer- und Transaktionsberatung das weite Feld der Risk- und Managementberatung. Der Bereich der Unterstützung der Mandanten in regulatorischen Fragen und beim Schutz gegen Risiken unterschiedlicher Art wird sich weiterentwickeln. Die größten Wachstumsfelder werden sich aber im Performance-Umfeld ergeben, überall da, wo es um die Verbesserung der Ertrags- oder Liquiditätsfähigkeit einer Gesellschaft geht. Neben die klassischen Finance-orientierten Elemente werden die Kostenoptimierungen auf der Kundenseite (Customer) und auf der Einkaufs/Beschaffungsseite (Supply Chain) treten. Und im IT-Umfeld treten neben die Aspekte der Sicherheit und Ordnungsmäßigkeit insbesondere Schlagworte wie IT Enablement und IT Effectiveness.

Mit diesen Veränderungen werden sich die Wirtschaftsprüfungs-Gesellschaften zu Full-Service-Anbietern entwickeln, die nicht mehr nur den Finanzverantwortlichen (CFO), sondern der gesamten Leitungsebene (CEO, COO, CIO, CRO) von Unternehmen zur Verfügung stehen. Die Spannweite reicht von strategischen Überlegungen über Performance-Herausforderungen hin zu organisatorischen Fragestellungen und Personalstrukturelementen der gesamten Prozesslandschaft und nicht zuletzt der technologischen Ebene in den Gesellschaften. In jedem Fall wird aber die Unabhängigkeit deutlich stärker als in den wilden 80er oder 90er Jahren sichergestellt – was sich zu einem spürbaren Wettbewerbsvorteil auswachsen wird.

IFRS und Internationalisierung der HGB-Rechnungslegung
Chancen und Herausforderungen für mittelständische Wirtschaftsprüfungs-Gesellschaften

Dirk Driesch und Jost Wiechmann

Einleitung

Mit der Einführung der Internationalen Rechnungslegungsstandards IFRS in Europa und der verpflichtenden Anwendung dieser Standards für den Konzernabschluss kapitalmarktorientierter Unternehmen ab 2005 hat sich für die Wirtschaftsprüfungs-Gesellschaften ein Betätigungsfeld ergeben, das sowohl eine enorme Herausforderung als auch eine große Chance darstellt, da zunächst hohe Investitionen in das eigene Know-how erforderlich sind, hierin aber auch zukünftiges Wachstumspotenzial zu sehen ist.

Bislang ist die Rechnungslegung nach IFRS im Prüfungs- und Beratungsgeschäft weitgehend von wenigen großen Prüfungsgesellschaften besetzt. Zum einen liegt dies an den genannten Investitionen, zum anderen aber daran, dass die IFRS noch nicht weit genug in den Mittelstand vorgerückt sind. Wie wird sich nun die Situation in den nächsten fünf bis zehn Jahren darstellen? Dieser Beitrag skizziert die Anforderungen, denen sich insbesondere unabhängige mittelständische Wirtschaftsprüfungs-Gesellschaften stellen müssen, um sich im Prüfungs- und Beratungsgeschäft zu behaupten, und zeigt zugleich die Potenziale auf, die sich ihnen bieten.

Bestandsaufnahme

Der Wirtschaftsprüfungs-Markt in Deutschland

Betrachtet man die Aufteilung des Wirtschaftsprüfungs-Marktes in Deutschland (vergleiche Lünendonk®-Studie 2008: „Führende Wirtschaftsprüfungs-Gesellschaften in Deutschland", http://www.luenendonk.de), so fällt auf, dass der Markt beherrscht wird von den sogenannten Big-Four-Gesellschaften, die sowohl nach Umsatzhöhe als auch nach Mitarbeiterzahlen einen Großteil des Marktvolumens vereinnahmen und wie Großkonzerne organisiert sind. Mit großem Abstand folgen dahinter die „Following-Six-Gesellschaften", deren

Mandantenstruktur und -volumen zwar deutlich kleiner sind, die sich aber dennoch erfolgreich im Markt etabliert haben und in den letzten ein bis zwei Jahren zum Teil sogar höhere Wachstumsraten aufwiesen als die Big-Four-Gesellschaften.

Ihre Geschäftstätigkeit erstreckt sich neben der klassischen Abschlussprüfung auch auf die Steuerberatung sowie teilweise Rechtsberatung und in zunehmendem Maße auf das Corporate-Finance-Geschäft. Durch die zunehmende Inhabilität der Big-Four-Gesellschaften bei großen Mandanten ergeben sich für große mittelständische Wirtschaftsprüfungs-Gesellschaften gerade im Transaktionsgeschäft interessante Entwicklungsmöglichkeiten.

Im Prüfungsgeschäft nehmen die IFRS einen immer höheren Stellenwert ein. Nachdem im Abschlussjahr 2007 für alle bis dahin kapitalmarktorientierten Unternehmen die Umstellungsphase auf IFRS abgeschlossen wurde, sind die Unternehmen auf die Unterstützung durch Wirtschaftsprüfer auch bei der laufenden Erstellung von IFRS-Jahresabschlüssen angewiesen. Dies ist auf die zunehmend komplexen internationalen Rechnungslegungsstandards vor allem in den Fair-Value-orientierten Bewertungsvorschriften beispielsweise für Finanzinstrumente, Unternehmenserwerbe oder aktienbasierte Vergütungen zurückzuführen. Dieses Geschäftsfeld wird daher in Zukunft ein wichtiger Wachstumsmotor bleiben.

IFRS als weltweit einzig gültiger Rechnungslegungsstandard?

Die kapitalmarktorientierte Rechnungslegung hat sich in den europäischen Mitgliedstaaten mit der sogenannten IAS-Verordnung aus dem Jahr 2002 der verpflichtenden Anwendung der IFRS verschrieben. Seit dem 1.1.2005 muss in allen EU-Mitgliedstaaten der Konzernabschluss eines kapitalmarktorientierten Unternehmens nach den Vorschriften der IFRS erstellt werden.

Nach der EU und Australien sowie Neuseeland haben (nach einer Untersuchung des IASB, International Accounting Standards Board) inzwischen rund 90 Länder weltweit die IFRS für kapitalmarktorientierte Unternehmen vorgeschrieben oder zugelassen. Zuletzt hat sich auch Kanada entschieden, die IFRS als Rechnungslegungsstandard vorzuschreiben. In den USA ist die Börsenaufsichtsbehörde SEC dazu übergegangen, die IFRS als Zulassungsvoraussetzung für eine Börsennotierung ohne Einschränkung zuzulassen, so dass kurz- und mittelfristig nicht nur ausländische Emittenten in den USA keine US-GAAP-Überleitung mehr erstellen müssen, sondern auch US-amerikanische Emittenten in den USA nach IFRS bilanzieren können. Absehbar ist zudem, dass selbst für die nicht börsennotierten amerikanischen Gesellschaften die Anwendung der IFRS ermöglicht werden soll. Darüber hinaus tragen auch die Konvergenzbestrebungen zwischen dem amerikanischen Standardsetter FASB (Financial Accounting Standards Board) und dem IASB dazu bei, bestehende Differenzen zwischen den beiden Rechnungslegungssystemen weitestgehend abzubauen.

Es besteht somit kein Zweifel: Die IFRS werden zukünftig der weltweit dominierende Rechnungslegungsstandard für kapitalmarktorientierte Unternehmen sein. Dieser Entwicklung werden sich auch nicht kapitalmarktorientierte Unternehmen nicht völlig verschließen können. Bislang scheuen sie noch den Aufwand, der mit einer Umstellung der Rechnungslegung auf IFRS verbunden ist. Zu den Aufgaben der Abschlussprüfer wird deshalb auch gehören, den Mandanten vom Mehrwert der IFRS zu überzeugen. Spätestens wenn die Mehrzahl seiner Wettbewerber auf IFRS umgestellt hat, kann sich ein Unternehmen dem nicht mehr entziehen, wenn es auf Basis vergleichbarer Zahlen seine Position analysieren will.

Um den Anwendungsbereich der IFRS nicht nur auf kapitalmarktorientierte Unternehmen zu beschränken, hat das IASB Anstrengungen unternommen, diese Standards auch kleinen und mittelgroßen Unternehmen (KMU) zugänglich zu machen. Bislang ist dieses Projekt in Deutschland und vielen anderen europäischen Staaten (zum Beispiel Frankreich und Italien) weitgehend auf Ablehnung gestoßen. Der anvisierte Anwenderkreis sieht noch keine wesentlichen Erleichterungen, die einen Umstieg auf IFRS mit einem vertretbaren Aufwand ermöglichen. Andere europäische Staaten (zum Beispiel Großbritannien und Dänemark) begegnen diesem Projekt dagegen weitaus offener. Über kurz oder lang wird sich deshalb auch der deutsche Mittelstand den IFRS oder KMU-IFRS nicht verschließen können. Hier sollte auch in Zukunft aufmerksam verfolgt werden, ob seitens des IASB noch weitere Vereinfachungen und Erleichterungen für die Anwendung der IFRS oder KMU-IFRS geschaffen werden, die die Attraktivität dieser Rechnungslegungsnormen für den deutschen Mittelstand weiter erhöhen.

Modernisierung und Internationalisierung des Bilanzrechts

Mit dem Bilanzrechtsmodernisierungsgesetz (BilMoG) wird in Deutschland mit der Überarbeitung der bilanzrechtlichen Vorschriften im Handelsgesetzbuch ein erster großer Schritt hin in Richtung IFRS gemacht. Die Grenzen zwischen dem HGB und den IFRS beginnen zu verschwimmen. Plötzlich stehen auch nicht kapitalmarktorientierte Unternehmen vor der Aufgabe, sich international etablierten Rechnungslegungstraditionen zu öffnen. So ermöglicht das BilMoG eine Bilanzierung von bestimmten Finanzinstrumenten zum beizulegenden Zeitwert, sieht die Aktivierung von selbsterstellten immateriellen Vermögensgegenständen vor und eliminiert den Einfluss rein steuerlich bedingter Bilanzierungs- und Bewertungsmethoden. Dieser Schritt wird es den HGB-Anwendern leichter machen, einen zukünftigen Umstieg auf die IFRS vorzunehmen. Allerdings darf nicht übersehen werden, dass die Komplexität der Rechnungslegungsnormen und der Umfang der Berichterstattung nach IFRS auch gegenüber dem durch das BilMoG modernisierte HGB nach wie vor erheblich höher sind.

Mit dem Hinweis auf die Änderungen durch das BilMoG konnte der deutsche Gesetzgeber eine Einführung der IFRS-Standards für kleine und mittelgroße Unternehmen zunächst abwenden. Auf längere Sicht wird sich dieser Alleingang jedoch nur behaupten, wenn auch andere europäische Staaten für KMUs keine verpflichtende Anwendung der KMU-IFRS vorsehen. Hierfür gibt es jedoch keine Anhaltspunkte. Mittelfristig wird man sich auch auf europäischer Ebene Gedanken darüber machen, wie die Rechnungslegung für alle bilanzierungspflichtigen nicht kapitalmarktorientierten Unternehmen in den europäischen Mitgliedstaaten vereinheitlicht werden kann. Ein nationaler Alleingang widerspricht dem europäischen Gedanken, zumal keine triftigen Gründe dafür erkennbar sind, warum ein Staat die unbedingte Souveränität über sein eigenes Bilanzrecht behalten soll. Hierfür sprechen aufgrund der noch bestehenden Maßgeblichkeit der Handelsbilanz für die Steuerbilanz hauptsächlich fiskalische Gründe, die aber mit einem separaten Steuerbilanzrecht eliminiert werden könnten. Das Bilanzrechtsmodernisierungsgesetz ist in diesem Zusammenhang als ein Schritt hin zu diesem Ziel zu sehen. Dabei sind insbesondere die mittelständischen Wirtschaftsprüfer gefragt, sich in diesen Prozess einzubringen, da sie die Belange ihrer mittelständisch geprägten Klientel im Hinblick auf die Bedeutung der Rechnungslegung am besten vertreten können.

Anforderungen an den Berufsstand der Wirtschaftsprüfer

Gerade die IFRS unterliegen einer stetigen Weiterentwicklung. Die Veränderungsgeschwindigkeit der jeweils geltenden Standards nimmt zuweilen Ausmaße an, wie sie bislang nur aus dem Steuerrecht bekannt waren. Hinzu kommt die zunehmende Komplexität der Rechnungslegungsvorschriften, da die eigentlichen Standards durch Interpretationen (IFRICs) ergänzt werden und bei Regelungslücken gegebenenfalls auch Verlautbarungen anderer nationaler Standardsetter herangezogen werden müssen. Innerhalb der größeren Prüfungsgesellschaften haben sich daher IFRS-Fachabteilungen herausgebildet, die neue Entwicklungen in den IFRS verfolgen und sowohl bei Anwendungs- und Auslegungsfragen innerhalb der Prüfungsgesellschaft selbst als auch direkt dem Mandanten gegenüber zur Verfügung stehen. In Anbetracht der Komplexität der IFRS-Regelungen und deren Auslegung ist die Bündelung des Know-hows in IFRS-Fachabteilungen auch für mittelständische Prüfungsgesellschaften als notwendige Voraussetzung anzusehen, fachlich adäquat IFRS-Mandate in der Abschlussprüfung und betriebswirtschaftlichen Beratung betreuen zu können.

Die Übernahme von IFRS-Prüfungsmandanten ist aufgrund der Komplexität dieser Standards mit einem erheblichen Zusatzrisiko für die Prüfungsgesellschaft verbunden. Von öffentlich-rechtlicher Seite werden zunehmend Anstrengungen unternommen, die Qualität der Prüfung von IFRS-Abschlüssen sicherzustellen. So erzeugt das Enforcement – damit ist die anlassbezogene oder stichprobenmäßige Kontrolle bereits geprüfter Jahresabschlüsse durch eine öffentlich-rechtliche Institution gemeint – einen spürbaren Druck auf die Unternehmen und deren Abschlussprüfer. Die Deutsche Prüfstelle für Rechnungslegung (DPR) prüft stichprobenweise die veröffentlichten Abschlüsse kapitalmarktorientierter Unternehmen auf potenzielle Fehler in der Rechnungslegung. Sollten dabei wesentliche Fehler festgestellt werden, sind diese durch das Unternehmen bekanntzumachen und zu berichtigen.

Die Abschlussprüfer kapitalmarktorientierter Unternehmen werden neben der allgemeinen Berufsaufsicht durch die Wirtschaftsprüferkammer (WPK) durch die Abschlussprüferaufsichtskommmission (APAK) überwacht, indem diese anlassunabhängige Sonderuntersuchungen bei den entsprechenden Wirtschaftsprüfungs-Gesellschaften durchführt. Neben der stichprobenweisen Untersuchung durch die DPR und den anlassunabhängigen Sonderuntersuchungen durch die APAK gibt es bei konkreten Anhaltspunkten von fehlerhafter Rechnungslegung oder Prüfung auch anlassbezogene Prüfungen oder Sonderuntersuchungen durch die DPR oder APAK.

Öffentlich bekanntgemachte Fehler in der Rechnungslegung treffen nicht nur das geprüfte Unternehmen, sondern können immer auch einen Reputationsverlust des betreffenden Abschlussprüfers bedeuten. Dieses enorme Risiko hat sich bislang noch nicht in den Abschlussprüferhonoraren niedergeschlagen. Eine Differenzierung der Honorare für die Prüfung kapitalmarktorientierter Unternehmen und nicht kapitalmarktorientierter Unternehmen ist jedoch unumgänglich. Als ein Nebeneffekt aus der erfolgreichen und fehlerfreien Prüfung von Abschlüssen kapitalmarktorientierter Unternehmen dürfte sich jedoch ein Reputationsgewinn für die betreffenden Wirtschaftsprüfungs-Gesellschaften ergeben, der sich positiv auf die Stabilisierung und Ausweitung der gesamten Mandantenbasis der betreffenden Wirtschaftsprüfungs-Gesellschaft auswirken dürfte.

Eine weitere Teilung des Berufsstands, die zuletzt schon bei der Einführung des Peer Reviews für alle Wirtschaftsprüfer, die gesetzlich vorgeschriebene Abschlussprüfungen durchführen, zu beobachten war, ist als sehr wahrscheinlich einzuschätzen. Damit gäbe es dann in Zukunft drei Gruppen von Wirtschaftsprüfern:

1. Wirtschaftsprüfer, die keine gesetzlich vorgeschriebenen Abschlussprüfungen durchführen,

2. Wirtschaftsprüfer, die gesetzlich vorgeschriebene Abschlussprüfungen für nicht kapitalmarktorientierte Unternehmen durchführen,

3. Wirtschaftsprüfer, die gesetzlich vorgeschriebene Abschlussprüfungen (neben allen anderen unter 2. genannten Prüfungen) auch bei kapitalmarktorientierten Unternehmen durchführen.

Bei großen Wirtschaftsprüfungs-Gesellschaften stellt sich nicht die Frage, ob diese zur Gruppe drei gehören. Bei selbständig tätigen Wirtschaftsprüfern und sehr kleinen Wirtschaftsprüfungs-Gesellschaften mit bis zu 20 oder 30 Mitarbeitern stellt sich im Regelfall nur die Frage, ob diese zur Gruppe eins oder zwei gehören. Sehr interessant wird die Antwort auf die Frage sein, wie sich mittelständische Wirtschaftsprüfungs-Gesellschaften (50 bis 500 Mitarbeiter) positionieren und ob beziehungsweise inwieweit diese in Zukunft auch zur Gruppe drei gehören werden. Dem soll im Folgenden nachgegangen werden.

Chancen für mittelständische Wirtschaftsprüfer

Erbringung von IFRS-orientierten Prüfungs- und Beratungsleistungen

Die immensen Anstrengungen in die eigene Aus- und Weiterbildung für die internationale Rechnungslegung sind für Wirtschaftsprüfungs-Gesellschaften nur dann sinnvoll, wenn die eigene Mandantenbasis eine hinreichend große Anzahl von Unternehmen beinhaltet, die IFRS auch anwenden. Jede Prüfungsgesellschaft wird sich deshalb eindeutig positionieren müssen: Entweder man beschränkt sich auf die Prüfung und betriebswirtschaftliche Beratung von Unternehmen, für die eine IFRS-Anwendung nicht in Frage kommt, oder man bietet eine uneingeschränkte IFRS-Betreuung an. Letztere ist nicht ohne weiteres kurzfristig realisierbar, sondern erfordert einen behutsamen Aufbau personeller und fachlicher Kapazitäten. Da Erfahrung im Umgang mit den IFRS ein wesentlicher Faktor ist, werden zukünftig nur jene mittelständischen Prüfungsgesellschaften eine seriöse IFRS-Beratung anbieten können, die sich bereits heute schon auf diesem Gebiet etabliert haben und durch fortlaufende Prüfungs- oder Beratungstätigkeiten in der Lage sind, ihr Know-how aufrechtzuerhalten beziehungsweise weiter zu festigen und zu vertiefen.

Die mittelständischen Wirtschaftsprüfungs-Gesellschaften, die bereits durch fortlaufende Prüfungs- oder Beratungstätigkeiten auf dem Gebiet der IFRS fundiertes Know-how aufgebaut haben, werden zukünftig von der erwarteten weiteren Teilung des Berufsstandes eher profitieren, da sie tendenziell sowohl IFRS-Prüfungs- als auch Beratungsmandate von kleineren mittelständischen Wirtschaftsprüfungs-Gesellschaften übernehmen können, die selber nicht über das erforderliche fachliche Wissen verfügen oder dieses in angemessener Zeit und vertretbaren Kosten nicht aufbauen können. Insbesondere gilt dies für die Beratung in fachlich komplexen Themengebieten, beispielsweise Kaufpreisallokationen, Impairment-Tests oder Bilanzierung von Derivaten und Sicherungsbeziehungen.

Die Implementierung der IFRS bei nicht kapitalmarktorientierten Unternehmen bietet gerade für mittelgroße Wirtschaftsprüfungs-Gesellschaften ein interessantes Betätigungsfeld, sofern sie die dafür erforderlichen Fachkenntnisse besitzen. Insbesondere jene Unternehmen, die mittelfristig eine Kapitalmarktorientierung anstreben oder von ihren ausländischen Mehrheitsgesellschaftern dazu angehalten werden, kommen hierfür in Frage. Auch bei der Beschaffung zusätzlichen Kapitals erweisen sich die IFRS zunehmend gegenüber dem HGB als geeigneter, da nach IFRS aufgestellte Abschlüsse für internationale Kapitalgeber transparenter sind und folglich zu günstigeren Kreditkonditionen führen können.

Umsetzung einer IFRS-Bilanzpolitik

Im Kampf um Kapital werden gerade börsennotierte Gesellschaften von ihrem Wirtschaftsprüfer Hilfestellungen erwarten, ob und in welchen Grenzen die IFRS eine Bilanzierung ermöglichen, die entweder eine eher konservative oder tendenziell progressive Bilanzpolitik des Unternehmen unterstützt, ohne dabei den rechtlich vorgegebenen Rahmen zu verlassen. Auch der deutsche Mittelstand löst sich zunehmend von der Tradition, die Außenfinanzierung in erster Linie über

Kredite durch eine Hausbank vorzunehmen. Insbesondere alternative Fremdkapitalformen und ausländische Kapitalgeber verlangen eine Rechnungslegung nach internationalen Standards. In diesem Zusammenhang wird sich daher auch der Mittelstand die Frage stellen, inwiefern die IFRS für die Verfolgung bestimmter bilanzpolitischer Zwecke genutzt werden können.

Auch wenn die IFRS nur wenige echte Bilanzierungswahlrechte bereithalten, so bieten sie dennoch gewisse Ermessensspielräume (insbesondere bei Zeitwertberechnungen) sowie die Möglichkeit, die bilanziellen Konsequenzen einzelner Transaktionen durch vorherige Gestaltung vertraglicher Eckpunkte zu beeinflussen. Unter Berücksichtigung der Geschäftätigkeit der Unternehmen und der Wesentlichkeit einzelner Sachverhalte sind auch die Darstellungen der Angaben im Anhang beeinflussbar. Unternehmen sind in der Regel an einem möglichst schlanken Anhang interessiert. Dem stehen allerdings die IFRS entgegen, die sehr umfangreiche Erläuterungspflichten vorschreiben. Hier kann der Wirtschaftsprüfer eine Beraterrolle übernehmen, um im rechtlich zulässigen Rahmen den Bedürfnissen des Mandanten entgegenzukommen. Solche Maßnahmen dienen nicht dazu, die Darstellung der Vermögens-, Finanz- und Ertragslage zu verzerren, sondern sind lediglich das Ausloten der Grenzen der Rechnungslegungsstandards.

Hier ist ein sachverständiger Berater gefragt, der aber nicht zugleich der Prüfer des Abschlusses sein darf. Auch mittelgroße Wirtschaftsprüfungs-Gesellschaften bauen sich dazu IFRS-Fachabteilungen auf, um als externe Dienstleister zu fungieren, da bei mittelständischen Mandanten das entsprechende Know-how oder die Kapazität dafür häufig nicht ausreichen.

Ausgleich von Größennachteilen durch spezielle Betreuung

Wie eingangs erwähnt, wird der Wirtschaftsprüfungs-Markt durch einige große internationale Prüfungsgesellschaften dominiert. Der Marktvorteil mittelständischer Wirtschaftsprüfungs-Gesellschaften liegt aber insbesondere darin, dass sie aufgrund ihrer eigenen überschaubaren Gesellschafterstruktur gerade die Bedürfnisse inhabergeführter Unternehmen besser kennen. Nach dem Grundsatz „Unternehmer beraten Unternehmer" begegnet man sich auf Augenhöhe. Das Verständnis für die Belange des Mittelstandes ist ausgeprägter und die Wege zwischen Prüfer und Mandant sind kürzer. Anders als bei großen internationalen Wirtschaftsprüfungs-Gesellschaften ist der Mandant außerdem nicht gezwungen, eine international gültige Hausmeinung der Prüfungsgesellschaft zu akzeptieren, sondern kann eine individuell auf ihn zugeschnittene Lösung erwarten, die bestmöglich alle rechtlich zulässigen Gestaltungsalternativen berücksichtigt. Diesen Vorteil gilt es herauszustellen.

Üblicherweise hat sich außerdem über die Jahre ein Vertrauensverhältnis zwischen Wirtschaftsprüfer und Mandant aufgebaut, das nicht durch gesetzlich vorgeschriebene Cooling-Down-Phasen wie bei börsennotierten Unternehmen unterbrochen wird. Hieran zeigt sich, dass Größenvorteile bei Prüfungsgesellschaften nur dann eine besondere Rolle spielen, wenn die Größe des Mandanten einen Personaleinsatz erfordert, den mittelständische Prüfungsgesellschaften üblicherweise nicht bereitstellen können. Der Markt wird sich daher aufteilen in große kapitalmarktorientierte Gesellschaften und sehr große Familiengesellschaften, die nur von großen Prüfungsgesellschaften geprüft werden können, während kleinere börsennotierte Unternehmen und mittelgroße Gesellschaften optimal von mittelständischen Wirtschaftsprüfungs-Gesellschaften betreut werden können.

Einbindung in internationale Netzwerke

Auch von mittelständischen Wirtschaftsprüfern wird zunehmend globales Denken verlangt. Expandiert der Mandant ins Ausland, so erwartet er, auch dort einen Wirtschaftsprüfer als Ansprechpartner zur Verfügung zu haben, der mit seinem Geschäft vertraut ist und seine Bedürfnisse kennt. Möglich ist dies durch internationale Netzwerke. Durch ihre unterschiedlich intensive Einbindung in internationale Netzwerke ist sichergestellt, dass die Prüfungsgesellschaften über verbundene Berufskollegen auch im Ausland für den Mandanten Ansprechpartner sein können. Hierdurch ist eine ganzheitliche Betreuung des Mandanten weltweit sichergestellt. Bei einer geplanten Expansion ins Ausland kann der Wirtschaftsprüfer zudem die wirtschaftlichen und gesellschaftsrechtlichen Chancen und Risiken des jeweiligen Zielstaates aufzeigen. Der fachliche Austausch mit anderen Mitgliederfirmen sichert zudem ein beständig hohes Knowhow.

Die Einbindung in ein Netzwerk ist aber in der Regel mit hohen, meist fixen Kosten verbunden, die zunächst nicht unmittelbar an den Mandanten weitergegeben werden können. Nur für Prüfungsgesellschaften, die einen entsprechenden international agierenden Mandantenkreis betreuen und die auch eine kritische Größe übersteigen, wird sich deshalb diese Investition rentieren.

Fazit

Der Mittelstand wird auch in der Zukunft seine Rolle als Rückgrat der deutschen Wirtschaft behalten. Der Internationalisierung des Mittelstands wird auch die Rechnungslegung folgen müssen, die sich mit dem Bilanzrechtsmodernisierungsgesetz einen wichtigen Schritt in diese Richtung bewegt. Weitere Internationalisierungsschritte werden folgen müssen, um auch international anerkannte und wettbewerbsfähige Rechnungslegungsnormen verfügbar zu haben. Mit der Einführung der IFRS hat sich für Wirtschaftsprüfungs-Gesellschaften ein Betätigungsfeld eröffnet, das noch für einen längeren Zeitraum sowohl durch Umstellungs- als auch laufende Beratungsprojekte dafür sorgen wird, dass auf den Sachverstand der Wirtschaftsprüfer zurückgegriffen wird. Hierfür sind allerdings erhebliche Investitionen in das Knowhow der Mitarbeiter erforderlich, die sich nur dann lohnen, wenn nicht nur die reine Abschlussprüfung nach IFRS durchgeführt wird, sondern auch durch laufende IFRS-Beratung ein zusätzliches Geschäftsvolumen generiert werden kann.

Mittelgroße Wirtschaftsprüfungs-Gesellschaften haben sich bislang weder direkt noch indirekt über den Berufsstand der Wirtschaftsprüfer oder den deutschen Standardsetzer DRSC (Deutsches Rechnungslegungs Standards Committee e.V.) hinreichend in den Standardsetzungsprozess der IFRS eingebracht. Würde es ihnen gelingen, auch die Belange des Mittelstandes, der an einer möglichst simplen Rechnungslegung interessiert ist, im IASB besser zu vertreten, so könnte dies die Akzeptanz der IFRS im Mittelstand erhöhen.

An der klassischen Aufgabe des Wirtschaftsprüfers, das Einhalten der jeweils gültigen Rechnungslegungsnormen im Jahresabschluss zu prüfen, wird sich auch in den nächsten fünf bis zehn Jahren und darüber hinaus nichts ändern. Durch die IFRS wird diese Aufgabe aber zunehmend anspruchsvoller. Die zunehmende öffentliche-rechtliche Aufsicht über die die Qualität der Abschlussprüfung im Bereich der kapitalmarktorientierten Unternehmen wird dazu führen, dass nur noch ein bestimmter Kreis von Wirtschaftsprüfungs-Gesellschaften solche Prüfungsaufträge übernimmt.

Weiterbildung, Training, Coaching

Weiterbildung – ein Zukunftsmarkt
Vielfalt des Angebots und schwankende Budgets

Thomas Lünendonk und Heinz Streicher

Der rasche Wissens- und Technikfortschritt macht es erforderlich, berufliche Fähigkeiten und berufliches Wissen permanent an die neuen Bedürfnisse anzupassen und entsprechend den neuen Anforderungen zu erweitern. Dieser Zwang zum lebenslangen Lernen gilt praktisch für alle beruflichen Tätigkeiten, wenn auch mit unterschiedlicher Intensität. Als berufliche oder berufsbezogene Weiterbildung wird jener Bildungsvorgang verstanden, der die vorhandene berufliche Vorbildung vertieft oder erweitert. Dabei werden beispielsweise folgende Formen der beruflichen Weiterbildung unterschieden: Einarbeitung in eine neue Aufgabe, Fortbildung im Ausbildungsberuf, Umschulung auf eine neue berufliche Qualifikation und Erwerb von Zusatzqualifikationen.

Die berufliche Weiterbildung kann durch unterschiedliche Maßnahmen erfolgen:

- Lernen in der Arbeitssituation,
- Selbständiges Lernen mit Hilfe von Medien, zum Beispiel Fachbüchern, Computerprogrammen, Internet und so weiter,
- Informationsveranstaltungen,
- Externe Lehrveranstaltungen,
- Interne Lehrveranstaltungen,
- Umschulungsmaßnahmen.

Der dominierende Teil der beruflichen Weiterbildung findet bisher auf betriebliche Veranlassung und während der Arbeitszeit als betriebliche Weiterbildung statt und wird, gleichgültig ob die Maßnahmen innerhalb oder außerhalb des Unternehmens durchgeführt werden, vom Arbeitgeber bezahlt. Die unternehmensintern stattfindenden Weiterbildungsmaßnahmen sind den auf dcm Weiterbildungsmarkt agierenden Bildungsanbietern insoweit entzogen, als die Unternehmen dabei nicht auf die Angebote externer Bildungsanbieter zurückgreifen.

Der Markt für berufliche Weiterbildung in Deutschland

In Ermangelung amtlicher Zahlen über das Volumen des Weiterbildungsmarktes in Deutschland ermittelt das Institut der deutschen

Wirtschaft Köln seit 1992 die Ausgaben von Wirtschaftsunternehmen für die Weiterbildung ihrer Mitarbeiter. Die Stichprobenziehung erfolgt auf repräsentativer Basis bezogen auf die gesamte Wirtschaft. Somit lassen sich die Ergebnisse der Umfrage über eine Betriebsgrößen-Branchen-Matrix auf alle Betriebe in Deutschland hochrechnen.

Nach den Berechnungen des Instituts entfällt rund ein Drittel der Weiterbildungskosten auf direkte Kosten, das heißt vor allem Gebühren für externe Lehrveranstaltungen, Honorare für externe Trainer in internen Lehrveranstaltungen (Seminare, Lehrgänge), Kosten für Informationsveranstaltungen (Messen, Erfa-Kreise, Tagungen), Ausgaben für Medien zum selbstgesteuerten Lernen (Literatur, elektronische Medien, Computer-based-Training, Web-based-Training). Da auch die Kosten für das eigene Weiterbildungspersonal in diesen direkten Kosten enthalten sind, stellt der auf die gesamte Wirtschaft hochgerechnete Wert der direkten Weiterbildungskosten das Marktvolumen dar, das theoretisch den externen Anbietern als Aktionsfeld zur Verfügung steht. Die möglichen Leistungen der externen Anbieter reichen dabei von Beratung, Konzepterstellung, Entwicklung von Lernmedien, über Organisation kundeninterner Veranstaltungen, Bereitstellung von Referenten und Lehrkräften, die Durchführung interner und externer Trainingsveranstaltungen bis hin zum Outsourcing, also die Übernahme der kompletten Weiterbildungsaktivitäten eines Kunden als externer Dienstleister.

Die letzten veröffentlichten Berechnungen des Instituts der deutschen Wirtschaft für die indirekten und direkten Aufwendungen für die betriebliche Weiterbildung in Wirtschaftsunternehmen ergaben für das Jahr 2004 einen Betrag von 26,8 Milliarden Euro. Davon entfielen, entsprechend der oben dargestellten Abgrenzung, auf die direkten Kosten 34 Prozent oder 9,1 Milliarden Euro. Nach Lünendonk-Schätzungen dürften die entsprechenden Werte für 2007 bei 33 Milliarden Euro Gesamtkosten und 11 Milliarden Euro direkten Kosten gelegen haben.

	1998	2001	2004	2007 [*]
Direkte Kosten [1]	6,0	7,3	9,1	11,0
Kosten der aufgewendeten Arbeitszeit	11,5	14,1	17,7	22,0
Aufwendungen insgesamt	17,5	21,4	26,8	33,0

1 Direkte Kosten: z. B. Lehrgangs- und Teilnahmegebühren, Honorare, Reise- und Übernachtungskosten, Lernmaterialien
[*] Schätzung Lünendonk GmbH, Kaufbeuren

Abbildung 1: Der Markt für berufliche Weiterbildung in Deutschland (in Milliarden Euro)

Diese Berechnungen, die von anderen Studien (zum Beispiel den vom Bundesinstitut für Berufsbildung (BIBB) zusammen mit dem Statistischen Bundesamt und der Europäischen Kommission durchgeführten CVTS-Erhebung) tendenziell bestätigt werden, zeigen einen Dienstleistungsmarkt mit Milliarden-Euro-Dimension. Nach einer konjunkturbedingten Flaute in den ersten Jahren dieses Jahrzehnts hat der Weiterbildungsmarkt 2006 wieder Tritt gefasst. 2007 ist die Nachfrage erstmals in diesem Jahrzehnt wieder zweistellig gewachsen. Die Gründe für das hohe Wachstum im Jahr 2007 lassen sich wie folgt erklären: Da die Hauptträger der Kosten für berufliche Weiterbildung die Wirtschaftsunternehmen sind, veranlasst der aktuelle Mangel an qualifizierten Fachkräften am Arbeitsmarkt die Unternehmen zur Weiterbildung ihrer Mitarbeiter nach dem Prinzip: Qualifizierung statt Rekrutierung. Außerdem steigen die Anforderungen an den Arbeitsplätzen fast überall. Es wurden Nachholeffekte aus den Jahren 2002 bis 2005 wirksam, in denen die Unternehmen ihre Ausgaben für Weiterbildung kräftig zurückgefahren haben.

Die Anbieterstruktur

Trotz zahlreicher wissenschaftlicher Versuche, die Zahl der Anbieter der beruflichen Weiterbildung in Deutschland festzustellen, lässt sich keine verlässliche Zahl nennen. Bei einer neuen aufwändigen Erhebung des Bundesinstituts für Berufsbildung (BIBB) und des Deutschen Instituts für Erwachsenenbildung DIE (2007), im Zusammenhang mit dem wbmonitor Klimaindex, wurde eine Zahl von rund 17.000 Weiterbildungsanbietern in Deutschland ermittelt. Allerdings verstehen sich davon nur gut 40 Prozent als Anbieter beruflicher Weiterbildung.

In Anlehnung an die Erhebungen des Statistischen Bundesamtes und Eurostat lassen sich die Anbieter beruflicher Weiterbildung in folgende Kategorien untergliedern:

- *Private Bildungsanbieter mit Erwerbszweck* deckten 37,8 Prozent (2005) der Teilnahmestunden an externen Lehrveranstaltungen ab.

- *Organisationen der Wirtschaft,* zum Beispiel Handelskammern, Handwerkskammern und von diesen getragene Weiterbildungseinrichtungen, bestritten 2005 rund 21 Prozent der externen Teilnahmestunden.

- *Schulungseinrichtungen von Wirtschafts- und Finanz-Unternehmen,* zum Beispiel von Geräteherstellern oder Lieferanten sowie spezialisierte Tochter- und Schwestergesellschaften von solchen Unternehmen, machten 18 Prozent der Teilnahmestunden aus. Dabei kann es sich um Teilnehmer aus den Konzernen selbst oder von Kunden oder auch andere Teilnehmer handeln.

- *Fachschulen, Universitäten, Fachhochschulen* forcieren seit einigen Jahren ihre Weiterbildungsaktivitäten, um ihren Hauptzweck, die Ausbildungstätigkeit, zu ergänzen. Nach den CVTS 3-Erhebungen deckten sie 2005 bereits 7,1 Prozent der Teilnahmestunden an externen Lehrveranstaltungen der beruflichen Weiterbildung ab.

- *Öffentliche Bildungsanbieter* wie zum Beispiel Volkshochschulen realisierten nach dieser Erhebung 6,6 Prozent der Teilnahmestunden für berufliche Weiterbildung, während der weit überwiegende Teil ihres Angebots sich auf private Bildungsthemen konzentriert.

- *Gewerkschafts- und Parteinahe Weiterbildungsanbieter* deckten 3,2 Prozent der Weiterbildungsstunden ab.

- *Auf sonstige Bildungsanbieter* wie beispielsweise Kirchen, Vereine und Stiftungen entfielen 2005 rund 5,8 Prozent der für Weiterbildung aufgewandten Teilnehmerstunden.

Die europäischen Vergleichsstudien CVTS zeigen, dass in Deutschland, im Gegensatz den meisten anderen Ländern, nicht die öffentlichen Weiterbildungsanbieter die zweitwichtigsten Anbieter sind, sondern die Organisationen der Wirtschaft (IHK, HWK, Innungen) und ihre Bildungseinrichtungen.

Dass es sich, vor allem bei den privaten Weiterbildungsanbietern, um eine große Zahl von kleinen und kleinsten organisatorischen Einheiten handelt, zeigen die Ergebnisse der jährlichen Studie „Weiterbildungsszene Deutschland" des managerSeminare Verlags, Bonn.

Nach diesen Trend-Studien hat sich die Zahl der Weiterbildungsanbieter, die ein bis zwei feste Mitarbeiter aufweisen, von 48 Prozent (2000) auf zwei Drittel (2007) erhöht. Auf der anderen Seite machen Anbieter-Institutionen mit über 50 festangestellten Mitarbeitern 2007 nur noch gut 4 Prozent aus. Das zeigt, dass ein großer Teil der Weiterbildungsanbieter Einzelpersonen sind, also Trainer und Berater, die indirekt oder direkt ihre Leistungen am Weiterbildungsmarkt erbringen.

Eine Besonderheit des Weiterbildungsmarktes ist auch, dass es häufig Mischformen der Trägertypen gibt – zum Beispiel Kammern und Kommunen, Volkshochschulen und Gewerkschaften, Sozialpartner und Staat. Dies trat in der Phase der hohen Ausgaben der Bundesagentur für Arbeit für Qualifizierungen und Umschulungen von Arbeitssuchenden verstärkt in Erscheinung.

Außerdem entstehen zunehmend Überschneidungsbereiche zwischen den einzelnen Segmenten: Öffentliche Bildungsträger kommerzialisieren sich und betriebliche Weiterbildungsabteilungen avancieren zu rechtlich selbständigen Anbietern am Markt.

Die festgestellte Unübersichtlichkeit des Weiterbildungsmarktes ist eine Folge der Heterogenität dieser Dienstleistungssparte. Wie bei einer Reihe anderer Business-to-Business-Dienstleistungen, die meist erst in der zweiten Hälfte des 20. Jahrhunderts entstanden sind, fehlen fast jegliche Zugangsbarrieren für Anbieter. Ähnlich wie bei Unternehmensberatern gibt es weder Zulassungsbedingungen für neue Anbieter, noch besteht eine Zwangsmitgliedschaft in einem Branchenverband. Die Folge davon: In Deutschland gibt es mehr als 20 Vereine und Verbände, die sich für das Thema Weiterbildung oder ein Spezialgebiet daraus zuständig fühlen.

Führende Anbieter beruflicher Weiterbildung in Deutschland

Die Weiterbildungsumsätze der in die seit den 90er Jahren erhobene Lünendonk®-Marktstichprobe einbezogenen Anbieter von beruflicher Weiterbildung weisen eine große Spannbreite auf. Bei den 70 Unternehmen reichen sie für das Jahr 2007 von weniger als 0,1 Millionen Euro bis über 150 Millionen Euro. Diese Unterschiedlichkeit der Umsatzgrößen ist ein charakteristisches Abbild der Heterogenität der Anbieter auf dem Markt für berufliche Weiterbildung. Weniger der Durchschnittsumsatz von knapp 24 Millionen Euro, sondern der niedrige Zentralwert von drei Millionen Euro bringt zum Ausdruck, dass bei den Teilnehmern wenige große Anbieter vielen kleinen gegenüberstehen. Dabei sind in allen Größenklassen sowohl Anbieter vertreten, die ausschließlich Weiterbildungsleistungen anbieten, als auch Unternehmen und Institutionen, für die das Weiterbildungsgeschäft nur einen Geschäftsbereich neben anderen darstellt.

Die jährliche Marktstichprobe versucht, die nach Tätigkeitsschwerpunkten, Größe und Gesellschaftsform sehr unterschiedliche Struktur dieses Marktes abzubilden, ohne dabei allerdings eine Repräsentativität im demoskopischen Sinn erreichen zu können.

Unternehmen		Weiterbildungsumsatz in Mio. Euro		Veränderungen in Prozent
		2007	2006	2007/2006
Audi Akademie GmbH, Ingolstadt		34,6	27,2	26,9
Berufsfortbildungswerk Bildungseinrichtung DGB GmbH, Düsseldorf		135,2	125,6	7,6
Bonner Akademie Gesellschaft für DV- und Management-Training, Bildung und Beratung mbH, Bonn		29,0	26,0	11,4
DAA Deutsche Angestellten-Akademie GmbH, Hamburg		145,9	129,5	12,7
Dekra Akademie GmbH, Stuttgart		135,0	114,0	18,4
Deutsche Bahn AG - DB Training, Learning & Consulting, Frankfurt am Main		101,2	92,8	9,0
Euroforum Deutschland GmbH, Düsseldorf		62,0	61,0	1,6
IBM GmbH Learning Services, Stuttgart *	•	79,0	72,0	9,7
IIR Deutschland GmbH, Frankfurt am Main *		40,0	37,3	7,2
ILS - Institut für Lernsysteme GmbH, Hamburg		40,0	37,2	7,5
Integrata AG, Stuttgart [1]	•	30,1	26,7	12,7
Lufthansa Technical Training GmbH, Hamburg *		40,0	37,5	6,7
SAP Deutschland AG & Co. KG, Walldorf *	•	101,0	95,0	6,3
SRH Holding SdbR, Heidelberg		152,7	147,4	3,6
Stiftung Grone-Schule, Hamburg		62,0	61,0	1,6
Telekom Training, Bonn	•	102,9	91,1	13,0
TÜV Rheinland Bildung + Consulting GmbH, Berlin		84,0	81,0	3,7
TÜV SÜD Akademie GmbH, München		31,0	30,2	2,6
Volkswagen Coaching GmbH, Wolfsburg		130,1	131,6	-1,1
WBS Training AG, Berlin [2]		25,9	16,2	59,9

* Daten teilweise geschätzt, • Anteil IT-Themen am Trainingsumsatz ist größer als 50 Prozent, 1 bis 06/2008 Unilog Integrata Training AG, 2 Hoher Umsatzzuwachs durch Eröffnung mehrerer Standorte und Übernahme von Standorten eines früheren Wettbewerbers.
Die Zusammenstellung der Tabelle basiert auf kontrollierten Selbstauskünften der Unternehmen und Lünendonk-Schätzungen über in Deutschland bzw. von Deutschland aus bilanzierte/erwirtschaftete Umsätze. Die Übersicht erhebt keinen Anspruch auf Vollständigkeit, sondern stellt eine Stichprobe großer Weiterbildungsanbieter dar.
COPYRIGHT: Lünendonk GmbH, Kaufbeuren 2008 - Stand 29.07.2008 (Keine Gewähr für Firmenangaben)

Tabelle 1: Lünendonk®-Marktstichprobe 2008: Führende Anbieter beruflicher Weiterbildung in Deutschland (in alphabetischer Reihenfolge)

Mehr als ein Viertel der befragten Unternehmen meldet einen Jahres-umsatz mit Weiterbildungsleistungen von mindestens 20 Millionen Euro. Ein knappes Zehntel hat zwischen 10 und 20 Millionen Euro umgesetzt, 8 Prozent der Unternehmen bringen es auf einen Umsatz von fünf bis unter zehn Millionen Euro und 9 Prozent setzten 2007 zwischen 2,5 und 5 Millionen Euro um. Fast 15 Prozent erzielten jeweils Umsätze zwischen 1 und 2,5 Millionen Euro und bei 30 Prozent liegen die Umsatzerlöse unter einer Million Euro.

Zu den umsatzstärksten Anbietern zählen die DAA Akademie der Gewerkschaft Verdi und das Berufsfortbildungswerk des DGB. Ihr Schwerpunkt liegt auf Ausbildung und Qualifizierung. Ähnliche Auf-gaben übernehmen die SRH Holding, Heidelberg, und die Stiftung Grone-Schule, Hamburg, die ebenfalls unter den führenden Unterneh-men rangieren. Die Dekra Akademie, Stuttgart, TÜV Süd und die TÜV Bildung + Consulting GmbH, Berlin, gehören zu den Technischen Über-wachungsvereinen und betreiben hauptsächlich Schulungen im tech-nisch-gewerblichen Sektor.

Große Bedeutung für den deutschen Weiterbildungsmarkt haben auch spezielle Wirtschaftsunternehmen, die Weiterbildung insbesondere für hochqualifizierte Fachkräfte anbieten, häufig in Informations- und Kommunikationstechnik sowie Management-Training. Als typische Vertreter dieser Anbieter-Kategorie erfasst die Lünendonk-Weiterbil-dungs-Studie die IIR Deutschland GmbH, Sulzbach, die Euroforum Deutschland GmbH, Düsseldorf, die Integrata AG, Stuttgart, und die Bonner Akademie GmbH.

Unter den Anbietern am Markt für berufliche Weiterbildung spielen auch die ausgelagerten Trainingsorganisationen großer Wirtschafts-konzerne eine wichtige Rolle. Zwar richten sich ihre Aktivitäten meist vorrangig an konzerninterne Kunden, jedoch werden sie als Anbieter am Drittmarkt immer spürbarer; vor allem deshalb, weil große Teile des Trainingsbedarfs in diesen Konzernen den freien Anbietern als Markt verschlossen bleiben. Von dieser Anbieterkategorie sind zum Beispiel Volkswagen Coaching, DB Training, Telekom Training, Luft-hansa Technical Training und die Audi Akademie in der Studie vertre-ten.

Eine weitere wichtige Anbietergruppe am deutschen Weiterbildungs-markt bilden auch die Trainings- und Schulungs-Organisationen der großen Geräte- und Software-Hersteller wie SAP, IBM, Siemens, HP und Oracle. Die Bildungswerke der Wirtschaft sind unter anderem durch einige IHK-Bildungsinstitute in der Studie vertreten.

Themenbereiche der beruflichen Weiterbildung

Die Heterogenität der Angebotsstruktur ist Ursache und Folge der breiten Themenpalette der beruflichen Weiterbildung sowie der Vielfalt der Angebotsformen und Zielgruppen. In Wirklichkeit gibt es nicht einen Weiterbildungsmarkt, sondern eine Vielzahl von Teilmärkten, in denen meist Spezialanbieter agieren und nur wenige große, „grenzübergreifende" Anbieter mit breitem Spektrum tätig sind.

Nach den Erhebungen des Statistischen Bundesamtes und Eurostat im Rahmen der CVTS-Studien ergab sich für 2005 die folgende Aufteilung der Teilnahmestunden an Lehrveranstaltungen auf die Themenbereiche:

- *Management, Arbeitstechniken und Persönlichkeitsentwicklung* nehmen fast ein Viertel (24,8 Prozent) der Weiterbildungszeit in Anspruch.

- *Informationstechnik-Themen* machen 14,2 Prozent der Zeit aus.

- *Technik, Produktion* beansprucht als Thema mit 13,6 Prozent fast die gleiche Stundenzahl, wobei ein Teil dieser Thematik sich beispielsweise auch in den Kategorien Umweltschutz etc. verbergen kann.

- *Verkaufstrainings und Marketing* deckten 2005 10,8 Prozent der Trainingszeit ab.

- *Sprachkurse* erreichen 8,4 Prozent des Zeitvolumens.

- *Umweltschutz, Gesundheit und Sicherheit am Arbeitsplatz* belaufen sich auf 6,3 Prozent der für Trainings aufgewandten Zeiteinheiten.

- *Andere Themenbereiche* machen zusammen noch einmal knapp mehr als ein Fünftel (21,9 Prozent) der gesamten Teilnehmerstunden an Lehrveranstaltungen aus. Es ist zu vermuten, dass dann unternehmensspezifische Themen, allgemeine kaufmännische Themen, Betriebsratsthemen etc. enthalten sind.

Die etwas gröbere Aufteilung des Themenspektrums auf das Stundenvolumen aus den Erhebungen des Instituts der deutschen Wirtschaft Köln ergibt für die letzte veröffentlichte Erhebung 2004 folgende Anteile:

- *Gewerbliche, naturwissenschaftliche, gestalterische Themen* beanspruchen mehr als ein Drittel der Zeit (35,1 Prozent).

- *Kaufmännische Themen* decken 29,6 Prozent ab.

- *Informations- und Kommunikationstechnik* nehmen 20,4 Prozent ein.

- *Fachübergreifende Themen* beanspruchen 14,8 Prozent des Stundenvolumens.

Eine gemeinsame Tendenz zugunsten oder zulasten einer Themengruppe lässt sich trotz der unterschiedlichen Zusammensetzung ableiten: Die große Bedeutung der Informations- und Kommunikationstechnik, die sich gegen Ende der 90er Jahre auch in der betrieblichen Weiterbildung niedergeschlagen hatte, ist zu Beginn des neuen Jahrzehnts relativiert worden. Die CVTS-Erhebung für 2005 (IT-Anteile: 14,2 Prozent) zeigt dies im Vergleich zur Erhebung für 1999 (IT-Anteil: 21 Prozent), und auch bei der Studie des Instituts der deutschen Wirtschaft geht der IT-Anteil von 23,6 Prozent (1998) auf 20,4 Prozent (2004) zurück.

Die Lünendonk-Studien über führende Anbieter beruflicher Weiterbildung spiegeln diese Tendenz zugunsten der Soft Skills und zulasten der IT noch deutlicher wider. Im Jahr 1999 entfielen auf IT-Themen noch 46 Prozent der Umsätze der an der Studie teilnehmenden Anbieter, 42 Prozent der Umsätze wurden mit Business Skills und 12 Prozent mit technischen Themen erwirtschaftet. Für das Jahr 2007 ergeben sich für IT-Themen noch 24 Prozent, für Business Skills 66 Prozent und für sonstige, überwiegend technische Themen 10 Prozent der Umsätze.

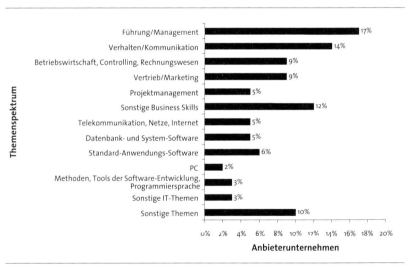

Abbildung 2: Themenspektrum der Weiterbildungsanbieter 2007 (Anteile am Umsatz in Prozent)

Das Thema Informations- und Kommunikationstechnik für den Weiterbildungsmarkt bildet trotzdem nach wie vor einen Schwerpunkt in der Themenpalette. Allerdings ist Computer-Anwenderwissen inzwischen ein Allgemeingut geworden. Die nachwachsende Generation von Berufstätigen ist mit dem PC aufgewachsen und die Benutzeroberflächen der Arbeitsplatzcomputer erfordern kein tiefes IT-Spezialwissen mehr. Neue Programme und Releases werden durch integrierte Lernmodule unterstützt. Das Training von IT-Themen stellt außerdem zunehmend eine Kombination aus Instruktion und E-Learning, also Blended-Training dar. Das Angebot der Weiterbildungsanbieter konzentriert sich zunehmend auf reines Profi-Know-how und Spezialwissen für bestimmte Benutzer, beispielsweise für Grafik- und Layout-Systeme oder Konstruktions-Programme. Die Anbieter von Hardware und Standard-Software sind vom direkten Training der kundeninternen Nutzer zum Train-the-Trainer-Prinzip übergegangen.

Angebotsformen der beruflichen Weiterbildung

Berufliche Weiterbildung kann in vielfältiger Form erfolgen. Folgt man der Gliederung des Kölner Instituts der deutschen Wirtschaft, so ergibt sich für 2004 folgendes Bild:

- *Lernen in der Arbeitssituation* wird von 82 Prozent der Unternehmen praktiziert.

- *Selbständiges Lernen* mit Hilfe von Medien, beispielsweise Fachbüchern, erfolgt bei 79 Prozent.

- *Informationsveranstaltungen,* zum Beispiel Kongresse oder Messen, nutzen 76 Prozent.

- *Externe Lehrveranstaltungen,* also Seminare oder Lehrgänge, besuchen Mitarbeiter bei 64 Prozent der Unternehmen.

- *Interne Lehrveranstaltungen,* sei es mit eigenen oder externen Lehrkräften, werden bei 64 Prozent der Unternehmen durchgeführt.

- *Umschulungsmaßnahmen,* eventuell mit öffentlicher finanzieller Unterstützung, erfolgen bei 10 Prozent der Unternehmen.

In den Lünendonk-Weiterbildungs-Studien wird jährlich die Aufteilung der Umsätze der Anbieter auf verschiedene Angebotsformen ermittelt.

- Auf *öffentliche Seminare* entfielen 2007 im Durchschnitt 31 Prozent der Umsätze.

- Mit *öffentlichen Langzeitlehrgängen* erwirtschafteten die Studienteilnehmer 2007 im Durchschnitt 14 Prozent ihrer Umsätze.

- Das Hauptgewicht der Umsatzerzielung lag mit durchschnittlich 41 Prozent 2007 auf *firmeninternen Veranstaltungen, das heißt in der Durchführung von firmenbezogenen Seminaren* oder Workshops beziehungsweise in der Abstellung von Referenten und Trainern für Firmenveranstaltungen.

- Mit *Qualifizierungsprojekten,* das heißt Beratung, Konzepte, Entwicklung, Realisierung von Personalentwicklungsmaßnahmen, erzielten die Studienteilnehmer 2007 im Durchschnitt 11 Prozent ihrer Umsätze.

- *Outsourcing* von Trainingsaktivitäten erbrachte nach Angaben der Anbieter im Durchschnitt erst 3 Prozent ihrer Umsätze.

Das Jahr 2007 bestätigt die im Jahr 2006 eingetretene Wende am deutschen Weiterbildungsmarkt, auch was die Struktur der Angebotsformen betrifft. In den Krisenjahren 2002 bis 2005 hatte der Anteil der firmeninternen Veranstaltungen ständig zulasten der übrigen Angebotsformen zugenommen. Im Jahr 2006 ging der Anteil der firmeninternen Veranstaltungen zum ersten Mal wieder zurück und zwar von 45 auf 40 Prozent. 2007 stabilisierte er sich mit 41 Prozent Anteil auf diesem Niveau. Die öffentlichen Seminare konnten 2007 ihren Anteil von 2006 allerdings nicht halten und gingen auf 31 Prozent zurück.

Es zeigt sich, dass mit öffentlichen Seminarangeboten und firmeninternen Seminaren seit Jahren zusammen zwei Drittel bis drei Viertel der Umsätze, wenn auch mit im Zeitablauf unterschiedlichen Gewichten, gemacht werden. Lag zum Beispiel der Umsatzanteil der öffentlichen Seminare im Jahr 2002 noch bei 40 Prozent und der der firmeninternen Veranstaltungen bei 29 Prozent, so hat sich diese Relation bis 2007 praktisch umgedreht: Die firmeninternen Veranstaltungen machten jetzt im Durchschnitt 41 Prozent und die öffentlichen Seminare 31 Prozent der Umsätze aus.

	2000	2001	2002	2003	2004	2005	2006	2007
Öffentliche Seminare	30 %	29 %	40 %	32 %	32 %	34 %	34 %	31 %
Öffentliche Langzeit-Lehrgänge	16 %	21 %	21 %	22 %	14 %	9 %	11 %	14 %
Firmeninterne Veranstaltungen	36 %	35 %	29 %	32 %	39 %	45 %	40 %	41 %
Qualifizierungsprojekte	13 %	12 %	9 %	11 %	11 %	9 %	13 %	11 %
Sonstige Leistungen*	5 %	3 %	1 %	3 %	4 %	3 %	2 %	3 %
Summe	100%	100%	100%	100%	100%	100%	100%	100%

* ab 2003 Outsourcing

Abbildung 3: Angebotsformen der beruflichen Weiterbildung
(Arithmetischer Mittelwert; Anteile am Umsatz in Prozent)

Die separate Analyse der Anbieter, die Business Skills als Schwerpunkt in ihrem Programm haben, ergibt deutliche Unterschiede zu jenen Anbietern mit IT-Schwerpunkt und sonstigen Themen. Mit öffentlichen Seminaren erzielen die IT-Schwerpunkt-Anbieter 46 Prozent ihrer Umsätze, die Business-Skills-Anbieter nur 25 Prozent. Tendenziell umgekehrt ist es bei den firmeninternen Veranstaltungen, obwohl sich hier seit 2006 eine unübersehbare Annäherung der Anteile ergeben hat. Business Skills erzielten 47 Prozent und IT 30 Prozent Anteil.

Eine getrennte Analyse der Angebotsformen nach Größe der Anbieter ergibt, dass die Unternehmen der Gruppe der größten Unternehmen (über 50 Millionen Euro Umsatz) in allen Angebotsformen etwa gleich stark vertreten sind. Die mittelgroßen Unternehmen (über 10 bis 50 Millionen Euro Umsatz) haben einen klaren Schwerpunkt bei den öffentlichen Seminaren. Die Gruppe der kleineren Unternehmen (bis zehn Millionen Euro Umsatz) ist bei firmeninternen Veranstaltungen überproportional vertreten und spielt – erwartungsgemäß – bei den Langzeitlehrgängen eine untergeordnete Rolle.

Welche der Angebotsformen werden in der Zukunft anteilig steigen, gleichbleiben oder sinken? Die Teilnehmer an der Lünendonk©-Studie wurden nach ihren Zukunftserwartungen bei den Angebotsformen befragt. Zwei Drittel sind der Meinung, dass der Anteil der firmeninternen Veranstaltungen am Umsatz steigen wird, und 30 Prozent nehmen an, dass er gleichbleiben wird. Bei den öffentlichen Seminaren rechnet ein Drittel mit steigenden Umsatzanteilen, 46 Prozent mit gleichbleibenden, während 20 Prozent an Rückgänge glauben. Bei den öffentlichen Langzeitseminaren prognostizieren 40 Prozent sinkende Anteile und 47 Prozent rechnen mit gleichbleibenden Werten. Fast 56 Prozent der befragten Anbieter erwarten bei Outsourcing steigende Anteile am Umsatz. Bei Qualifizierungsprojekten sind es sogar 78 Prozent.

Nimmt man die Durchschnitte der Bewertungsziffern (+1 = steigen; 0 = gleichbleiben; -1 = sinken), so ergibt sich als Rangfolge der Chancen: Qualifizierungsprojekte (0,76), firmeninterne Veranstaltungen (0,64), Outsourcing (0,53), öffentliche Seminare (0,13) und öffentliche Langzeitlehrgänge (-0,28). Das heißt, dass bei den vier erstgenannten Angebotsformen im Durchschnitt wachsende Umsatzanteile erwartet werden.

E-Training – Situation und Entwicklung

Im Rahmen der Befragung von Lünendonk zur Weiterbildungs-Studie werden die Anbieter beruflicher Weiterbildung seit Jahren um Auskunft über ihre Einschätzung des E-Trainings in Deutschland gebeten.

Den gegenwärtigen Anteil des Computer- und Web-gestützten Trainings am deutschen Weiterbildungsmarkt schätzen die Teilnehmer im Durchschnitt auf 8,4 Prozent. Der Zentralwert liegt mit 10 Prozent sogar deutlich höher.

Lünendonk stellte den Anbietern beruflicher Weiterbildung die Frage nach dem Anteil des E-Trainings am gesamten Weiterbildungsmarkt seit 2001. Nach einem relativ hohen Wert (6,5 Prozent) im Jahr 2001 gingen die jeweiligen Schätzungen für die Jahre auf 5,8 Prozent (2002) und auf 5,7 Prozent (2003) zurück – ein Zeichen der zunehmenden Ernüchterung. Seither steigt der durchschnittliche Schätzwert wieder an. Mit 9,9 Prozent lag der Wert für 2007 über dem von 2004 und 2005 (jeweils 6,8 Prozent) und 2006 (7,7 Prozent). In 2008 ging der Durchschnittswert wieder auf 8,4 Prozent zurück. Interessant ist, dass offensichtlich bei vielen Weiterbildungsanbietern eine bestimmte Größenordnung für den E-Trainingsanteil existiert: Sechs Jahre lang betrug der Median unverändert 5 Prozent, jetzt hat er zum zweiten Mal einen Sprung nach oben gemacht (2008: 10 Prozent).

Die Anbieter mit Themenschwerpunkt Business Skills weisen mit 9,1 Prozent einen arithmetischen Mittelwert für den aktuellen Anteil des E-Trainings am deutschen Weiterbildungsmarkt aus, der über dem Durchschnitt aller Teilnehmer liegt. Die Weiterbildungsanbieter mit Themenschwerpunkt Informations- und Kommunikationstechnik unterscheiden sich tendenziell nicht von den übrigen Anbietern. Der arithmetische Mittelwert liegt mit 8 Prozent sogar niedriger als der Durchschnitt aller Studienteilnehmer.

Ist der Einsatz von E-Training derzeit nach Ansicht vieler Weiterbildungsanbieter auch noch relativ bescheiden, so werden die Zukunftschancen nach wie vor sehr positiv eingeschätzt. Auf 14,1 Prozent soll nach Auskunft der Befragungsteilnehmer der Anteil des E-Trainings am deutschen Weiterbildungsmarkt bis 2013 steigen. Dass dies nicht nur aus der Meinung einiger weniger Optimisten resultiert, beweist der hohe Zentralwert von 15 Prozent. Die Verteilung der Antworten zeigt, dass deutlich mehr als die Hälfte (57 Prozent) aller Befragungsteilnehmer davon ausgehen, dass der E-Trainings-Marktanteil im Jahr 2013 über 10 Prozent liegt. Immerhin mehr als jeder Fünfte rechnet sogar mit einem E-Trainings-Anteil von mehr als 20 Prozent. Die Anbieter mit Themenschwerpunkt Business Skills sehen auch langfristig die Chancen des E-Trainings etwas optimistischer. Im Durchschnitt schätzen sie für 2013 einen E-Learning-Anteil von 15,1 Prozent. Der Median liegt ebenfalls bei 15 Prozent. Weiterbildungsanbieter mit IT-Themenschwerpunkt erwarten mit 12,9 Prozent niedrigere E-Training-Marktanteile für 2013 als die übrigen Anbieter. Der Median liegt sogar nur bei 7,5 Prozent.

Trainings-Outsourcing

Die Verlagerung aller Aktivitäten, die mit der Weiterbildung der Mitarbeiter zusammenhängen, an externe Dienstleister ist seit einigen Jahren im Gespräch. Der generelle Trend in der Wirtschaft zur Reduzierung der unternehmenseigenen Ressourcen durch Outsourcing hat auch die Bemühungen um das Trainings-Outsourcing belebt. Die an der Studie beteiligten Weiterbildungsanbieter machen nach eigener Auskunft im Durchschnitt 3 Prozent ihrer Umsätze mit Outsourcing von Trainingsaktivitäten. Es werden aber nach wie vor hohe Zukunftserwartungen an Outsourcing-Umsätze geknüpft. Trotz einer gewissen Ernüchterung rechnen immer noch 56 Prozent der Studienteilnehmer mit steigenden Anteilen des Trainings-Outsourcing an ihren Umsätzen.

In der Lünendonk®-Studie werden die Teilnehmer auch um eine Schätzung gebeten, wie hoch der Anteil des Trainings-Outsourcing am deutschen Trainingsmarkt ist. Das Ergebnis ist überraschend: Die Antworten ergeben für das Jahr 2007 einen Mittelwert von 22 Prozent Anteil. Selbst wenn man berücksichtigt, dass die Definition des Begriffs Trainings-Outsourcing noch sehr unscharf ist und eventuell auch Qualifizierungsprojekte subsummiert werden, ist der geschätzte Anteil sehr hoch. Der Median von 15 Prozent korrigiert bis zu einem gewissen Grad, da einige sehr hohe Einzelwerte eliminiert werden.

Da Trainings-Outsourcing in der definierten Form eine entsprechende Größe des externen Trainingspartners voraussetzt, interessiert es, wie die verschiedenen Größenklassen über die Rolle des Trainings-Outsourcing urteilen. Erstaunlicherweise schätzen die kleinen Anbieter den aktuellen Anteil mehr als doppelt so hoch (18,2 Prozent) wie die größten Anbieter (8,2 Prozent). Das könnte mit dem Respekt vor einer Leistungskategorie zusammenhängen, die sie selbst nicht anbieten können, die aber ihr eigenes Geschäft beeinflussen würde.

In den nächsten fünf Jahren wird, nach Ansicht der befragten Weiterbildungsanbieter, der Marktanteil des Weiterbildungs-Outsourcing auf 25,2 Prozent ansteigen. Das erscheint, verglichen mit dem von den Befragungsteilnehmern geschätzten Wert für den gegenwärtigen Zustand, eine realistische Zunahme zu sein. Der Median (20 Prozent) im Jahr 2013 liegt, ähnlich wie beim Wert für 2008, unter dem Mittelwert.

Die für 2008 beobachtete Tendenz bei den Ergebnissen nach Größenklassen wird auch für die Projektion 2013 bestätigt. Die höchsten Schätzungen für den Trainings-Outsourcing-Anteil geben die kleinsten Anbieter ab (27,3 Prozent). Die niedrigste Schätzung stammt von den größten Anbietern (17 Prozent), die vielleicht bereits Erfahrungen mit der zurückhaltenden Einstellung der Kunden-Unternehmen gegenüber diesem Leistungsangebot gesammelt haben.

Dieser Versuch einer Standortbestimmung in Sachen Trainings-Outsourcing ist wegen der fehlenden Definitionen und geringen Erfahrungen der Anbieter immer noch mit zahlreichen Unsicherheiten behaftet. Er bestätigt jedoch, dass es sich um ein Geschäftsfeld handelt, das in den Augen der Anbieter beruflicher Weiterbildung hohe Aufmerksamkeit genießt und immer schärfere Konturen annimmt.

Zukunftstrends des Marktes für berufliche Weiterbildung

Für den Markt für berufliche Weiterbildung in Deutschland existieren keine konsistenten Prognosen. Um Anhaltspunkte über das mittel- und langfristige Marktwachstum zu erhalten, werden die an der Lünendonk-Studie teilnehmenden Weiterbildungsunternehmen Jahr für Jahr nach ihrer Einschätzung über die Zukunft ihrer Branche befragt.

Die Entwicklung des Weiterbildungsmarktes in den nächsten fünf Jahren wird insgesamt positiv gesehen. Bis zum Jahr 2013 rechnet immerhin fast ein Drittel der Anbieter mit einem Marktwachstum von über 5 Prozent pro Jahr, die übrigen gut zwei Drittel der Befragungsteilnehmer kalkulieren mit durchschnittlichen jährlichen Zuwachsraten von 0 bis 5 Prozent. Ganz wenige Anbieter gehen langfristig von stagnierenden jährlichen Veränderungsraten am deutschen Weiterbildungsmarkt aus. Der Durchschnitt dieser individuellen Schätzungen ergibt für den Zeitraum bis 2013 pro Jahr 5,6 Prozent Zuwachs, wobei dieser arithmetische Mittelwert etwas höher als der Zentralwert (5 Prozent) liegt.

Während alle Befragungsteilnehmer im Durchschnitt ein jährliches Marktwachstum bis 2013 von 5,6 Prozent erwarten, sind die Unternehmen mit den Schwerpunkten Business Skills (5,8 Prozent) nur wenig optimistischer. Bei den Anbietern mit IT-Schwerpunkt liegt die längerfristige Marktprognose (6,1 Prozent) sogar über die der kurzfristigen (5,9 Prozent). Sie wird allerdings durch den Median (5 Prozent) nur bedingt bestätigt. Auch bei den Anbietern mit Schwerpunkt Business Skills liegt der Zentralwert für die Prognose bis 2013 mit 5 Prozent deutlich unter dem Mittelwert (5,8 Prozent). Bei den Anbietern mit Schwerpunktthema IT bewegen sich 58 Prozent der Einzelprognosen im Bereich zwischen 0 und 5 Prozent pro Jahr. Immerhin 42 Prozent dieser Anbieter trauen dem Markt längerfristig Wachstumsraten von über 5 bis 10 Prozent zu. Anders die Anbieter mit Themenschwerpunkt

Business Skills: Etwa zwei Drittel sehen den deutschen Weiterbildungsmarkt um über 0 bis 5 Prozent wachsen, 28 Prozent um über 5 bis 10 Prozent und 5 Prozent sogar über 10 Prozent.

Anbieter, die ihre Leistungen überwiegend in öffentlichen Seminaren erbringen, gehen längerfristig (2008 bis 2013) von etwas niedrigeren Wachstumsraten des Weiterbildungsmarktes aus als jene Wettbewerber, die schwerpunktmäßig mit firmeninternen Veranstaltungen arbeiten. Etwas zurückhaltender sind Anbieter mit dem Schwerpunkt Langzeitlehrgänge, die auch längerfristig mit ihren Schätzungen unter den durchschnittlichen Prognosen aller Teilnehmer liegen. Allerdings zeigt der Vergleich der Mediane, dass sich die Mehrheit der Anbieter in ihren Prognosen kaum unterscheidet.

Analysiert man das Prognoseverhalten der Weiterbildungsanbieter nach Unternehmensgrößen, so zeigt sich, dass es vor allem die kleineren Anbieter sind, die hohe Marktwachstumsraten für die mittlere Zukunft erwarten. Die Weiterbildungsanbieter mit maximal zehn Millionen Euro Jahresumsatz rechnen für die Jahre bis 2013 mit 6,4 Prozent Marktwachstum pro Jahr. Die größeren (über 10 bis 50 Millionen Euro Umsatz) und die großen Anbieter (über 50 Millionen Euro Umsatz) bescheiden sich mit durchschnittlichen Vorhersagen für 2008 bis 2013 mit 4 beziehungsweise 4,4 Prozent pro Jahr. Da diese Einschätzungen aus dem Frühjahr 2008 stammen, müssen jedoch angesichts der massiv veränderten Marktrahmenbedingungen Abstriche für das Jahr 2009 gemacht werden.

Nach dem Tiefpunkt im Jahr 2003 hat der Trainingsmarkt 2004 und 2005 bestenfalls stagniert und weist erst seit 2006 wieder nennenswerte Wachstumsraten auf. Vergleicht man die früheren Erwartungen der an der Lünendonk-Studie teilnehmenden Anbieter mit der tatsächlichen Entwicklung, so zeigt sich, dass die Prognosen jeweils zu optimistisch waren.

Das gilt auch für die längerfristigen *individuellen Umsatzprognosen,* die die Erwartungen für die jeweils nächsten fünf Jahre beinhalten. Wenn man zur Eliminierung der Extremwerte die Zentralwerte statt der arithmetischen Mittelwerte heranzieht, dann ergeben die Befragungen seit 2003 interessanterweise jeweils eine durchschnittliche Umsatzerwartung für die folgenden fünf Jahre von etwa 5 Prozent p. a. Zum Vergleich: Das Umsatzwachstum der Studienteilnehmer betrug von 2000 bis 2007 im Durchschnitt rund 3 Prozent p. a., wobei in dieser Zeitspanne drei Jahre mit Umsatzrückgängen enthalten sind. Ein Wachstumspfad von jährlich im Durchschnitt 5 Prozent ist also durchaus realistisch.

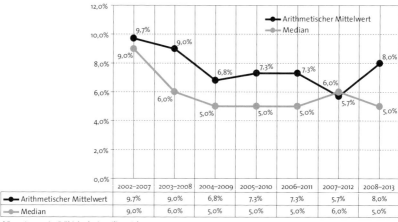

	2002–2007	2003–2008	2004–2009	2005–2010	2006–2011	2007–2012	2008–2013
Arithmetischer Mittelwert	9,7%	9,0%	6,8%	7,3%	7,3%	5,7%	8,0%
Median	9,0%	6,0%	5,0%	5,0%	5,0%	6,0%	5,0%

* Erwartungen im Frühjahr der jeweiligen Jahre

Abbildung 4: Umsatzerwartungen für die jeweils nächsten fünf Jahre
(in Prozent p. a. Erwartungen der Teilnehmer an der Weiterbildungs-Studie)*

Diese Prognosen der Anbieter implizierten in der Regel keine allgemeinen Krisensituationen. Die jüngere Vergangenheit hat gezeigt, dass dem Weiterbildungsmarkt bei allgemeinen Konjunkturschwächen eine Signalwirkung zukommt. Das hängt auch damit zusammen, dass Ausgaben für die Weiterbildung von Mitarbeitern zu jenen Ausgabenkategorien gehören, die kurzfristig beeinflussbar sind. Geplante Trainingsveranstaltungen werden verschoben oder storniert, geplante Seminarbesuche von Mitarbeitern werden überprüft und häufig auf einen späteren Zeitpunkt vertagt. Das gilt in der Regel für alle Inhalte, die nicht für die Erledigung der aktuellen Aufgabe des Mitarbeiters unverzichtbar sind.

Neben diesen kurzfristigen Reaktionen, die zu Umsatzreduzierung bei den Trainingsanbietern führen, werden auch mittelfristige strukturelle Maßnahmen getroffen. Zum Beispiel wird die Entsendung einzelner Mitarbeiter zu offenen Seminaren gestoppt und durch die Bündelung mit gleichen Anforderungen anderer Mitarbeiter durch ein internes Seminar mit einem externen Trainer ersetzt. So können nicht nur Seminarkosten reduziert, sondern auch weitere wichtige Kostenanteile, beispielsweise Reise- und Übernachtungskosten sowie Reisespesen, gespart und eventuell auch der Ausfall von Arbeitszeit reduziert werden.

Software

Von der Dienstleistung zur Dienstleistung
Software wird wieder zunehmend zum Service

Thomas Lünendonk und Heinz Streicher

Für Standard-Software-Produkte wurden 2007 in Deutschland 14 Milliarden Euro ausgegeben. Weltweit erreichte dieser Markt ein Volumen von rund 180 Milliarden Euro. Der Begriff Software, der alle nichtphysischen Funktionsbestandteile eines Computers erfasst, wurde vor 50 Jahren (1958) von dem US-amerikanischen Statistiker John W. Tukey erstmals benutzt. Zu dieser Zeit existierten in den USA bereits die ersten Hardware-unabhängigen Softwareunternehmen, die als Dienstleister maßgeschneiderte Lösungen für Einzelkunden, hauptsächlich staatliche Institutionen oder große Fluggesellschaften, entwickelten.

Die 60er Jahre waren in den USA Boomjahre für die Hardware-unabhängigen Unternehmen, die Individual-Software herstellten. Aber auch in Europa entwickelte sich diese junge Branche. In der damaligen Bundesrepublik Deutschland entstanden Unternehmen wie mbp, ADV/Orga, aiv, Integrata, Futh oder PSI, die als unabhängige Dienstleister für Anwender und Computerhersteller Softwaresysteme entwarfen und realisierten.

Etwa ein Jahrzehnt nach der Gründung der ersten unabhängigen Software-Dienstleistungsunternehmen traten die ersten Software-Produkt-Unternehmen auf den Plan. Die Software-Produkte waren nicht mehr für einen einzelnen Anwender bestimmt, sondern als Standard-Lösung für einen größeren Kundenkreis gedacht. Die ersten Standard-Software-Produkte waren für Versicherungen bestimmt und wurden gratis beim Hardware-Verkauf mitgeliefert. Als erste Standard-Produkte unabhängiger Softwarehäuser galten die Flow-Chart-Software Autoflow (ADR) und Mark IV (Informatica). Erst als die Zahl der installierten Computer ab Mitte der 60er Jahre deutlich zunahm, rentierten sich Investitionen in vorfabrizierte Standard-Software. Allerdings verlief die Entwicklung einer unabhängigen Standard-Software-Branche so lange gebremst, wie die Hardware-Hersteller Software kostenlos an die Computerkäufer mitlieferten.

Erst als am 23. Juni 1969 die IBM ankündigte, ab Januar 1970 ihre Software und Dienstleistungen separat von der Hardware in Rechnung zu stellen, war der Weg frei für eine unabhängige Software-Branche. Die Folge dieses sogenannten Unbundling waren zunächst zahlreiche neue Gründungen von Software-Dienstleistern, die individuelle Software-Systeme, vor allem für Großunternehmen, entwickelten. Erste Erfolge mit standardisierten Software-Produkten wurden auf dem Gebiet der Datenbank-Software durch Anbieter wie Cullinane (IDMS), Software AG (Adabas), Cincom, CA (damals Computer Associates) und Oracle erzielt. Der Durchbruch für Standard-Anwendungs-Produkte für die Wirtschaft kam erst in den 80er Jahren durch SAP, Baan, Oracle und Peoplesoft.

Eine neue Ära für die Standard-Software-Branche brach mit dem Aufkommen der Personal Computer (PCs) an. Zunächst auf dem Gebiet der Betriebssysteme (Microsoft, Apple), aber bald auch mit Software-Anwendungen, vor allem für Textverarbeitung und Tabellenkalkulation für den Massenmarkt. Neue Unternehmen wie Adobe, Corel, Lotus und Novell ergänzten Zug um Zug das Standard-Software-Angebot.

Aber auch nachdem sich der Schwerpunkt der Software-Branche von der ursprünglichen Individual-Software-Entwicklung auf die Produktion von Standard-Software-Paketen verlagert hat, bleibt dies eine Dienstleistungsbranche. Man kann Software als vergegenständlichte, im Voraus geleistete geistige Arbeit definieren, da die Programm-Autoren ein Programm für eine Tätigkeit erarbeiten, bevor diese überhaupt anfällt und so für den Nutzer die geistige Arbeit im Voraus geleistet haben.

Der größte Teil der Software-Umsätze basiert auf der Überlassung von Nutzungsrechten, ohne das Recht der Weiterverbreitung. Das Software-Unternehmen schließt mit dem Käufer Lizenzverträge für eine oder mehrere Installationen der betreffenden Software ab.

Die Struktur des Standard-Software-Marktes in Deutschland

Von Mitte der 80er Jahre bis Mitte der 90er Jahre vervierfachte sich das Volumen des Standard-Software-Marktes in Deutschland. Bis Mitte des ersten Jahrzehnts in diesem Jahrhundert wuchs das Marktvolumen noch einmal auf das Doppelte.

Nach Berechnungen des Branchenverbandes BITKOM wurden 2007 in Deutschland Standard-Software-Produkte im Wert von rund 14 Milliarden Euro verkauft. Davon entfielen 2,7 Milliarden Euro auf System-Software (System Infrastructure Software), 3,3 Milliarden Euro auf Tools und acht Milliarden Euro auf Anwendungs-Software (Application Software).

Um diesen Markt bewerben sich einige Hundert Anbieter, darunter auch die großen Anbieter von Hardware wie zum Beispiel IBM, HP oder Apple, die sowohl mit System-Software für ihre Geräte als auch mit Anwendungs-Software zusammen Umsätze in Milliarden-Euro-Dimension erzielen.

Der größte Umsatzanteil entfällt jedoch auf unabhängige Software-Unternehmen unterschiedlichster Größe. Die Lünendonk®-Studie „Führende Standard-Software-Unternehmen in Deutschland" erfasst jährlich rund 50 dieser Unternehmen, darunter auch die 25 mit den höchsten Umsätzen im deutschen Markt.

Unternehmen	Umsatz in Deutschland in Mio. Euro		Gesamtumsatz in Mio. € (Nur Unternehmen mit Hauptsitz in Deutschland)	
	2007	2006	2007	2006
1 Microsoft Deutschland GmbH, Unterschleißheim *	2.090,0	1.990,0		
2 SAP AG, Walldorf	2.004,0	1.907,0	10.242,0	9.393,0
3 Oracle Deutschland GmbH, München *	620,0	527,5		
4 Datev eG, Nürnberg	614,0	585,0	614,0	585,0
5 Infor Global Solutions, München *	210,0	180,0		
6 Adobe Systems GmbH, München *	175,0	140,0		
7 CA Deutschland GmbH, Darmstadt *	127,0	133,0		
8 CompuGroup Holding AG, Koblenz	126,4	115,1	180,4	140,1
9 Novell GmbH, Düsseldorf *	126,0	110,0		
10 BMC Software GmbH, Frankfurt am Main *	110,0	99,5		
11 PSI AG, Berlin	97,1	97,0	123,2	117,0
12 SAS Deutschland, Heidelberg *	96,0	90,0		
13 Sage Software GmbH & Co. KG, Frankfurt am Main [1]	76,5	56,6		
14 Software AG, Darmstadt	65,9	68,8	621,3	483,0
15 Mensch und Maschine Software SE, Wessling	53,7	42,2	212,9	170,3
16 Nemetschek AG, München *	53,6	45,7	146,2	107,5
17 Beta Systems Software AG, Berlin	52,6	71,5	88,6	96,6
18 Interflex Datensysteme GmbH & Co. KG, Stuttgart	52,0	49,0	73,0	70,0
19 SoftM Software & Beratung AG, München	50,9	74,9	59,4	83,0
20 Cognos GmbH, Frankfurt am Main *	50,0	42,0		
21 Schleupen AG, Moers	49,6	48,2	49,6	48,2
22 FJH AG, München	45,8	42,2	61,3	56,9
23 P&I Personal & Informatik AG, Wiesbaden	43,2	41,7	54,5	50,0
24 proAlpha Software AG, Weilerbach	37,0	33,0	46,0	41,0
25 SimCorp GmbH, Bad Homburg	37,0	36,0		

1 06/2006 Übernahme von Bäurer; 2006 Umsatz anteilig für 3 Monate enthalten
* Umsatzzahlen teilweise geschätzt.
Aufnahmekriterium für diese Liste: Mehr als 60 Prozent des Umsatzes werden mit Standard-Software-Produktion, -Vertrieb und -Wartung erwirtschaftet.
Die Rangfolge des Rankings basiert auf kontrollierten Selbstauskünften der Unternehmen über in Deutschland bilanzierte/erwirtschaftete Umsätze.
COPYRIGHT: Lünendonk GmbH, Kaufbeuren – Stand 12.06.2008 (Keine Gewähr für Firmenangaben)

Tabelle 1: Lünendonk®-Liste 2008: Top 25 der Standard-Software-Unternehmen in Deutschland 2007

Das Standard-Software-Unternehmen mit dem höchsten Umsatz in Deutschland (Stand 2007) ist die Tochtergesellschaft des multinationalen Software-Konzerns Microsoft mit 2,1 Milliarden Euro. An zweiter Stelle liegt das deutsche Unternehmen SAP, das mit 2 Milliarden Euro etwa ein Fünftel seines Weltumsatzes mit deutschen Kunden tätigt.

Um zu den Top 10 der in Deutschland tätigen Standard-Software-Unternehmen zu gehören, musste man 2007 mindestens einen Umsatz von 110 Millionen Euro erzielen. Der Durchschnittsumsatz der Top 10 liegt bei etwa 600 Millionen Euro. Der deutlich niedrigere Median weist auf die hohe Konzentration in diesem Markt hin.

Microsoft und SAP sind die wesentlichen Bestimmungsfaktoren dieser Indexausprägungen.

Alle 53 Unternehmen, die in die Lünendonk®-Software-Studie einbezogen wurden, erzielten 2007 zusammen einen Umsatz im deutschen Markt in Höhe von 7,3 Milliarden Euro, das sind gut 50 Prozent des gesamten Marktvolumens.

Die Marktanteile der Unternehmen mit dem höchsten Inlandsumsatz am gesamten relevanten Inlandsmarktvolumen (14 Milliarden Euro) zeigen, dass der deutsche Software-Markt immer noch eine atomistische Struktur hat, die aber mit einer starken Konzentration an der Spitze einhergeht. Zusammen decken die drei Unternehmen mit dem größten Inlandsumsatz ein Drittel (33,7 Prozent) des gesamten Inlandsbedarfs ab. Die größten Unternehmen Microsoft und SAP bestreiten 14,9 Prozent beziehungsweise 14,3 Prozent des deutschen Gesamtmarktes. Oracle kommt mit 4,4 Prozent auf den dritten Platz.

Mit Datev (4 Prozent) nahm 2007 ein Unternehmen den vierten Platz ein, das erstmals in der Lünendonk®-Software-Liste eine vordere Platzierung erreicht. Bei diesem ursprünglich als IT-Serviceprovider für die Steuerberatungsbranche gegründeten Unternehmen haben inzwischen die Produktion und der Vertrieb von Standard-Software den deutlich überwiegenden Anteil am Umsatz erreicht.

Die Marktanteile am Gesamtmarkt stellen in vielen Fällen nur eine formale Messgröße dar, da die Umsätze der Unternehmen neben Standard-Software-Verkäufen oft auch andere Leistungen enthalten. Obwohl nur sechs Anbieter einen Marktanteil von jeweils mehr als 1 Prozent aufweisen, erreichen die Top 10 zusammen 44,3 Prozent des gesamten Marktvolumens für Standard-Software.

Vergleicht man diese aktuelle Situation mit der im Jahr 1998, so zeigt sich die inzwischen erfolgte Konzentration an der Spitze dieses Marktes deutlich: Die Top 10 hatten vor mehr als zehn Jahren mit zusammen 22,8 Prozent nur einen halb so großen Marktanteil.

Von den 53 Unternehmen der aktuellen Lünendonk®-Studie haben 38 ihren Hauptsitz in Deutschland. Diese deutschen Unternehmen haben teilweise große Auslandsumsatzanteile. Weniger als die Hälfte (44 Prozent) des Gesamtumsatzes (16,6 Milliarden Euro) der 53 Standard-Software-Unternehmen wird mit inländischen Kunden erzielt. Die geringsten Inlandsumsatzanteile am Gesamtumsatz haben Software AG (10,6 Prozent), SAP (19,6 Prozent) und Mensch und Maschine (25,2 Prozent). Knapp 10 Prozent der befragten Unternehmen wickeln weniger als die Hälfte ihrer Umsätze in Deutschland ab. 15 Prozent der Unternehmen haben Inlandsumsatzanteile von 50 bis 75 Prozent.

44 Prozent der Unternehmen weisen ausschließlich Umsätze im Inland (inklusive Teilumsätzen aus dem deutschsprachigen Raum) auf. Das sind zum Beispiel die deutschen Tochtergesellschaften der internationalen Software-Konzerne Microsoft, Oracle, CA und Novell, die in den meisten Staaten über eigene Tochtergesellschaften verfügen. Zum anderen sind es mittelgroße und kleinere deutsche Unternehmen, die ihre Aktivitäten auf den Inlandsmarkt beschränken.

Die durchschnittliche Exportquote der analysierten Standard-Software-Unternehmen lag 2007 bei 56 Prozent. Die Umsatzanteile der 29 Unternehmen, die überhaupt Auslandsumsatz generieren, liegen zwischen 4 Prozent und 89,4 Prozent. Auf SAP entfallen allein über 89 Prozent der gesamten Exporte der an der Studie beteiligten Unternehmen in Höhe von 9,3 Milliarden Euro, auf die Software AG entfallen weitere 6 Prozent. Von den übrigen deutschen Standard-Software-Unternehmen haben auch Mensch und Maschine (159,2 Millionen Euro), Nemetschek (92,6 Millionen Euro) und CompuGroup (54 Millionen Euro) quantitativ beachtliche Auslandsumsätze.

Deutschland ist einer der größten IT-Märkte der Welt. Alle großen international tätigen Standard-Software-Unternehmen sind deshalb auch im deutschen Markt mit ihren Produkten und meist auch mit eigenen Tochtergesellschaften vertreten. Bei den Standard-Software-Unternehmen, die ihren Hauptsitz im Ausland, zumeist in den USA, haben, schwanken die Anteile des Deutschlandumsatzes zwischen 2 Prozent (Group 1) und 23,6 Prozent (SimCorp). Von den großen multinational tätigen Standard-Software-Konzernen hat Novell mit 18,5 Prozent den höchsten Deutschland-Anteil. Adobe und Cognos liegen mit 7,6 beziehungsweise 7 Prozent im Mittelfeld. Microsoft macht nur 5,6 Prozent seines Weltumsatzes mit Kunden in Deutschland; bei Oracle sind es 4,7 Prozent und bei CA 4,4 Prozent.

Bei den international agierenden Standard-Software-Unternehmen liegt der Deutschland-Anteil durchschnittlich bei 9,8 Prozent. Nimmt man nur die Anbieter mit Hauptsitz im Ausland, dann beträgt die Deutschland-Quote im Durchschnitt genau 8 Prozent.

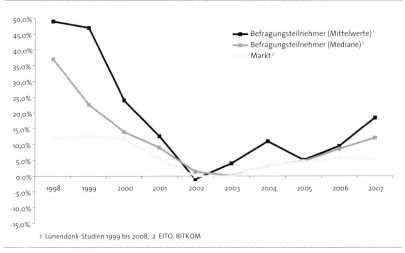

1 Lünendonk-Studien 1999 bis 2008, 2 EITO, BITKOM

Abbildung 1: Markt- und Umsatzentwicklung 1998 bis 2007 (Veränderung in Prozent)

Die Gesamtumsätze der Teilnehmer an den jährlichen Lünendonk®-Software-Studien sind in der vergangenen Dekade im Durchschnitt um 18 Prozent pro Jahr gestiegen. Dass die Mittelwerte fast durchgehend von einzelnen Unternehmen mit besonders hohen individuellen Wachstumsraten geprägt waren, zeigt der Blick auf die jeweiligen Zentralwerte, die solche Extremwerte ausschalten. Die Zentralwerte lagen in den zehn Jahren nur bei durchschnittlich 11 Prozent pro Jahr, das heißt um 40 Prozent niedriger.

Der Verlauf der Mittel- und Zentralwerte in den Jahren seit 1998 spiegelt die Krise nach der Internet-Hype 2002 bis 2004 deutlich wider, obwohl er im Gegensatz zu anderen IT-Teilmärkten nur in einem Jahr (2002) einen Rückgang der Wachstumsraten aufweist. Die Gegenüberstellung der durchschnittlichen Umsatzveränderungen der Studienteilnehmer und der historischen Entwicklung des Marktvolumens im ausgewählten Zehnjahresabschnitt ergibt, dass die durchschnittlichen Zentralwertveränderungen fast doppelt so hoch (11 Prozent) waren wie das durchschnittliche jährliche Marktwachstum (6 Prozent). Die Teilnehmer an den Lünendonk-Studien umfassen immer auch die jeweiligen 25 größten Standard-Software-Unternehmen in den einzelnen Jahren, die unter anderem wegen der zahlreichen Firmenübernahmen regelmäßig höhere Wachstumsraten als der Markt insgesamt aufweisen.

Leistungsspektrum

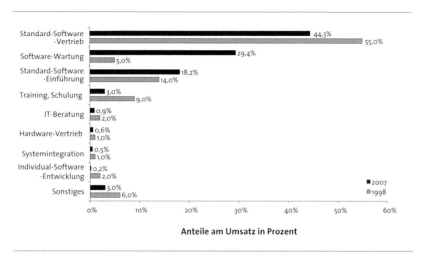

Abbildung 2: Leistungsspektrum der Standard-Software-Unternehmen 1998 und 2007
(Gewichteter Durchschnitt; Anteile am Umsatz in Prozent)

Die an der Lünendonk®-Studie teilnehmenden Standard-Software-Unternehmen nennen – entsprechend der Teilnahmebedingungen – als Schwerpunkte ihres Leistungsspektrums in der Mehrheit eindeutig den Vertrieb eigener Standard-Software und Software-Wartung.

Der einfache arithmetische Durchschnitt der Anteile dieser beiden Leistungsarten am Gesamtumsatz ergibt für die Kategorien Vertrieb eigener Standard-Software und Software-Wartung zusammen einen Wert von knapp über 65 Prozent. Werden die dahinterstehenden Umsätze berücksichtigt, resultiert daraus ein gewichtetes arithmetisches Mittel von knapp 75 Prozent. Die Leistungskategorie Standard-Software-Einführung stellt mit 18,2 Prozent die drittwichtigste Kategorie dar, gefolgt von Training/Schulung mit 3 Prozent. Da bei der Systemintegration der gewichtete gegenüber dem einfachen Anteil deutlich zurückgeht, kann davon ausgegangen werden, dass diese Leistungskategorie überwiegend von kleineren Unternehmen angeboten wird.

Weitere typische Leistungskategorien, die insbesondere von den mittelgroßen und kleinen Standard-Software-Unternehmen angeboten werden, sind Hardware-Vertrieb, IT-Beratung und Individual-Software-Entwicklung. Hier liegt ebenfalls der gewichtete Durchschnitt deutlich unter dem einfachen Durchschnittswert. Die Leistungsart Training wird von Standard-Software-Unternehmen aller Größenordnungen etwa gleich stark angeboten.

Ein Vergleich der gewichteten Durchschnittswerte des Jahres 2007 mit den Werten von 1998 zeigt einen Anstieg des Software-Wartungs-Anteils. Mit zunehmender Durchdringung der Anwenderorganisationen mit Standard-Software steigt der Wartungs- und Aktualisierungsbedarf an. Wenngleich die Anteile der meisten Leistungen am Gesamtumsatz in diesem Zehnjahresabschnitt relativ konstant sind, ergibt sich für Training/Schulung, Individual-Software-Entwicklung, Systemintegration und IT-Beratung ein deutlicher, anteiliger Rückgang, was darauf schließen lässt, dass diese Aufgaben zunehmend von spezialisierten Unternehmen auf dem IT-Service-Markt übernommen werden.

Ergebnis der Tätigkeit: Nutzenversprechen

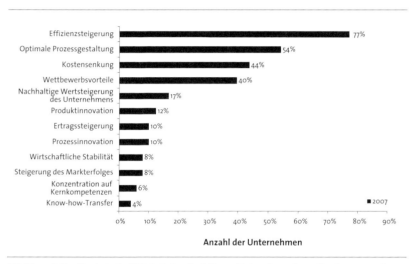

Abbildung 3: Das Ergebnis der Tätigkeit, das die Software-Unternehmen ihren Kunden versprechen (Nennungen der drei wichtigsten Varianten; Mittelwerte in Prozent)

Kunden erwarten einen Nutzen durch den Einsatz von Standard-Software. Die Standard-Software-Unternehmen müssen ihrerseits Geschäftsmodelle entwickeln, die auf einem Nutzenversprechen gegenüber potenziellen Kunden basieren. Im Falle von langfristig wirksamen Investitionsentscheidungen ist die Frage des Nutzens besonders wichtig, aber auch schwierig zu beantworten. Was versprechen die Standard-Software-Unternehmen ihren Kunden? Auf einer Liste mit 14 Varianten sollten die drei wichtigsten angekreuzt werden.

Eine Ergebnisvariante erhielt 2007 die mit Abstand meisten Nennungen: Effizienzsteigerung (77 Prozent). Eine zweite Gruppe von Ergebnisvarianten erhält durchweg mittlere zweistellige Prozentwerte. Dies sind optimale Prozessgestaltung (54 Prozent), Kostensenkung (44 Prozent) und Wettbewerbsvorteile (40 Prozent). Weitere wichtige Ergebnisse werden durch nachhaltige Wertsteigerung des Unternehmens (17 Prozent), Produktinnovation (12 Prozent), Ertragssteigerung und Prozessinnovation (jeweils 10 Prozent) gesehen. Die weiteren Varianten erreichen Nennungen mit einstelligen Prozentwerten.

Betrachtet man die Topunternehmen separat, dann ergeben sich im Vergleich zu den übrigen Unternehmen einige Unterschiede. Die Top 10 der Standard-Software-Unternehmen in Deutschland nennen wesentlich häufiger als die übrigen Unternehmen Effizienzsteigerung, optimale Prozessgestaltung, Wettbewerbsvorteile und Ertragssteigerung. Die übrigen Standard-Software-Unternehmen versprechen ihren Kunden hingegen häufiger Kostensenkung, nachhaltige Wertsteigerung des Unternehmens und Produktinnovation als Resultat ihrer Leistungen.

Die separate Ergebnisanalyse nach Software-Unternehmen mit Hauptsitz im Ausland beziehungsweise in Deutschland zeigt unter anderem folgende Unterschiede: Die Unternehmen mit Hauptsitz im Ausland setzen bei ihrem Nutzenversprechen stärker auf Kostensenkung und Konzentration auf Kernkompetenzen als die anderen Unternehmen. Die Unternehmen mit Hauptsitz in Deutschland versprechen ihren Kunden vor allem optimale Prozessgestaltung, Produktinnovation und Ertragssteigerung.

Kapitalmehrheit nach Regionen

Das Geschäft mit Standard-Software ist international. Zahlreiche multinational tätige Konzerne operieren über Tochtergesellschaften weltweit in allen wichtigen regionalen Märkten. Es ist daher nicht überraschend, dass sich der deutsche Markt als einer der größten IT-Märkte der Welt mit internationaler Anbieterstruktur präsentiert.

Bei den zehn umsatzstärksten der in Deutschland tätigen Standard-Software-Produzenten gehört das Kapital zu 30 Prozent deutschen und zu 70 Prozent amerikanischen Anteilseignern. Von den 53 an der Lünendonk®-Studie beteiligten Standard-Software-Unternehmen haben 72 Prozent deutsche Kapitaleigner. Bei 9 Prozent gehört das Kapital Eignern in anderen europäischen Ländern, bei 19 Prozent der Unternehmen liegt das Kapital bei US-amerikanischen Eigentümern. Gewichtet man die Anteile der jeweiligen Staaten und Regionen mit dem von den Unternehmen im Jahr 2007 erwirtschafteten Umsatz in

Deutschland, so sinkt – über die 53 Unternehmen gesehen – der Teil mit deutscher Kapitalmehrheit von 72 auf 49 Prozent.

Der Anteil des übrigen Europa wächst von 9 auf 10 Prozent und der nordamerikanische Anteil steigt von 19 auf 41 Prozent. Der Vergleich mit der Situation im Jahr 1998 ergibt Verschiebungen zugunsten ausländischer Kapitaleigner, das heißt, dass die Branche multinationaler geworden ist. Im Jahr 1998 hatten 64 Prozent der damaligen Studienteilnehmer deutsche Kapitaleigner, 11 Prozent der Unternehmen gehörten anderen europäischen Eigentümern und bei 25 Prozent lag die Kapitalmehrheit in den USA. Mit den jeweiligen Inlandsumsätzen gewichtet ergab sich folgende Verteilung: Deutschland 46 Prozent; übriges Europa 4 Prozent und USA 50 Prozent.

Umsatzprognosen

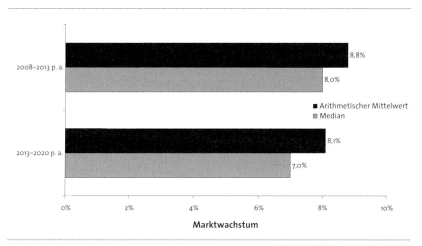

Abbildung 4: Entwicklung des Standard-Software-Marktes in Deutschland 2008 bis 2013 p. a. und 2013 bis 2020 p. a. (Prognosen der Anbieter; Mittelwerte und Mediane in Prozent)

Die positive Entwicklung seit 2005 setzt sich fort. Die Unternehmen rechnen im Durchschnitt für die mittelfristige Zukunft mit Umsatzwachstumsraten im niedrigen zweistelligen Bereich. Der Zentralwert der Prognosen ist mit 10 Prozent zwar niedriger, aber immer noch zweistellig. Bis 2013 prognostizieren die Standard-Software-Anbieter individuelle jährliche Zuwachsraten von 12,1 Prozent pro Jahr. Der etwas niedrigere Zentralwert deutet darauf hin, dass dieser Optimismus in der Breite geteilt wird.

Analysiert man die Prognosen der Unternehmen mit Hauptsitz in Deutschland getrennt, so sind diese auch mittelfristig (bis 2013) optimistischer. Die Zentralwerte der Prognosen der Unternehmen mit Hauptsitz im Ausland sind jedoch gleich hoch wie die der Unternehmen mit Hauptsitz in Deutschland.

Die Standard-Software-Unternehmen, die in dieser Studie aufgenommen wurden, erfüllen alle die Bedingung, dass ihr Unternehmen mehr als 60 Prozent seines Umsatzes mit Standard-Software-Produktion, -Vertrieb und -Wartung erwirtschaftet. Separiert man bei der Analyse diejenigen Unternehmen, bei denen diese Tätigkeiten 80 Prozent und mehr ausmachen von den übrigen, so stellt man fest, dass die reinen Standard-Software-Unternehmen im Jahr 2007 durchschnittlich deutlich hinter die „gemischten" Anbieter zurückfallen. Mit 34,7 Prozent wachsen die Unternehmen, die breiter aufgestellt sind, wesentlich stärker als die reinen Standard-Software-Hersteller (11,9 Prozent). Bezüglich der Prognosen für den Zeithorizont bis 2013 sehen sich aber wiederum die reinen Standard-Software-Hersteller besser aufgestellt als die „gemischten" Anbieter.

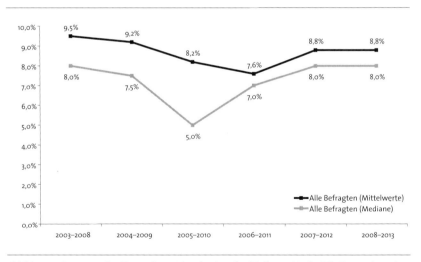

Abbildung 5: Prognosen der Unternehmen über den Standard-Software-Markt (Alle Unternehmen)

Längerfristige Entwicklung der Nachfrage bei Anwendungs-Software

Die Nachfrage bei Anwendungs-Software ist durch unterschiedliche und teilweise widersprüchliche Anforderungen von Seiten der Kunden gekennzeichnet. Einerseits besteht auf der Seite der Kunden der Wunsch, Komplett-Lösungen (Software-Suiten) aus einer Hand für alle wesentlichen Aufgaben einzusetzen, während zunehmende Branchen-anforderungen, Spezialisierung und Schnittstellen-Standardisierung dafür sprechen, die jeweils bestgeeignete Spezial-Anwendung für jede Aufgabe zu erwerben und zu nutzen (Best-of-Breed-Lösungen). Unternehmen müssen hier abwägen, ob die Vorteile der Best-of-Breed-Politik die damit verbundenen Integrationskosten aufwiegen.

Lünendonk hat die Standard-Software-Unternehmen danach gefragt, ob sie längerfristig eine Entwicklung zu Software-Suiten der großen Software-Hersteller sehen oder eher Speziallösungen (Best-of-Breed) erwarten. Weiterhin wurden die Unternehmen befragt, ob die Nutzung kostenloser Business-Software via Internet deutlich steigen wird. Die Antworten wurden auf einer Skala von -2 (überhaupt nicht wahrscheinlich) bis +2 (sehr wahrscheinlich) erfasst.

Die befragten Standard-Software-Unternehmen sehen einen Trend zu kompletten Software-Suiten der großen Hersteller-Unternehmen. Mit einem einfachen Mittelwert von 0,7 wird eine solche Entwicklung als einigermaßen wahrscheinlich erwartet. 65 Prozent der befragten Standard-Software-Unternehmen sehen diese Entwicklung als sehr wahrscheinlich oder wahrscheinlich an.

Die These, dass sich Best-of-Breed-Lösungen unterschiedlicher Spezial-Unternehmen durchsetzen werden, wird hingegen nur sehr schwach gestützt (0,3). Mit 49 Prozent für sehr wahrscheinlich und wahrscheinlich sind die zustimmenden Nennungen aber deutlich größer als die ablehnenden Stimmen für nicht wahrscheinlich und überhaupt nicht wahrscheinlich (28 Prozent).

Dass die Nutzung kostenloser Business-Software via Internet deutlich steigen wird, wird eher skeptisch beurteilt. Die mittlere Bewertung (-0,4) liegt zwischen nicht wahrscheinlich und neutral. Nur 21 Prozent der Nennungen sehen diese Entwicklung als sehr wahrscheinlich oder wahrscheinlich an.

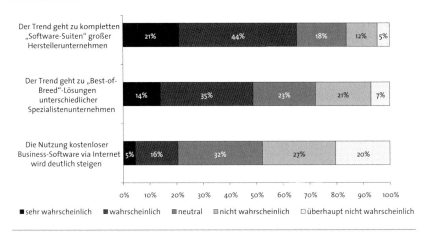

Der Trend geht zu kompletten „Software-Suiten" großer Herstellerunternehmen: 21% | 44% | 18% | 12% | 5%

Der Trend geht zu „Best-of-Breed"-Lösungen unterschiedlicher Spezialistenunternehmen: 14% | 35% | 23% | 21% | 7%

Die Nutzung kostenloser Business-Software via Internet wird deutlich steigen: 5% | 16% | 32% | 27% | 20%

0% 10% 20% 30% 40% 50% 60% 70% 80% 90% 100%

■ sehr wahrscheinlich   ■ wahrscheinlich   ■ neutral   ▨ nicht wahrscheinlich   ☐ überhaupt nicht wahrscheinlich

Abbildung 6: Längerfristige Entwicklung der Nachfrage bei Anwendungs-Software (Einschätzungen der Standard-Software-Unternehmen)

Betrachtet man die Antworten der zehn umsatzstärksten Unternehmen separat, so ergeben sich im Vergleich mit den übrigen Standard-Software-Unternehmen bei zwei der drei Fragekomplexe Unterschiede. Die Top-10-Unternehmen sehen – nicht unerwartet – einen Trend zu Software-Suiten der großen Hersteller deutlicher als die übrigen Unternehmen. Die Top-10-Unternehmen halten diese Entwicklung für wahrscheinlich bis sehr wahrscheinlich (1,2), während die übrigen Unternehmen eine solche Entwicklung als einigermaßen wahrscheinlich (0,6) ansehen. Umgekehrt sehen die Top-10-Unternehmen keinen Trend zu Best-of-Breed-Lösungen (-0,6), während die übrigen Unternehmen eine gewisse Unterstützung dieser Entwicklung sehen (0,4), sind sie doch häufig die Anbieter solcher Speziallösungen.

Zukunftsperspektiven der Standard-Software-Branche und -Unternehmen

Prognosen sind in einer schnelllebigen Industrie nur bedingt möglich. Lünendonk hat die Teilnehmer an der aktuellen Software-Studie gefragt, welche längerfristigen Prognosen diese bezüglich einer weiteren Konzentration und Atomisierung im Markt (wenige große Unternehmen und viele kleine Anbieter) abgeben und welche Möglichkeiten für kleinere national agierende Software-Hersteller und Nischenanbieter bestehen.

Angesichts der lange bestehenden Lücke zwischen betriebswirtschaftlichen Anwendungen (ERP plus Bürokommunikation) und der parallel gewachsenen Welt der technischen Anwendungs-Software (CAX/CAD/CAM etc.) wurden die Standard-Software-Unternehmen außerdem gefragt, ob nach ihrer Meinung die Lücke zwischen beiden Welten im Jahr 2013 geschlossen sein wird. Die Antworten wurden auf einer Skala von -2 (überhaupt nicht wahrscheinlich) bis 2 (sehr wahrscheinlich) erfasst. Mit einem einfachen Mittelwert von 0,8 halten die Teilnehmer an der Software-Studie eine weitere Konzentration und Atomisierung im Markt für Standard-Software für wahrscheinlich. 70 Prozent halten diese Entwicklung für sehr wahrscheinlich oder wahrscheinlich. Die Standard-Software-Unternehmen sehen aber für die Annahme, dass nur Unternehmen mit signifikanten internationalen Marktanteilen in Zukunft erfolgreich sein werden, keinen unbedingten Grund. Diese Annahme wird nur schwach gestützt (0,4).

Skeptisch sind die befragten Unternehmen bezüglich der Chance, dass die bestehende Lücke zwischen betriebswirtschaftlichen und technischen Anwendungen geschlossen sein wird. Der Mittelwert von 0,2 spiegelt keine negative, sondern eine eher neutrale Sichtweise wider. Lediglich etwa ein Drittel der befragten Unternehmen (32 Prozent) äußert sich in dieser Frage hoffnungsvoll. Hier sind vor allem die Top-10-Unternehmen vertreten.

Betrachtet man die Antworten der Top 10 der Standard-Software-Unternehmen separat, so ergeben sich im Vergleich zu den übrigen Unternehmen in allen drei Fragekomplexen Unterschiede in den Antworten. Die Top 10 sehen weitere Konzentration und Atomisierung im Markt deutlicher (1,0) als die übrigen Unternehmen (0,8).

Die Top 10 sind neutral gegenüber der These, dass nur Unternehmen mit signifikanten internationalen Umsatzanteilen erfolgreich sein werden, während die übrigen Unternehmen diese These schwach stützen (0,4). Der größte Unterschied bezieht sich auf die Einstellung zur Chance, dass die Lücke zwischen betriebswirtschaftlicher Anwendungswelt und technischer Anwendungswelt bis 2013 geschlossen wird. Die Top 10 der Standard-Software-Unternehmen sieht hier eine gute Chance (0,6), während die übrigen Unternehmen sie eher neutral (0,2) beurteilen.

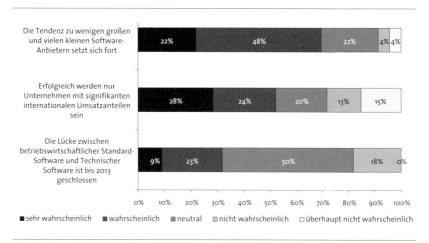

Die Tendenz zu wenigen großen und vielen kleinen Software-Anbietern setzt sich fort: 22% | 48% | 22% | 4% | 4%

Erfolgreich werden nur Unternehmen mit signifikanten internationalen Umsatzanteilen sein: 28% | 24% | 20% | 13% | 15%

Die Lücke zwischen betriebswirtschaftlicher Standard-Software und Technischer Software ist bis 2013 geschlossen: 9% | 23% | 50% | 18% | 0%

■ sehr wahrscheinlich   ■ wahrscheinlich   ■ neutral   ■ nicht wahrscheinlich   □ überhaupt nicht wahrscheinlich

Abbildung 7: These zur Zukunft der Branche beziehungsweise der Unternehmen (Bewertungen der Standard-Software-Unternehmen)

Die zukünftige Entwicklung des Standard-Software-Marktes

Wie sehen die Standard-Software-Unternehmen die zukünftige Entwicklung dieses Marktes in Deutschland? Auf mittlere Sicht, das heißt für den Zeitraum bis 2013, schätzen die Studienteilnehmer die Entwicklung des Standard-Software-Marktes nahezu so optimistisch ein wie die kurzfristige Sicht (8,8 Prozent pro Jahr). Der Median liegt mit 8 Prozent nur wenig darunter, so dass von einer weitgehenden Übereinstimmung ausgegangen werden kann. Die meisten sehen hier ein Wachstum im Bereich zwischen 5 und 10 Prozent (49 Prozent). Allerdings sieht ein Drittel der Befragten (33 Prozent) eine Wachstumslinie zwischen 0 und 5 Prozent. Lediglich 13 Prozent der Teilnehmer sehen ein Wachstum von 10 bis 20 Prozent, und 5 Prozent erwarten mehr als 20 Prozent. Kein befragtes Unternehmen geht von einer Stagnation für diesen Zeitraum aus. Die Prognosen für die langfristige Zukunft (2013 bis 2020) fallen kaum weniger optimistisch aus. Der Durchschnitt der einfachen Mittelwerte ergibt 8,1 Prozent Marktwachstum pro Jahr in diesem Zeitraum. Der Median liegt mit 7 Prozent allerdings deutlich darunter, das heißt, dass sich nicht alle den mutigen Prognosen einzelner Unternehmen anschließen wollen.

Betrachtet man die einfachen Durchschnittswerte, dann sind die Standard-Software-Unternehmen mit Hauptsitz in Deutschland für beide Prognose-Zeiträume zurückhaltender als diejenigen Unternehmen, deren Hauptsitz sich im Ausland befindet.

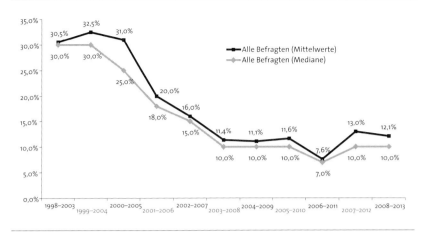

*Abbildung 8: Umsatz-Prognosen der Unternehmen über den Standard-Software-Markt
(Alle Unternehmen; Veränderungen pro Jahr in Prozent)*

Unternehmen mit Sitz in Deutschland sehen für den mittelfristigen Zeitraum bis 2013 ein jährlichen Wachstum von 8,5 Prozent und langfristig (2013 bis 2020) einen Zuwachs von 7,5 Prozent. Unternehmen mit Sitz im Ausland prognostizieren 10,2 Prozent pro Jahr bis 2013 und für 2013 bis 2020 erwarten sie einen jährlichen Zuwachs von 10,6 Prozent.

Exkurs: Die Top 10 der deutschen mittelständischen Standard-Software-Unternehmen

Obwohl das Standard-Software-Geschäft ein typisch internationales Geschäft ist, spielen auf dem deutschen Markt neben einem Dutzend großer, weltweit operierender Software-Konzerne wie etwa Microsoft, SAP, Oracle und CA zahlreiche deutsche mittelständische Standard-Software-Unternehmen eine wichtige Rolle.

Die Lünendonk GmbH, Kaufbeuren, die seit Jahren Rankings der auf dem deutschen Markt führenden Software-Hersteller veröffentlicht, hat 2008 zum dritten Mal zusätzlich ein Ranking der zehn führenden deutschen mittelständischen Standard-Software-Unternehmen vorgelegt. Darin werden die zehn umsatzstärksten Unternehmen gelistet, die mehr als 60 Prozent ihrer Umsätze mit Standard-Software-Produktion, -Vertrieb und -Wartung erwirtschaften, ihren Hauptsitz in Deutschland haben und jeweils unter 500 Millionen Euro Gesamtumsatz erzielen (Top 10 im Mittelstand).

Top 10: Mittelständische Unternehmen	Gesamtumsatz in Mio. Euro (Nur Unternehmen mit Hauptsitz in Deutschland)		Umsatz in Deutschland in Mio. Euro		Umsatz im Ausland in Mio. Euro	
	2007	2006	2007	2006	2007	2006
1 Mensch und Maschine Software SE, Wessling	212,9	170,3	53,7	42,2	159,2	128,1
2 CompuGroup Holding AG, Koblenz	180,4	140,1	126,4	115,1	54,0	25,0
3 Nemetschek AG, München *	146,2	107,5	53,6	45,7	92,6	61,8
4 PSI AG, Berlin	123,2	117,0	97,1	97,0	26,1	20,0
5 Beta Systems Software AG, Berlin	88,6	96,6	52,6	71,5	36,0	25,1
6 FJH AG, München	61,3	56,9	45,8	42,2	15,5	14,7
7 SoftM Software & Beratung AG, München	59,4	83,0	50,9	74,9	8,5	8,1
8 CSB-System AG (Group), Geilenkirchen *	56,0	54,0	34,2	32,9	21,8	21,1
9 P&I Personal & Informatik AG, Wiesbaden	54,5	50,0	43,2	41,7	11,4	8,3
10 Schleupen AG, Moers	49,6	48,2	49,6	48,2	0,0	0,0

* Umsatzzahlen teilweise geschätzt.
Aufnahmekriterium für diese Liste: Mehr als 60 Prozent des Umsatzes werden mit Standard-Software-Produktion, -Vertrieb und -Wartung erwirtschaftet.
Die Unternehmen haben ihren Hauptsitz in Deutschland und erzielen jeweils unter 500 Millionen Euro Gesamtumsatz.
Die Rangfolge des Rankings basiert auf kontrollierten Selbstauskünften der Unternehmen über in Deutschland bilanzierte/erwirtschaftete Umsätze sowie Schätzungen.
COPYRIGHT: Lünendonk GmbH, Kaufbeuren 2008 - Stand 03.07.08 (Keine Gewähr für Firmenangaben)

Tabelle 2: Lünendonk®-Liste 2008: Führende deutsche mittelständische Standard-Software-Unternehmen 2007

Die Top 10 im Mittelstand machten 2007 zusammen eine Milliarde Euro Gesamtumsatz, wobei die jeweiligen Umsätze von 212,9 Millionen Euro (Mensch und Maschine) bis 49,6 Millionen Euro (Schleupen) reichen. Im Durchschnitt entfallen von den Gesamtumsätzen der Top 10 der Mittelstands-Unternehmen 35,6 Prozent auf Software-Produktion und -Vertrieb, 23,5 Prozent auf Software-Wartung, 9,9 Prozent auf Systemintegration und 9,7 Prozent auf Software-Einführung. Der Vertrieb von Hardware trägt im Mittel 6,6 Prozent zu den Erlösen bei.

Die übrigen Umsätze werden hauptsächlich durch Individual-Software-Entwicklung (2 Prozent), Training/Schulung (1,6 Prozent) und IT-Beratung (1,6 Prozent) erwirtschaftet. Die Top 10 im Mittelstand sind im Vergleich zu den großen international operierenden Top 10 der Standard-Software-Unternehmen breiter aufgestellt.

Der Gesamterfolg der Top 10 der Mittelstands-Software-Unternehmen wird wesentlich durch Umsätze mit Kunden im Ausland bestimmt. Das seit Jahren wachsende Geschäft mit Kunden im Ausland wird deshalb immer wichtiger. Im Durchschnitt machen in 2007 die Top-10-Unternehmen 41 Prozent ihres Gesamtumsatzes mit Kunden im Ausland. Diese Exportquote steigt seit 2005 jährlich an.

Die Top 10 der Mittelstands-Unternehmen sehen optimistisch in die Zukunft. Auf die Frage nach ihren mittelfristigen Perspektiven bis zum Jahr 2013 sehen die Top-10-Unternehmen für diesen Zeitraum einen durchschnittlichen jährlichen Umsatzzuwachs von 11,9 Prozent. Der Median liegt mittelfristig bei 10 Prozent und damit jeweils unter den Mittelwerten. Die Top 10 der Mittelstands-Unternehmen sind bei dieser Prognose-Reichweite skeptischer als die großen international operierenden Standard-Software-Unternehmen. Die Top 10 im Mittelstand prognostizieren für den mittelfristigen Zeitraum bis 2013 ein Wachstum des Standard-Software-Marktes von 8,6 Prozent. Der Median liegt bei 6 Prozent (bis 2013). Für das Wachstum des Standard-Software-Marktes im Zeitraum 2013 bis 2020 geben die Top 10 Mittelstands-Unternehmen im Durchschnitt eine Prognose vom 9 Prozent (Median: 5 Prozent) an.

Register

Autorenporträts

Uwe Beyer ist Geschäftsführer der Adecco Personaldienstleistungen GmbH und Vorstand des Bundesverbandes für Zeitarbeit BZA.
Kontakt: uwe.beyer@adecco.de

Michael Büttner, Dr., leitet Capgemini Consulting in Deutschland und der Schweiz. In der Einheit sind die Strategie- und Transformationsberatungsaktivitäten der Capgemini-Gruppe gebündelt. Seine Beratungserfahrung basiert auf zahlreichen internationalen Business Transformation-Programmen.
Kontakt: michael.buettner@capgemini.com

Markus Diederich, Dipl.-Ing., ist als Geschäftsführer bei der Kienbaum Management Consultants GmbH für die Geschäftsfelder Automotive, Engineering/Manufacturing, Energy, Chemie/Life Science und Public Management verantwortlich.
Kontakt: markus.diederich@kienbaum.com

Dirk Driesch, Dipl.-Kfm., WP/StB/CPA, ist geschäftsführender Gesellschafter bei SUSAT und betreut börsennotierte Unternehmen und große Familiengesellschaften aus den Branchen Handel, Industrie und Dienstleistung in den Bereichen Abschlussprüfung nach Internationalen Rechnungslegungsstandards (IFRS und US-GAAP) sowie bei Projekten zur Umstellung der Rechnungslegung auf IFRS. Er ist Mitautor des Beck'schen IFRS-Handbuchs.
Kontakt: d.driesch@susat.de

Michael Fuchs, Dr., CDU/CSU, Apotheker, Unternehmer und Politiker, ist seit 2002 Mitglied des Deutschen Bundestages und seit Februar 2006 Vorsitzender des Parlamentskreises Mittelstand der CDU/CSU-Fraktion. Kontakt: michael.fuchs@bundestag.de

Matthias Hartmann ist Geschäftsführer der IBM Deutschland GmbH und Leiter der Beratungssparte IBM Global Business Services. Kontakt: Matthias.Hartmann@de.ibm.com

Robert Heinrich, Dr., Dipl.-Wirtschaftsingenieur, Jahrgang 1956, WP, StB, leitet die Advisory Services der Ernst & Young AG in Deutschland, Österreich und der Schweiz. Die Beratungsschwerpunkte der Advisory Services sind neben prüfungsnahen und rechnungslegungsrelevanten Aspekten: Finance, Supply-Chain-Management und Customer-Relations-Management-Beratung unter Risiko- und Performance-Aspekten aus Prozess- und Technologiesicht. Kontakt: robert.heinrich@de.ey.com

Jörg Hossenfelder ist Geschäftsführer der Lünendonk GmbH, gelernter Politikwissenschaftler, Marktanalyst und Kommunikationsberater. Kontakt: hossenfelder@luenendonk.de

Sven Kilian ist seit 2007 Vorsitzender der Geschäftsführung von TimePartner Holding GmbH und war zuvor unter anderem Mitglied der Geschäftsleitung der Randstad Deutschland GmbH. Zu seinen weiteren Stationen zählen daneben die Unternehmen Time Power, Deutscher Paket Dienst (DPD) und Interpon-International Pulvercoat. Kontakt: sven.kilian@timepartner.com

Heide-Lore Knof, Dr., verantwortet bei Randstad als Geschäftsführerin die Bereiche Human Resources, Social Affairs und Corporate Development, Revision, Quality Management, FIM, Procurement & Services, Legal Affairs sowie das Projektmanagement. Sie ist damit zuständig für alle strategischen Fragen rund um den Personalbereich −intern wie überbetrieblich − und für die Weiterentwicklung der Projektkultur bei Randstad.
Kontakt: heide-lore.knof@de.randstad.com

Hartmut Lüerßen ist Partner bei dem Marktforschungs- und Marktberatungs-Unternehmen Lünendonk GmbH in Kaufbeuren.
Kontakt: lueerssen@luenendonk.de

Thomas Lünendonk ist Gründer und Gesellschafter der Lünendonk GmbH, gelernter Journalist, Marktanalyst und Unternehmensberater.
Kontakt: luenendonk@luenendonk.de

Dietram Schneider, Prof., lehrt Betriebswirtschaft an der Hochschule für Wirtschaft und Technik in Kempten (Allgäu). Dort lehrt er insbesondere Unternehmensführung, -entwicklung und -beratung. Darüber hinaus steht er seit 2000 dem Kompetenzzentrum für Unternehmensentwicklung und -beratung (KUBE e.V.) vor, in dem neben 30 Unternehmen auch Lünendonk aktives Mitglied ist.
Kontakt: dietram.schneider@fh-kempten.de

Stephan Scholtissek, Dr., ist Vorsitzender der Accenture-Ländergruppe Deutschland, Österreich, Schweiz. Nach dem Studium der Biochemie und der anschließenden Promotion am Max-Planck-Institut kam er über verschiedene Stationen in der Industrie und bei Unternehmensberatungen 1997 zu Accenture. Dort beriet er vor allem Unternehmen aus der Schwerindustrie und dem Energiesektor.
Kontakt: stephan.scholtissek@accenture.com

Burkhard Schwenker, Prof. Dr., ist Vorsitzender der weltweiten Geschäftsführung von Roland Berger Strategy Consultants. Er lehrt strategisches Management an der Handelshochschule Leipzig (HHL) und ist Autor zahlreicher Veröffentlichungen, insbesondere zu den Themen Wachstum, Strategie, Unternehmensfinanzierung und -organisation.
Kontakt: burkhard_schwenker@de.rolandberger.com

Thomas Spreitzer leitet seit Januar 2009 als Chief Marketing Officer den Geschäftsbereich Marketing bei T-Systems. Seine Laufbahn begann er im internationalen Vertrieb bei debis Systemhaus und war seit der Gründung von T-Systems in unterschiedlichen Managementfunktionen in Marketing, Strategie und Business Developement tätig.
Kontakt: thomas.spreitzer@t-systems.com

Heinz Streicher, Dr., ist Principal bei dem Marktforschungs- und Marktberatungs-Unternehmen Lünendonk GmbH in Kaufbeuren.
Kontakt: streicher@luenendonk.de

Burkhard Wagner ist Geschäftsführer der Bereiche Financial Services und Business Technology Management. Er studierte Wirtschaftsingenieurwesen mit den Schwerpunkten Operations Research und Informatik an der TH Karlsruhe. Er hat mehr als 13 Jahre Erfahrung in der Beratung sowie in verantwortlichen Linienpositionen.
Kontakt: burkhard.wagner@kienbaum.de

Otto Kajetan Weixler ist seit 2005 Geschäftsführer der Bilfinger Berger Facility Services GmbH, seit 2008 (mit der Zusammenführung von HSG Technischer Service GmbH und M+W Zander GmbH) Vorsitzender der Geschäftsführung der HSG Zander GmbH. Er war von 1999–2007 Vorsitzender der Geschäftsführung der HSG und in den Jahren 1992–1999 alleiniger Geschäftsführer des gleichen Unternehmens. Seit 1998 ist Herr Weixler im Vorstand der GEFMA, dem Deutschen Verband für Facility Management e.V., und er wurde im Juni 2004 zum Vorstandsvorsitzenden der GEFMA gewählt.

Jost Wiechmann, Dr., WP/RA/StB, ist seit 1989 als geschäftsführender Gesellschafter bei SUSAT in Hamburg und ist der Sprecher der Sozien. Er betreut insbesondere den Fachbereich Versicherungsunternehmen sowie mittelständische und inhabergeführte Mandate in den Bereichen Wirtschaftsprüfung und Recht. Er ist Mitglied des Hauptfachausschusses beim Institut der Wirtschaftsprüfer (IDW) sowie des Beirats der Wirtschaftsprüferkammer (WPK). Kontakt: j.wiechmann@susat.de

Michael C. Wisser, Dipl.-Kfm., StB, ist Mitglied der Geschäftsführung der WISAG Service Holding und verantwortet dort konzernweit den administrativen Bereich – insbesondere die Gebiete Finanzen und IT. Im Januar 2009 übernahm er den Vorsitz der Geschäftsführung. Kontakt: michael.c.wisser@wisag.de

Günter Zettler, Dipl.-Ing., ist Leiter der Automotive Global Industry Unit bei Tieto. Der Absolvent der Technischen Universität München im Bereich Informationstechnik/Kybernetik hat langjährige Erfahrung in der Konzeption und Implementierung von komplexen Systemen und Geräten. Im Juli 2000 trat Günter Zettler dem IT- und Engineering-Dienstleister Tieto als Principal Consultant für Engineering-Dienstleistungen und Testautomatisierungssysteme bei. Kontakt: gunter.zettler@tieto.com

Firmenporträts

Accenture ist ein weltweit agierender Managementberatungs-, Technologie- und Outsourcing-Dienstleister. Als führender Anbieter in der Kategorie Business Innovation Partner unterstützt Accenture Unternehmen dabei, Innovationen umzusetzen, Geschäftsprozesse und -modelle zu optimieren und so Leistungsfähigkeit, Kundennutzen und Unternehmenswert zu steigern. Weitere Informationen finden Sie unter www.accenture.com.

Adecco S.A. ist Weltmarktführer für Personaldienstleistungen mit Hauptsitz in der Schweiz. Das Fortune-500-Unternehmen verfügt über ein weltweites Netzwerk von über 36.500 Mitarbeitern und mehr als 6.700 Niederlassungen in über 60 Ländern. Jeden Tag vermittelt Adecco den Kontakt zwischen 700.000 Arbeitskräften und mehreren hunderttausend Firmenkunden. Rund 20.000 Mitarbeiter werden in Deutschland in mehr als 260 Niederlassungen und Job-Centern in den Bereichen Personalvermittlung, Zeitarbeit und Outsourcing betreut. Experten aus spezialisierten Geschäftsbereichen und Tochtergesellschaften beraten Unternehmen und Arbeitnehmer rund um die Themen Personal und persönliche Karriereplanung. Weitere Informationen finden Sie unter www.adecco.de.

Die **Bilfinger Berger Facility Services GmbH** bietet ein umfassendes Leistungspaket in Facility Management, Asset und Property Management und Health Care mit ihren spezialisierten Markenunternehmen HSG Zander, EPM Assetis und ahr in 18 Ländern in Europa an. Mit über 13.000 Mitarbeitern und einer Leistung von über einer Milliarde Euro gehört sie zu den führenden Facility-Management-Unternehmen in Europa. HSG Zander als Systempartner für integrierte Facility-Management-Dienstleistungen ist ein Zusammenschluss aus der 1988 gegründeten HSG Technischer Service GmbH und der M+W Zander D.I.B. Facility Management GmbH. Maßgeschneiderte FM-Konzepte mit innovativen Lösungen und eine ausgeprägte Service-Mentalität der Mitarbeiter stehen im Mittelpunkt unternehmerischen Handelns. Die Referenzen umfassen alle Objektarten, vom Bürogebäude über Gewerbeparks, Einzelhandelszentren, hochkomplexe Industrieareale, Druckzentren, Rechenzentren, Krankenhäuser, Militäranlagen, Arenen bis zu Theatern. Als ipv®- und DIN EN ISO 9001-zertifiziertes Unternehmen werden die Dienstleistungen prozess- und kostenoptimiert mit hohem Qualitätsstandard erbracht. Weitere Informationen finden Sie unter www.facilityservices.bilfinger.de.

Capgemini, einer der weltweit führenden Dienstleister für Management- und IT-Beratung, Technologie-Services sowie Outsourcing, ermöglicht seinen Kunden den unternehmerischen Wandel durch den Einsatz von Technologien. Als Dienstleister stellt Capgemini Wissen und Fähigkeiten zur Verfügung, um seinen Kunden die notwendigen Freiräume für Wachstum und geschäftlichen Erfolg zu schaffen. Die Basis dafür legen die besondere Form der Zusammenarbeit, genannt Collaborative Business Experience, sowie ein globales Rightshore Modell, das darauf abzielt, die richtigen Ressourcen am richtigen Ort zu wettbewerbsfähigen Preisen einzusetzen. Capgemini beschäftigt in 36 Ländern rund 86.000 Mitarbeiter und erzielte 2007 einen Umsatz von über 8,7 Milliarden Euro. Mehr Informationen finden Sie unter www.de.capgemini.com für Deutschland sowie www.ch.capgemini.com für die Schweiz.

Capgemini Consulting ist die führende Beratung in Business Transformation. Wir begleiten seit Jahrzehnten Unternehmen mit unserem mehrdimensionalen Business Transformation Framework zu messbaren und nachhaltigen Erfolgen. Über 4.000 Strategie- und Transformationsberater weltweit setzen ihre Persönlichkeit, Kompetenz und ihr Commitment ein, um Menschen und Organisationen auf dem Weg zu innovativen Veränderungen zu begleiten. Die nachhaltige Wirkung der Business Transformation von Capgemini Consulting basiert auf der Einbindung und Motivation aller Beteiligten beim Gestalten und Erleben der Veränderung. Als global agierende Beratung innerhalb eines leistungsstarken Unternehmensverbundes ergänzt Capgemini Consulting konzeptionelle und realisierende Stärke mit überlegener Expertise in Methoden und Branchen, bei Bedarf greift Capgemini Consulting auf die Fähigkeiten des Unternehmensverbundes zu. Capgemini Consulting steht für die komplette Transformation – vom Design bis zur erlebbaren, nachvollziehbaren Veränderung.

Die **Ernst & Young AG** Wirtschaftsprüfungsgesellschaft Steuerberatungsgesellschaft ist eines der führenden deutschen Prüfungs- und Beratungsunternehmen. Rund 6.500 Mitarbeiter sind durch gemeinsame Werte und einen hohen Qualitätsanspruch verbunden. Gemeinsam mit den 135.000 Kollegen der internationalen Ernst & Young-Organisation betreut die Ernst & Young AG ihre Mandanten überall auf der Welt. Das Ziel des Unternehmens ist es, das Potenzial seiner Mitarbeiter und Mandanten zu erkennen und zu entfalten. Das Dienstleistungsportfolio umfasst Wirtschaftsprüfung, Steuer- und Transaktionsberatung sowie die Advisory Services mit der Risiko- und der Performance-Beratung.
Mehr Informationen finden Sie unter www.de.ey.com.

IBM ist das weltweit führende Innovationsunternehmen. Global integriert löst IBM die Herausforderungen von Unternehmen und Institutionen aller Branchen und Größen. IBM Global Business Services ist die weltweit größte Management- und IT-Beratung. Mit 80.000 Experten in 170 Ländern bietet IBM Beratungs- und Umsetzungs- und Finanzierungskompetenz aus einer Hand. Gemeinsam mit den Kunden werden innovative Strategien entwickelt und tragfähige Geschäftsmodelle realisiert. IBM ist der kompetente, strategische Berater der Unternehmensführung. Mit Expertise in allen Branchen berät IBM Entscheider in allen Unternehmensfunktionen und Geschäftsprozessen entlang der Wertschöpfungskette. Weitere Informationen finden Sie unter www.ibm.com/de.

Kienbaum gehört zu den führenden Managementberatungen und ist in Deutschland Marktführer im Executive Search und im HR-Management. Mit seinem integrierten Beratungsansatz begleitet Kienbaum Unternehmen aus den wesentlichen Wirtschaftssektoren bei ihren Veränderungsprozessen von der Konzeption bis zur Umsetzung. Kienbaum verbindet ausgewiesene Personalkompetenz mit tiefem Wissen in Strategie, Organisation und Prozessberatung. Weitere Informationen finden Sie unter www.kienbaum.de.

Die **Lünendonk GmbH,** Gesellschaft für Information und Kommunikation (Kaufbeuren), untersucht und berät europaweit Unternehmen aus der Informationstechnik-, Beratungs- und Dienstleistungsbranche. Mit dem Konzept Kompetenz^3 bietet Lünendonk unabhängige Marktforschung, Marktanalyse und Marktberatung aus einer Hand. Der Geschäftsbereich Marktanalysen betreut seit 1983 die als Marktbarometer geltenden Lünendonk®-Listen und -Studien sowie das gesamte Marktbeobachtungsprogramm. Seit 2003 ist Lünendonk auch von Frankreich und Großbritannien aus erfolgreich aktiv. Die Schwerpunkte der Beratungsleistungen der Lünendonk GmbH liegen dabei in der Positionierungsberatung. Mit den Leistungsfeldern Strategic Data Research (SDR), Strategic Roadmap Requirements (SRR) und Strategic Transformation Services (STS) ist die Lünendonk GmbH dabei in der Lage, die Beratungskunden von der Entwicklung der strategischen Fragen über die Gewinnung und Analyse der erforderlichen Informationen bis hin zur Aktivierung der Ergebnisse im operativen Tagesgeschäft zu unterstützen. Weitere Informationen finden Sie unter www.luenendonk.de.

Randstad ist mit durchschnittlich rund 60.000 Mitarbeitern und 530 Niederlassungen in über 300 Städten der führende Personaldienstleister in Deutschland. Randstad bietet neben der klassischen Zeitarbeit umfassende Personal-Service-Konzepte. Dazu gehören unter anderem Personalberatung, Outsourcing von Personalmanagement sowie Inhouse-Services zur Abwicklung von Großprojekten bei Kunden-Unternehmen vor Ort. Eckpfeiler der Unternehmensstrategie sind die kontinuierliche Weiterentwicklung des Leistungsangebots sowie die Etablierung spezieller Dienstleistungen, wie beispielsweise Callflex, Finance und Technology. Hier steht branchenspezifisches Know-how Kunden-Unternehmen und Mitarbeitern konzentriert zur Verfügung. Weitere Informationen finden Sie unter www.randstad.de.

Roland Berger Strategy Consultants, 1967 gegründet, ist eine der weltweit führenden Strategieberatungen. Mit 36 Büros in 25 Ländern ist das Unternehmen mit rund 2.000 Mitarbeitern erfolgreich auf dem Weltmarkt aktiv. Die Strategieberatung ist eine unabhängige Partnerschaft im ausschließlichen Eigentum von rund 180 Partnern. Weitere Informationen finden Sie unter www.rolandberger.com.

Die 1932 gegründete **SUSAT & PARTNER OHG** betreut mit 14 Sozien und 500 Mitarbeitern Mandanten in den Geschäftsbereichen Prüfung, Steuern und Recht sowie Corporate Finance. Sie hat ihren Hauptsitz in Hamburg und Niederlassungen in München, Köln, Berlin, Leipzig und Frankfurt. Über ihre Mitgliedschaft bei Grant Thornton International Ltd verfügt sie für ihre Mandanten über Betreuungsmöglichkeiten in 480 Büros in mehr als 100 Ländern. SUSAT betreut ein exzellentes Mandantenportfolio von börsennotierten sowie eigentümergeführten Unternehmen und hat eine ausgewiesene Fachkompetenz in den Branchen Finanzdienstleistungen, Immobilien, Handel und Öffentliche Hand. Weitere Informationen finden Sie unter www.susat.de.

Tieto bietet Professional Services für die Bereiche IT, R&D und Consulting. Mit 16.000 Experten zählt das Unternehmen zu den größten IT-Dienstleistern in Europa und ist in ausgewählten Segmenten weltweit führend. Tieto ist dabei auf die Bereiche spezialisiert, für die auf Basis spezieller Kenntnisse und Erfahrungen ein konkreter und messbarer Kundennutzen erzielt werden kann. Mit seinen skandinavischen Wurzeln und der typischen Kundenorientierung unterscheidet sich Tieto deutlich von seinen Mitbewerbern. Mehr Informationen finden Sie unter www.tieto.de.

TimePartner gehört zu den Top Ten der deutschen Personaldienstleister. Rund 100 Niederlassungen bundesweit betreuen namhafte Firmenkunden aus unterschiedlichen Bereichen. Auf die Bedürfnisse seiner Kunden abgestimmt, bietet TimePartner passgenaue und zuverlässige Personallösungen. Dazu zählen Arbeitnehmerüberlassung, Personalvermittlung und On-Site-Management. Durch den Zusammenschluss erfolgreicher Personaldienstleister verbindet TimePartner starke regionale Präsenz mit der Projektkompetenz und Rekrutierungskraft eines Großunternehmens. Weitere Informationen finden Sie unter www.timepartner.com.

T-Systems ist die Großkundensparte der Deutschen Telekom. Mit einer weltumspannenden Infrastruktur aus Rechenzentren und Netzen betreibt T-Systems die Informations- und Kommunikationstechnik (engl. kurz ICT) für multinationale Konzerne und öffentliche Institutionen. Auf dieser Basis bietet der ICT-Dienstleister integrierte Lösungen für die vernetzte Zukunft von Wirtschaft und Gesellschaft. Rund 46.000 Mitarbeiter verknüpfen Branchenkompetenz und ICT-Innovationen, um Kunden in aller Welt spürbaren Mehrwert für ihr Kerngeschäft zu schaffen. Im Geschäftsjahr 2007 erzielte T-Systems einen Umsatz von rund 12 Milliarden Euro.
Weitere Informationen finden Sie unter www.t-systems.de.

Die **WISAG Service Holding** ist mit über 8.500 Kunden und einem Umsatz im Jahr 2007 von 708 Millionen Euro – inklusive anteiligem GTE-Umsatz (ehemals ABB) – einer der führenden deutschen Dienstleistungskonzerne. Das Unternehmen beschäftigte 2007 rund 24.200 Mitarbeiter in 120 Niederlassungen in Deutschland. Darüber hinaus ist WISAG auch in Österreich, Schweiz, Luxemburg und Polen vertreten. Das Kerngeschäft sind technische und infrastrukturelle Dienstleistungen rund um die Immobilie, die überwiegend mit eigenen Mitarbeitern durchgeführt werden. Die einzelnen Unternehmensbereiche zählen zu den führenden Anbietern ihrer Branche: Facility Management, Gebäude- und Betriebstechnik, Industrie-Service, Elektrotechnik, Gebäudereinigung, Sicherheitsdienste, Airport-Service, Catering, Garten- und Landschaftspflege sowie Beratung. Weitere Informationen finden Sie unter www.wisag.de.